《列国志》编辑委员会

主　任　陈佳贵
副主任　黄浩涛　武　寅
委　员　（以姓氏笔画为序）
　　　　于　沛　王立强　王延中　王缉思
　　　　邢广程　江时学　孙士海　李正乐
　　　　李向阳　李静杰　杨　光　张　森
　　　　张蕴岭　周　弘　赵国忠　蒋立峰
　　　　温伯友　谢寿光
秘书长　王延中（兼）　谢寿光（兼）

中国社会科学院重大课题
国家"十五"重点出版项目

列国志

GUIDE TO THE WORLD STATES

中国社会科学院《列国志》编辑委员会

海地 多米尼加

赵重阳 范蕾 编著

社会科学文献出版社

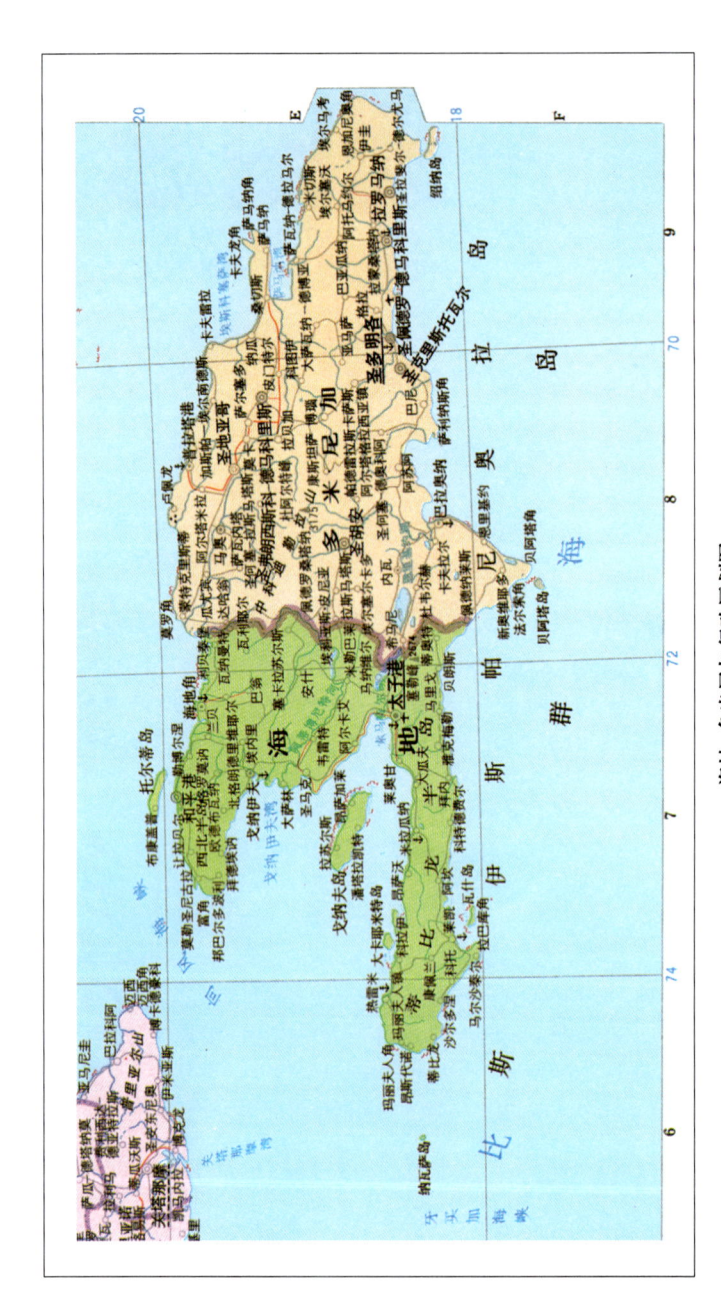

海地 多米尼加行政区划图

海地国旗

海地国徽

多米尼加国旗

多米尼加国徽

海地总统府，又称"小白宫"
（中国海地贸易发展办事处供稿）

海地独立200周年纪念塔
（中国海地贸易发展办事处供稿）

海地首都太子港全景
（中国海地贸易发展办事处供稿）

海地1801年宪法纪念塔
（中国海地贸易发展办事处供稿）

独具特色的海地公共汽车"嗒嗒"
（中国海地贸易发展办事处供稿）

世界文化遗产公园——海地逍遥宫
（中国海地贸易发展办事处供稿）

多米尼加海滩风光
（赵凯供稿）

多米尼加海滩上兜售的小贩
（赵凯供稿）

迷人的多米尼加海滩
（丁培江供稿）

多米尼加渔民生活（赵凯供稿）

圣多明各城哥伦布雕塑（赵凯供稿）

前　　言

　　自1840年前后中国被迫开关、步入世界以来，对外国舆地政情的了解即应时而起。还在第一次鸦片战争期间，受林则徐之托，1842年魏源编辑刊刻了近代中国首部介绍当时世界主要国家舆地政情的大型志书《海国图志》。林、魏之目的是为长期生活在闭关锁国之中、对外部世界知之甚少的国人"睁眼看世界"，提供一部基本的参考资料，尤其是让当时中国的各级统治者知道"天朝上国"之外的天地，学习西方的科学技术，"师夷之长技以制夷"。这部著作，在当时乃至其后相当长一段时间内，产生过巨大影响，对国人了解外部世界起到了积极的作用。

　　自那时起中国认识世界、融入世界的步伐就再也没有停止过。中华人民共和国成立以后，尤其是1978年改革开放以来，中国更以主动的自信自强的积极姿态，加速融入世界的步伐。与之相适应，不同时期先后出版过相当数量的不同层次的有关国际问题、列国政情、异域风俗等方面的著作，数量之多，可谓汗牛充栋。它们对时人了解外部世界起到了积极的作用。

当今世界，资本与现代科技正以前所未有的速度与广度在国际间流动和传播，"全球化"浪潮席卷世界各地，极大地影响着世界历史进程，对中国的发展也产生极其深刻的影响。面临不同以往的"大变局"，中国已经并将继续以更开放的姿态、更快的步伐全面步入世界，迎接时代的挑战。不同的是，我们所面临的已不是林则徐、魏源时代要不要"睁眼看世界"、要不要"开放"问题，而是在新的历史条件下，在新的世界发展大势下，如何更好地步入世界，如何在融入世界的进程中更好地维护民族国家的主权与独立，积极参与国际事务，为维护世界和平，促进世界与人类共同发展做出贡献。这就要求我们对外部世界有比以往更深切、全面的了解，我们只有更全面、更深入地了解世界，才能在更高的层次上融入世界，也才能在融入世界的进程中不迷失方向，保持自我。

与此时代要求相比，已有的种种有关介绍、论述各国史地政情的著述，无论就规模还是内容来看，已远远不能适应我们了解外部世界的要求。人们期盼有更新、更系统、更权威的著作问世。

中国社会科学院作为国家哲学社会科学的最高研究机构和国际问题综合研究中心，有11个专门研究国际问题和外国问题的研究所，学科门类齐全，研究力量雄厚，有能力也有责任担当这一重任。早在20世纪90年代初，中国社会科学院的领导和中国社会科学出版社就提出编撰"简明国际百科全书"的设想。1993年3月11日，时任中国社会科学院院长的胡绳先生在科研局的一份报告上批示："我想，国际片各所可考虑出一套列国志，体例类似几年前出的《简明中国百科全书》，以一国（美、日、英、法等）或几个国家（北欧各国、印支各国）为一册，请考虑可行否。"

中国社会科学院科研局根据胡绳院长的批示，在调查研究的基础上，于1994年2月28日发出《关于编纂〈简明国际百科全书〉和〈列国志〉立项的通报》。《列国志》和《简明国际百科全书》一起被列为中国社会科学院重点项目。按照当时的计划，首先编写《简明国际百科全书》，待这一项目完成后，再着手编写《列国志》。

1998年，率先完成《简明国际百科全书》有关卷编写任务的研究所开始了《列国志》的编写工作。随后，其他研究所也陆续启动这一项目。为了保证《列国志》这套大型丛书的高质量，科研局和社会科学文献出版社于1999年1月27日召开国际学科片各研究所及世界历史研究所负责人会议，讨论了这套大型丛书的编写大纲及基本要求。根据会议精神，科研局随后印发了《关于〈列国志〉编写工作有关事项的通知》，陆续为启动项目拨付研究经费。

为了加强对《列国志》项目编撰出版工作的组织协调，根据时任中国社会科学院院长的李铁映同志的提议，2002年8月，成立了由分管国际学科片的陈佳贵副院长为主任的《列国志》编辑委员会。编委会成员包括国际片各研究所、科研局、研究生院及社会科学文献出版社等部门的主要领导及有关同志。科研局和社会科学文献出版社组成《列国志》项目工作组，社会科学文献出版社成立了《列国志》工作室。同年，《列国志》项目被批准为中国社会科学院重大课题，国家新闻出版总署将《列国志》项目列入国家重点图书出版计划。

在《列国志》编辑委员会的领导下，《列国志》各承担单位尤其是各位学者加快了编撰进度。作为一项大型研究项目和大型丛书，编委会对《列国志》提出的基本要求是：资料翔实、准确、最新，文笔流畅，学术性和可读性兼备。《列国志》之所以强调学术性，是因为这套丛书不是一般的"手册"、"概览"，而是在尽可能吸收前人成果的基础上，体现专家学者们的研究所得和个人见解。正因为如此，《列国志》在强调基本要求的同时，本着文责自负的原则，没有对各卷的具体内容及学术观点强行统一。应当指出，参加这一浩繁工程的，除了中国社会科学院的专业科研人员以外，还有院外的一些在该领域颇有研究的专家学者。

前言

现在凝聚着数百位专家学者心血、约计200卷的《列国志》丛书，将陆续出版与广大读者见面。我们希望这样一套大型丛书，能为各级干部了解、认识当代世界各国及主要国际组织的情况，了解世界发展趋势，把握时代发展脉络，提供有益的帮助；希望它能成为我国外交外事工作者、国际经贸企业及日渐增多的广大出国公民和旅游者走向世界的忠实"向导"，引领其步入更广阔的世界；希望它在帮助中国人民认识世界的同时，也能够架起世界各国人民认识中国的一座"桥梁"，一座中国走向世界、世界走向中国的"桥梁"。

《列国志》编辑委员会
2003年6月

CONTENTS

目 录

海地（Haiti）

第一章 国土与人民／3

第一节 自然地理／3

一 地理位置／3

二 行政区划／4

三 地形特点／5

四 河流与湖泊／7

五 气候／8

第二节 自然资源／9

一 矿物／9

二 植物／9

三 动物／10

第三节 居民／10

一 人口／10

二 民族／13

三 语言／15

CONTENTS

目 录

  四 宗教 / 18

第四节 民俗与节日 / 23

  一 民俗 / 23

  二 节日 / 28

第二章 历 史 / 29

第一节 印第安人时期 / 29

第二节 殖民地时期 / 32

  一 西班牙对海地的发现和殖民 / 32

  二 法国对海地的殖民统治 / 34

第三节 海地革命与海地独立 / 37

第四节 独立以后到 20 世纪初 / 42

第五节 美国对海地的占领 / 47

第六节 20 世纪 30 年代至 50 年代 / 52

第七节 杜瓦利埃家族的统治 / 55

  一 弗朗索瓦·杜瓦利埃的统治 / 55

  二 让－克洛德·杜瓦利埃的统治 / 60

第八节 20 世纪 80 年代中期至今 / 66

CONTENTS

目 录

第三章　政　治 / 79

第一节　国体与政体 / 79

　一　演变 / 79

　二　宪法 / 80

　三　国家元首和政府首脑 / 83

第二节　行政机构 / 84

　一　中央政府 / 84

　二　行政部门 / 85

第三节　立法与司法机构 / 85

　一　立法机构 / 85

　二　司法机构 / 86

第四节　政党团体 / 88

　一　主要政党和团体 / 89

　二　其他政治力量 / 91

第四章　经　济 / 94

第一节　概述 / 94

　一　经济发展简史 / 94

CONTENTS

目　录

　　二　经济结构和发展水平 / 98

　　三　基本土地制度及其演变 / 99

第二节　农牧业 / 102

　　一　概况 / 102

　　二　种植业 / 103

　　三　林业 / 107

　　四　畜牧业 / 109

　　五　渔业 / 111

第三节　工业 / 111

　　一　概况 / 111

　　二　制造业 / 111

　　三　建筑业 / 114

　　四　矿业 / 115

　　五　能源 / 116

第四节　交通与通信 / 118

　　一　公路 / 118

　　二　港口 / 119

　　三　航空 / 120

　　四　铁路 / 120

CONTENTS
目 录

　　　五　通信／120

第五节　金融／122

　　　一　金融业／122

　　　二　外汇储备和汇率／124

第六节　对外经济关系／125

　　　一　对外贸易／125

　　　二　外国援助／129

　　　三　外债／133

第七节　旅游业／135

第五章　军　事／138

第一节　概述／138

　　　一　军队发展简史／138

　　　二　警察／141

　　　三　准军事组织／143

第二节　对外军事关系／145

　　　一　与美国的军事关系／145

　　　二　与联合国的军事关系／146

CONTENTS
目 录

第六章 教育、文艺、卫生 / 149

第一节 教育 / 149

　一 教育的发展 / 150

　二 初等教育 / 152

　三 中等教育 / 153

　四 高等教育 / 154

　五 技术教育和职业教育 / 155

　六 扫盲与非正规教育 / 156

第二节 文学艺术 / 156

　一 文学 / 156

　二 绘画与雕塑 / 160

　三 建筑艺术 / 163

　四 电影 / 164

第三节 医药卫生 / 165

第四节 体育 / 167

第五节 新闻出版 / 168

　一 报纸、期刊和书籍 / 168

　二 广播、电视 / 168

CONTENTS

目　录

第七章　外　交 / 170

　第一节　外交政策 / 170

　第二节　同美国的关系 / 172

　第三节　同多米尼加的关系 / 176

　第四节　同中国的关系 / 178

　第五节　同拉美和加勒比国家的关系 / 180

　第六节　同其他国家的关系 / 182

附　录

　一　国旗、国徽 / 184

　二　重要人物简介 / 185

主要参考文献 / 187

CONTENTS
目　录

多米尼加（Dominican）

第一章　国土与人民 / 191

第一节　自然地理 / 191

　　一　地理位置 / 191

　　二　行政区划 / 192

　　三　地形特点 / 192

　　四　河流、湖泊和海湾 / 193

　　五　气候 / 194

第二节　自然资源 / 197

　　一　矿物、森林、土地 / 197

　　二　植物 / 198

　　三　动物 / 199

第三节　居民 / 200

　　一　人口 / 200

　　二　民族 / 205

　　三　语言 / 206

　　四　宗教 / 206

CONTENTS

目 录

第四节 民俗和节日 / 208
  一 民俗 / 208
  二 节日 / 214

第二章 历 史 / 225

第一节 哥伦布到达前的多米尼加 / 225
第二节 欧洲殖民时期 / 228
第三节 海地统治期 / 232
第四节 桑塔纳和巴埃斯统治时期 / 236
第五节 西班牙重新控制多米尼加（1861~1865年）/ 239
第六节 政权之争（1865~1882年）和厄鲁统治期（1882~1899年）/ 241
第七节 斯门尼斯派和巴斯克斯及卡塞雷斯派的冲突（1899~1916年）/ 244
第八节 美国军事占领期（1916~1924年）/ 246
第九节 特鲁希略家族的独裁统治期（1930~1961年）/ 249
  一 政治背景 / 250

CONTENTS

目 录

二 特鲁希略统治初期（1930～1934年）／251

三 极权主义统治和与海地的边界矛盾
（1934～1938年）／252

四 特鲁希略的幕后统治（1938～1942年）／253

五 昙花一现的民主斗争（1942～1947年）／254

六 失败的武装起义（1947～1952年）／255

七 埃克托尔·特鲁希略统治期（1952～1961年）／256

第十节 民选政府时期／258

一 后特鲁希略时期（民主政权过渡期）／258

二 内战与美国军事干涉（1965年）／260

三 华金·巴拉格尔政府（1966～1978年）／261

四 安东尼奥·古斯曼政府（1978～1982年）和
萨尔瓦多·豪尔赫·布兰科政府
（1982～1986年）／262

五 华金·巴拉格尔再度执政期（1986～1996年）／263

六 莱昂内尔·费尔南德斯·雷纳政府
（1996～2000年）／264

七 伊波利托·梅希亚政府（2000～2004年）／266

八 莱昂内尔·费尔南德斯·雷纳再度执政期
（2004年至今）／267

CONTENTS

目 录

第三章 政 治 / 270

第一节 国体与政体 / 270

　　一 国体与政体 / 270

　　二 宪法 / 270

第二节 行政机构 / 276

　　一 总统和副总统 / 276

　　二 政府各部 / 279

　　三 地方政府 / 281

第三节 立法与司法机构 / 282

　　一 立法机构 / 282

　　二 司法机构 / 287

第四节 政党、团体 / 290

　　一 政党 / 290

　　二 群众团体 / 299

第四章 经 济 / 300

第一节 概述 / 300

　　一 经济简史 / 300

　　二 经济结构 / 302

CONTENTS
目 录

　　三　发展水平 / 304
第二节　农业 / 310
　　一　发展概况 / 310
　　二　农业生产技术 / 314
　　三　种植业 / 314
　　四　畜牧业、林业和渔业 / 322
第三节　工业 / 325
　　一　采矿业 / 325
　　二　制造业 / 329
　　三　建筑业 / 336
　　四　能源业 / 337
第四节　交通与通信 / 342
　　一　交通 / 342
　　二　通信业 / 347
第五节　财政与金融 / 350
　　一　财政 / 350
　　二　金融业 / 352
　　三　汇率 / 356
第六节　对外经济关系 / 357
　　一　对外贸易 / 357

CONTENTS

目 录

　　二　外债 / 363
　　三　外国资本 / 365
　　四　主要经济关系 / 367
第七节　旅游业 / 368
　　一　发展史 / 368
　　二　主要旅游城市 / 373
第八节　国民生活 / 375

第五章　军　事 / 380

第一节　概述 / 380
　　一　建军简史 / 380
　　二　军队职责和培训 / 382
　　三　国防体制和国防预算 / 383
第二节　军种与兵种 / 384
第三节　兵役制度和军衔制度 / 388
第四节　重要军事节日 / 392

第六章　教育、科技、文艺、卫生 / 393

第一节　教育 / 393
　　一　发展简史 / 393

CONTENTS

目 录

　　二　教育改革 / 394

　　三　教育制度的原则 / 397

　　四　教育体系和机构 / 397

　　五　教育现状 / 400

第二节　科学技术 / 404

第三节　文学艺术 / 407

　　一　文学 / 407

　　二　戏剧电影 / 415

　　三　音乐舞蹈 / 416

　　四　美术 / 428

　　五　文化 / 432

第四节　医疗卫生 / 435

　　一　医疗保健体系 / 435

　　二　卫生和医疗保健水平 / 437

　　三　医药、医疗设备、医学教育和医学研究 / 438

　　四　医疗保健改革 / 439

第五节　体育 / 441

　　一　体育发展简史和主要体育机构 / 441

　　二　体育项目和著名运动员 / 442

CONTENTS

目 录

第六节 新闻出版 / 444
  一 报刊 / 444
  二 广播、电视 / 445

第七章 外 交 / 448

第一节 基本外交政策和外交状况 / 448
第二节 与美国的关系 / 451
第三节 与海地的关系 / 456
第四节 与其他拉美国家的关系 / 457
第五节 与中国的关系 / 459

主要参考文献 / 462

海 地
(Haiti)

赵重阳 编著

列国志

海 地
（Haiti）

第一章

国土与人民

第一节 自然地理

一 地理位置

海地位于加勒比海北部伊斯帕尼奥拉岛（La Isla Española）的西部，国土面积为 27797 平方公里，相当于该岛面积的 1/3。多米尼加位于伊斯帕尼奥拉岛东部，是海地唯一的陆上邻国。海地的南面是加勒比海，北濒大西洋，西与古巴和牙买加隔海相望，是一个三面环水的国家。海地有向西延伸的南北两个半岛，形状类似一块马蹄铁，海岸线全长约 1080 公里。[①] 两个半岛之间是戈纳伊夫湾（Ile de la Gonave）。

海地与多米尼加之间的边界线约有 360 公里，是海地唯一的陆上国际边界线。两国 1929 年签订边界条约，1930 年完成了 80% 的划界工作，1936 年解决了最后 5 个有争议地区的划界问题，使两国边界问题最终得到解决。两国边界大部分依山脉和河流划分，比如北部的马萨克河（Rivière du Massacre）和南部的

---

① 李明德主编《简明拉丁美洲百科全书》，中国社会科学出版社，2001，第 686 页。

佩德纳莱斯河（Rivière Pedernales），都是两国的界河；还有一部分边界是沿利博河（Rivière Libon）岸的一条公路划分的。在这条公路建成前，利博河曾是两国的边界线。

海地所在的伊斯帕尼奥拉岛战略位置非常重要。其东面是莫纳海峡（Mona Passage），西面是向风海峡（Windward Passage）。这两个海峡是连接北美和欧洲，以及中美洲和南美洲的主要通道。伊斯帕尼奥拉岛扼守这两个交通要道，历来是兵家必争之地。在殖民地时期，该岛便是当时西印度群岛的行政中心和西班牙殖民者侵占美洲大陆的基地，并因此被称为"美洲的母亲"。

二 行政区划

海地行政区划主要是按照自然地理地貌划定的，面积大小不一，人口差别也较大。海地首都为太子港（Port-au-Prince），全国共设10个省，[①] 省下设区，区下设市镇。10个省分别为：阿蒂博尼特省（Artibonite），省会戈纳伊夫（Gonaïves）；中部省（Centre），省会安什（Hinche）；大湾省（Grand Anse），省会热雷米（Jérémie）；北部省（Nord），省会海地角（Cap-Haïtien）；东北省（Nord-Est），省会利贝泰堡（Fort-Liberté）；西北省（Nord-Ouest），省会和平港（Port-de-Paix）；西部省（Ouest），省会太子港；南部省（Sud），省会莱凯（Las Cayes）；东南省（Sud-Est），省会雅克梅勒（Jecmel）；尼普省（Nippes），省会米腊关（Miragoane）。[②] 其中尼普省是

[①] http://en.wikipedia.org/wiki/Haiti. "Report of the Secretary-General on the United Nations Stabilization Mission in Haiti", P.17. http://www.securitycouncilreport.org/atf/cf/% 7B65BFCF9B-6D27-4E9C-8CD3-CF6E4FF96FF9% 7D/Haiti%20S2005124.pdf

[②] http://www.xzqh.org/waiguo/america/5014.htm

2003年新设立的。应该指出的是,西部省位于海地东部,在南部省的东北方,东南省的正北方。

三 地形特点

"海地"在早先当地印第安人语言中的意思是"多山的土地"。这一称呼非常形象,因为海地的山地面积占到国土面积的3/4,平原面积只占国土面积的1/4。全国海拔低于200米以下的地区还不到国土面积的20%,而海拔在450米以上的地区却占到国土面积的40%。海地的山脉多呈东西走向,连绵起伏的群山阻碍了国内各地区间的交通往来,同时也使各地区在发展过程中具有各自不同于其他地区的特色。此外,海地的领土还包括附近的一些岛屿。

海地全国主要分为三大地区:北部地区、中部地区和南部地区。

北部地区包括北部半岛在内,由北部山脉(Massif du Nord)和北部平原(Plaine du Nord)组成。北部山脉是多米尼加境内的科迪勒拉中央山脉(Cordillera Central)在海地的延伸部分,始于东部的边界地区,经过北部平原向西北方向延伸。北部山脉的山峰海拔虽然不是很高,在600~1100米之间,但非常险峻陡峭。其岩石构造复杂多样,包括沉积岩、岩浆岩和深成岩,山腰的断崖部分还可见到石灰岩。北部平原则从海地与多米尼加的北部边界向西展开,北濒大西洋,南倚北部山脉。该平原面积约为390平方公里,土地肥沃,部分由海洋侵蚀而成,部分则由河流冲积而成。在法国殖民时期,这里的种植园经济非常发达。

中部地区由两个平原和两个山脉组成。中央平原(Plateau Central)位于北部山脉以南,瓜亚莫克河(Rivière Guayamouc)从中间流过。中央平原是海地最大的平原,面积超过2000平方

海地

公里。其地势起伏不平,平均海拔约为300米,由于土壤层较薄,主要进行畜牧养殖。中央平原的西南部为努瓦尔山(Montagnes Noires),海拔约600米,其西北端最终归入北部山脉。努瓦尔山的西南部和阿蒂博尼特河(Rivière de l'Artibonite)之间是阿蒂博尼特平原(Plaine de l'Artibonite),面积约为780平方公里。该平原东部很窄,向西逐渐变宽,最西端至戈纳伊夫湾时,宽度可达64公里。该平原土质总体比较肥沃,但靠海地区的土壤碱性太大,不适宜发展集约化农业。中央平原以南则矗立着马特乌克斯山(Chaîne des Matheux)。该山是多米尼加境内的内瓦山脉(Sierra de Neiba range)的延伸,一直延伸到戈纳伊夫湾。

南部地区由库尔德萨克平原(Plaine du Cul-de-Sac)和峰峦起伏的南部半岛组成。库尔德萨克平原北靠马特乌斯山,南倚塞勒山(Massif de la Selle),东面与多米尼加交界,西至太子港湾(Baie de Port-au-Prince)的海岸,面积约390平方公里。该平原为沉积平原,最早曾是一片海水,后来由于两边河流的冲积,阻断了海水的进入,使原有的海水蒸发而形成平原。南部半岛的山脉是多米尼加南部山脉(southern mountain chain),即巴奥鲁科山(the Sierra de Baoruco)的延伸,东部为塞勒山,西部为奥特山(Massif de la Hotte)。塞勒山有几座山峰都在2100米以上,其中塞勒峰(Morne de la Selle)海拔2680米,是海地的最高峰。奥特山的海拔则从1270米至2255米不等。

海地还有4个较大的岛屿:戈纳伊夫岛(Ile de la Gonave)、托尔图加岛(Ile de la Tortue)、大卡耶米特岛(Grande Cayemite)和阿瓦克岛(Ile à Vache)。戈纳伊夫岛是海地最大的岛屿,长60公里,宽15公里,面积约207平方公里。岛上遍布丘陵,地形崎岖,最高点为拉皮埃尔山(Morne la Pierre),海拔约为762米。托尔图加岛是海地第二大岛,面积约为180平方公里,位于北部半岛以北，同和平港市遥遥相望。阿瓦克岛位于南部半岛以南；大卡耶米特岛则位于南部半岛以北的戈纳伊夫湾中。

四 河流与湖泊

海地境内有 100 多条河流和溪流，分别流入大西洋和加勒比海。由于地势的原因，没有一条河是向东经多米尼加而入海的。这些河在旱季的流量非常小，而在雨季则水流湍急。从 19 世纪早期起，海地便形成了用帆船进行货运的运输网。但由于河水较浅，无法进行大宗货物的航运。海地的河流对于农业灌溉来说非常重要。

海地最大的河流是阿蒂博尼特河。该河起源于北部山脉的利博河。利博河穿过边界流入多米尼加境内，又沿两国的边界流回海地境内后，被称为阿蒂博尼特河，最终注入戈纳伊夫湾。该河横贯海地中部，长约 400 公里，其流量是其他河流的 10 倍。该河旱季水深只有 1 米，有些地方甚至完全干涸；雨季时水深可超过 3 米，并且极易泛滥成灾。瓜亚莫克河是阿蒂博尼特河最主要的支流之一，长 95 公里。

莱特鲁瓦里维耶尔河（Trois Rivières）是海地第二长河，在和平港市流入大西洋，是北部地区最主要的河流，长 150 公里，平均宽 60 米，水深约 3 至 4 米。大湾河（Grande Anse）是海地第三大河，在南部半岛的热雷米市附近入海。马萨克河和佩德纳莱斯河都起源于多米尼加境内，最终分别流入大西洋和加勒比海。

海地最大的湖泊是伊坦沙乌马特湖（Etang Saumatre），位于库尔德萨克平原的东端，是咸水湖，海拔 16 米，面积约 181 平方公里。海地还有一些面积较小的天然湖泊和一个名为佩利格尔湖（Lac de Péligre）的水库，该水库建于阿蒂博尼特河上游。阿

海地

蒂博尼特河的上游从努瓦尔山和马特乌克斯山之间流过,水流非常集中而且十分湍急,适宜修建水库。该水库于1930年代开始修建,1956年建成,水库的修建使阿蒂博尼特河的流量得到了控制。在此之前,该河流量完全随季节的变化而变化,最大时波涛汹涌,最小时则成为涓涓细流。

五 气候

海地地处北纬18°~20°,西经71°30′~74°30′之间,属热带气候,长年刮东北季风。海地的11月至次年3月为旱季,4月至10月为雨季。由于境内多山,各地的气温和降雨量差别较大。

海地的年平均降雨量为1400~2000毫米,但分布极不均匀。由于季风从伊斯帕尼奥拉岛的东北方向吹来,因此,向北和向东的坡面降雨较多,高原地区比平原地区的降雨多。也正因为这一原因,位于伊斯帕尼奥拉岛西部的海地要比位于该岛东部的多米尼加干燥一些。海地的夏天多雷暴,秋季是飓风的多发季节,飓风往往伴随着大量降雨。但由于大多数飓风都是从伊斯帕尼奥拉岛的北部或南部袭来,因此海地遭受飓风的次数要少于多米尼加。首都太子港三面环山,较少受飓风袭击。

海地的年平均气温在24℃~27℃之间,但受海拔高度的影响,不同地区的气温差别较大。平原地区的气温通常较高,冬季为15°C~25°C,夏季平均气温为25°C~35°C。山区的气温要相对低一些。太子港位于库尔德萨克平原的东端,北有马特乌克斯山,南有塞勒山,挡住了从北面吹来的海风,因此气温较其他地区要高。而地处太子港近郊的肯斯可夫(Kenscoff)由于海拔较高,气温要比太子港低8°C左右。但不管怎样,海地大部分地区的年温差都低于5.6°C,只有一些海拔较高的山区年温差为5.6°C~11.2°C。

第二节 自然资源

一 矿物

海地的矿产资源无论在种类和数量上都非常有限,而且几乎都已经被开发。最重要的矿产是铝矾土(Bauxite),储量较多的南部半岛和北部半岛也因此成为海地矿藏储量最多的地区。有少量铜矿,多集中在北部山脉,20世纪60年代早期就开始在这一地区进行开采。在北部山脉的马卡克山(Morne Macaque)地区还有一些未开发的锰矿,中央平原则有储量较大的褐煤。此外还有一些金矿和银矿。为了满足当地消费的需要,海地很多地区还断断续续地进行一些石灰石、沙子、沙砾、黏土、建筑石料和食盐等的开采和加工。其他矿产还有铁、锑、石墨、锌、镍、煤、硫黄、大理石、斑岩和石膏等,但由于储量太少而无法进行商业开采。迄今为止,在海地并没有勘探到石油和天然气。总之,同在伊斯帕尼奥拉岛上,海地的矿产资源要比多米尼加贫乏得多。

二 植物

海地曾一度被热带雨林所覆盖,举目皆为加勒比松(Caribbean pine),后由于农民大规模开垦土地、砍伐树木烧制木炭,造成海地的森林面积迅速减少。目前,海地的森林所剩无几,有商业价值的树林几乎绝迹,土地沙化现象非常严重。

海地的沿海地区,特别是东北部沿海地区还生长有红树林。库尔德萨克平原较为干旱的地区、阿蒂博尼特平原、北部半岛的南部沿岸以及中央平原,主要植被为灌木林和草原。拉塞尔山海

海地

拔较高的地区还可见到大片的松林，是目前海地主要的禁伐林区。一些山区偶尔还能见到桃花心木（mahogany），由于濒临灭绝，政府禁止对其进行采伐。在一些非常陡峭而无法开垦的山崖上还生长有橡树、雪松、花梨木（rosewood）。海拔较低、温暖潮湿的沿海地区还可见到椰子树。

除了南部地区的松林以外，在海地农村地区很少能见到树林。可见到一些果树，如鳄梨树（avocado）、柑橘树、酸橙树以及樱桃树等。一些地方还可见到高大的桫椤（tree ferns），以及可用于食用和药用的树木和植物，数目约有20种。

三 动物

伊斯帕尼奥拉岛除了啮齿类动物外，没有本土生长的哺乳动物，但有爬虫类动物，包括鳄鱼，大鬣蜥，蜥蜴，以及几种无毒的蛇。可见到多种昆虫和蜘蛛类的节肢动物，比如蜘蛛、蝎子、蜈蚣等。它们虽然有毒，但很少是致命性的。在鸟类中，可见到鹦鹉、野鸽子、珍珠鸡、鸭子和织巢鸟等。库尔德萨克平原的盐水湖中，还可见到白鹭和火烈鸟。

第三节 居民

一 人口

海地是西半球人口密度最大的国家之一。海地自1804年独立以来共进行了4次人口普查，分别在1950年、1971、1982和2003年进行。1918~1919年，海地进行的一项调查表明，当时全国人口约为190万，1950年进行第一次正式人口普查时，全国人口已达到341万。1971年第二次人口普查显示，全国人口为432万，至1982年全国人口已增至505万。第

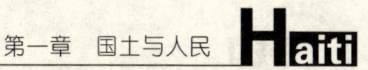

四次普查于 2003 年 1 月 12 日开始，历时 20 多天。根据政府公布的结果，当时海地人口为 793 万，63％的人口分布在西部、北部和阿蒂博尼特地区。第五次人口普查将于 2013 年进行。[①] 有专家指出，海地政府进行的人口普查都非常不全面，统计出的人口数远远低于实际的人口数。据国际货币基金组织统计，2006 年海地人口约为 950 万，人口年增长率 1.6％。海地是西半球最贫穷的国家，所有的社会指标都非常低，78％的人口每日生活水平在 2 美元以下，54％的人口每日生活水平在 1 美元以下，年人均收入只有约 450 美元，还不到拉美平均水平的 15％。

海地城市人口在 20 世纪 70 年代以后显著增长，太子港是海地最大、人口增长最快的城市。1971～1982 年太子港市的人口年增长率约为 3.5％，而其他城市地区人口的年增长率约为 2.4％。2004 年太子港的人口约为 197.7 万，占全国人口的 24％。第二大城市海地角的人口约为 14.5 万；戈纳伊夫和莱凯的人口分别约为 12 万和 9 万。

海地农村人口的生育率高于城市人口的生育率，但增长率低于城市人口的增长率，占总人口的比重则呈下降趋势。1990 年海地农村人口约为 482.5 万，占总人口的 69.5％；2000 年约为 517.3 万，占总人口的 61.9％；2005 年约为 532.6 万，占总人口的 58.2％。[②] 出现这种情况的主要原因是大量农村人口向城市移民，或移居到其他国家，致使农村地区人口的生育率虽然高，增长率却比较低。

海地的移民问题比较突出。由于政局动荡、生活贫困和缺乏就业机会等原因，近几十年来大量海地人移居国外，约有 30％

[①] 中国海地贸易发展办事处网站，http：//haiti.mofcom.gov.cn/aarticle/jmxw/200310/20031000136652.html

[②] ECLAC：Statistical yearbook for Latin America and the Caribbean，2005

海地

的海地家庭都有"近亲"在国外生活,大部分居住在美国、多米尼加和加拿大等国,巴哈马、法国和其他加勒比国家也是海地人经常移民的国家。

美国是海地最大的移民目的地国家,约有 200 万海地人和海地裔美国人生活在美国,纽约、迈阿密、波士顿、芝加哥和费城等城市都有规模很大的海地人聚居区。其中居住在纽约州的海地人约为 50 万,佛罗里达州约为 38 万人。成千上万的海地人持非移民签证非法移居到美国,还有一些人进入美国时根本没有任何证件,多为乘船从海上偷渡至佛罗里达等地。虽然美国和海地签订有阻止非法移民以及将有移民倾向的人送回海地的协议,但偷渡活动仍在继续。

多米尼加是另一个海地人移民的主要国家。据估计,目前约有 100 万海地人居住在多米尼加。从 20 世纪早期开始,大量海地人便开始越界前往多米尼加,临时或永久性地居住下来,打工挣钱以养家糊口。这些人大多为非法移民,主要从事甘蔗砍伐和建筑业等方面的工作。他们没有身份证件,居住条件恶劣。20 世纪 80 年代早期,多米尼加的砍蔗人约有 80%～90% 是海地人。2005 年,多米尼加人口约 920 万,其中混血种人占 73%,白人占 16%,黑人占 11%;[1] 在多米尼加的外国人约有 120 万,其中绝大部分是海地人。[2] 由于在多米尼加的海地人越来越多,其与当地人的纠纷时有发生。多米尼加政府担心这样会影响该国的人口结构和社会稳定,因此不断遣返海地非法移民。从 20 世纪 90 年代末至 2006 年,有数万名海地人被遣返,2007 年 1 月又有几千名海地人被遣返。

---

[1] 李明德主编《简明拉丁美洲百科全书》,中国社会科学出版社,2001,第 583 页。
[2] The Economist Intelligence Unit Country Frofile 2006: Dominican Republic, p. 10.

加拿大和巴哈马也是海地人移民的主要目的地。加拿大的魁北克省是海地人主要聚居地之一。巴哈马离海地非常近，且位于海地和美国的佛罗里达州之间，许多想偷渡到美国的海地人便以巴哈马为中转站，但最终只能滞留于当地。2004年，仅被巴哈马发现、拦截并遣返的海地人就有2000多人。据估计，目前约有7万多个海地人居住在巴哈马。

海地人大量移居国外，缓解了国内人口增长速度过快给社会造成的压力，而且移民们每年汇回国内的汇款高达10亿美元，这使许多贫困家庭的生活得以维持，也为海地经济注入大量资本。但是，由于移居国外的多为受过教育并有一定技术的人，造成海地国内技术人才和熟练工人的大量流失。

二 民族

在西班牙殖民者到达伊斯帕尼奥拉岛之前，居住在岛上的印第安人为泰诺人。当时他们的社会已分化为贵族、平民和奴隶阶层，但仍处于原始公社制的末期，受酋长的统治。泰诺人以务农为主，兼营渔猎；饲养的家畜只有狗，而家禽则只有鹦鹉。泰诺人也发展有若干手工业，如制陶、编筐、木工和石工等。在当时西印度群岛土著居民中，泰诺人的经济文化水平最高，并曾征服过周围的一些落后部落。但在西班牙人入侵后不到一个世纪，他们便因不堪奴役和压迫，以及由殖民者带来的疾病而趋于灭绝，只留下人数很少的混血后裔。

在西班牙和法国殖民统治期间，殖民者从非洲运来大量黑奴。当时的海地社会主要由白人殖民者、黑人奴隶，以及黑白混血种人和自由黑人组成。白人是当时海地社会的统治阶层，生活骄奢，享有无上的权威，对黑人残酷剥削。混血种人多为白人奴隶主与黑人女奴结合而生下的孩子。他们虽为自由民，有一些还比较富有，甚至还拥有黑人奴隶，但社会地位仍然低于白人。黑

海地

人奴隶则处于社会的最底层,由于生活和工作条件极度恶劣而大批死亡。这使得奴隶主必须不断从非洲运来新的奴隶。在这种情况下,1791年海地爆发奴隶起义时,大部分奴隶都是在非洲而非海地出生的。

目前海地人口中黑人占95%,混血种人和少数民族占5%。海地中上阶层主要由混血种人组成。他们居住在大城市,受教育水平较高,身居要职,收入丰厚并拥有大量财产,生活方式法国化,并多使用法国姓氏。19世纪末到20世纪初,随着欧洲和中东移民的到来,又增添了一些德国、英国、丹麦和阿拉伯的姓氏。殖民地时期的白人在1791~1804年独立革命期间大部分被杀或逃离海地,目前海地的白人主要是独立后来自美国和地中海地区的移民及其后裔。他们人数不多,属于中小资产阶级,一般为手工业者、小商人、教师、律师、技术人员等。黑人占海地人口的绝大多数。虽然海地在独立后废除了奴隶制,但奴隶制对海地社会所造成的影响至今没能根除。黑人绝大多数生活在农村,以种地为生,非常贫困,处于社会的最底层。可供他们选择的生活方式非常少,除了务农以外,另一个选择就是服兵役,但只有极少数黑人能够出人头地。虽然海地历史上,尤其是近代史上也出现过黑人总统,而且还出现了一批被称为"精英"的黑人领袖,但这并没有改变黑人的命运。正如海地一句谚语所说的:"黑人富了,他便被认为是混血种人;混血种人穷了,他便被认为是黑人。"[①]

海地的少数民族主要为阿拉伯人,是叙利亚、黎巴嫩和巴勒斯坦商人的后裔。19世纪末,来自中东的商人开始到海地和加勒比其他地区进行贸易活动。他们最初做商贩,贩卖纺织品和其他干货;渐渐地开始从事货物的进出口贸易,并因此引起海地人

[①] 高放主编《万国博览·美洲卷》,新华出版社,1999,第504页。

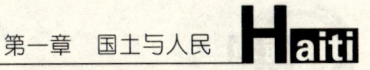

和其他外国竞争者的敌意。他们在海地定居并生儿育女，许多人将法语和克里奥尔语作为他们的第一语言，加入海地国籍，并融入海地的中上阶层。虽然海地混血种人"精英"阶层和上层社会对阿拉伯人持排斥态度，但随着时间的推移，阿拉伯人已经开始同海地上流社会的人通婚，并进入到上层社会生活的各个层面，包括学术界和工业界。

三 语言

海地的官方语言为法语和克里奥尔语（Creloe）。实际上，只有居住在城市里的中、上阶层的人才会讲法语，人数只占总人口的10%。大部分海地人只懂克里奥尔语。能同时讲这两种语言的人只占总人数的5%，多为海地的中产阶级。海地的这种语言使用模式在殖民地和独立时期就已经被确定下来了。

法语 法语既是海地的官方语言又是商业用语，在文化、社交场合和正式的私人场合也使用法语。能否讲一口流利的法语是评定一个人出身高低的标准之一。在殖民地时期，讲法语被看做是一种优雅的表现，只有白人和受过教育的自由混血种人才讲法语。海地独立后，奴隶制被废除，所有的海地人在法律上是平等的。但是，保持法国的生活方式和讲法语成为区分上层社会和下层社会的关键性标志，同时也赋予了混血种人高于黑人的社会地位。在上层社会中，讲法语的流利程度比肤色更能体现出一个人的身份。而讲双语的中产阶级则对法语怀着一种矛盾的心态：一方面，由于经常会遇到一些讲法语的场合，他们必须能够熟练地运用法语，如果无法讲一口流利的法语，无异于表明他们是出身于下等阶层；另一方面，普通民众却认为讲法语的人多来自上等阶层，而这些人是伪善的。"讲法语"这个词在克里奥尔语中的意思就是"成为一个伪君子"。因此，语言问题给中产阶级带来

海地

非常大的压力,他们在正式场合一定讲法语,甚至比那些出身于上层社会的人更看重这一点。此外,个人身份、地位和观念的不同也会对人们选择使用何种语言产生影响。性格比较随意且比较开放的人往往会讲克里奥尔语,以体现他们的黑人意识和对本土文化的认同;较保守或正努力向上层社会靠拢的中产阶层的人,则坚持在各种场合都讲法语。

克里奥尔语 克里奥尔语往往只在非正式场合使用,是海地广大民众使用的语言。这也就意味着绝大多数讲克里奥尔语的海地民众会被排除在政界、政府部门和学术活动之外。关于克里奥尔语的起源主要有两种观点:一种认为克里奥尔语是法国人在进行奴隶贸易过程中,法语被讹用和非洲化而产生的。为了使奴隶更好地理解并执行他们的命令,殖民者们简化了法语,引入了一些西非语言的语法。这使得下层社会的人开始讲一种混杂法语,即克里奥尔语。这种观点认为克里奥尔语是一种土语,而非独立的语言。但是,多数语言学家则持另一种观点。他们认为克里奥尔语是一种非常成熟的语言,在法国对海地殖民之前就已经存在了。它起源于法国人进行海上贸易时所用的行话,特点是吸收了西部非洲部落语言的语法。加勒比克里奥尔语(Caribbean Creole)有许多语支,不同语支之间非常相似,这表明克里奥尔语不是在单个殖民地独自发展演化而成的。它融合了法国好几个省的方言。在非洲的奴隶市场和法国的殖民地,不论是白人还是黑人都使用这种混合语。

不论克里奥尔语的起源如何,它都是一种独立的语言而非被俚语化的法语方言。尽管绝大多数克里奥尔语的词汇来自法语,但它的语法与法语并不相同,这两种语言也不是互通的。所有海地人都为克里奥尔语感到骄傲,认为它是一种表达方式,并认为它是国家语言。但是,也有许多海地人认为克里奥尔语并不是一种语言,因为"它没有语法"。因此,大多数海地人并不看重他们的国语，反而赋予法语很高的地位。

　　进入 20 世纪，人们对于克里奥尔语的态度发生了变化。美国 1915 年起对海地的侵占，进一步迫使海地知识分子面对自己根源于非洲的事实。不断增强的黑人意识和日益高涨的民族主义倾向，使许多海地人把克里奥尔语当作这个国家"真正的"语言，主张扩大克里奥尔语的使用范围。而出于政治和思想观念两方面的原因，社会抗议文学也开始使用克里奥尔语。1925 年海地出现了第一本克里奥尔文课本，1943 年有了第一份克里奥尔文报纸。20 世纪 50 年代开始，一场给予克里奥尔语官方地位的运动慢慢发展起来。1957 年海地宪法虽然仍确定法语为官方语言，但允许在一些公开场合使用克里奥尔语。1969 年海地通过法律，给予克里奥尔语有限的法律地位：可以在立法机关、法庭和俱乐部等场合中使用，但不能在正式的教育机构中使用。1979 年，克里奥尔语成为一种教学语言。1983 年宪法规定克里奥尔语和法语都是国家语言，但仍指定法语为官方语言。1987 年宪法最终确定克里奥尔语与法语同为官方语言。

　　在 20 世纪 70~80 年代，使用克里奥尔语的场合越来越多，甚至在一些正式场合中也开始使用克里奥尔语。以前在上层社会的晚餐中都严格地使用法语，后来逐渐变成法语和克里奥尔语并用，即使在讲同一句话时也会出现两种语言间相互转换的现象。广播和电视节目也开始广泛使用克里奥尔语，因为只有这样才能吸引绝大多数民众的关注。

　　英语　英语作为一种重要的国际商务语言，在海地也被越来越广泛地使用，甚至影响到人们对法语的态度。随着海地对美国贸易的增长和主要由美国投资者投资的装配业的发展，海地人向美国的移民，以及许多上层社会的人将子女送到北美学习深造，海地社会对英语重要性的认识越来越深刻。英语还打破了海地社会阶层的界限。在 20 世纪 50~80 年代，海地处于杜瓦利埃家族的独裁统治之下，大批讲法语的上层社会人士流亡美国，他们在返回海地时都说着流利的英语。而许多曾在美国生活的、只会讲克里奥尔语的海地人，在回国时也说着流利的英语。对许多讲克里奥尔语的海地人来说，学英语比学法语更实用，在学习和使用的过程中遇到的心理和社会障碍也比较小。通过私营有线电视网播放的英语电视节目非常受欢迎，这使得海地人更加熟悉这种语言。随着海地人向美国移民数量的增加，以及与北美国家贸易的增长，一些英语单词也被引入克里奥尔语。

此外，西班牙语在海地的运用也相当广泛，主要是因为大量海地人移居讲西班牙语的多米尼加造成的。

四　宗教

在西班牙殖民统治期间，天主教传入了海地。现在海地的居民中80%的人信奉天主教，16%的人信奉基督教新教，其余的人不信教或信奉其他宗教。需要指出的是，海地农村地区伏都教（Voodoo）非常盛行。

天主教　天主教传教士于1493年首次来到伊斯帕尼奥拉岛。在海地独立以前，天主教对当时殖民地人民生活的影响十分有限。由于惧怕对奴隶们进行宗教宣传会不利于对他们的统治，种植园园主们对传教士持敌视态度。海地独立后，虽然将天主教定为官方宗教，但梵蒂冈教廷却一直拒绝承认海地政府。1860年，梵蒂冈与海地签订协约，承认了海地。协约规定：天主教是大多数海地人信仰的宗教，因而享有独特的地位；天主教会和教会神职人员受到政府的特别保护；在太子港设大主教；主教人选由海地总统提出，再经教廷批准，薪金由国家支付。此外，协约还规定主教、神职人员以及任何宗教机构的领袖都必须宣誓忠于国家；任命代理主教、神父等须经总统批准；教会及信徒在每次弥撒结束时，都须通过祈祷向总统表示敬意；教会须在政府的外交和宗教事务部门登记等。

天主教团体和神职人员最初只对上层社会的人传教。一直到20世纪中期，绝大多数牧师都还是讲法语的欧洲人，他们与海地广大民众的文化观完全不同。此外，在对待伏都教方面，天主教神职人员总体上都持敌视态度。他们于1896年和1974年发起了两次大规模的反伏都教运动，并促使政府将伏都教仪式定为非法活动。天主教信徒们还捣毁了与伏都教有关的宗教设施和器物，并对伏都教信徒进行迫害。不过，总体而言，天主教神职人员将主要精力用于对城市人口传教，而不是根除伏都教。海地的民间文化也对天主教产生了一些影响。到20世纪70~80年代，天主教的仪式上开始越来越多地使用克里奥尔语和鼓乐。但是，将民间因素引入礼拜仪式并不意味着天主教会对伏都教的态度有所改变。

与此同时，海地民族主义者则对天主教存有怨恨情绪，主要是因为天主教由欧洲传入，并且与占统治地位的混血种人结成了联盟。杜瓦利埃是海地历史上反对天主教最厉害的一个总统。在1959~1961年间，他驱逐了太子港的大主教、耶稣会士团体和大量牧师。作为回应，梵蒂冈教廷则将杜瓦利埃逐出教会。1966年，海地与梵蒂冈的关系得以恢复。梵蒂冈同意海地人可以担任大主教，主教由海地总统任命。

到20世纪80年代中期，教会对待农民和城市贫民的立场发生了巨大转变，开始关注这些人的生活状况。1983年，教皇保罗二世访问海地。在访问期间，他在讲话中提到："必须改变这里的现状。"在此之后，天主教会和一些民间人士开始呼吁改善海地的人权状况。1985~1986年，海地人民开展了反对小杜瓦利埃统治的运动，天主教会在其中发挥了重要作用。许多神职人员参与到运动中去，主教们也经常对杜瓦利埃政权的高压政策和违反人权的行为进行谴责。一个名为太阳电台（Radio Soleil）的

海地

天主教广播电台还在此期间不断向外界公布政府的反动行为,并鼓励反对杜瓦利埃政府的运动。这些都对杜瓦利埃家族最终的倒台起到了重要作用。

在杜瓦利埃家族倒台之后,教会便很少参与海地的政治活动。海地1987年宪法将克里奥尔语和法语都列为海地的官方语言,并提出保证基本人权、保护伏都教的权利。虽然20世纪80年代天主教与伏都教间的紧张关系并未消除,但教会对这部宪法还是采取了支持的态度。

伏都教 虽然海地的官方宗教是天主教,但伏都教在民间、特别是农村地区的传播却更为广泛。绝大多数海地人在信奉天主教的同时也信奉伏都教,并参与伏都教的活动。他们并不认为同时信奉两者有任何冲突。伏都教已经渗透到海地人生活中的各个层面,人们的衣、食、住、行,乃至举手投足间都可见到伏都教的影响。从这一意义上来说,伏都教也可被称为海地的国教。

许多人认为伏都教是一种巫术,但实际上它是一种信奉家庭神灵的、平和的宗教信仰。海地人祭拜家庭神灵的仪式与巫术活动也是有区别的。其实,很多海地人并不认为伏都教是独立的宗教,也不认为自己是伏都教信徒。在海地并不存在"伏都教"这个词。克利奥尔语中"伏都"(vodoun)指的是舞蹈,在一些地区则是对某一类神灵的称谓。

伏都教的信仰体系是以家庭神灵为基础的,这些神灵来自父母双方的家族。他们常被称作"洛阿神"(loua)。[①] 洛阿神保佑他们的"孩子们"远离不幸,每个家庭则通过定期举行祭拜的形式向洛阿神提供食品、饮料以及其他礼物作为回报。供奉洛阿神的仪式共有两种:一种是一年举行一次;另一种举行的次数要少得多,通常是一代人(a generation)才举行一次。但是,

---

[①] http://lcweb2.loc.gov/cgi-bin/query/r?frd/cstdy:@field(DOCID+ht0041)

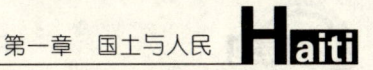

许多贫困的家庭常常是在感到需要时才举行仪式,以恢复与神灵的联系。祭祀仪式通常是在建于自家土地上的礼拜堂举行。伏都教中的洛阿神非常多。尽管不同的家庭和地区信奉的洛阿神也不相同,但总体上洛阿神可分为两类:拉达神和彼得罗神。拉达神起源于非洲宗教,而彼得罗神则起源于海地本土。拉达神被看做是"可爱的"洛阿神;彼得罗神则被看做是"凶恶的"洛阿神,因为他们比较贪婪,向"孩子们"索取的贡品要多于拉达神。

洛阿神通常与人一样有喜、怒、哀、乐,并具有鲜明的个性。他们有的好,有的坏,有的反复无常,有的贪得无厌。他们通常是通过使人生病的方式来表达自己的不满,因此伏都教经常会举行一些看病和治病的活动。洛阿神并不是自然的神灵,没有使农作物丰收或风调雨顺等能力。一个家庭的洛阿神对别的家庭的成员也不具威力,无法保护或伤害他们。因此,伏都教信徒并不信奉别的家庭的洛阿神。

洛阿神通过家庭成员的梦境,或使他们进入恍惚状态的方式显灵。许多海地人相信洛阿神能够临时占据"孩子们"的身体。男人和女人们通过进入恍惚状态的方式与特定的洛阿神交流。伏都教信徒认为,神灵能够临时改变人的个性。当人们进入恍惚状态时会感到晕眩,而在恢复意识后通常不记得发生过的事情。进入恍惚状态的情景通常都发生在祭祀洛阿神的仪式或是为洛阿神而跳的伏都舞的过程中。当洛阿神向进入恍惚状态的人们显灵时,他们可能会对未来的疾病或灾难提出警告或解释。

伏都教的男性祭司称作"曼甘斯"(houngan),女性祭司称作"曼婆斯"(manbo),他们通过预言和进入恍惚状态的方式沟通人类和神灵的世界。他们为信徒诊断病情,并揭示其所遭遇不幸的根源。他们也主持仪式以敬奉神灵和祖先,或者去除人们所中的巫术。许多伏都教祭司都是高明的医生,熟知各种草药的性能,并能治愈各种各样的疾病。与天主教和新教不同,伏都教没有固定的教义和严密的组织。每一个伏都教祭司都是通过向信徒提供帮助来建立自己的威信。

此外,在伏都教中,家庭的祖先与家庭供奉的洛阿神同样被视为是最重要的神灵。因此,海地人的葬礼都经过精心安排,遍布乡间的坟墓也都被装饰得非常华丽。这些都显示出海地人对死者非常重视,死者在生者心中占有重要的地位。海地人相信死去的人能够驱使活着的人建造坟墓并出售土地,也可以通过梦境向活着的人提出建议或发出警告。在这种情况下,死者的角色就与家庭供奉的洛阿神很相似了。伏都教信徒还相信,对于一些洛阿神,人们可以通过付钱的方式让他们保护自己,给自己带来好运或不受邪恶的侵害;同时人们也相信,接受了自己钱财的灵魂也可以使自己的敌人生病,以达到惩罚他们的目的。

由于伏都教对海地人的影响非常巨大,海地著名的独裁者杜瓦利埃在其统治期间就曾试图利用伏都教的影响来稳固自己的政权。他曾宣称自己有很高的法力,还将一些伏都教祭司征募到当时的特务机构"通顿马库特"(Tontons Macoutes)中,以帮助他全面控制海地人的生活。但是,由于伏都教本质上是一种以家庭为基础的信仰,杜瓦利埃并没能达到将这种宗教政治化的目的。

新教 海地独立之时,新教就已经传到海地。当时海地的新教团体非常少,主要是来自北美的浸信会、卫理公会和主教派。海地几乎有一半的新教徒都属于浸信会,其次为五旬节会,其他的教派还有耶稣复临教、摩门教,以及长老会等。到20世纪50年代,信奉新教的人数开始增多。新教教义在海地中、上阶层的传播比较广泛。

与天主教相比,新教教会很早就开始在海地下层社会进行传教活动,即使在很小的村子里也能看到教堂和神职人员。新教的神职人员在传教时使用克里奥尔语而不是法语。新教在促进教育

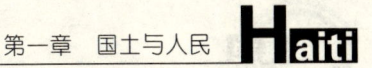

方面起了重要作用。他们建立的学校和诊所使最普通的海地民众受惠。新教的神职人员还免费举行洗礼，并为人们主持婚礼。

新教对伏都教采取了对立的态度。皈依新教的人虽然不一定会反对伏都教，但会避而远之。大部分新教徒都将洛阿神视作恶魔。有些海地人皈依新教是因为觉得洛阿神没能保护他们；而另一些皈依者则只是想多一种帮助他们远离厄运的方式而已。

杜瓦利埃执政期间虽然反对天主教，但对新教则采取了欢迎的态度，尤其是那些来自美国的新教教派。每一个新教教派要想在海地立足都必须依靠政府的支持，同时还要面对来自其他新教教派和天主教的竞争，所以他们基本上都对杜瓦利埃政权采取顺从的态度。但是，在推翻小杜瓦利埃的日子里，很多新教领袖与天主教神职人员一起参加了反对政府的运动。

第四节 民俗与节日

一 民俗

服饰 在整个加勒比地区，海地人的服装色彩是较为丰富的，不论是混血种人还是黑人都是如此。

海地的上层社会多为混血种人，穿着非常考究。他们通常穿西装、打领带，在社交场合还要穿礼服。由于皮鞋在海地是阶级特权的标志之一，因此，不管天有多热，他们都会穿皮鞋。但在非工作时间，其衣着风格还是比较休闲随意的。女性在家里或进行休闲活动时通常穿短裤和宽松的衣服，但在太子港的公共场合看不到穿短裤的女性。由于许多上层社会的人是在法国接受的教育，他们的服装主要追随法国流行服装的样式。在太子港就有许多为人量身定做衣服的裁缝，还有许多服装专卖店，店主都自称在巴黎进修过服装设计，出售据称是自己设计的服装。

海地

工薪阶层的穿着比较随意。男士平时只穿质地轻薄的衬衣和长裤。女士穿式样简洁的开领上衣和西装裙,通常在腰部系一条腰带,头上扎一条大花丝质大手帕。虽然服装件数并不很多,但都有几套高档服装,打理得非常整洁、合体,以备在出席特殊场合时穿着。

农民的穿着与城市里的工人类似,但式样上会有些过时,款式也不多。农村妇女喜欢穿浅色的衣服,许多衣服都是买减价布料自己缝制的。这方面的花费占家庭支出的很大一部分。在田里劳动的时候,不论是男人还是妇女都习惯戴一顶宽檐草帽。从成年人到儿童都赤脚,或穿用旧轮胎等材料做成的凉鞋,成品鞋被当作奢侈品。由于海地法律规定在城市中心区走路时必须穿鞋,因此农民进城时都是带着鞋,在快进城的时候才穿上。

饮食 海地的饮食融合了法国、非洲和西班牙饮食的特色,菜肴品种多样,而且非常美味可口,在加勒比地区独树一帜。较著名的菜肴有五香虾肉、橙汁拌野鸡肉、海龟肉、野鸭,以及用棕榈叶心拌的沙拉。海地饮食中的调料品种非常丰富,较著名的是一种用洋葱和香草制成的名为蒂玛利斯(timalice)的调料。而海地传统菜肴中较著名的是一种叫做卡拉鲁(calalou)的汤,先将咸猪肉、蟹肉、胡椒粉、洋葱、菠菜、秋葵,以及红辣椒粉混合在一起炖一个小时以上,然后再拌着米饭食用。其他知名的传统菜肴还有被称做达索(tassot)的烤肉,以及一种用碎甘薯、无花果、香蕉和调料做的布丁。

海地人日常食用的粮食富含淀粉,主食主要有玉米、小米、树薯、大米和香蕉等。与城市居民相比,农村地区的人们较少食用面包。绿色蔬菜在海地生长得很好,在太子港可以吃到种类丰富的时令蔬菜。但是,在农村地区,人们可食用的蔬菜品种非常有限,主要食用采摘的野菜。除此之外,柑橘类水果、鳄梨、面包果和芒果也被广泛食用。其中芒果富含维生素,但只能季节性食用。

肉类在城市中的供应比较充足，销售量也较大。牛肉和羔羊肉的价格较贵，大多数海地人都买不起，日常食用的肉主要是山羊肉和猪肉。一般农民都会在家里养几只鸡，但只有城市中的市场才会有鸡蛋出售。海地人较少食用牛奶。鱼类和贝类等水产品种类非常丰富，但主要集中在太子港地区销售。

海地人对糖的摄入量非常大，主要是通过食用一种名为拉巴杜（rapadou）的糖浆摄取的。这种糖浆是在制糖过程中生产出来的，除了可以食用，还可以用来生产克莱兰酒（clairin），这是一种烈性的海地朗姆酒，在农村地区非常受欢迎。此外，人们在田间地头咀嚼甘蔗的时候，也吸收了大量的糖分。对上层社会的人来说，甜点和蛋糕就像火腿和火鸡一样，是宴会和餐桌上不可缺少的食品。

总之，在饮食结构方面，城市中生活富裕家庭的饮食种类比农村地区要丰富得多，而且营养更加丰富。即使是城市里工人阶层的饮食质量也要好于农村地区工人的饮食。相比之下，农村人口的饮食结构非常单一。他们很少吃肉，黄油、奶酪和食用油的摄入量也比城市人口少得多。农民的早餐通常是一杯非常浓的咖啡，有时还食用一些用粗树薯粉制成的咸面包。午餐通常由家人送到田间地头食用。晚餐是一天的正餐，通常是一盘米饭和一些豆类食品，或者是烩菜。一些非常贫困的家庭有时一天只吃一顿饭。如果有客人在吃饭的时候来访，按照当地的礼节，食物要先请客人食用。

住房 上层社会的住房多建在太子港或环境较好的郊区，既有老式住房，也有新建的房屋。老式住房多为方形架构，或由石灰石砌成，有雕刻华丽的木制装饰和精美的铁制花边。新建的住房多在郊区，通常为石头砌成或水泥建成，多为现代派或欧式的建筑风格。

海地

农村和城市工人阶层的住房多为木板房,通常在木板外面抹一层泥浆或灰泥,有的还将其刷成白色。由于石灰石在海地农村地区很常见,因此农民常用石灰粉粉刷墙壁。地板通常是夯瓷实的土地,水泥地板和木地板在城市住房中比较常见。屋顶多为尖顶,通常用茅草或铁片覆盖。拉美国家常见的土墙和用椭圆形瓦片覆盖的屋顶在海地很少见到。一般家庭家具非常简单。往往只有几张自己制作的桌椅、碗橱,以及一两张床。对于人口较多的家庭来说,一些年幼的家庭成员会睡在地上,铺上席子即可。城市工人的家具要比农民的家具简单一些,这可能与他们要缴的税比农民多有关。在海地,一度还曾根据家具的数量收过税。

第二次世界大战后,大量人口涌入太子港,造成住房短缺。非法修建的房屋数量激增,大部分都是自己用废旧材料搭建的。一些地方由于人口过于密集,以至可以见到一个棚子直接搭在另一个棚子顶上的情景。

婚姻 传统精英阶层的婚姻形式多为非宗教的世俗婚姻和法定婚姻。由于基本上都是同本阶层的人联姻,因此各家族之间都互有关联。女性最初只是做全职太太,并负责管理家里的仆役。20世纪70~80年代以来,上层社会的妇女开始越来越多地外出工作,成为劳动力的一部分。已婚妇女的法定权利(包括财产权在内)通过立法的形式得到扩大。以往在上层社会非常罕见的离婚事件慢慢增多,人们对离婚的接受程度越来越大。此外,随着经济地位等条件的变化,精英阶层的人选择伴侣的范围更加宽泛。

农民和城市下等阶层通常的婚姻形式被称为"普拉萨"(plasaj)。[①] 政府并不认为这是一种合法婚姻,但一般民众都认

---

① http://lcweb2.loc.gov/cgi-bin/query/r? frd/cstdy: @ field (DOCID + ht0037)

为这种婚姻关系是正常而合理的。夫妻双方通常在结婚伊始就对他们间的经济关系加以明确并达成协议。协议内容通常包括：丈夫至少应替妻子耕作一小块份地并为她提供一间房子。农民通常是一夫一妻，也有一夫多妻的情况，但非常少见，因为很少有男人能支付得起相关费用。

普通民众如果按照传统或宗教习俗结婚的话，也并非是为了拥有法定的婚姻关系，而主要是出于声誉方面的考虑。由于举行婚礼的费用非常昂贵，许多夫妻都是在一起生活多年后才举行婚礼。法定婚姻并不比普拉萨婚姻来得稳定，也未要求一定要一夫一妻。实际上，由于实行法定婚姻的男性通常经济条件都比较好，反而更容易产生婚外情并背叛他们的妻子。

在农村地区，男人和女人在家庭生活中所起的作用是互补的。男人主要从事农活，尤其是重体力活，如耕地等。妇女则做些播种和收割的活，以及出售农作物等。大部分家务活由妇女承担，男人也做一些类似砍柴这样的粗重家务活。总体而言，与拉美其他国家相比，海地妇女参与劳动的范围要大一些。海地文化充分肯定妇女在农事方面作出的贡献，认为所有农业收入应归丈夫和妻子共同所有。很多妇女还通过攒到足够的钱，当起了全职的商贩，从而获得经济上的独立。她们在非农业商业行为中的收入归自己，而无须与她们的丈夫分享。无论是父亲还是母亲都很重视对子女的养育，但母亲通常会承担更多的责任。无论是合法夫妻生下的孩子，还是所谓的"私生子"，父母们都会尽量使他们拥有平等的继承权。

海地农村地区传统的家庭结构被称为"拉古"（lakou）①，这是一种扩展家庭（extended family），通常以男性一系为主干。拉古并不单对家庭成员而言，而是指居住在一个区域内的所有家

---

① http：//lcweb2.loc.gov/cgi-bin/query/r？frd/cstdy：@field（DOCID+ht0037）

庭。属于一个拉古的成员共同耕作、共同劳动、相互合作，并对需要的家庭提供资金和其他形式的帮助。但是，土地所有权并不是共有的，每个家庭拥有各自土地的所有权，并传递给自己的子女。随着人口的增长，每个家庭所拥有的份地的面积越来越小，拉古制度也开始逐渐瓦解。到20世纪中叶，小家庭已经十分普遍。当然，必要时农民仍然会向亲属寻求帮助。虽然群居的家族群落仍然被称作拉古，但原有的提供共同劳动和公共安全的职能却不存在了。此外，拉古共同耕作的模式也往往成为各类土地纠纷的根源。

二 节 日

海地1987年宪法规定全国性节日有：1月1日，国家独立日和新年；1月2日，敬祖节；5月1日，农业和劳动节；5月18日，国旗和教育节；10月18日，维第埃尔战役纪念日，即建军节。

在海地，星期日是休息日，但星期六是工作日。不同部门的工作时间并不统一。商店和办公室的上、下班时间各不相同。偶尔有商店会很晚关门。没有固定的午休时间，不过一些公司会在中午关闭几个小时。在省一级的城市里，不守时的现象十分常见。在市镇和乡村，几乎见不到工厂企业；最主要的集会是一星期一次的赶集日。市集通常在清晨开始，当货主的货物卖完，或赶集的人都离开之后即结束。

第二章

历 史

1804年,海地宣布脱离法国的殖民统治而独立,成为世界历史上唯一的一个通过奴隶起义成功而建立的国家,也是近代历史上建立的第一个黑人共和国。同时,海地还是继美国之后西半球第二个获得独立、拉美地区第一个获得独立的国家。但在独立后的200多年里,海地一直处于政治动荡、经济贫困之中。

第一节　印第安人时期

海地位于加勒比海北端,与多米尼加同处在伊斯帕尼奥拉岛上。哥伦布1492年第一次抵达该岛之前,岛上已存在灿烂的美洲印第安文明。当时居住在岛上的印第安人为"泰诺人",意为"优秀的人"(men of the good)。泰诺人称该岛为"海地"(Haiti),即"多山的土地"。

泰诺人是一个爱好和平的民族,他们的文化也是一种非常温和的文化,特点就是快乐、友好。泰诺人的社会处于原始社会末期,开始出现阶级分化,但社会秩序井然,犯罪率也很低。每一个族群都像一个小的王国,首领称酋长。酋长同时还是祭司、药

海地

师和立法者。哥伦布抵达之时，伊斯帕尼奥拉岛上共有5个"王国"。泰诺人实行一夫多妻制，大部分男性都有2~3个妻子；酋长可拥有更多的妻子，有时甚至可达30个。能够嫁给酋长是一个女性的荣耀，因为她不仅可以享受到优越于常人的物质生活，她的孩子们也会受人尊敬。

泰诺人村庄的中心都有一个广场，用于进行球类游戏，以及举行各种宗教和世俗活动。除了酋长治理村子外，还有一些不同级别的酋长助手（sub-caciques），他们为村庄和酋长服务，也受到尊敬。

泰诺人的房屋都围绕着广场而建，房屋样式主要有两种。普通人的住房是圆形的，四周有柱子承受重量，屋顶覆盖着稻草和棕榈叶。酋长的住房则是方形的，比普通人的住房大很多，有的还有门廊。这两种住房虽然样式不同，但用的建筑材料都一样。酋长的住所只供他的家庭居住，但由于他可以拥有众多的妻子和孩子，所以这是一个非常大的家庭。普通人的住房也很大，可居住10~15个男性以及他们的家人，这就使得每座房子里可能住着100人左右。屋内的家具很少。人们睡在棉制吊床或由香蕉叶编织的席子上。他们也会制作木椅子、躺椅和摇篮等家具。泰诺人大量使用石器，将其制成各种工具，以及与宗教有关的器物，但并未用石料建造房屋。

泰诺人的农业比较发达，是一种粗放的耕种方式，基本上任作物自由生长。他们将作物种在开发出来专用于耕种的山丘（conuco）上，山坡上铺上厚厚叶子以防止滑坡。他们大量种植各种农作物，以确保在任何天气状况下都会有一些收成。主要的粮食作物有木薯、玉米、南瓜、豆类、山药、山芋和花生等。泰诺人还种植棉花和烟草。他们非常喜欢抽烟，这不仅是其社会生活的一部分，也是宗教庆典中不可缺少的部分。

伊斯帕尼奥拉岛上野生动物不多，但他们会食用鸟、蛇以及其他任何可食用的动物。他们还会捕食湖里的野鸭和海里的海龟。住在海边的泰诺人的食物主要是鱼类，由于种植棉花，渔网也是棉制的。内陆地区的泰诺人主要食用种植的粮食，以及少量的肉和鱼。

泰诺人穿得很少，无论男性还是女性都在身体上绘制图案，并佩戴贝壳和其他装饰品。

泰诺人没有马、牛或骡等大型牲畜用于骑乘或耕作，但有一些舟楫。他们将整根树干掏空，制作成独木舟，用桨划行。一条独木舟可乘坐70~80人，并可在海上长时间航行。泰诺人就是乘坐这种独木舟在岛上为数不多的湖里或沿海地区捕鱼。

泰诺人也制作武器用于自卫，以抵御来自加勒比人的袭击。这一地区的加勒比人主要居住在今天的波多黎各，还有一些住在伊斯帕尼奥拉岛的东北部，即今天的多米尼加境内。加勒比人性好侵略，经常入侵泰诺人的领地。泰诺人被迫制作武器进行抵抗，主要武器是弓箭。他们还制作了一些毒药涂在箭头上。此外，他们还制作用于防御的棉绳，以及一些装有鱼钩的长矛。

泰诺人是多神论者，他们的神被称为泽米（Zemi）神。泽米神掌控着宇宙的各种功能，非常类似希腊神和海地伏都教的洛阿神，但他们并不具备希腊神和伏都神的鲜明个性。从在海地发现的石刻宗教器物来看，泽米神的形象多种多样，有蟾蜍、海龟、蛇、鲤鱼等形象，还有各种扭曲的和可怕的人脸造型。与死去的酋长一样，泽米神具有特定的超自然的力量，并受到尊重。泰诺人举行各种仪式来赞誉泽米神的能力，向他表示崇敬和感恩，同时向他寻求帮助。泰诺人的宗教活动主要分为三种：为泽米神举行的宗教活动，向他们表示尊崇和服从；为感恩或请愿而举行的活动，形式是在村中的广场上跳舞；药师或祭司向泽米神寻求建议和治疗而举行的活动，形式通常是在公共庆典中进行舞

蹈和吟唱。泰诺人还认为，好人在死后会得到好报，他们会与已经死去的亲人和朋友见面。

第二节 殖民地时期

一 西班牙对海地的发现和殖民

哥伦布首航美洲时，于1492年12月6日发现了伊斯帕尼奥拉岛，并在该岛西北部的圣尼古拉登陆。12月25日圣诞节这一天，哥伦布的旗舰"圣玛利亚"号撞上了珊瑚礁并在岛的附近搁浅，无法将所有船员都带回欧洲去。在这种情况下，有39人自愿留在当地，并在岛的北部沿海地区建立了欧洲人的第一个定居点，他们将这个定居点命名为纳维达德（Navidad），即"圣诞节"之意。此后，海地便成为当时西印度群岛的行政中心和西班牙殖民者向美洲大陆扩展的基地，因此被欧洲殖民者称为"美洲的母亲"。

泰诺人最初对这些欧洲人非常友好，但这些欧洲人却对泰诺人佩戴的薄金片和小金块垂涎欲滴（实际上伊斯帕尼奥拉岛的黄金储藏量非常少），他们用玻璃片或其他小玩意儿骗取金块，甚至公开抢劫。在西班牙宣布占领该岛后，欧洲殖民者更是对泰诺人进行了残酷的掠夺、奴役和屠杀。当时，西班牙王室制定了一种被称做"分派劳役制"（repartimiento）的分配制度。按照这一制度，居住在美洲而出生于西班牙的人被赋予大量资金，并拥有奴役印第安人的权力。1502年以后，"委托监护制"（encomienda）取代了"分派劳役制"。[1] 在这种制度下，所有的土地都成为西

---

[1] http://lcweb2.loc.gov/cgi-bin/query/r? frd/cstdy: @ field (DOCID + ht0013)

班牙王室的财产。监护主（encomenderos）被称做"土地管理员"（stewardship of tracts），对印第安人进行压迫和奴役。

为了生存和维护自身的权利，泰诺人同外来殖民者进行过极其激烈的战斗。在西班牙人刚开始进行掠夺时，泰诺人便袭击并摧毁过纳维达德村。据说，当哥伦布第二次航行到这里时，发现那儿只剩下了一片被火焚烧过的痕迹和几具尸体，当初留在岛上的39人全部被泰诺人酋长卡奥纳博及其部众消灭了。此后，泰诺人从未停止抵抗西班牙殖民者的侵略。但是，当时尚处于原始社会末期的泰诺人终究无法对抗拥有近代武器的欧洲殖民者。最终，殖民者的杀伐、劳役以及从欧洲传入的各种新型疾病，都加剧了泰诺人的死亡及其文化的消失。1492年之前岛上泰诺人的数量并没有确切的记录，但据相关史料记载判断，约在25万人左右。到了1550年，岛上的泰诺人只剩下约150人。[1] 如今，除了考古发现以外，已很难找到泰诺人及其文化存在的痕迹。

西班牙王室宣布占领伊斯帕尼奥拉岛之后，就将其作为向美洲扩张的第一个前哨站。虽然殖民者没有在这里找到所期望的大量黄金，但该岛作为殖民地政府的所在地、向美洲大陆扩张的基地以及发展其殖民政策的实验地，仍然具有非常重要的地位。哥伦布是该岛的第一任统治者，由于他生性贪婪而好嫉妒，大多数殖民地居民并不拥护他的统治。随后，哥伦布因无法有效地管理这一地区而失去西班牙王室的宠信。1500年，西班牙王室派人将哥伦布和他的弟弟暂时关押在一个监狱里，并任命奥瓦多（Nicolás de Ovando）接替哥伦布出任新一任总督。奥瓦多在海地统治了6年，为该岛的殖民发展打下最初的基础。为了巩固西班牙的殖民统治，他大力发展海地的农业和畜牧业，使西班牙移

---

[1] http://lcweb2.loc.gov/cgi-bin/query/r?frd/cstdy:@field（DOCID+ht0013）

海地

民能长期定居下来。

西班牙殖民者最初在岛上建立的经济主要是畜牧业。他们的食物除牛、羊肉外，还有用木薯粉和玉米粉制成的面包。无花果、柑橘、柠檬、香蕉和甘蔗等随后也传入该岛。与此同时，殖民者开始在岛上开采金矿。由于岛上的印第安人被消灭殆尽，殖民者为满足矿场和农业种植对劳动力的需要，从非洲运来大批黑奴，以代替被消灭的印第安人，此后黑奴便成为殖民者主要的剥削对象。不过，到16世纪中叶，伊斯帕尼奥拉岛渐渐失去了它在西班牙对"新世界"殖民过程中的重要地位。由于缺乏矿产资源，它日益被宗主国所忽视，在西班牙征服了当时被称为"新西班牙"的墨西哥之后，其地位进一步下降。此外，由于在墨西哥和秘鲁等地发现了丰富的金、银矿藏，欧洲人移居海地的热情逐渐消退，即使是已经定居海地的西班牙人，也有很多人移居到美洲大陆。为此，西班牙政府曾一度不得不下令禁止海地人向外迁移，以维持其对该岛的统治。

二 法国对海地的殖民统治

尽管在西班牙的统治下，伊斯帕尼奥拉岛的经济并没有得到很大发展，但其作为前往加勒比海的要冲，仍具有重要的战略地位。16世纪中期以后，英、法、荷等欧洲国家也开始垂涎于拉美的富庶，并通过走私、海盗劫掠和战争等手段，与先期抵达的西班牙和葡萄牙殖民者争夺对拉美的控制权。来自这些国家的海盗以加勒比地区的岛屿为根据地，拦截满载黄金的大型西班牙帆船。欧洲国家为控制加勒比地区不断争斗，而对于伊斯帕尼奥拉岛的争夺战进行得尤为剧烈。

1585年，英国著名的海盗弗朗西斯·德雷克（Francis Drake）武装占领了西班牙在该岛殖民统治的中心圣多明各城（Santo Domingo）。虽然他在取得了满意的赎金之后退出了该城，但他的进攻却沉重地打击了西班牙对该岛的控制。从此以后,海盗们不断对岛上的各个居民点进行掠夺,最终渐渐削弱了西班牙的控制优势。

1630年,以法国人为主的欧洲海盗开始在岛的西部殖民。他们主要从事肉食品和皮革加工,或者通过拦劫西班牙船只谋生。1636年冬,法国殖民者安哥(Jean Ango)截击了满载金银的西班牙航船。随后,他又占领了岛上的一些港口,其中包括今天的太子港。此后,法国海盗便常以附近的小岛——如托尔图加岛等为根据地,不断袭击西班牙人。一部分法国人还在岛的西部居住下来,并不断建立堡垒,逐渐扩展在这一地区的殖民统治范围。1659年,在法国国王路易十四(Louis XIV)的授命下,法国人在托尔图加岛建立了第一个永久定居点。1664年,为了更好地进行未来殖民地与法国之间的贸易,成立了"法国西印度公司"。1665年,多格龙(D'ogeron)被任命为托尔图加岛总督。他积极进行对伊斯帕尼奥拉岛的殖民活动,还有组织地把一些法国人连同其家庭成员一起运到岛上去。他还鼓励他们种植玉米、烟草和可可,大力发展种植园经济和贸易。1678年,路易十四要求西班牙对法国占领该岛予以承认,但被拒绝。1670年,法国人在岛上建立了第一个主要的殖民城镇法兰西角(Cap Français),即今日的海地角。当时,法国人将岛的西部通称为圣多明各(Saint-Domingue)。① 1691年,迪卡斯(Du Casse)被任命为圣多明各总督,他用和平贸易代替海盗行为,并大力发展种植业;他还迫使托尔图加岛上的海盗撤出该岛,定居于伊斯帕尼奥拉岛,从此,法国人对该岛西部的统治日益巩固。随着西班牙王国国势日渐衰微,越来越难以维持对该岛的统治,外国势力对

---

① 与西班牙在伊斯帕尼奥拉岛殖民统治中心圣多明各城(Santo Domingo)不同,该城在岛的东部,是今天多米尼加的首都。

海地

该岛的强占活动也更加活跃。1697年,西班牙和法国签订《立兹维克条约》(The Treaty of Ryswick),正式承认岛的西部为法国所有,但东部仍属西班牙。从此,伊斯帕尼奥拉岛西部被称为"法属圣多明各"。

到18世纪中叶,法属圣多明各已经成为西半球最富庶的殖民地。从《立兹维克条约》签订至18世纪末法国资产阶级革命爆发之前的近100年间,该地区的糖、棉花、咖啡、烟草和蓝靛的生产得到了迅速发展,建有约800个甘蔗园、3000个咖啡园、800个棉花园和290个蓝靛园,供应欧洲半数的热带产品。

但是,这一殖民统治虽然为法国获取了丰厚的利益,为种植园主带来了巨大的财富,但却是建立在对奴隶残酷剥削基础之上的。由于当地印度安人几乎被屠杀殆尽,法属圣多明各的奴隶绝大部分是从非洲贩运来的。到1791年,当地的奴隶人数已经超过50万,有的统计数字甚至达到70万。由于法属圣多明各实行非常残酷和野蛮的奴隶制度,几乎没有奴隶(尤其是男性奴隶)能够活到成年,因此只有极少数奴隶是在当地出生和长大的。与此同时,法国殖民官吏和大种植园主却掌握着全部财富,过着骄奢淫逸的生活。著名的黑人学者杜波伊斯曾就海地革命前的社会经济情况作过如下描述:"数以千计的黑奴在垦殖地边沿做工和睡觉。许多奴隶主过着几乎是野蛮的奢侈生活,拥有宫殿、镀金的大马车、数十匹马、训练良好的仆役和无边的权力。在18世纪,大概美洲没有一个地方的白人比圣多明各的白人生活得更舒适了。1万平方英里的地方,生产着比西印度群岛全部其他地方生产的还要多的糖、咖啡、巧克力、蓝靛、染料木和香料。"

除了白人殖民者和黑人奴隶之外,当时的法属圣多明各社会还有一部分人是自由黑人和黑白混血种人,这些混血种人大部分是白人殖民者和黑人女奴所生的混血儿。殖民者不仅对黑人奴隶进行残酷的剥削和迫害，对混血种人也加以歧视。从 1758 年开始，白人开始通过制定法律歧视混血种人。法律规定，混血种人和自由黑人不得从事特定的职业、不得与白人通婚、不得穿着欧洲人的服装、不得在公共场合佩剑或持带火枪、不得出席有白人参加的社会活动，甚至不能去巴黎旅行。各种限制越来越多，实际上是想建立一种社会等级制度。不过，法律并未禁止混血种人购买土地，这使得一部分混血种人积累并拥有了大量财富。还有一些混血种人则通过从事一些被允许从事的职业致富。由于他们非常富有，连白人种植园主也向他们借钱。在这种情况下，白人对混血种人欠下了大笔债务，并因此又采取了更多的、针对混血种人的歧视措施。这样一来，不仅白人殖民者与黑人奴隶间的暴力冲突时有发生，混血种人与白人间的矛盾也在不断加剧。冲突和仇恨充斥着法属圣多明各整个社会。

第三节 海地革命与海地独立

由于不堪忍受统治与奴役，奴隶们先后于 1671 年、1691 年和 1718 年举行了大规模的反抗殖民统治者的起义。这些起义虽然最终都失败了，却显示了奴隶们的英勇气概，沉重打击了白人殖民者和种植园主的统治，动摇了奴隶制度的基础。

一些逃亡的奴隶聚集起来，形成一个个团伙，在山区和丛林中建立据点。他们以这些据点为根据地，对白人殖民者实施"打了就跑"的袭击策略，还抢掠白人的种植园，以补充食物和武器。由于逃亡奴隶的数量不断增加，一些奴隶团伙的人数甚至达到了几千人。这其中也涌现出许多杰出的奴隶团伙领导人，法兰西斯·麦坎达尔（François Macandal）就是其中之一。他用被广大奴隶所信仰的伏都教来凝聚并鼓励他的跟随者，于 1751 ~

海地

1757 年领导了长达 6 年的奴隶斗争。1758 年，他在法兰西角被法国人逮捕，并被烧死在一个木桩上。传说对他实行火刑的过程中，木桩曾突然折断，这使他更富于传奇色彩。

奴隶团伙对白人殖民者的攻击虽然缺乏统一的组织和谋略，但却是黑人奴隶反抗法国殖民统治和奴隶制度斗争的最早的表现形式，并在一定程度上动摇了殖民统治的基础。但在当时的历史条件下，单靠这些奴隶团伙还不足以发动大规模起义以推翻殖民者的统治，因为殖民政府仍然有力量对他们进行镇压，并且还得到了拥有土地的混血种人的协助。

不过，白人和拥有土地的混血种人为了维护奴隶制度的稳定而形成的合作关系并不能持久。虽然从经济利益方面来讲，这种合作对他们都有利，但是混血种人还是希望拥有物质财富以外的东西，渴望拥有与白人殖民者同样的地位和权力。1789 年发生的法国大革命进一步引发了这种情绪，并最终动摇了混血种人与白人殖民者间的合作关系。8 月 26 日，在巴黎召开的制宪议会发表了《人权宣言》，提出了人权平等的原则。法属圣多明各的混血种人和自由黑人根据这一原则，向法国提出获得全部公民权的要求，但遭到拒绝。

1790 年，在曾经留学巴黎、受过激进派雅各宾党人和"黑人之友"社影响的混血种人奥赫（Vincent Ogé）的领导下，法属圣多明各爆发了第一次由混血种人和自由黑人参加的武装起义。奥赫在起义前曾声称："我们不愿意在这种恶劣的环境下再待下去了。……我们能招募到像法国兵那样优良的士兵，我们自己的兵力将使我们受到尊敬和取得独立，一旦我们被迫采取最后的措施，就是成千上万的人渡过大西洋以迫使我们退回到先前的状况，那也是徒劳的。"但是，殖民者利用混血种人与黑人间长期存在的种族矛盾，招募到一群黑人志愿者协助他们镇压起义。起义最终失败了，奥赫本人也被处死。然而，这是海地独立运动的前奏，更大规模的起义即将爆发。

没过多久，法属圣多明各再次爆发大规模的奴隶起义。主要的起义领导人有布克曼（Boukman）、乔治·比阿苏（Georges Biassou）、让·弗朗索瓦（Jean-François）等。其中布克曼既是一个奴隶团伙的领导人，也是伏都教的祭司。1791年8月初，布克曼在一个名为开曼森林（Bois Cayman）的地方主持了一场伏都教宗教仪式，这些人在此达成了起义协议。8月22日，一场大规模的黑人起义在法属圣多明各的北部地区爆发了。参加这次起义的不仅有黑人奴隶，还有混血种人和自由黑人。他们团结一致，怀着对白人殖民者的仇恨，以横扫千军之势对北部的殖民者定居点进行了猛烈攻击。他们杀死遇到的所有白人，并将所有属于奴隶主的钱财、土地、厂房以及其他物品洗劫一空。据当时的一位名叫布里安·爱德华（Bryan Edwards）的目击者估计，仅仅在起义的头两个月内，就有约2000名白人殖民者被杀死，180个甘蔗种植园和900个咖啡与蓝靛种植园被毁坏。不少种植园主逃往伊斯帕尼奥拉岛东部的西班牙统治区或西印度群岛的其他岛屿。起义奴隶在很短的时间内就控制了绝大部分法属圣多明各，但也有约1万名起义者在战斗中死亡。

在所有起义领袖之中，杜桑·卢维杜尔（Toussaint Louverture）是最杰出的一个，后来也成为举世闻名的黑人英雄。杜桑大概出生于1743~1746年间。他生于一个黑人奴隶家庭。他的父亲原本是一个非洲王国的王子，后被抓住当作奴隶运到法属圣多明各的一个甘蔗种植园做苦工。杜桑从小就被种植园园主挑选出来做私人随从和马车夫，并受教于一位教父，学习了法语、拉丁语以及一些与天主教有关的知识。这使他日后成为少数几个有文化的黑人领袖之一。杜桑还读过法国启蒙主义哲学著作和欧洲古代军事家的著作。杜桑参加起义以后，很快就表现出过人的领导天赋。他运用的战术灵活多变，在军事上不断获得胜利。此外，除

海地

了拥有杰出的军事才能外，他还颇具外交和政治才能。1793年初，英国和西班牙结成反法联盟，相继入侵海地，与法军开战。杜桑利用这些欧洲国家之间的矛盾，于1793年5月与西班牙军队联合，大败法军。但在此之后，西班牙却拒绝了杜桑关于在占领区内废除奴隶制的要求。1794年5月，为了保住殖民地，法国正式宣布废除法属圣多明各的奴隶制，杜桑便又率领起义军与法军联合，击败西班牙殖民军，将其逐出伊斯帕尼奥拉岛北部。1798年初，杜桑又大败英军，迫使英方签订了停战协定。1799年，杜桑率领军队平息了北部和西部地区种植园主的叛乱，并于1800年平定了南部种植园主的分裂活动。1801年初，杜桑率军东征，统一了伊斯帕尼奥拉岛。1801年7月1日，杜桑颁布了海地历史上的第一部宪法，宣布解放所有的黑人奴隶，同时自任终身总督。至此，拉丁美洲人民第一次凭借自己的力量，摧毁了殖民主义奴隶制的枷锁。

杜桑领导的奴隶起义，震动了整个欧洲，不仅使法国震惊，也使英、美等仍然实行奴隶制的国家感到忧虑。法国第一执政官拿破仑·波拿巴（Napoléon Bonaparte）一方面十分痛恨这场奴隶起义，另一方面认为圣多明各对法国稳固其对路易斯安娜领地（the Louisiana Territory）的统治还有重要作用，便派他的妹夫黎克勒将军（Charles Leclerc）率领军队远征圣多明各。这支军队由86艘战舰、2.2万名士兵组成，于1802年1月在伊斯帕尼奥拉岛北部登陆，向杜桑领导的起义军大举进攻。面临法国殖民统治卷土重来和奴隶制度复活的危险，起义军团结在杜桑的周围，同仇敌忾，对法国军队进行了坚决的反击。但是，由于军事上的失利，杜桑被迫与法军进行和谈。法国人承诺和谈时确保杜桑的生命安全，黎克勒还在给他的信中称："你将不会发现有比我更诚实的朋友了。"但是，当双方于1802年6月7日举行会谈时，黎克勒却背信弃义地逮捕了杜桑，并将他押送到法国，关在阿尔卑斯山区的一个地牢里。1803年4月7日，杜桑在寒冷的地牢里悄无声息地去世。

杜桑的被捕和去世使奴隶们悲痛万分，他们在杜桑的战友让－雅克·戴沙林（Jean-Jacques Dessalines）、亨利·克里斯托夫（Henry Christophe）和亚历山大·萨贝斯·佩蒂翁（Alexandre Sabes Petion）等人的领导下，继续顽强地与法军进行战斗。与此同时，圣多明各的地理环境也对侵略军产生了致命威胁。由于初来乍到，法国侵略军根本无法适应这里的热带气候和热带疾病。刚到不久，黄热病和疟疾便开始在法军内流行，造成大量法军士兵死亡，兵源的补充速度远远赶不上死亡的速度。据统计，法军先后死于黄热病的人数超过3.5万，约占其死亡总人数的80%。1802年，黎克勒本人也死于黄热病，他的继任者为罗尚博（Rochambeau）。1803年，法国与英国在欧洲又重新开战，拿破仑不得不将精力再度投放于欧洲战场。1803年4月，拿破仑与美国签订条约，允许美国购买路易斯安娜，从此结束了法国在西半球的影响力。在这一背景下，法国国内根本无法及时对远在圣多明各的侵略军提供增援和补给。1803年10月，法国侵略军终因无法支持而被迫投降，法国在圣多明各的统治历史也到此结束。11月29日，海地人民通过了《独立宣言》，在宣言中指出，"圣多明各宣布独立了。我们恢复了我们原有的尊严，维护了我们的权利；我们宣誓，永远不把我们的权利委弃给任何强国。偏见的丑恶的面纱被撕成碎片了。让它永远是这样吧！谁要是敢于把它的血腥的碎片拼凑起来，谁就要遭受祸害"。

1804年1月1日，拉丁美洲第一个民族独立自主的国家正式宣布独立，并采用古印第安人的名称——"海地"作为国名。海地还是世界上第一个独立的黑人共和国，引起世人的注目，并成为反对奴隶制的精神象征，鼓舞了全世界人民。

海地

第四节 独立以后到20世纪初

海地革命的成功具有非常深远的意义和影响,它揭开了整个拉丁美洲独立战争的序幕。海地独立后,宪法规定海地为共和国,永远废除奴隶制,禁止白人获取地产,没收白种法国人从前占有的所有财产。由于长年战乱,当时的海地已经衰败不堪:作为国家经济基础的农业遭到重创,人民没有受过教育,大多数人还缺乏技术,而且几乎没有任何商业活动。在这种情况下,海地第一任执政者戴沙林将军认为,只有强权才能扭转这种衰败的局面,并实施了独裁统治。

戴沙林是奴隶出身,非常憎恨白人,在他统治期间曾对白人进行了大规模的屠杀。他曾经宣称:"为了我们所宣告的独立,我们应当把白种人的皮当作羊皮纸,把他们的头骨当作墨瓶,把他们的血当作墨水,并把他们的刺刀当作钢笔(一样来使用)!"黑人在戴沙林统治期间虽然没有遭到屠杀,但生活水平却没有得到改善。为了提高农业产量,戴沙林重新建立起种植园制度。这种制度用严厉的措施将劳动者束缚在所签约的地方,并处罚那些逃跑和藏匿逃跑者的人。

1805年,戴沙林自封为海地的皇帝,号称加克奎斯一世(Gacques I)。戴沙林的这一举动和独裁统治,再加上当时官员极度的贪污腐化,激起了包括混血种人和军队在内的各阶层的反对。1806年10月,戴沙林在前往太子港镇压一次暴乱时被刺身亡。

在戴沙林统治期间,海地的经济虽然取得了一些小的发展,但他也恢复了强迫劳动制度。黑人与混血种人在海地革命期间结成的联盟被两者间的冲突所取代。

海地1804年独立之时,领土包括了伊斯帕尼奥拉岛的全部。

从 1805 年起，海地东部（即现在的多米尼加）再度被法国殖民者占领。戴沙林虽然曾经出兵东部，但以失败告终。从 1809 年起，海地东部又被西班牙殖民者控制。戴沙林死后，海地西部（即现在的海地）出现南北分治的局面：南方是由混血种人佩蒂翁领导的"海地共和国"，北方则是由黑人将军克里斯托夫领导的"海地国"。

克里斯托夫统治的"海地国"以海地角市为首府。1811 年 6 月 2 日，克里斯托夫改海地国为"王国"，称自己为王，号为亨利一世（King Henry I）。克里斯托夫支持大地产，实行大庄园制度。他将大量土地收归国有，并与地主签订租用协议。克里斯托夫没有设立国家行政管理机构，全凭个人意志随心所欲地进行统治。他的政权是一种虽无奴隶制度之名，却以强迫劳动为基础的军事封建制度。"海地国"的统治阶层由贵族团体组成。平民的生活虽然较之于戴沙林统治时期要好一些，但仍然非常艰苦。劳役们则被禁锢在种植园内，但工作的时间不再固定，所得的报酬也有所增加。总体而言，由于农业产量和出口量的提高，北方人民的生活水平比海地革命时期和革命胜利初期有所改善，但很多人对克里斯托夫的严苛统治非常不满。

佩蒂翁则在南部建立了"海地共和国"，实行共和政体。佩蒂翁是混血种人，曾受到法国资产阶级革命关于"自由、平等、博爱"思想的熏陶，因此他憎恨君主制度。1816 年，他颁布了新宪法。新宪法在很大程度上模仿了美国宪法，但却用终身总统制取代了选举总统制，他本人也被推选为终身总统。他在执政期间采取了一些比较进步的措施，如没收法国种植园主的土地，将其分成小块，分给士兵耕种；人民享有一定程度的资产阶级自由权利等。此外，他还向拉美"解放者"西蒙·玻利瓦尔（Simon Bolivar）提供过军火等物资援助，使其能重返委内瑞拉，继续进行革命斗争。佩蒂翁政权所实施的政策虽然没有直接造成对黑人

的歧视，但混血种人精英仍然占统治地位。除了在分配土地时完全平等以外，政府的组成和国家政策的制定主要还是由混血种人控制。此外，他们被重新允许拥有在戴沙林统治期间被没收的土地，在此期间损失的农作物也按价得到现金赔偿。

佩蒂翁的统治虽然相对宽松，但人民的生活水平却没有得到提高。这主要是因为南方政权在处理土地所有权问题上采取了与北方相反的做法：佩蒂翁将国有土地分割成小块分给个人，而克里斯托夫则是将大量土地收归国有。佩蒂翁政权于1809年开始先给士兵分配土地，然后再给其他人分配土地；他还将国有土地的售价降低，使所有人都能购买。佩蒂翁实施的土地政策影响了今天海地的土地所有制模式。在这种土地分配制度下，每人所拥有的土地面积非常小。小户农民不再种植经济作物，而改为种植生活所需的作物。由于方便种植，咖啡是南方主要的农作物。但是，实施土地分配后，咖啡的产量便无法再达到可以出口的水平。在殖民地时期大量生产并出口的蔗糖，自1822年以后也基本上不再出口了。由于甘蔗产量下降，制糖厂也被关闭，一些人因此而失去了工作。

这就出现了以下情况：南方的人民生活较北方贫困，但却是自由的；北方的人民生活虽然好于南方，但普遍对政府心怀不满，他们更希望获得个人的自主权。因此，叛逃到南方的事屡屡发生，这使克里斯托夫感到非常惊愕。

1818年，佩蒂翁去世。他是海地历史上最有影响的人物之一，深受人民爱戴，被称为"好心的父亲"（Father Good Heart）。佩蒂翁去世后，克里斯托夫曾试图与南方和解，但南方的混血种人精英拒绝接受一个黑人的领导。由于佩蒂翁是终身总统，而且没有指定继承人，南方共和国上议院通过选举，选出布瓦耶将军（Jean-Pierre Boyer）继任总统。布瓦耶也是混血种人，在国外受过教育，还在法国军队中服过役。海地革命爆发后，他参加了革命,立过战功,曾任佩蒂翁的秘书和总统卫队的司令。

1820年,布瓦耶趁克里斯托夫被迫自杀之机占领了北部,结束了南北分治的局面。1821年,伊斯帕尼奥拉岛的东部发生了反抗西班牙统治的起义,起义军于11月30日宣布脱离西班牙而独立。布瓦耶随后派了2万军队,于1822年1月到达东部。于是全岛又成为统一的海地共和国。

布瓦耶统一全岛后,至1843年下台时为止,海地在这段时间内保持了比较和平稳定的局面。布瓦耶政府继续分配土地给农民,鼓励甚至强制农民和工人发展农业、手工业生产,并修建了一些道路。但是,由于国家经济在海地革命战争中和独立初期遭受了非常严重的破坏,并且一直没有得到恢复,这些措施并未收到显著的效果。而且,为了取得法国的承认,布瓦耶政府曾于1825年与法国签订条约,向法国支付9000万金法郎,以"赔偿"法国在海地革命战争中所遭受的损失。这一条约更加深了海地的经济困难,引起人民对布瓦耶政府的不满。1843年初,布瓦耶政府被由查理·赫拉德少校(Charles Herard)领导的暴乱所推翻,布瓦耶本人也被驱逐。1844年,岛东部的人民又趁布瓦耶下台之后的混乱局面发动起义,宣布脱离海地,建立了多米尼加。从此以后,伊斯帕尼奥拉岛便分裂为海地和多米尼加两个国家。

从1843年起,海地政局开始陷入极度动荡之中。1847年3月,苏鲁格(Faustin Elie Soulouque)开始上台执政。苏鲁格是一个黑人将军,当时都认为他能上台是各派系之间相互斗争和妥协的结果,并认为他将成为一个傀儡领导人。但是,苏鲁格刚一上台,就显露出他的独裁野心。他彻底更换了军队高层领导人,建立了忠于自己的秘密警察组织,对不同政见者实行监控,还清除了政府内部反对他的混血种人。他不满足于共和制和总统的名义,于1849年8月26日称帝,自称皇帝,号称福斯梯一世

(Emperor Faustin I)。苏鲁格对反对派和人民非常残酷。在他执政期间,不少反对派人士遭到处决。1858年海地监狱中囚禁的反对派人士几乎人满为患。苏鲁格还多次入侵多米尼加,试图重新统一全岛,但均遭失败。1859年,曾经在对多米尼加的战斗中担任师长的尼古拉斯·克发德(Nicolas Geffard)发动起义,迫使苏鲁格下台。

克发德是一名黑皮肤的混血种人,在推翻苏鲁格之后上台执政,并恢复了以前的混血种人精英的统治。与苏鲁格统治期间的混乱状态相比,克发德执政期间海地政局较为平静。克发德在1816年佩蒂翁宪法的基础上制定了一部新宪法,并采取措施改善交通状况,推行了一些普及教育的措施。1860年,克发德与梵蒂冈签定协约,允许在海地建立罗马天主教堂,允许向海地增派大批外国传教人员,特别是允许建立教会学校。这一举措结束了海地政府与教会之间从革命时期就已存在的敌意。

共和体制在克发德执政期间虽然得以恢复,但在他下台之后,海地政局的混乱程度却是有增无减。不同的利益集团为了争夺统治权,各自组成了代表自身利益的政党。主要的政党有两个:代表黑人农民中富裕的上层分子利益的国民党,及代表混血种人小资产阶级知识分子利益的自由党。这两个党本质上都没有所信奉的意识形态。在19世纪后半期,海地主要是由这两个党轮流执政。他们不仅在议会中、军队里展开较量,在文人圈中也是相互口诛笔伐。由于两党之间的斗争非常激烈,导致海地在这一时期内政变频繁,经常发生叛乱和内战。这种混乱局面一直持续到1915年。从1843~1915年的72年间,海地先后更换了22个总统。其中只有2个总统和平离职,5个死于任内(其中1个是被毒死的),其余15个都被暴乱所推翻,而这15个人中,又有2人被暗杀,2人逃亡国外。

第五节　美国对海地的占领

海地独立之时，美国南方还在实行奴隶制，国会也被奴隶主阶层所控制。海地的独立使其成为一个反对奴隶制度的标志，引起当时的美国统治阶层、特别是南方奴隶主阶层的仇视。为此，美国一直不肯承认海地的独立地位。美国曾一度想把伊斯帕尼奥拉岛变成其附属国，但因为国内对奴隶问题存有分歧而没能付诸实施。直到亚伯拉罕·林肯（Abraham Lincoln）当选总统后，才于1862年承认了海地的独立。自此以后，美国开始一步步加强对海地的控制。19世纪后半期，美国的国力日益增长。当时提出的在尼加拉瓜或巴拿马开凿能连接太平洋和大西洋的运河的设想，使美国更加关注加勒比地区。1847～1915年，美国军舰驶入海地港口的次数超过20次。虽然已不可能将海地并入美国，美国却想在圣尼古拉角（Môle Saint-Nicolas）建海军基地，但遭到海地的拒绝。在经济上，19世纪末美国资本已大量渗透到海地，不仅攫取了一个船埠的租让权，还垄断了海地的制糖业。1910年，由美国资本控制的"海地国家铁路公司"开始修建太子港到海地角的铁路。海地国家银行也被美国的银行家所控制，将它实际上变成了花旗银行的一个分支。1914～1915年，美国更是先后6次企图公开夺取海地的海关监督权，但都没有成功。1914年12月，美国总统伍德·威尔逊趁海地内乱之机，派遣一支海军陆战队在太子港登陆，将海地国家银行50万美元的黄金储备劫往纽约，存于花旗银行。

与此同时，德国也对海地表现出了浓厚的兴趣。当时在海地的德国人很少，但却控制着海地80%的国际商务，还拥有或控制着首都太子港和海地角市的公共工程，以及太子港的主要码头和电车轨道等。德国人还和法国人一样，企图以海地的关税收入

海地

来抵偿其欠欧洲债权人的巨额债务,并且寻求控制几近破产的海地国家银行。1897年12月,一名德国人因为一场法律争端而被驱逐出海地,德国两艘军舰逼近海地,要求并得到了海地政府的赔偿。另一艘德国军舰则介入了海地1902年9月的一次起义,迫使一艘曾经伏击过德国商船的起义军炮艇的船长炸毁炮艇以避免被俘。

　　德国的这些举动引起美国的关注。当时美国的外交政策正受到门罗主义和罗斯福推论(Roosevelt Corollary)的深刻影响,他们认为欧洲无权干预西半球事务,而美国则有责任直接干预拉美国家的事务以削弱欧洲各国的影响力。在这种情况下,美国总统威尔逊趁欧洲正陷于第一次世界大战而无暇他顾之机,开始考虑占领海地。

　　当时,海地国内的政局也已恶化到了极点。1912年8月,当时的海地总统辛辛纳特斯(Cincinnatus Leconte)在海地总统府——国民宫(Palais National)发生的一次意外爆炸事件中死亡。在此后的3年里,海地更换了5任总统。1915年3月,沙姆将军(Vilbrun Guillaume Sam)宣誓就任总统。与那时其他海地总统一样,在他统治期间不断发生起义。1915年7月27日,沙姆处死了167名政治犯。这一暴行在太子港激起暴乱,愤怒的民众将沙姆从他避难的法国大使馆里拖出来,处死并肢解,并抬着他被肢解的尸体在太子港的街头游行。当时,美国派往海地的代表团正与海地政府谈判,向海地政府提出了美国有权干涉海地内政、将所有外国人的一切要求交美国代表团仲裁解决、禁止将圣尼古拉角交给任何其他国家使用或归其所有等要求。海地的暴乱为美国占领海地提供了借口,但海地重要的地理位置才是美国出兵海地的真正原因。1915年7月28日,美国政府以"保护美国人和外国人的利益"为由,派海军司令卡帕托(William Caperton)率舰队在海地登陆,随后攻占了太子港及其他重要城市和港口，并宣布戒严。从此，海地便沦于美国的直接军事统治之下。

美国武装占领海地后，便开始从政治上对海地实行全面控制。1915年8月12日，在美国占领军的监督下，海地实行了总统选举，参议院主席达尔蒂基纳贝（Sudre Dartiguenave）当选新总统。达尔蒂基纳贝是混血种人，属于亲美人士。他实际上是个傀儡总统，完全听命于美国海军司令卡帕托。当时，美国政府派驻海地的代表对海地政府的所有决定都有否决权，美国海军陆战队的指挥官还兼任海地各省的行政长官。不过地方政府仍由海地人负责。

1915年9月6日，海地又被迫与美国签订了一项条约，赋予美国很大的权力。条约规定：美国对海地的海关及财政实行监督；只有美国能够任命顾问和海关税务官；在美国官员领导下建立海地宪兵（Gendarmerie d'Haïti）；海地政府应放弃将本国领土租让给其他国家的权利等。此外，条约还赋予美国建立并经营公用医疗机构、承担公共工程项目以及监督政府日常事务的权力。1915年11月，海地参议院被迫批准了这一条约，直至1936年才被废止。1917年，美国又根据自己的利益，为海地炮制了一部新宪法。由于海地议会拒绝批准这部宪法，美国占领军便指使达尔蒂基纳贝解散了议会。1918年6月12日，海地被迫批准了这部宪法。该宪法认可了美国的占领行为，并准许美国在海地取得土地所有权。

1922年，在美国占领军的扶植下，亲美的黑白混血种人保耶诺（Louis Borno）当选总统，而实际控制权则在美国派驻海地的高级专员拉塞尔（Russell）手中。在保耶诺任总统期间，不仅接受了美国新的奴役性借款，还从美国资本家的利益出发，改组了海地国家银行。此外，美国占领军还训练了一支3000人的宪兵队，以代替海地原有的陆军和警察。这支宪兵队在美国的直

海地

接指挥下,曾极端残酷地迫害过海地的民主爱国人士。宪兵队中的551名殿卫军(Maison Militaire)[①],直接负责总统的安全,成为后来海地重要的政治力量。

美国占领海地后,在美军的镇压和控制下,海地社会秩序较前有所稳定。但是美国人大多具有很深的种族歧视观念和落后国家公民无权自己决定事务的观念,这使海地人感到屈辱。海地的混血种人虽然并不像黑人那样痛恨美国的占领,但对美国的统治也心怀不满,这是由于美国人并没有因为混血种人的肤色比黑人浅、受教育程度高或出身精英阶层而对其予以区别对待,而混血种人一直自认为比广大的黑人群众要优越得多。

海地人民并不甘于美国的占领。早在1915年美国刚占领海地时,海地人民就发动了游击战争。1918年夏,海地人民在查理马沱·比拉提的领导下,发动了反对美国占领军恢复实施《无偿劳役法》(Law of Corvee)的武装起义。根据这项封建法律,海地人民每年必须无偿地在公路或铁路上服劳役若干天。海地人民认为这无异于重新把他们置于奴隶地位,所以纷纷起来响应比拉提的起义号召。起义从海地北部山区开始,很快波及全国1/4以上的地区。到1919年上半年,在北部与中部的起义队伍,已发展到5000人以上。他们的主要斗争目标,就是把美国占领军驱逐出海地。这次起义到1920年才被美国占领军镇压下去。1915~1920年,被美国占领军杀害的海地起义军总计达2250余人。起义军在战斗中也打死了7名美国海军陆战队员和27名海地宪兵。

由于保耶诺政府的亲美卖国政策以及1929年世界资本主义经济危机的影响,海地经济进一步恶化。出口总值从1928年的2260多万美元,降到了1930年的1414多万美元。在这种情况

---

① 李春辉等著《拉丁美洲史稿》上卷,商务印书馆,2001,第548页。

下，海地人民又于1929年掀起了大规模的反对美国和保耶诺傀儡政府的运动。10月31日，达米（Damien）地方农业学校的学生首先了发起了罢课运动。这次反抗运动迅速波及全国。12月4日，起义人民袭击由美国所控制的海关时，美国军舰开枪并打死了5人，打伤20多人。12月7日，当时的美国总统胡佛又加派了500名水兵前往海地，帮助镇压起义。但是，由于当时正值拉丁美洲民族解放运动高涨的时期，美国统治者也不得不有所顾虑。1930年2月28日，胡佛指派由福尔比斯率领的使团前往海地，企图缓和海地人民的斗争，从而达到消灭起义的目的。这个使团答应：逐渐撤退美国驻军；撤销美国高级军事专员拉塞尔而代以文官；改组宪兵队；撤换保耶罗总统而让诺埃（Engene Roy）临时执政等。4月21日，诺埃被正式选为临时执政，并于10月14日召开了议会。1931年11月，文森特（Stenio Vincent）当选为海地新总统。

　　文森特上台以后，美国被迫开始撤退在海地的驻军。其他由美国占领军直接控制的有关公共事业、卫生、农业和科学技术等机构，也逐渐由海地收回。但撤军的进程非常缓慢，直至1934年8月15日，美国的占领军才全部离开海地，并以此作为罗斯福"睦邻政策"的一种表示。至此，美国对海地的军事统治时期宣告结束。

　　不过，占领军的撤退并不意味着美国势力的完全退出。美国仍然控制着海地的财政、贸易和武装力量。美国垄断组织的代表还加入了海地银行的董事会。美国对海地政治经济的统治实际上并没有削弱，只是改变了方式。文森特政府依然采取了亲美的外交政策。他本人于1934年4月和1939年两次访问美国。

　　从1915年美军武装占领海地，到1934年8月15日被迫全部撤出为止的20年间，美国占领军可以说是海地真正的主宰。在美军占领期间，为了巩固、便利自己对海地各地区的统治，他

海地

们改良了海地的基础设施,如修缮并加宽了通往太子港的道路、在全国各地修建桥梁、建立电话系统,并使一些城镇用上了清洁的水等。此外,美国还在海地开展了治疗疟疾和雅司病的运动,使海地的公共健康状况得到改善。但与此同时,海地受美国垄断资本的剥削、掠夺和暴力的压迫也是深重的。美国垄断资本攫取了海地大片肥沃的土地,掠夺了一切工矿企业,垄断了对外贸易,攫取了全部税收,控制了整个的报刊和舆论。美国占领军还残酷镇压海地人民的起义,并恢复了法国殖民统治时期的封建性法令——《无偿劳役法》,使海地人民重新处于奴隶般的地位。成千上万的农民,被强制编入流动的劳动队,派到离家乡很远的地方为美国垄断资本家做工。

第六节 20世纪30年代至50年代

文森特执政将近10年,虽然他在执政期间采取了一些措施改善基础设施和公共事业,但更主要的是攫取绝对的权力。他将所有经济事务的决定权由立法机构转至行政机构,并于1935年迫使议会通过一部新宪法。该宪法赋予行政部门广泛的权力,包括可随意解散议会、改组司法部门、有权对21名参议员中的10名进行任命(并把剩余的11人推荐到众议院)、在议会休会期间代行其职责等。此外,他还残酷镇压反对派,实施严格的新闻审查。

1940年新总统选举预备期间,文森特又眷恋总统职位,妄图不顾宪法的规定参加竞选,致使国内局势危机四伏,革命大有一触即发之势。在这种情况下,美国放弃对文森特的支持,转而支持另一个亲美人士——海地驻美国大使伊利·莱斯考特(Elie Lescot)。

莱斯考特于1941年当选总统。他是混血种人,与绝大多数

第二章 历 史

前任海地总统一样,在统治期间实行独裁和高压统治。他宣布自己是军队的总司令,政府拥有所有权力。他镇压反对派、实行新闻管制,并迫使立法机构赋予其超出职权范围的权力。他还决定所有预算事宜无须经过立法机构的认可。此外,莱斯考特担任总统之时,正值第二次世界大战期间。美国为了从海地夺取更多的战略资源,便与莱斯考特政府商定,由海地拨出 6000 英亩(1 英亩约合 0.6 亩)土地种植橡胶。美国还越俎代庖地为海地制订了一个增产香蕉、香料、油料作物、药物、粮食和各种纤维的计划,以供应美国战时日益增长的需要;美国则为此对海地提供技术"援助"和 50 万美元的贷款。1941 年 12 月珍珠港事件发生后,莱斯考特政府还曾追随美国在形式上对日本、德国和意大利宣战;海地的首都太子港不久也变成美国军事活动的基地。随着第二次世界大战进入尾声,海地人民在反法西斯斗争胜利以及民族解放斗争浪潮的推动下,展开了反独裁运动。1946 年 1 月,首都太子港的学生举行了反莱斯考特的游行示威,立刻得到了全市人民的响应。1 月 13 日,莱斯考特被迫辞职,由保罗·马格鲁里(Paul E. Magloire)等三人组成的临时军政府执政。这在海地历史上是一起值得注意的事件,因为此时军队是以一个机构的形式控制政权,而不是由某个司令官执政。

1946 年 8 月,临时军政府推举黑人艾斯蒂梅(Dumarsais Estimé)出任海地总统。艾斯蒂梅是美国武装占领海地以来的第一位黑人总统。他是著名的律师、记者和政治活动家。为了得到军队的支持,他于 1947 年将总统卫队更名为海地军队。艾斯蒂梅在执政期间,制定了《劳工与社会安全法》,提出了一些社会改革计划,颁布了刺激外国投资的《新工业企事业法》,并允许新闻自由和反对党的存在。但这些并没有使国内的政治、经济形势得到改善;一些措施也只是流于形式,或只持续了很短的时间(如新闻自由和存在反对党)。他提出的实行所得税、鼓励发展

海地

工会、将伏都教与天主教相提并论等措施，引起了精英阶层强烈反对。他要求工人拿出工资的 10%～15% 购买国防债券（national-defense bonds），丧失了工人的支持。他上台后通过的新宪法确认了外国人的土地所有权，使美国垄断资本得以进一步控制海地的种植园业。1947 年 4 月，他以偿清美国贷款为借口，用欺骗方式发行所谓"自由公债"，使海地人民遭受很大损失。1949 年 11 月，他又发布戒严令，解散了 3 个反对党，封闭了 7 家报馆，逮捕了 8 名反对派领袖。此外，他还试图修改宪法以延长任期。艾斯蒂梅的这一系列行为激起了海地人民的憎恨，反对他的声浪越来越高涨。1950 年 5 月 10 日，艾斯蒂梅被迫辞职，以马格鲁里为主的临时军政府继续执掌政权。

1950 年 10 月 8 日，马格鲁里正式当选海地总统。马格鲁里也是黑人，是军队实权派的首领。他上台后制定了发展经济的五年计划，并着重扩大旅游业。他在原"新工业法"的基础上增加了对外资的优惠条件，使美国资本进一步涌入海地。他还改善同美国和多米尼加的关系，争取美国的经济援助。虽然这些措施有助于发展资本主义经济，但也给广大人民和整个国家带来很大损失。到马格鲁里执政后期，美国垄断集团几乎完全控制了海地国民经济的命脉。在政治上，马格鲁里镇压国内的民主力量。他虽然允许成立工会，但不允许他们举行罢工；将反对派领袖关进监狱，并关闭反对派控制的新闻媒体。他还玩弄"两面派政治"，讨好混血种人，重新将精英阶层置于突出地位。此外，马格鲁里政府财政管理混乱，挥霍浪费现象严重，贪污受贿事件不断发生。马格鲁里及其亲信垄断着海地的剑麻、水泥和肥皂产业。他们修建豪华公寓，贪污了大量国际援助资金，腐败程度震惊了所有海地人。这些都激发了海地人民的强烈不满。1956 年 12 月，马格鲁里被迫下台。他卷走了 2000 万美元的公款，逃往国外。

第二章 历　史

从 1956 年底马格鲁里被迫下台，到 1957 年 9 月杜瓦利埃当选总统这段时间，是海地历史上另一个非常混乱的时期。在短短 9 个月中，先后换了 5 届执政者。他们是：皮埃尔－路易（Joseph Pierre-Louis），西尔万（Frank Sylvain），执政委员会，菲尼奥勒（Pierre E Fignolé）和军事管制委员会。1957 年 9 月 22 日，海地举行大选，弗朗索瓦·杜瓦利埃（Francois Duvalier）高票当选，从此开始了杜瓦利埃家族对海地长达 28 年的独裁统治。

第七节　杜瓦利埃家族的统治

一　弗朗索瓦·杜瓦利埃的统治

杜瓦利埃是黑人，1907 年 4 月 14 日出生，信奉伏都教，绰号"老大夫"。他早年就读于著名的利塞·佩蒂翁学校和海地大学医学院，毕业后当了医生并从事政治活动。他 1943~1946 年间在海地的美军医疗队中工作，后到美国学医，回国后参加美国人领导的防治疟疾和雅司病[①]运动，为底层民众治病。1948~1950 年，他先后担任过艾斯蒂梅政府的劳工部长和公共卫生部长。他办过刊物，并有著述，主张由黑人掌握政权。1954 年因躲避马格鲁里政府的逮捕而隐匿起来，1956 年复出并宣布竞选总统。

20 世纪 50 年代中期，海地城市中的黑人资产阶级经过前几任黑人总统，特别是艾斯蒂梅的扶持，已有所发展，增强了同上层混血种人争夺政治权力的力量。他们对马格鲁里讨好混血种人

---

① http://lcweb2.loc.gov/cgi-bin/query/r? frd/cstdy: @ field (DOCID + ht0024)

海地

的倾向非常不满,需要一个能代表自身利益的黑人总统上台。广大贫苦的农民和其他底层民众更希望有一个了解下情的黑人总统。杜瓦利埃的生活经历和政治立场,成为上述各阶层人民心目中的较好人选。军队和美国也支持他。在竞选中,他以一个简朴的乡村医生面目出现,声称要建立廉洁的政府,公正地对待穷人。他的这些政见取得了多数选民的信任,并以高票当选为总统。

然而,他刚上台不久,便暴露出与海地历史上所有独裁者相同的贪婪、狡诈和残暴的特性。他上台时表现得非常进步,在就职演说和政治纲领中大谈全国团结、民主自由和经济发展,并声言要在海地进行一场"革命"。但是,时隔不久,杜瓦利埃便开始大肆攫取权力、打压异己,实施独裁统治。

杜瓦利埃上台后,太子港的工商界因认为大选中有舞弊行为而举行罢市。杜瓦利埃让特务强迫商店开门营业,并抢劫和砸毁不愿开业的商店。他还逮捕反对党领导人,查封支持反对党的报纸,并捣毁报社。在他上台后的第一个月内就逮捕了100多人。1958年5月,国家宣布戒严,特务分子在各地进行了大搜捕,不断绑架、拷打和杀害反对派人士。他在20世纪40年代后期担任劳工部长时发展起来的工人运动这时也遭到镇压。杜瓦利埃上台时所许诺的民主自由已成为一场彻底的骗局。

杜瓦利埃还多次操纵国民议会,任意修改宪法,使之为自己的独裁统治服务。他上台不久便颁布了有利于他统治的新宪法。待地位初步巩固后,他于1961年1月将原来的参、众两院合并成一个院,以加强对议会的控制。同年10月,他担心任期届满时政局可能不利于自己连任,于是宣布提前两年进行大选。他又采取一系列欺骗手段,使自己获得连任,任期到1967年止。此外,他还于1964年5月两次操纵议会,修改宪法,并指使各省的所谓"代表"到首都来劝进,要求他担任终身总统。6月,海地全国举行公民投票，承认他为终身总统。修改后的宪法则规定，他有权指定接班人、解散议会和内阁、直接控制国家。至此，杜瓦利埃建立和巩固独裁统治的过程基本完成。

杜瓦利埃还大大削弱了军队的力量。海地历史上大多数总统都是被军队赶下台的，为了防止落得同样下场，杜瓦利埃上台后不久便对军队进行了清洗，将大批高级军官调到边远地区，并勒令部分将领"退休"。1958年7月，海地发生了一起未遂军事政变，使杜瓦利埃更加认为军队是对他总统职位的威胁。12月，他将军队总参谋长解职，并让自己的心腹取而代之。杜瓦利埃在大批撤换军官的同时，还决定建立总统卫队，保卫总统府，将军队的武器弹药储备转移到总统府内，由总统直接控制。总统卫队成为海地军队中的精锐部队，主要任务就是维护杜瓦利埃的权力。在军队内部建立了自己的根基之后，杜瓦利埃又对所有的军官进行了一次清洗，将上了年纪的、受过美国海军陆战队训练的军官，撤换为效忠于他的、更年轻的军官。1964年，杜瓦利埃曾得意地宣布，他"已经消除了军队仲裁和平衡国家生活的作用"。

杜瓦利埃在加紧削弱军队力量的同时，还不断建立和扩大忠于自己的特务组织。他上台后便建立了恶名昭著的特务组织"通顿马库特"（Tontons Macoutes），主要成员是他的忠实支持者，以及一些地痞流氓、地主恶霸和伏都教徒。1960年，杜瓦利埃进一步扩充了通顿马库特，并正式称之为"国家安全志愿军"（Volontaires de la Sécurité Nationale）。该组织一切行动只向总统个人负责，行事狠毒，手段残忍，除了维护杜瓦利埃的执政根基之外，还有一个作用就是制约军队的力量。到1962年，该组织的人数已发展到8000人，而当时的军队只有5000人，其实力和权力已经大大超出了军队。

杜瓦利埃为了加强对民众的精神统治，不断宣扬黑人主义

（noirisme）、煽动种族仇恨，并打击天主教派。此外，他还大力提倡伏都教，利用伏都教大搞迷信活动。早在上台之前，杜瓦利埃便以肤色划分阶级，声称自海地独立以来只有黑白混血种人和黑人两个阶级，而海地历史上伟大的领袖都是黑人；海地的"大复兴"必将开始，黑人应向混血种人夺回领导权。由于海地广大农民和底层民众都是黑人，并且大都信奉伏都教，他便宣称伏都教是由非洲的黑人文化同反对殖民主义的勇敢精神相结合的产物，称自己是伏都教的祭司，能施展法术，驱赶邪恶；诡称自己已集中海地5位建国者的精神于一身，是国家至高无上的主宰。他还吸收一些伏都教祭司参加通顿马库特，以便加强对农村地区的监视和控制。他借口天主教会搞分裂活动，先后驱逐了许多外籍主教和传教士。此举激怒了梵蒂冈教廷，并于1962年将他革出教门。他还安插海地人担任大主教，企图控制天主教会。

杜瓦利埃深知为了巩固其独裁统治，必须争取美国的支持。因此，亲美反共成为其对外政策的核心。为了回报美国支持他上台执政，他同美国签订了《海美双边军事协定》，聘请美国军事使团培训海地的武装部队，并允许美国在海地建立火箭发射基地。他还倚仗海地所处的重要战略地位，扬言如果美国不进行经济援助，海地将向共产主义国家求援。由于互有需要，美国答应了海地的要求，杜瓦利埃得到了美国大量的经济援助和军事援助。但后来由于杜瓦利埃政府贪污大量援助款项，美国曾一度中断了援助，海美关系变冷。这种比较冷淡的关系一直持续到1963年11月肯尼迪总统遇刺身亡，美国对杜瓦利埃施加的压力才有所减轻，同时美国又顾及海地与古巴隔海相望这一重要战略位置，海美关系有所缓和。

杜瓦利埃政府与多米尼加的关系非常紧张。多米尼加对流亡在该国的反杜瓦利埃分子提供庇护和直接的支持。杜瓦利埃曾经为了搜捕一名据信参与策划劫持杜瓦利埃子女的军官，下令总统卫队占领了多米尼加在海地的外交官邸（the Dominican chancery），多米尼加对此表示非常愤怒。当时的多米尼加总统胡安·博什（Juan Bosch）公开宣称要入侵海地，并向边境地区派遣军队。由于多米尼加的军队领导人感到这种做法激进，并不支持入侵海地，博什最终只好放弃这一想法，并允许双方派驻美洲国家组织的代表解决此事。

杜瓦利埃统治期间，大量搜刮人民的财富，供其家族任意挥霍享用。他巧立名目，横征暴敛。早在1961年，杜瓦利埃就打算建造一座为自己树碑立传的新城，名为"杜瓦利埃城"。为此，他发起一个所谓"民族革新运动"，以集资为名大肆进行敲诈。他向工商界的业主摊派"捐助"，如不愿交纳，则洗劫和捣毁其企业，业主将遭到监禁、拷打甚至杀害。向政府职员、军人和议员摊派的捐款竟要强行从他们的工资中扣除。20多年后，该城仍未建成，但敲诈来的大量钱财却被私吞和浪费了。海地农民有每年到多米尼加去当季节砍蔗工的传统。1967年，杜瓦利埃同多米尼加签订合同，答应每年提供2万人，从中向农民每人收取59美元的费用。国际舆论谴责这种做法是"搞奴隶制的一种形式"。杜瓦利埃巧取豪夺的手段还远不止此。如由国家发行彩票，强迫群众购买，从中弄虚作假，将头奖内定为杜瓦利埃或其亲友，以坑害群众。后来，杜瓦利埃竟公开从彩票收入中定期支取款项，供其私用。更有甚者，杜瓦利埃指派亲信控制国家的烟草专卖局，将全部收入专供杜氏家族私人花销。烟草专卖局不仅收取烟草税，而且还征收其他许多重要物资的消费税，形成一个与财政部平行的庞大税收系统，其年收入几乎同政府的支出相等。据估计，在杜瓦利埃统治期间，其家族的私产就已达5亿美元。

杜瓦利埃的独裁统治激起了各阶层人民的愤慨和反抗。杜瓦利埃对反抗和起义进行残酷镇压的罪行令人发指。1964年在热雷米市,通顿马库特屠杀了数百名起义者,很多起义者全家上自老人下至幼童全被枪杀,住宅和商店也被洗劫一空。为了增加恐怖气氛,杜瓦利埃将被害起义者的尸体空运至太子港,陈放在正对飞机场出口处的显著位置上,展示于众,不许收尸,任其腐烂。据各种不同的估计,在杜瓦利埃统治时期被杀害的海地人多达3万~6万人。

即使处于如此残酷的镇压和严密的监视下,人民群众仍以各种方式同独裁政权展开斗争。除罢工、罢课等抗议活动外,还有从国外组织的武装登陆和暗杀活动。其中较大的事件有:1958年6月,一批前军官在北部的蒙特鲁伊登陆,长驱直入,一度占领太子港离总统府不远的"戴沙林兵营",以致杜瓦利埃曾打算外逃。1964年8月,"青年海地组织"的13名成员在南部的马里耶夫人角登陆,同政府军的对抗坚持了83天。1967年4月,在杜瓦利埃庆祝60大寿时,总统府附近发生炸弹爆炸事件,死亡4人,伤多人。1970年4月,海军的3艘海岸警卫船发生兵变,从太子港炮击总统府,坚持了2天后外逃。在长期的斗争中,反对杜瓦利埃的力量逐渐形成了一些组织。1963年3月,左派人士联合成立了民族民主统一阵线(1967年被迫解散);1964年,海地工会统一阵线成立;1969年,海地共产主义者统一党成立。这些组织的活动在一定程度上打击了独裁政权。

二 让-克洛德·杜瓦利埃的统治

1970年底,杜瓦利埃为了将其总统职位传给年仅19岁的儿子让-克洛德·杜瓦利埃(Jean-Claude Duvalier),又一次挟持议会修改宪法,把担任总统的最低年龄从40岁降至18岁,并于1971年2月通过"选举"骗局,使让-克洛德·杜瓦利埃成为总统。杜瓦利埃于同年4月病死。美国从自身利益出发,支持杜瓦利埃传位于他的儿子。在新旧交替期间,美国调动军舰开赴两国之间的海域,防止流亡者回国发难。多米尼加也按美国的意旨采取了相应的措施。美国的这种态度为杜氏父子的顺利交接提供了重要的外部条件。

让-克洛德·杜瓦利埃,又称小杜瓦利埃,绰号"小大夫",1971年4月22日继任总统。由于国内反对派被长期摧残而无力行动,国外又有美国的支持,小杜瓦利埃上台时并未遇到什么阻力,但他上台后杜瓦利埃家族内部的派别斗争却非常激烈。一派是以其母亲西蒙娜为首的保守派,又称"恐龙派",主要由老杜瓦利埃的亲信组成,主张维持旧秩序。另一派是以其姐姐马里耶-德尼兹为首的"现代化派",主要由在老杜瓦利埃时期受排斥的亲友组成,主张政治经济的自由化。这两派的争斗此消彼长,持续不断,直到1980年小杜瓦利埃同米谢勒·贝内特结婚时才告一段落。贝内特是混血种人巨商的女儿,小杜瓦利埃同她的结合标志着杜氏家族的统治基础,从黑人城市资产阶级和农村小土地所有者转移到混血种人工商资本集团方面上来。

老杜瓦利埃十余年的独裁统治,使全国的经济严重萎缩,民生凋敝。鉴于这种形势,小杜瓦利埃上台后便提出,其父已完成了"政治革命",他要进行"经济革命",企图挽救濒于破产的经济。他仿效其父的手法,打着反共的旗号,向美国求援。1972年7月,美国向海地派出军事顾问团,帮助重建军队,两国关系进一步缓和。随后,美国又恢复了对海地的经济援助。与此同时,海地同邻国和其他加勒比国家的关系也开始改善。

小杜瓦利埃提出"经济革命"后,政府部门任用了一些技术人才,国内政治气氛逐渐缓和。流亡国外的反对派陆续回国。1976年卡特政府上台后,美国将经济援助同人权问题联系起来,促进了海地的"自由化"进程。1977年9月,小杜瓦利埃释放了104名政治犯,还做出了其他一些让步姿态,国内的政治控制有新的松动。这时,不同派别的政治组织逐渐活跃。海地共产主

海地

义者统一党于1978年9月秘密召开第一次代表大会;反对政府的"海地民主工人联合会"于1979年4月成立;反对派政党"海地基督教民主党"于1979年6月从地下转入公开;海地基督教社会党(又称海地6月27日基督教民主党)也于同月宣告成立。

由于政治气氛好转,投资条件优惠,外资重新流入海地,经济有所发展。在20世纪70年代,政府实行了两个5年计划,对基础设施和工农业的投资有较大增加。这10年中国民经济的平均增长率达到4%,大大超过20世纪50年代和60年代的经济增长水平,产业结构也发生了一些变化。来料组装和出口贸易发展较快,到70年代末已有加工工厂200多家。

然而,"自由化"进程是短暂的。1979年10月,政府实行《新闻检查法》,开始重新压制报刊的言论自由。曾一度有所收敛的通顿马库特又猖狂起来。海地人权联盟召开的一次有千人参加的大会被特务、警察破坏,40多人受伤。1980年11月,卡特总统下台后,小杜瓦利埃的镇压行动更加无所顾忌了。11月28日晚,政府进行了几年来最大规模的搜捕,逮捕了包括反对党领导人在内的近200人。此后,海地人民又重新处于黑暗和恐怖之中。

其实,小杜瓦利埃对民众的镇压,即使在70年代也未完全停止。他上台后虽然对通顿马库特的权力作了某些限制,并缩减其人数,但却建立了一支效忠于自己的名为"豹子队"(Léopards)的特务组织。大赦国际组织在70年代的一项调查报告中说,海地的监狱"同过去纳粹集中营一样",老杜瓦利埃建立起来的镇压机器在小杜瓦利埃时"依然存在"。小杜瓦利埃的独裁统治同样是残酷的。

进入80年代后,海地经济重新陷入困境,农村情况尤为严重。由于政府长期忽视农业,缺乏投资,水利失修,水土流失严

第二章 历史

重,生产率极低,生产方式也十分落后,农民生活极端贫困。70年代末开始传入海地的猪瘟使农村地区大量的猪因感染而被宰杀,猪肉价格也一再下跌,农民损失惨重。与此同时,美国政府向海地政府施压,要求其从美国进口新的猪种。

海地原产猪适应海地的热带环境,便于饲养;而从美国进口的猪对饲料和饲养环境要求非常高,远远超出农民的负担能力。这些都使农民的生活状况更加恶化。许多农民被迫离乡外逃。他们变卖了家产,通过不法分子乘小船外逃至美国等地,以寻求生路。1980~1981年间,每月至少有6000人试图逃到美国。"船民"的遭遇非常悲惨。他们受尽不法船主的盘剥和欺压,而船主及中间人又买通政府官员让他们非法出境,据称有些贿赂直接送至总统府。还有许多人死于船只失事和各种疾病,或者被船主杀害。大批"船民"的外逃,不仅给美国增加了负担,而且造成了不良的国际影响。因此,海地同美国达成协议,制止"船民"非法流入美国。

小杜瓦利埃统治期间,贪污盗窃之风比其父统治时期的情况更为严重,海地政府的统治也被称为"盗窃政治"(Kleptocracy)[1]。小杜瓦利埃沿袭了其父的做法,将国家烟草专卖局和出口劳工所得的巨额款项攫为己有。外国每年给海地的大量经援,也多半落入其家族及政府官员的私囊。1980年12月,在国际货币基金组织为解决海地的外汇危机而提供的援助中,小杜瓦利埃取出2000万美元,其中400万美元直接给了通顿马库特,而1600万美元则中饱私囊了。小杜瓦利埃的岳父埃内斯特·贝内特是经营进出口贸易集团的资本家,操纵了国家的经济命脉。他利用家族关系,大搞投机活动,曾将墨西哥以优惠价售与海地的石油,高价转卖给南非,从中牟取暴利。小杜瓦利埃每

---

[1] 李春辉等著《拉丁美洲史稿》下卷,商务印书馆,2001,第329页。

海地

年仅从国库中侵吞的公款即多达2000万美元,至于其他非法收入,更难以数计。据估计,在小杜瓦利埃下台前,杜瓦利埃家族的私产高达9亿美元。仅在瑞士银行一处的存款就有3.7亿美元。他们凭借这些财富穷奢极欲,挥金如土。1975年,小杜瓦利埃为其父修建陵墓耗资300万美元。1980年他举办婚礼用掉700万美元,仅燃放礼炮和烟花一项就耗费10万美元。

在杜瓦利埃家族的独裁统治下,海地社会贫富极度不均,两极分化严重。据20世纪80年代初的调查,占全国人口1%的富有阶层的收入占国民总收入的44%,但其缴纳的国家所得税仅占税收总额的3.5%,其余大部分税收均来源于广大低收入阶层。富人集居的太子港仅占全国人口20%,却用去了政府财政支出的80%。全国有3000个富户,平均年收入在9万[①]美元以上,其中200人为百万富翁。而1984年全国人均国民收入仅90美元,农民人均收入35美元,城市工人日工资不到2美元。杜瓦利埃家族20多年的独裁统治使海地成为西半球最不发达的国家。据联合国等机构80年代初的调查,海地人的平均寿命为47岁,婴儿死亡率为18%,有87%的儿童营养不良。全国的文盲率高达75%,失业率达50%。1985年,国家的教育经费只占国内生产总值的1%,人均3.7美元;卫生经费只占0.9%,人均3.44美元。然而,国家的统治机器却很庞大。中学教师同军队人数的比例是1:189;中学同监狱的比例是1:35。

海地人民一直没有停止反抗杜瓦利埃家族残暴统治的斗争。自80年代以来,这些斗争更是在次数、方式和规模上都达到了新的水平。1981年10月,流亡美国的反政府武装派出一架轻型飞机在首都太子港上空撒下起义传单;1982年1月,约40名反政府武装人员在海地的龟岛登陆,试图开展游击战。1983年,

---

① 李春辉等著《拉丁美洲史稿》下卷,商务印书馆,2001,第330页。

社会动荡加剧,反政府地下武装仅在上半年就组织了6次爆炸事件。1984年5月,戈纳伊夫市群众举行示威游行,抗议警察的暴行。示威活动不断扩大,成为小杜瓦利埃上台以来规模最大的群众抗议活动。一些天主教人士,特别是下层教士受到严酷现实的启发和解放神学的影响,也纷纷揭露和批评政府的腐败和残暴行径。这些反政府活动为后来的斗争奠定了初步的基础。

1983年,小杜瓦利埃效法其父,操纵议会修改宪法,承认他为终身总统。1985年,他又搞"公民投票",进行没有竞争对手的选举;他使用各种舞弊手段,结果使自己以99.9%的票数当选为总统。这一骗局立即激起反对派人士和天主教会的强烈不满。选举前夕,一位78岁的比利时神父被警察毒打致死,选举后,另3名神父被驱逐出境,此举进一步激化了政府同教会的矛盾。这时,海地开始形成广大民众、反对派人士和教会共同反对独裁统治的局面。

1985年11月,戈纳伊夫市的学生为反对政府压制其进行"国际青年年"的庆祝活动,于11月27日举行了示威游行。次日,学生再次游行,许多市民也参加进来,并高呼"打倒宪法"等口号。游行遭到军警的镇压,4名学生被枪杀,数十人受伤。接着,政府又在全市进行大搜捕。戈纳伊夫市的流血事件震动了全国。1986年1月,除戈纳伊夫市再次爆发游行外,海地角市的学生也举行了罢课和游行。斗争的浪潮扩大到首都和其他城市,参加的人也越来越多。群众连日举行示威,高呼"打倒杜瓦利埃"、"实行民主"、"反对饥饿、反对贫困"等口号。在一些南部城市,愤怒的群众烧毁政府建筑,抢劫仓库和商店,袭击通顿马库特成员,设置路障,包围兵营。在首都和其他城市,广大人民群众同政府发生了严重对抗。据教会人士估计,自1985年12月起的两个月内,被军警枪杀的群众至少有1000人。在人民反政府斗争不断高涨的情况下,小杜瓦利埃企图用高压政策挽

回局势，并对内阁进行改组。1986年1月31日，小杜瓦利埃宣布全国实施戒严，关闭进步的电台，更加残酷地镇压群众，但已无济于事。这时，美国要求海地进行选举，遭到小杜瓦利埃的拒绝。2月3日，太子港爆发了前所未有的总罢工，各地纷纷响应，反独裁的风暴席卷全国。美国担心局势继续恶化将导致一场革命，于是催促小杜瓦利埃提前下台。小杜瓦利埃见大势已去，于2月7日携带其眷属和亲信以及1亿多美元的现款，乘坐美国安排的军用飞机出逃，辗转到法国避难。这个加勒比地区"最腐败、最血腥的现代王朝"，在统治28年之后终于覆灭了。

第八节　20世纪80年代中期至今

杜瓦利埃家族的统治倒台之后，以军队参谋长南菲（Henri Namphy）为首的由军人、文人组成的临时执政委员会（Conseil National de Gouvernement）执掌政权。执政委员会由6名成员组成，其中5人都曾在旧政权中任过职。南菲是职业军人，从1984年起任总参谋长。执政委员会立后，在民众的要求下，采取了一些顺乎民心的措施。如解散议会和通顿马库特，释放政治犯，没收杜瓦利埃家族的财产，以及保障政党的活动自由等。但是执政委员会进行政治改革的步伐十分缓慢，对严重的经济困难也缺乏对策，特别是在惩办残害民众的凶手和清除政府机构中的杜瓦利埃分子方面态度暧昧，使反对党和广大民众的不满情绪日益增强。6月初，几个大城市连续发生反政府示威；6月10日举行全国总罢工，要求执政委员会下台，成立文人政府。此后，政局一直动荡不定。10月，举行了第一次立宪会议选举。由于民众对政府不满，只有5%的选民参加投票。1987年3月，全国举行公民投票，通过了新宪法。6月，因政府颁布的新选举法强行规定由内政部取代选举委员会来负责组织选

第二章 历　史

举活动，全国再次爆发了大罢工，抗议新选举法。7月初，政府被迫取消选举法。不久，全国再次总罢工，要求南菲政府下台。与此同时，旧政权残余势力的活动也在增加，旨在破坏民主化进程。10月，两个党派的总统候选人先后遇害。11月下旬，有数十名参与竞选活动的人被暴徒枪杀。11月29日，海地举行全国大选。由于发生了严重的暴力事件，无法维持正常秩序，在投票开始三小时后，全国选举委员会被迫宣布停止选举。随后，政府解散了选举委员会，大选中途夭折。右派势力破坏大选的事件受到国内外舆论的谴责。政府迫于压力，宣布将再次举行大选。12月，政府组成了新的选举委员会，并规定大选由军人计票，从而控制了选举的准备工作。

1988年1月17日，海地全国举行新的大选。因最有影响的反对党候选人进行抵制，力量较小的海地全国民主进步联盟（Rassenblement des Democrates Nationaux Progressistes）候选人艾利斯·马尼加（Leslie Manigat）以微弱多数当选为总统。马尼加是一位学者，曾因反对杜瓦利埃独裁政权而长期流亡国外。他主张进行改革，实现政治经济的现代化，建立公平的社会。但是由于以南菲为首的军方的牵制，改革很难进行。新政府与军方的矛盾不断扩大。6月13日，南菲未同马尼加商量便撤换了一批高级军官，这一决定立即引起部分中下层军官的不满，军队因此分裂成两派，双方严重对立，形势紧张。为稳住局势，马尼加于15日宣布南菲的决定无效，17日解除了南菲武装部队总司令的职务。军政关系进一步恶化。19日，南菲发动军事政变，推翻了马尼加政府。这时，军队内部矛盾依然存在，中下层官兵对南菲长期独断专行和怂恿旧政权残余势力迫害民众的不满情绪日益增强。1988年9月17日，他们举行兵变，推翻了南菲政权。

在此之后，阿夫里尔（Prosper Avril）就任海地新总统。阿夫里尔曾就读于海地陆军学院和海地大学，获法学硕士学位，后

海地

在军队服役,担任过小杜瓦利埃的经济顾问,1986年初重返军界。杜瓦利埃政权倒台后,他参加了以南菲为首的执政委员会,后因与旧政权关系密切而被免职。1988年6月,他参加南菲发动的政变后晋升为少将。阿夫里尔上台后,建立了以文人为主的新政府,为恢复民主采取了一些比较积极的行动。他解除了一批与旧政权关系密切的高级军官的职务,收缴了通顿马库特的部分武器,支持查禁毒品。他还同反对党举行对话,成立独立的选举委员会以筹备大选,他的这些行动受到国内外人士的普遍欢迎,也引起了军队中右派势力的不满。1988年10月15日、1989年4月2日和5日,先后发生了3次未遂的军事政变。其中,在1989年4月2日,阿夫里尔本人曾一度被政变军人逮捕。

1989年4月未遂政变之后,海地政局动荡,社会治安严重恶化,阿夫里尔便开始镇压反对派,并以条件不成熟为由宣布推迟总统选举。鉴此,海地6个反对党派宣布如果阿夫里尔不辞职,将发动全民起义,推翻独裁政权。1990年3月5日,全国爆发了大规模的群众反政府抗议活动,3月9日达到高潮,12个主要反对党联合组织了团结大会。与此同时,美国驻海地大使会晤了阿夫里尔。处于内外交困中的阿夫里尔被迫于1990年3月10日辞职。3月12日,海地最高法院法官埃尔塔·帕斯卡尔·特鲁洛女士被任命为海地临时总统。

1990年12月16日,在国际社会的监督下,海地在比较平静的气氛中进行了全国大选。这是海地有史以来第一次民主选举,约有250万人参加投票。最后,革新与民主国家阵线候选人让-贝特朗·阿里斯蒂德(Jean-Bertrand Aristide)神父以56%的得票率当选为海地第一位真正意义上的民选总统。选举同时还选出了若干参议员、众议员以及数百名市政官员。国际舆论对这次大选给予了积极的评价,认为是一次"公正和民主的历史性选举",也是海地"新时代的开端"。

第二章 历 史

阿里斯蒂德是黑人,1953年7月15日出生于一个农民家庭。少年时受教于太子港萨雷斯教会学校,青年时期开始研究宗教神学,并考入海地大学攻读心理学,获硕士学位。经在多米尼加、希腊、以色列等国深造后,1985年获神学博士。阿里斯蒂德做神父期间,思想进步,在致力于宣传解放神学观点、帮助贫民阶层的同时,他还积极从事政治活动。阿里斯蒂德曾为反独裁的群众提供庇护,为此多次遭到暗算,但均幸免于难。就在这位新总统就职前,杜瓦利埃的残余势力及反对阿里斯蒂德的势力还发动政变并扬言"不让阿活着进总统府"。叛乱平息了,又一次幸免于难的阿里斯蒂德的威信也由此进一步提高。在竞选中,阿里斯蒂德提出了顺乎民心的纲领,得到了广大中、下层群众的支持;他还多次会晤美国驻海地大使,争取到了美国等西方大国和国际社会的支持。

首届民选政府的上台,使人感到海地在政治民主和自由方面的进步。阿里斯蒂德被看成是能真正结束杜瓦利埃时代的人物,国内民众和国际社会都对他寄予很大希望。他上台后急于改变国内严峻的政治、经济和社会状况,采取了一系列措施,如大刀阔斧地消除杜瓦利埃残余势力的影响、精简政府机构、整顿政府中的腐败和官僚主义、实施土地改革、推动文化普及,以及打击毒品走私等。为了防止出现军人干政,阿里斯蒂德还削减军队的力量,减少军队的预算开支,废除军人在政府中担任部长的制度,批准军队中3/4的高级将领辞职,并准备将警察从军队中分离出来。这些举措大大损害了军队的利益。1991年9月29日,海地武装部队总司令拉乌尔·塞德拉斯(Raoul Cédras)以"结束独裁统治,恢复民主、自由和法治"为由,发动军事政变。刚刚任职数月的阿里斯蒂德被捕,后在美国、法国和委内瑞拉等国的干预和调停下,才于同年10月1日起流亡国外。

政变使海地民主进程遭到重大挫折,受到国内民主力量和国

海地

际社会的强烈谴责。人们走上街头,修筑街垒,抗议军事政变,军队及警察向示威群众开枪镇压,首都太子港笼罩在一片紧张气氛之中。拉美各国和一些西方国家迅速作出强烈反应,纷纷发表声明抨击政变军人破坏海地民主进程。当时正在召开的第46届联合国大会一致通过决议,要求海地政变当局立即恢复阿里斯蒂德总统的权力。在随后近20个月的时间里,国际社会开展了多方面的斡旋活动,以求使阿里斯蒂德重新回国执政。美洲国家组织更是几次组织代表团赴海地考察,与政变领导人会谈,谋求以和平方式恢复海地的民主进程。其间海地对立双方也曾达成过一些协议,但均未得到执行。

为尽快解决海地政治危机,国际社会开始对海地军政府实施制裁。各国际援助方冻结了对海地的援助。联合国、美洲国家组织和美国等对海地实施了严厉的经济制裁和禁运。美国还对海地实施武器禁运,以防止军政府从美国购买武器。这些制裁措施使海地国内燃料、食品奇缺,物价不断上涨,经济状况愈加困难和混乱。海地国内民主力量也不断向军政府施压,一些工会组织召集的罢工使太子港80%以上的地区处于瘫痪状态。迫于国内外的强大压力,军政府被迫接受联合国的调解计划,同意与阿里斯蒂德对话。1993年7月3日,塞德拉斯与阿里斯蒂德在纽约加弗纳斯岛签署协议。协议包括:阿里斯蒂德于1993年10月30日返回海地重新执政;现海地武装部队总司令塞德拉斯辞职;总统将根据宪法实行大赦,并重新安排曾参与政变的军官等内容。在此之后,联合国于8月解除了对海地的制裁。

随着阿里斯蒂德回国复职日期的临近,反对民选总统的暴力活动在军方的默许和警察当局的协助下日趋猖獗。各地不断发生冲击政府大楼,扣押和枪杀政府要员,威逼各界群众罢工、罢市,肆无忌惮地开枪射击,要挟联合国和美洲国家组织特使等事件,使海地局势更加恶化。按照《加弗纳斯岛协议》,一支由

第二章 历　史　Haiti

200多名美国和加拿大士兵组成的联合国维和部队于1993年10月11日乘美国军舰"哈伦县"号抵太子港附近海域准备登陆，为阿里斯蒂德回国做准备。但是右翼组织在太子港举行武装示威，不让美舰靠岸，致使该舰返航。到码头迎接这支部队的美国使馆人员遭到拦截和辱骂，汽车遭枪击，被迫离开码头。塞德拉斯当天表示，海地军方反对联合国派美国军人到海地来，因为这意味着外国军人对海地的占领。15日，塞德拉斯并没有按照《加弗纳斯岛协议》如期辞职。所有这些事实表明：海地军方无意交权，《加弗里斯岛协议》成了一纸空文。

在此情况下，联合国安理会于10月13日一致决定恢复对海地的制裁，并于16日再次通过决议，授权成员国使用武力对海地实行封锁。5艘美国军舰和3艘加拿大军舰于当日驶抵海地周围海域。17～19日，法、英、荷和阿根廷先后宣布派军队参加封锁，与海地接壤的多米尼加也宣布封锁其通往海地的陆上道路。但是，所有这一切并没有使海地军方当局就范。1994年5月6日，联合国安理会通过新的全面制裁决议，主要内容包括：除食品、医药等人道主义物品以外，其他物品一律禁止入境，除民航班机和获准用于人道主义目的的飞机外，其他飞机不准飞经或离开海地。这是联合国安理会和美国采取的更加严厉的经济制裁措施。面对安理会的全面制裁，海地军政府不仅不就范，反而任命了81岁的若纳桑为临时总统。国际社会对此作出强烈反应。美国表示，这一任命是违反海地宪法的，美国不排除使用武力的可能。6月12日，若纳桑总统宣布海地全国实行紧急状态。7月31日，联合国安理会通过决议，授权组建一支以美国为主的多国部队，使用一切必要的手段，迫使海地军方领导人下台，恢复阿里斯蒂德的合法地位。针对联合国的决议，若纳桑总统宣布戒严。9月13日，包括2艘航空母舰在内的20多艘美国军舰驶向海地。美国向海地军人发出最后通牒：军政府必须立即下台，否

海地

则美国就要动武。16日，美国前总统卡特同意率代表团赴海地进行最后调解。18日双方谈判时，61架载着空降部队的飞机离开美国向海地飞去。海地军方领导人在知晓这一消息后，才在同意交权的协议上签字。9月19日，1.5万名多国部队开始和平进驻海地，以保证协议得到执行。10月10日，塞德拉斯下台，两天后流亡巴拿马。10月12日，海地临时总统若纳桑辞职。10月14日，美国宣布取消对海地的所有制裁。10月15日，阿里斯蒂德在美国国务卿克里斯托弗和美国驻海地大使威廉·格雷的陪同下，乘飞机返回海地就职，海地的民主进程得以恢复。

从塞德拉斯1991年9月发动军事政变到1994年10月阿里斯蒂德回国重新执政，这次长达3年之久的政变被认为是海地独立后流血最多的一次政变。在此期间，军队、支持政变的武装组织"阿塔奇"（attachés），以及准军事组织海地进步阵线（Front pour l'Avancement et Progres d'Haïti）对海地民众进行了残酷镇压，约5000名阿里斯蒂德的支持者和民主人士被杀。

阿里斯蒂德回国执政后，为了防止军队干政，于1995年解散了军队，只保留5000人的警察队伍。再次回国执政后，阿里斯蒂德的执政态度发生了转变。为了巩固自己的权力，他开始在政治上打击异己，致使国内党派之争不断，暴力活动频繁，贪污腐败丑闻时有发生。国内贫富对立的尖锐矛盾并没有得到丝毫缓解，经济也没有好转，失业率达60%以上，80%的人生活在贫困线以下。此后，海地在经济改革特别是私有化的问题上，又与美国发生矛盾。阿里斯蒂德反对激进的私有化和大公司私有化，而美国则以海地私有化工作进展不快为由，拒绝向其提供原先答应的460万美元的援助。阿里斯蒂德原本有意在任满后争取连任，但美国明确表示希望他离开政坛。阿里斯蒂德迫于压力，宣布按期离任。

1995年12月，海地举行总统大选，勒内·格拉西亚·普雷瓦尔（René Garcia Préval）当选为海地历史上的第二位民选总统，并于1996年2月就职。普雷瓦尔被称作阿里斯蒂德的"政治密友"，曾出任阿里斯蒂德政府的总理。普雷瓦尔就任后，在政治方面邀请阿里斯蒂德政府中的3名成员加入内阁，以保持政权的稳定；同时又借助联合国维和部队的力量[1]，维护社会治安。在社会政策方面，他提出要重视发展基础教育和职业培训、减轻贫困等主张。在经济上，他提出优先发展农业，提高农业产量，以满足人们的基本生活需要的战略，并任命农学家罗尼·司马德（Rosny Smarth）担任内阁总理。司马德试图通过与国际金融机构进行磋商，进一步实行自由化改革项目，这引起了国内的不安，并遭到国会中反对新自由主义的党派的反对，其中包括阿里斯蒂德新组建的政党"拉瓦拉斯之家"（Fanmi Lavalas）[2]。1997年6月，司马德总理辞职，普雷瓦尔提名的3名总理候选人都未获得议会的批准，海地陷入政治僵局之中。由于政府无法有效运转，外国捐助者冻结了对海地的援助。同时由于政府没能任命新的选举委员会，原定于1998年11月进行的议会选举也不得不推迟举行。为了打破这一僵局，普雷瓦尔趁下议院换届和上议院一半议员需要换之机，于1999年1月解散了议会，并单方面任命教育部长雅克·爱德华·亚历克西斯（Jacques Edouard Alexis）担任总理。此后，执政党与一些较小的反对党派组成联盟，从而向任命新的选举委员会和举行新的大选推进了一步。

---

[1] 联合国安理会于1995年1月30日通过决议，自3月31日起开始在海地部署联合国海地特派团。之后联合国又先后向海地派驻了联合国海地支助团、联合国海地过渡时期特派团，以及联合国海地民警特派团。

[2] 1986年，杜瓦利埃家族倒台以后，拉瓦拉斯运动（Lavalas）成为海地最主要的政治力量，阿里斯蒂德是该运动最主要的领导人之一。1995～1996年间，阿里斯蒂德与该运动中的一些领导人产生分歧，并于1996年11月成立了自己的政党——"拉瓦拉斯之家"党。

海地

在经历了几次推迟之后,海地于2000年5月举行了三年来第一次全国选举和地方选举。选举过程基本上还算平静。拉瓦拉斯之家党在选举中赢得了上议院19个议席中的18个议席,下议院83个议席中的72个议席,同时还赢得了地方政府选举中的绝大部分胜利。

但是,由于海地的临时选举委员会在统计对上议院的投票结果时使用了引人争议的计票方法,使人们对其中10个属于拉瓦拉斯之家党的席位的合法性产生了怀疑。宪法要求只有在第一轮投票中得到50%以上的选票才算获胜,但临时选举委员会却采用了第一名获胜的计票方法。来自美洲国家组织、欧盟、联合国和美国的国际观察员认为这10个上议院的席位应该进行第二轮投票,并与海地的反对党派一起要求重新计票,但遭到海地政府的拒绝。为此,由15个小党派组成的民主联盟(Convergence Démocratique)抵制了于2000年11月进行的总统选举。在这种情况下,作为拉瓦拉斯之家党候选人的阿里斯蒂德取得了压倒性胜利而再次当选为总统,并于2001年2月宣誓就职。但是,反对党派一直拒绝承认其总统职位和议会的合法性。虽然政府采取了一些缓和措施,如同意就这10个席位中的7个重新进行选举等,但双方始终未能达成和解。这种局面导致国际官方援助仍旧被冻结。

在缺乏反对党派和国际社会支持的情况下,海地的政治局势在2001~2002年持续恶化。阿里斯蒂德政府试图在公共设施建设方面取得进展,包括普遍提高人们的健康水平和受教育水平等,但由于相关提案在上议院频频受阻、缺乏资金以及政府行政力量软弱等原因而难以付诸实施。社会治安也更加混乱,暴力事件呈上升趋势。2001年7月,发生了对太子港和其他省会警察机构的袭击事件,造成几名警察死亡;10月,几名歹徒持枪向总统府开火。政府指责这两起事件均为反对党派所为。此后,阿

第二章 历　史

里斯蒂德的支持者发动了多起暴力事件，有十多名群众被杀，多座属于反对党派所有的房屋和办公室被烧。由于肇事者都是阿里斯蒂德的支持者，人们更加认为这些暴力事件得到了官方的支持。由于警察力量薄弱，在这些事件中，警察都被迫撤退，无法起到维护社会治安的作用。

2004年2月5日，海地发生反政府武装叛乱。叛乱分子迅速攻克了第四大城市戈纳伊夫，并要求阿里斯蒂德下台。在随后的两个多星期内，反政府武装先后攻下第二大城市海地角和北部岛屿托尔蒂岛，进而控制了整个北部地区，直逼首都太子港。2月26日，反政府武装对太子港形成合围之势，并拒不接受美、法等国和一些国际组织提出的和解计划。各反对党派也纷纷要求阿里斯蒂德下台。在这种情况下，美、法等国逐步放弃希望阿里斯蒂德与反对派和解的立场，转而要求他正视现实，主动下台。2月29日，阿里斯蒂德被迫宣布离职，前往国外避难。

阿里斯蒂德辞职后，海地过渡政府成立，临时总统为最高法院院长波尼法斯·亚历山大（Boniface Alexandre），临时总理为热拉尔·拉托特（Gérard Latortue）。以美国为主的多国部队迅速进驻海地稳定局势。4月30日，联合国安理会形成决议，派遣约8000人的联合国驻海地稳定特派团进驻海地，接替多国部队。5月4日，海地临时选举委员会成立，开始为新总统选举做准备。9月30日，数千名阿里斯蒂德的支持者在太子港举行游行，要求他回国执政。游行引发冲突，并发生枪战，造成数人死亡。此后，海地暴力活动进一步升级，社会秩序更加混乱，武装冲突不断，犯罪事件数量呈直线上升趋势。

选举筹备工作也进展缓慢。除了局势动荡这一因素外，缺乏基金、政府部门工作效率低下、基础设施落后等因素，都延缓了选举筹备工作的进行。由于临时政府上台后逮捕了大批拉瓦拉斯之家党的成员，拉瓦拉斯之家党认为这是对该党的迫害，并宣布

海地

抵制选举。该党是当时海地最大的政党,其不参加选举使人们对选举的民主和公正性产生怀疑。此后,该党虽有一些温和派领导人宣布参加选举,但都是以其他党派的名义参加的。曾于1996~2001年担任总统的勒内·普雷瓦尔也以希望党(Lespwa)候选人的身份参选。

2006年2月7日,在经过4次推迟之后,海地举行了总统和议会选举。经过一周的计票,普雷瓦尔最终第二次当选总统,他所领导的希望党虽然在议会中没有获得绝对多数席位,但已是议会中的最大党派。普雷瓦尔于5月14日宣誓就职。海地民众和国际社会普遍对他的当选表示支持,希望在他的带领下,海地可以逐渐恢复稳定,发展经济,提高人民的生活水平。普雷瓦尔上任之后,政府采取了一系列措施稳定政局。

政治方面,普雷瓦尔政府努力扩大执政基础,恢复社会稳定。首先,希望党与议会中的其他党派成功组成联合政府。新内阁的18名部长分别来自6个党派,其中5名来自反对党。其次,努力促进国内和解。普雷瓦尔在就职演说中表示,"和平才是关键","如果我们不互相对话,我们就会互相争斗",呼吁各党派和民众通过对话和协商巩固和平。政府还对被关押的拉瓦拉斯之家党成员进行了审理,并释放了部分该党成员,从一定程度上缓解了矛盾。第三,敦促武装分子交出武器,重新融入社会。8月,政府发出呼吁,要求武装分子放下武器,并宣布交出武器的人将获得证明卡,其家人可凭该卡领取到钱、药物、食品,交出武器的人还可接受工作技能培训,以帮助其更快、更好地融入社会。有部分武装团伙已交出或同意交出所持有的武器。

经济方面,普雷瓦尔政府多方争取国际援助,以促进经济复苏。由于自然资源贫乏、国内政局长年动荡,以及经济政策失误等原因,海地经济状况恶劣。特别是2004年以来,国内不断升级的暴力冲突和混乱的社会秩序,使海地本已羸弱的经济状况更是雪上加霜。国际援助对海地经济而言非常重要。因此,普雷瓦尔政府上台伊始,就向国际社会争取经济援助。2006年6月下旬,普雷瓦尔访问了欧盟总部布鲁塞尔。在他访问期间,欧盟宣布2008~2013年向海地提供2.93亿美元的援助,用于海地的教育和基础设施建设,比在2002~2007年提供的2.11亿美元增加了8000余万美元。2006年7月下旬,由美国、欧盟、世界银行等援助方参加的国际援助会议在太子港举行,会议决定2006~2007财政年度向海地提供7.5亿美元的援助。海地的最大援助国美国在会上宣布,拟于2007财政年度向海地提供约2.1亿美元的援助。除了向传统援助方争取援助外,普雷瓦尔政府还向友邻国家争取援助。5月14日,也就是普雷瓦尔宣誓就职当天,海地正式加入加勒比石油计划。该计划是委内瑞拉实施的一个能源合作项目。按照这一计划,委内瑞拉每天向海地提供7000桶石油,海地需按照石油的市场价付款,其中60%在90天内付清,40%可在未来25年内付清。古巴也同意帮助海地改善电力系统,并派更多医生前往海地,以改善海地的医疗条件。

外交方面,普雷瓦尔政府积极修复和加深与国际社会的关系。美国是海地最大、最重要的邻国,对海地政局有着重大影响力。普雷瓦尔当选后,美国对他表示了承认和支持。2006年10月,美国部分解除了对海地实施长达15年的武器禁运,以改善海地警察的武器装备,对抗装备良好的武装分子。此举显示了美国对海地政府重整社会秩序及打击武装团伙的支持。普雷瓦尔还进一步推动与拉美和加勒比国家的关系。在他刚刚当选还未就任之时,就于3月2日出访多米尼加,以期改善与这个共处一岛的陆上邻国的关系。此后,他还出访了古巴和委内瑞拉,加强了与他们的关系,并争取到他们的援助。普雷瓦尔政府还致力于修复并加强与地区和国际组织的关系。地区组织加勒比共同体自2004年阿里斯蒂德被迫离职后就中止了海地的成员国资格,并

海地

表示海地只有在公平公正的情况下选出新总统，才会考虑重新接纳海地。普雷瓦尔当选后，该组织于 2006 年 6 月 7 日恢复了海地的成员国资格。7 月 3 日，普雷瓦尔参加了加勒比共同体年度峰会，并在会上发表了讲话。8 月 3 日，时任联合国秘书长安南访问海地。在与普雷瓦尔举行的联合记者招待会上，安南表示"联海团"在海地维和的时间将会继续延长，以帮助新政府维护社会稳定。2007 年 8 月，现任联合国秘书长潘基文也对海地进行了访问。在国际社会的支持下，普雷瓦尔政府在促进国内和解、争取国际援助恢复经济，以及使海地进一步融入国际社会等方面所做的努力有所成效。海地民众和国际社会亦对普雷瓦尔政府寄予很大期望，希望这个有着 200 多年历史的国家能够真正摆脱动荡和贫困，走上稳定、发展的道路。

第三章

政　治

第一节　国体与政体

一　演变

自1492年哥伦布发现伊斯帕尼奥拉岛以来，该岛在312年的时间里先后沦为西班牙和法国的殖民地。殖民统治者在海地实行奴隶制，残酷地剥削当地的印第安人和从非洲贩运来的黑人奴隶。1791年，海地爆发大规模奴隶起义。1804年，海地宣布脱离当时宗主国法国的殖民统治而独立，成为世界上第一个独立的黑人共和国。1805年海地宪法规定，海地为共和国，实行总统制。但是，海地共和制度的基础并不牢固，在独立后的200年间，就曾经有数个执政者称帝：海地第一个执政者戴沙林将军于1805年称帝，号称加克奎斯一世；1806年，戴沙林被暗杀后，海地分裂为南、北两个政权，统治北部的克里斯托夫将军建立了"海地国"，并于1811年6月称帝，号称亨利一世；1849年8月，执政的苏鲁格将军也宣布称帝，号称福斯梯一世。这几位称帝者，使海地在一定阶段内实际上从总统制倒退为君主制。目前，海地是资本主义国家，其政体是实行总统制的共和国。

二 宪法

海地历史上制定过20多部宪法，其中16部是在美国占领海地之前制定的。在海地的宪法中，比较重要的有1801年、1805年、1843年、1918年、1964年和1987年宪法，其中1987年宪法为现行宪法。

1801年宪法 这是海地制定的第一部宪法。当时，由杜桑·卢维杜尔等领导的海地奴隶起义已经取得胜利，海地只在名义上还是法国的殖民地。杜桑建立了自己的政权，并成立中央委员会（central assembly）制定了这部宪法。宪法确定杜桑为海地终身总督，并宣布解放所有奴隶。当时的法国政府当然不能接受这部宪法。拿破仑宣称，海地是法国的一部分，制定这部宪法损害了法国人民的尊严和法兰西帝国的主权。随后，拿破仑便派遣了一支部队进攻海地，试图重新夺回对海地的控制，但最后以法军的失败告终。

1805年宪法 这是海地历史上第二部宪法，制定于海地独立后的第二年。该部宪法宣布废除奴隶制，禁止白人在海地拥有土地，并确定"黑人"（blacks）一词与"海地人"（Haitians）同义。海地第一任执政者戴沙林于1806年被刺身亡后，海地分裂为南、北两个政权，并分别于1806和1807年制定了宪法。随后，海地南部和北部分别建立了由混血种人佩蒂翁领导的"海地共和国"和由黑人将军克里斯托夫领导的"海地王国"。1816年，佩蒂翁政权制定新的宪法，用终身总统制代替选举总统制，佩蒂翁也成为终身总统。而克里斯托夫则早已于1811年在北方称王，号称亨利一世。

1843年宪法 这是一部富含自由主义精神的宪法。该宪法废除了终身总统制，并扩大了公民权。宪法规定，赋予民众投票权，在审判过程中引入陪审团制度，军队要服从于民选政府。终身总统制于 1868 年被重新写入宪法，后又于 1870 年被再度废除。从此以后直到杜瓦利埃执政之前，再没有执政者试图通过修改宪法来使自己成为终身总统。

1918 年宪法 这是一部美国于 1915 年武装占领海地后主导制定的宪法。1917 年，美国要求海地议会通过新宪法，宪法中允许外国人在海地拥有土地所有权。在此之前，海地所有宪法中都特别禁止外国人在海地拥有土地所有权。但是，议会拒绝通过这部由美国主导草拟的宪法，并转而拟定了一部反对美国的宪法。然而，美国指使海地当局在这部宪法通过之前解散了议会。1918 年，由美国主导制定的宪法在新议会获得通过。这部宪法将美国在海地的所有军事占领行动合法化，并且规定：准许美国人在海地拥有土地所有权；无限期中止选举产生两院制立法机构；暂时中止法官终身制等。海地当局指派的国家委员会（Council of State）取代了原本通过选举产生的立法机构。这部宪法分别于 1935、1944、1946、1950、1957 和 1964 年进行了修订和修正。

1964 年宪法 1957 年，杜瓦利埃就任海地总统。1961 年，杜瓦利埃提前两年举行大选，连任海地总统。1964 年，杜瓦利埃制定了一部新宪法，确定自己为终身总统。海地 1964 年宪法共有导言、15 编、201 条。前 4 编明确了国家的领土范围、公民权和政治权、公民的责任，以及国家的主权范围。该宪法将海地划分为 9 个省，并将纳瓦萨岛（island of Navassa）、海地南部半岛以西 35 英里的地区都归入海地版图，而美国自 19 世纪 60 年代以来一直宣称对这些地区拥有主权。宪法还规定，海地出生的公民可以竞选总统，并可以担任一些特定的政府公职；除此之外，所有海地人在法律面前一律平等。立法机构的职员必须为海地公民，但不必是海地出生的公民。总统和立法机构直接由公民选出。杜瓦利埃为终身总统。总统有指定任何政府官员的权力，

海地

可以指定或提名部长、副部长、政府官员和职员；杜瓦利埃执政期间，经常利用这一条款来加紧对国家政治和经济的控制。此外，宪法还规定了政府部门、公共财政和经济制度的管理办法，社会制度、教育、卫生和福利、军队的职责、修宪的方法，以及海地的国旗颜色、国歌和全国性节日等。

为了让自己的儿子能够继任总统，杜瓦利埃于1970年年底修改宪法，把担任总统的最低年龄从40岁降至18岁。1971年，年仅19岁的小杜瓦利埃就任海地总统。1983年，小杜瓦利埃效法其父，操纵议会修改宪法，确认他为终身总统。1985年，他又搞"公民投票"，进行没有竞争对手的选举。他使用了各种舞弊手段，以保证自己获胜，结果他以99.9%的票数当选为总统。1986年，小杜瓦利埃在海地风起云涌的反独裁运动中被迫下台，到国外避难。

1987年宪法 这部宪法于1987年3月29日通过公民投票而生效，是海地的现行宪法。1988年6月至1989年3月，这部宪法曾暂时被中止实施，其后虽恢复效力，但少数条款仍被废止。1991年，海地第一任民选政府开始执政，并宣布遵守1987年宪法。该宪法共有序言、5编、298条。5编分别是：海地共和国国徽和象征，海地国籍，公民的基本权利和义务，外国人，国家主权。宪法规定：海地是不可分割、主权、独立、合作制、自由、民主和社会的共和国；三权分立是神圣原则；国家主权属全体公民；公民可直接选举共和国总统、立法机构成员以及根据宪法与法律规定的所有其他权力机构的成员和国民大会代表；公民有信仰各种宗教的自由，给予土著语言克里奥尔语和土著宗教伏都教以合法地位；海地人在法律面前一律平等，但对原生的并从未放弃过海地国籍的海地人优先；承认并保障个人财产；总统任期5年，不得连任；行政权由总统、总理和两院制议会分享；军队和警察不再是一支联合的武装力量；禁止施行死刑。

宪法还规定：宣布修改宪法须经参议院和众议院各2/3成员的同意；有关修改宪法的任何决议如无国民大会总票数的2/3赞成票，不得通过；已得到同意的修改只能在下届总统就职后方可生效。

三 国家元首和政府首脑

国家元首 海地1987年宪法规定，海地的国家元首为共和国总统，其职权主要包括：（1）关注尊重并执行宪法和关注法则的稳定，确保公共权力的正常运行和国家机关的连续性。（2）从议会多数党成员中挑选一名总理；在缺乏多数党的情况下，总统应与参众两院议长协商挑选总理人选；无论哪种情况，总统的挑选都需经议会批准。（3）总统是国家独立和领土完整的保证人。（4）谈判并签署所有的国际条约、公约和协定，并提交国民大会批准。（5）任命驻外大使和派遣特使，接受外国大使递交国书，并颁发领事许可证。（6）在得到国民大会批准后宣布战争，并谈判和签署和约。（7）在得到参议院同意后，通过在部长会议发布政令的方式任命武装部队总司令、警察部队总司令、大使和总领事。（8）通过在部长会议发布政令的方式任命行政机构的司长和专员；得到参议院同意后，也任命自治机构管理委员会。（9）总统是武装部队名义上的统帅，但从不亲自指挥武装部队。（10）负责在所有法律上加盖国玺，并于宪法规定的期限内予以公布；总统可以在规定的期限过期之前使用其反对权。（11）依法负责实施司法的判决。（12）主持部长会议等。

现任总统为勒内·格拉西亚·普雷瓦尔（René Garcia Préval），任期至2011年。

政府首脑 总理为政府首脑，其职权主要包括：（1）在征得总统同意后，挑选政府内阁成员，并需取得议会对其总政策声明的信任投票。(2) 下令执行法律。(3) 与总统协力负责国防。(5) 根据宪法和法律关于公职的一般地位所规定的条件, 直接或通过代表机构任免政府官员。(6) 总理和部长出席两院会议支持总统提出的提案或异议, 并回答质疑。(7) 总理和部长共同对总统的行为负责等。

现任总理为米谢勒·皮埃尔-路易斯（Michèle Pierre-Louis）, 她是2008年9月5日上任的。

第二节 行政机构

一 中央政府

海地1987年宪法规定, 中央政府由总理、各部部长和国务秘书组成。政府执行国家政策, 并依照宪法条款规定的条件向国会负责。部长不得少于10名, 部长会议由总统主持, 在总统缺位或暂时不能视事, 或应总统要求的情况下, 由总理主持部长会议。总理可酌情增减国务秘书。总统或总理在任何情况下不得以口头或书面的命令开脱部长对其职务的责任。部长任职后, 不能兼任除高等教育部长以外的其他任何公职。部长为其所副署的法令负责, 并共同负责对法律的实施。部长按照总理授权, 根据公务员法规定的条件任命某些级别的政府公务员。当议会两院中有一院在质询中由绝对多数议员通过不信任投票, 对某一部长追究责任时, 政府应免除该部长职务。

现任内阁主要成员有: 财政部长达尼埃尔·多圣维尔（Daniel Dorsainvil）、司法部长勒内·玛格卢瓦尔（Rene Magloire）、外交部长让·雷纳尔德·科雷西斯美（Jean Renald Clerisme）、内政部长保罗·安东尼奥·比安埃梅（Paul Antoine Bien-Aime）、农业部长弗朗索瓦·塞弗兰（Francois Severin）等。

二 行政部门

海地 1987 年宪法规定，海地公共行政部门是国家用以实现其任务和目标的工具。官员和职员只为国家服务。法律根据才能、成绩和纪律调整公务员职务，保证其职务稳定。公务员是一种专业。任何公务员只有通过竞争或宪法和法律规定的条件才能任职，也只有由于法律专门规定的原因才会被撤职。职业公务员不固定属于某一部门，而是属于公共行政部门，后者可把他调给各种国家机构使用。公务员应在就职后 30 天内向民事法庭档案室申报财产状况。政务公职不向行政公务员开放，特别是部长、国务秘书、检察长、专员、副专员、大使、总统私人秘书、部长办公室成员、部或者自治机构的司长、行政理事会的理事等职务。国家有义务避免公共行政部门工资上的巨大差距等。

第三节 立法与司法机构

一 立法机构

海地 1987 年宪法规定，立法机构又称议会，由众议院和参议院组成。立法机构两院联合开会组成国民大会。

众议院 众议院是由公民通过直接选举产生的成员所组成的机构，与参议院一起行使立法机构的职能。众议员由各行政区构成的选区选举产生，由基层议会依法定的方式和条件以绝对多数票选出。众议员任期 4 年，可无限期连选连任。众议院每 4 年全部换届。众议院的职能除宪法赋予的行使立法机构部门之一的职责外，经 2/3 众议员多数同意后，有向高等法院控告国家元首、

总理、部长和国务秘书的特权。众议院还拥有宪法和法律赋予的其他权力。

参议院 参议院是由公民通过直接选举产生的成员所组成的机构，与众议院一起行使立法机构的职能。参议员的数额规定为每省3人，由各省基层议会依法定之方式和条件以绝对多数票选出。参议员任期6年，并可无限期连选连任。参议院每2年改选1/3成员。参议院除行使作为立法机构之一的职能之外，还行使下列职权：根据宪法条款向政府建议上诉法院法官名单；参议院本身为高等法院；行使宪法和法律授予的其他权力。

国民大会 参议院和众议院联合开会组成国民大会。国民大会在每一会期的开幕式和闭幕式以及宪法规定的其他情况下举行会议。国民大会必须两院各有半数以上议员出席方可开会和通过决议。国民大会由参议长主持，众议长作为国民大会副主席协助。参议院和众议院的秘书即为国民大会的秘书。国民大会的权力有限，不能超越宪法特别赋予的权力。国民大会的权力为：接受共和国总统遵宪宣誓；一切和解努力挫败之后，批准宣战决定；批准或拒绝国际条约、国际协定；根据宪法规定的程序修改宪法；根据宪法第一条规定的情况批准政府关于迁都的决定；确定全国何时宣布戒严状态；与政府共同决定中止宪法赋予的保障，并对所有关于改变上述措施的请求表态；根据宪法第192条规定协助组成常设选举委员会；每次会期开幕时听取政府工作报告等。

二　司法机构

海地1987年宪法规定，海地司法权由最高法院、上诉法院、初审法庭、治安法庭和专门法庭行使。参议院为高等法院。

最高法院 最高法院的法官由总统从参议院提交的三人择一

名单中任命。最高法院的法官是终身的。只在当其被依法审判犯有渎职罪时,方可被免职。只有被控告时,方可中止职务。在其任职内,只有认真查实身体和精神长期丧失能力时,方可终止其职务。最高法院依法律规定的方式裁定有关司法权之纠纷。对军事法庭所判决的一切案件的事实和法理可以审理。在出现争端和收到移送案时,应召集全体法官开会,裁决是否有违宪问题。

高等法院 参议院即为高等法院。该法院的活动由参议院议长主持,由最高法院院长、副院长分别以该院的副院长、秘书的名义予以协助。高等法院审理众议院以 2/3 多数提出的指控,包括(1)在履行职能中犯有叛国罪或者任何其他罪行的总统;(2)在履行职能中犯有叛国罪、贪污罪、滥用职权罪或任何其他罪行的总理、部长、国务秘书;(3)在执行职能中犯严重错误的常设选举委员会、高级审计和行政争端法院的成员;(4)犯渎职罪的法官和驻最高法院的检察部官员;(5)保民官。在审理上述指控中,高等法院只能宣判撤职、降职和剥夺至少 5 年至多 15 年担任任何公职的权利这些处分;如还要实行其他处分或要对其行使公民权问题做出决定,按法律规定上述被判决者可以被解送到普通法庭。高等法院以秘密投票方式在绝对多数同意下,从自身成员中任命一个调查委员会(Committee of Enquiry)。高等法院须 2/3 成员到会才能开会。高等法院一经被吁请,就必须开庭,直至宣布决定,而不管议会会议的期限长短。

独立机构 (1)常设选举委员会:负责完全独立地组织和管理共和国全部领土上的一切选举活动,直到宣布选举结果为止。起草选举法草案,送交政府审批。保证到时提出新的选举名单。常设选举委员会由 9 人组成,从每个省国民大会提出的 3 人名单中挑选 1 人产生。成员任期 9 年,不得连任,不得被罢免。第三年要更新 1/3,其主席从成员中选举产生。成员如在履行职务中犯严重错误，得受到高等法院惩处。负责处理选举中、执行或破坏选举法中提出的争端诉讼事务，并采取一切法律手段追诉和向有关法院控告犯罪者。（2）审计和行政诉讼高级法院：是独立自治的行政财政机关，负责从行政和司法上管理国家的收入、支出、检查国营企业和全国集体企业的簿记，包括财政检查处和行政诉讼处两个处。其审计范围涉及国家、集体、政府部门、公职官员、公有部门和下级行政部门。其判决不得上诉，但向最高法院上诉的除外。参与编制预算，并有权在所有有关公共财政立法和国家参与的所有财政或贸易性质的合同、协议、公约问题上提出意见，它有权在所有公共行政部门进行上述活动。法院成员共10名，由参议院选出，任期为10年，并不得被罢免。其成员如在履行职能中犯有严重错误得受高等法院审判。（3）调解委员会：其任务是解决行政机构与立法机构或者立法机构两院之间的分歧，成员共7名，由最高法院院长任主席，参议院院长任副主席，众议院院长、常设选举委员会主席、副主席和总统指定的两位部长任委员。

第四节　政党团体

1986年8月，海地全国委员会颁布法令规定，创建者不少于20人、支持者不少于2000人的政党为合法政党。2007年，海地正式注册登记的政党有100多个。[①] 在海地，虽然有一些党派和团体规模较大、成员较多，但绝大部分政治团体的规模都很小。大多数政治组织都没有明确的意识形态信仰和政治主张，还有一些只不过是个人用以实现政治抱负的工具和手段而已。这些政治团体有时会联合在一起或组成松散的联盟。前

---

① 《世界知识年鉴（2007/2008）》，世界知识出版社，2008，第874页。

第三章 政　治

总统阿里斯蒂德 2004 年 2 月被迫下台后,各种反阿政治力量加快了相互间的重组和结盟。

一　主要政党和团体

瓦拉斯之家党（Fanmi Lavalas）　该党的领导人是前总统阿里斯蒂德。虽然他已经流亡国外,但拉瓦拉斯之家党仍然是海地最大的政治党派。1986 年,杜瓦利埃家族倒台以后,大批流亡海外的政治人士回到海地,很多新的政党也成立起来。当时最主要的政治力量是拉瓦拉斯运动（Lavalas）,它是一个要求社会和政治变革的松散的民众运动,当时还是天主教牧师的阿里斯蒂德便是该运动最主要的领导人之一。1990 年,海地举行总统和议会选举,一些中左党派和民众组织组成了革新与民主国家阵线（the Front National pour le Changement et la Démocratie）,并请阿里斯蒂德做其总统候选人。阿里斯蒂德于当年年底当选总统,该组织也成为议会中最大的政治力量。1994年阿里斯蒂德回国重新执政以后,革新与民主阵线内部开始出现分裂,声誉也日渐下降。在这种情况下,拉瓦拉斯运动中的一些知识分子和社会活动家又成立了人民斗争组织（the Organisation du Peuple en Lutte）取而代之。在刚开始的一段时间内,人民斗争组织成为支持阿里斯蒂德的拉瓦拉斯运动的政治代言人。1995 ~ 1996 年,阿里斯蒂德与该运动中的一些领导人产生分歧,并于 1996 年 11 月成立了自己的政党——拉瓦拉斯之家党。从 1996 年阿里斯蒂德第一届总统任期结束到 2000 年年底再度当选总统期间,他仍然是海地政坛最具影响力的人物。2001 年,阿里斯蒂德再度执政后,拉瓦拉斯之家党的成员贪污腐化现象严重,再加上海地国内经济状况下滑和法制体系崩溃等原因,该党在群众中的支持度也开始下降。

2004 年海地发生武装叛乱后,阿里斯蒂德和拉瓦拉斯之家

海地

党一些领袖流亡国外,另一些领袖被过渡政府逮捕,还有一些留在国内。该党面临的最主要的问题就是保持团结。2005年年底,随着新总统选举的临近,该党内部的分歧越发严重。一部分派系主张抵制选举,除非允许阿里斯蒂德回国重新执政;另一部分派系则登记参加选举,他们认为,由于临时政府表现平庸,且缺乏可与其相抗衡的政治力量,参加选举是该党重返政坛的好机会。最终,拉瓦拉斯之家党抵制了选举,而党内一些温和派领导人以其他党派候选人名义登记参选。不过,很多拉瓦拉斯之家党的支持者在选举中都将选票投给了"希望党"领导人普雷瓦尔。

希望党(Lespwa) 该党为勒内·普雷瓦尔为参加2006年总统选举而创建的。由三个小党派和两个农民组织组成。

海地社会民主统一党(Parti Fusion des Sociaux-Démocrates Haïtiens) 是一个社会民主联盟,由民主运动国家大会党(the Parti du Congrès National des Mouvements Démocratiques)、海地国家进步革命党(the Parti Nationaliste Progressiste Révolutionnaire Haïtien)和海地英才党(Ayiti Kapab)[①]组成。

民主联盟(Alliance Démocratique) 是一个中间派联盟,由海地革新人民党(the Parti Populaire du Renouveau Haïtien)和民主团结联盟(Konvanyson Inite Demokratik)[②]组成。民主团结联盟领导人为太子港前市长埃文斯·保罗(Evans Paul)。

中右翼伟大阵线(Grand Front de Centre Droit) 该党为右翼政党,也是一个新成立的政治组织。2003年,右翼党派团体联盟保卫国家爱国运动(the Mouvement Patriotique pour le Sauvetage National)发生分裂,并于2003年年底成立了一个新的右翼联盟广泛中右阵线——中右翼伟大阵线。其成员主要包括国

[①] 《世界知识年鉴2005/2006》,世界知识出版社,2006,第883页。
[②] 《世界知识年鉴2005/2006》,第883页。

家发展运动（Mobilisation pour le Développement National）、海地基督教民主党（the Parti Démocratique Chrétien Haïtien）以及其他很多小的党派和团体。

海地 2006 年全国大选后，其他一些主要政党还包括：人民斗争组织；海地国家重建基督教联盟（Union Nationale Chrétienne pour la Reconstruction d'Haïti）和新海地基督教运动（Mouvement Chrétien pour une Nouvelle Ayiti），这两个党派都是新教党派；国家民主进步者基督教民主联盟（Christian-democratic Rassemblement des Démocrates Nationaux Progressistes）；以及海地进步动员党（Mobilisation pour le Porgrès d'Haiti）等。

二 其他政治力量

前军人 由于历史上频繁发生军事政变，海地于 1995 年取消了军队，以防止再次出现军人干政的情况。但是，由于海地警察力量薄弱，无法尽到维持秩序、执行法律的职责，反对党派一直要求恢复军队。前军人仍然是海地一个非常重要的政治力量，它一直以取缔军队违反宪法为由要求重建军队。前军官在海地政坛上也有着较大的影响。2000 年，就有 3 名前军官作为拉瓦拉斯之家党的成员被选为参议员。不过，海地大部分前军官都与阿里斯蒂德的反对派结盟。在 2004 年 2 月的武装叛乱中，他们领导的主要由前军人组成的武装力量控制了大半个国家，在以美国为首的多国部队进驻海地后仍不愿放下武器。尽管大部分领导叛乱的前军官都表示只是想逼迫阿里斯蒂德下台，而非想要参与政治，但也有一些前军官明确表示了参政意愿。叛军领导人之一，曾经做过军官和警官的盖伊·菲利普（Guy Philippe），就曾在 2004 年 3 月至 4 月间到全国各地争取支持。2004 年 5 月，他所领导的武装力量全国抵抗阵线（the Front de la Resistance Nationale），正式宣布重组为政治党派，名为全国重

建阵线。在 2004 年 2 月的反阿叛乱中,这些由前军官领导,主要由前军人组织的武装力量中,还有一些人曾经是准军事组织海地进步阵线的成员。该组织在 1991~1994 年军事政变期间曾得到军政府的支持,一度非常活跃,被指控杀害了数千名阿里斯蒂德的支持者。

宗教团体 海地的天主教会一直避免参与政治运动。在杜瓦利埃统治期间,由于所有政治党派和社会团体都被取缔,天主教会就成了一个主要的政治力量。在 20 世纪 80 年代,天主教会向反对杜瓦利埃家族独裁以及之后成立的军政府统治的反对派运动提供了保护。90 年代初期,阿里斯蒂德和其他一些激进的天主教牧师成为拉瓦拉斯运动的领导人,并与保守的天主教力量产生了分歧。从那以后,天主教领袖大多离开了海地政坛。不过,在另一方面,许多教区的天主教牧师则通过积极参与社会公益活动和监督海地的人权状况而在地方层面上参与政治。

虽然天主教的政治影响力日渐减少,基督教新教在海地的教堂和教派却日渐增多,在海地的影响力也日渐增大。来自美国的新教团体和传教士一直致力于在海地建立代表处,经过近几十年的努力,新教教会和团体在海地随处可见。海地的新教教派非常多,主要有浸信会(Baptist)、五旬节派(Pentecostal)以及卫理公会派(Methodist)等。新教联盟(the Protestant Federation)是这些教派的代表机构。该组织曾非常积极地参与反对阿里斯蒂德的运动,并在 2003 年与 184 集团(the Group of 184)结盟。2004 年过渡政府成立的临时选举委员会中,就有新教联盟和美国圣公会在海地分支机构的代表。此外,一个由新教牧师领导的政治党派——新海地基督教运动(the Mouvement Chrétien pour une Nouvelle Ayiti),参加了 2000 年的选举,并引起广泛关注,也在一定程度上显示出新教在海地的政治影响力。

社会组织 20 世纪 80 年代末和 90 年代初,要求社会和政治变革的拉瓦拉斯运动曾经在海地政坛上扮演着十分重要的角色。但是，由于其内部在政治战略方面存在分歧，以及拉瓦拉斯之家党在 2000~2004 年声誉下降，其政治影响力已经大大削弱。许多在早期加入该运动的组织都分别投入支持或反对阿里斯蒂德的阵营中去。目前，海地民众已经越来越不愿参与政治活动，发动民众也变得越来越困难。2005 年，一些非政府组织和民间组织在团结各种独立团体，特别是个体农民团体方面取得了一些成效。

第四章

经　济

第一节　概述

海地是西半球最贫困的国家，也是全世界最贫困的国家之一。导致海地独立以来一直贫困的主要原因除了政局长期动荡、政变频仍和政府部门工作效率低下、腐败严重外，未能找到适合自身的经济发展道路以及资源匮乏、自然环境恶化等也是非常重要的原因。

一　经济发展简史

1492年哥伦布发现伊斯帕尼奥拉岛后，该岛便成为西班牙殖民地。当时西班牙商人并未对该岛给予过多关注，而是将注意力集中在了墨西哥和秘鲁等更富裕的殖民地区。1664年法国获得该岛西部的所有权，开始在那里发展以奴隶制为基础的种植园经济。到18世纪末，法属圣多明各的糖、棉花、咖啡、烟草和靛蓝生产都得到了迅速发展。当时的法属圣多明各共有800个蔗糖种植园、800个棉花种植园、3000个咖啡种植园和近3000个靛青种植园，供应着半个欧洲的热带产品。至1789年法国大革命前夕，法属圣多明各的蔗糖产量为世界第一，出口

第四章 经 济

达到每年 10 万吨，超过英属西印度群岛全部蔗糖出口量的总和；咖啡出口每年 3 万吨，产量占到全世界产量的 60%；棉花出口每年近 3000 吨。其出口总值达到 3200 万美元，走私出口的还未包括在内。这些种植园给殖民统治者带来了丰厚的利润，使法属圣多明各成为法国最有利可图的海外领地，也成为当时西半球最富庶的殖民地，被誉为"安的列斯群岛的明珠"。

种植园经济在海地独立革命期间遭到了严重破坏。海地早期的国家领导人都面临着如何在不依赖奴隶制的情况下恢复经济生产的问题。1806 年戴沙林被刺身亡后，海地分裂为北、南两个政权，北方实行的是靠强迫劳动力耕作的大种植园经济，南方实行的则是将小面积土地分配给农民耕种的小规模农业经济。1820 年布瓦耶重新统一海地后，废除了种植园农业生产，实行以家庭为基础的农业经济，并一直延续至今。将土地分配给农民的土地政策，使曾经身为奴隶、一无所有的农民有了自己的土地，生活状况也有所改善。但这一政策却使海地的农业产量大幅减少，并再也没能恢复到以前的水平。农民种植的作物也由以前的商品作物转为生活所需的口粮作物。

为了换取法国对海地的承认，布瓦耶政府与法国签订条约，向法国支付 9000 万金法郎，以"赔偿"法国在海地革命战争中所遭受的损失。这一条约更加深了海地的经济困难，并使以后的历任总统都将主要精力放在稳固自己的统治，以及偿还法国的欠款方面，只有很少的资金被用来提高人民的生活水平。1915～1934 年美国武装占领海地期间，海地的经济完全被美国所垄断。

1958～1986 年，海地处于杜瓦利埃家族的统治之下，经济政策主要依当权者的利益而定。杜瓦利埃 1958 年担任海地总统以后，开始在海地实行独裁统治，并将海地经济改造成一种由个人控制的经济体系。杜瓦利埃及其亲信不仅采取各种措施侵吞国家资产，还大量贪污外国援助款，致使美国等援助国中止了对海

海地

地的援助。此外，虽然杜瓦利埃自称是黑人民族主义的拥护者，却没有在执政期间采取措施改善农村地区黑人贫困的生活状况。由于经济落后，大量海地人——无论是富人还是穷人，受过教育还是未受过教育的人——离开农村涌入城市，或移民到其他国家。联合国有关资料显示，20世纪50~60年代是历史上全球经济增长最快的一个时期，所有国家的经济都处于增长状态，只有海地是个例外。

1971年小杜瓦利埃上台后，美国等援助国恢复了对海地的援助。由于外国援助和海外投资增多、装配工业的快速发展，以及商品物价提高等原因，海地的经济曾一度以每年5%的速度增长。咖啡、蔗糖、可可豆和香精油价格的上涨推动了先前一度低迷的种植业的发展。基础设施建设的进一步发展使建筑业开始兴盛，银行业也生意兴隆。此外，由于长期处于杜瓦利埃家族的统治之下，海地政局较为稳定，前往海地旅游的人数也较前增加了一倍。海地现代化的速度相当快，太子港和一些主要的省会城市更是如此。但农业却陷于停滞状态，人均粮食产量持续下降。

到了20世纪80年代，海地经济开始出现下滑。1980~1985年间，海地经济实际增长速度以每年2.5%的速度递减，同期的通货膨胀率却从6%上升到8%，官方统计的失业率也从22%上升到超过30%。在1986和1987年经历了短暂的经济增长以后，1988年又下降了5%。尽管海地80年代的经济下滑多少与当时西半球的经济形势有关，但许多问题却是源自本身，如缺乏对经济的有效管理和腐败严重等。由于常被指责侵犯人权和缺乏民主，外国援助时有时无，影响了政府的财政状况。持续恶化的生态环境则阻碍了农业的发展。此外，小杜瓦利埃1986年下台后政局一直处于动荡之中，外国媒体关于海地政局和海地人艾滋病高发病率的负面报道也对旅游业造成了重大打击。

杜瓦利埃家族倒台之后，临时执政委员会为了与国际货币基金组织和世界银行负责实施的结构调整项目相一致，制定了一系列改革政策，如将不赢利的国有企业私有化、贸易自由化，以及促进出口等。但是，由于政局持续不稳，这些改革措施从来没有得到完全执行。

1994年阿里斯蒂德重新回国执政以后，政府实施了一些稳定和恢复经济的措施，包括稳定经济、开放贸易、改造国企、重建公共部门的行政能力、加强税收力度，以及满足社会最迫切的需求等。这些措施得到了国际货币基金组织和其他国际援助方的支持，很大一部分外国援助就用于这些方面。这些措施的最初收效是积极的，表现为通货膨胀率下降、汇率稳定、外汇储备和税收收入恢复。但是，财政赤字和银行经常项目赤字却增加了，其中1995年的银行经常项目赤字达到国内生产总值的19%。到1995年年底，由于担心影响就业率，政府停止实施项目中有关结构调整的部分，特别是国有企业的私有化。

1996年普雷瓦尔担任海地总统以后，与国际货币基金组织和世界银行重开磋商，并于同年10月与国际货币基金组织就一项"加强结构调整项目"达成协议，基本目的与以前的项目相同。在该项目实施期间，政府将财政赤字减少到国内生产总值的1%以下。1997年海地举行议会选举并再次出现政治危机，该项目被停止。之后，国际货币基金组织调整经济政策，在海地实施了一项"职员监督项目"（staff monitored program）。自1999年起，来自国际货币基金组织的宏观经济顾问开始在总统办公室工作，为其提供建议。国际货币基金组织建议实施的货币和财政监督政策帮助海地减少了中央政府的赤字，降低了通货膨胀带来的压力。

在加强结构调整项目中最重要的一项就是制定了一部允许将国有企业私有化的法律。在此之后，海地面粉厂（Minoterie d'Haïti）于1997年转变为一家由美国和海地合资的联营企业；

海地水泥厂（Ciment d'Haïti）65%的股份也出售给一家由瑞士、哥伦比亚和海地三方联合的公司。尽管遇到政治上的困难，政府还是成立了"国企现代化委员会"（the Council for the Modernisation of State Enterprises）。该机构负责拟定了有关规范国企私有化或半私有化的法规，并试图通过一种公共讨论进程来营造一种改革的舆论氛围。政府还进行了关税改革，并于1998年开始实施一项公共部门改革法。

2006年5月，普雷瓦尔再次就任海地总统。他在竞选时提出了促进经济增长、进行农业改革，以及加大对农业的投入以提高农业产量等主张。目前，普雷瓦尔政府正积极与国际援助方磋商，争取更多援助，以期尽快恢复海地经济并有所发展。

二 经济结构和发展水平

海地经济以农业为主，大部分产业生产力非常低下，就业人口主要集中在非正规产业。农业自20世纪50年代以来在经济中所占比重下降了很多，但仍然是海地的主要产业，海地2/3的人口都在从事农业生产。不过，受到土地面积小、土壤退化、灌溉系统落后，以及交通状况落后等因素的影响，海地农业发展非常缓慢。由于劳动力成本很低，制造业在20世纪70年代成为海地发展最快的产业。但由于国内市场有限，阻碍了制造业的发展，使其难以实现大幅增长。在2001财政年度，制造业产值只约占海地国内生产总值的7.6%。出口装配业也是海地一个重要的产业部门。不过，1986年杜瓦利埃家族倒台以后，海地国内政局持续动荡，致使许多公司将装配工厂迁往别的国家，对该产业造成了巨大冲击。1994年海地民选政府恢复执政以后，由于工资水平低，该产业发展较快，成为吸引就业的一个主要私营产业部门。包括银行、旅游和交通行业在内的服务业在海地经济中所占份额很小。旅游业曾在20世纪70年代得到较快发展,成为海地赚取外汇的主要手段。但到了80年代,由于国内政局动荡、自然环境恶化,以及艾滋病等疾病流行,对海地旅游业造成重大打击。

从2000年起,海地国内政局再次陷入动荡,经济状况不断下滑。2004年2月海地发生武装叛乱后,受治安状况恶化、暴力活动频繁、自然灾害突袭等因素影响,经济几近崩溃。过渡政府成立后,政治局势逐渐好转,再加上大量外国援助的流入,经济状况有所缓和。根据国际货币基金组织、世界银行以及英国经济情报部门的数字统计,海地2006年的国内生产总值为50亿美元,实际国内生产总值增长率为2.3%,人均国内生产总值为525美元,消费物通胀为13.1%,平均汇率为1美元兑40.4古德,当年累计外债额为13亿美元。[1]

三 基本土地制度及其演变

土地所有制形式 1806年以后,海地分裂为南、北两个政权。南方政权的领导者佩蒂翁及其继任者布瓦耶将种植园划分成小块土地,分给被解放的奴隶。这可以算是拉美第一次、同时也可能是最激进的一次土地改革。这次土地改革的范围十分广泛,到1842年,海地已经没有一个种植园还能拥有其原来的规模。因此,海地目前的土地结构在19世纪中叶就已经基本确立了。到了20世纪,由于人口增长、土壤退化等因素,海地面临的土地问题日益严重,如可耕地少、人均拥有土地面积过小,以及土地所有权日益集中等。但是,海地土地所有制的基本结构依然十分稳定。

由于历史的原因,海地土地所有制的模式与拉美和加勒比地区其他国家很不相同,大多数海地人或多或少拥有一些土地,并

---

[1] The Economist Intelligence Unit Country Frofile 2007: Haiti, p.21、22.

海地

且土地租赁的方式也多种多样。这些都是海地土地所有制所具有的特点。此外，农民所拥有的土地在面积大小、质量好坏、所处的位置，以及其他各方面差别很大。

1950年的人口普查表明有85%的农民拥有自己的土地。而1971年的人口普查显示，全国拥有土地的人口已下降到总人口的60%，一些拥有土地的人还没有正式的凭证。人均拥有土地1.4公顷，28%的农民租地或以佃农的身份耕种土地，只有很少的一部分农民从属于合作社。

到了20世纪80年代，由于农村人口密度很高和土壤不断退化，海地农民所拥有的土地面积被分割得越来越小，使越来越多的人成为佃农。土地所有权也越来越集中，特别是在肥沃的、便于灌溉的平原地区。对土地的争夺越来越激烈，土地密度（每平方公里可耕地上的人口数）由1965年的296人激增到80年代中期的408人，比印度的密度还高。

海地土地所有形式主要有三种：自己拥有土地、租种转租土地，以及以佃农身份耕种土地。小土地所有者主要通过购买、继承或宣布拥有长期使用权的方式拥有土地。许多农民则是向国家、外居地主（不住在产权所在地的地主或房主）、本地土地所有者（local owners），或者亲戚短期租种土地。一些租赁人还将租来土地的一部分转租出去，特别是属国家所有的土地。与佃农相比，租赁人对他们耕作的土地拥有更多的权力，但与佃农不同的是，他们需要预先支付租金，通常以一年为期。由于租种土地越来越普遍，使土地市场的行情非常红火，即使是小农业主也会根据粮食收获的情况而出租土地。佃农耕作的形式也很普遍，通常只出现在农耕期。佃农与地主所签协议的有效期很短，大多数协议规定佃农需将收成的一半交给地主。佃农耕作的另一种形式就是，由佃农负责管理、修整外居地主的土地、国有土地等，并取得相应的报酬。还有很少一部分农民没有土地，他们或成为按日计酬的雇工，或只租种仅够维持生活的土地。除此之外，数以千计的海地人还在甘蔗成熟的季节前往邻国多米尼加做临时工，在极端艰苦的条件下砍伐甘蔗。

土地使用及耕作技术　海地的土地所有制如此复杂是有原因的。海地大部分地区为山区，其面积占国土面积的3/4，可耕地非常有限。根据美国农业部在20世纪80年代早期进行的土地调查显示，海地只有11.3%的土地非常适合耕作，31.7%的土地适合耕作但存在土壤退化的可能以及地形条件差等因素的制约。调查显示，海地2.3%的土地由于灌溉系统不完善而属于一般土质，但可以用来种植水稻；54.7%的土地由于退化严重或地形险峻而只适合林牧业生产。根据1978年对土地使用的估计，42.2%的土地被持续耕作或轮作，19.2%被用作牧场，38.6%则未被耕种。

与西半球其他国家相比，海地农民仍然采用非常传统的耕作方式，用于购买肥料、杀虫剂和修建灌溉设施等方面的投入非常少。农民通常使用的是自然肥，如动物粪便、秸秆覆盖和海鸟粪等。尽管在20世纪70和80年代农民使用化肥的数量较以前有所增多，但人均使用量仍然只有每公顷7公斤，在西半球国家中仅高于玻利维亚。化肥的销量很少，购买者多为大地主。海地每年进口的杀虫剂有40万公斤，主要用来消灭携带疟疾病毒的蚊子和稻田里的啮齿动物。大多数海地农民耕作时使用的还是小型手工农具，如锄头、镰刀、镢头等。拖拉机的拥有量为平均每1700人一台。由于农田面积小，且多分布在山坡上，并不适合拖拉机耕种。此外，由于海地农民的土地所有权无法得到保障，因此也就不愿意在这些方面进行投资。

据估计，20世纪80年代，海地可灌溉土地面积在1万~7万公顷之间，远远少于殖民地时期的14万公顷。全国有将近130套灌溉系统，使用者为8万人。其中许多灌溉系统没有得到应有的维护，被淤泥阻塞，无法正常作业。海地的灌溉系统在80年代得到了较大的发展。

海地进行的农业方面的研究非常少。农业、自然资源和农村发展部门也都力量薄弱，不受重视，难以提供农业技术方面的援助。大部分相关研究都是国外组织进行的，如美洲农业合作组织（the Inter-American Institute for Cooperation in Agriculture）等。在海地，外国组织提供的农业技术援助要多于政府所提供的援助。

海地农业非常传统而落后，一些人将原因归咎于农民的个人主义、迷信以及不愿革新。但政府缺乏对农业的扶持也是一个主要原因。在海地，小农业主无法获得贷款。虽然非官方的信贷市场到处都是，但在农耕时节却无法得到贷款，而可获得的贷款往往利息很高。海地主要的公共金融机构向农业产业提供贷款，但能从中受惠的农民还不足总数的10%。主要的贷款来源包括农业信贷局（Agricultural Credit Bureau）、农业信贷审计局、各农业信用社，以及由非官方组织成立的信贷组织、合作社和相关机构。

第二节　农牧业

一　概况

尽管海地农村地区大部分是山区，可耕地少、土壤贫瘠，农业产量也很低，但农业一直是海地经济中的支柱产业。在20世纪50年代，从事农业生产的人占全部劳动力的80%，农业产值占国内生产总值的50%，占出口总值的90%。50年代以后，农业在经济中所占比重显著下降。目前，海地从事农业生产的人口约占全国劳动力的2/3。2006年，海地农业总产值（包括林业和渔业）占国内生产总值的1/4。造成海地农业

第四章 经 济

状况持续下降的原因主要有：人口增多，农民人均土地拥有量减少；由于生活贫困，农民多处于半饥饿状态，生产力低下；土地所有权得不到保障；缺乏资金投入；农业耕作技术低下，产量非常低；农村人口大量迁往城市；商品税高；各种动植物疫病得不到有效控制；走私农产品造成的压力；以及基础设施不完善等。无论是海地政府还是国外私营部门都不愿意向农村地区投资。进入90年代后，农业还要面对来自生态方面的挑战。由于长期过度砍伐森林，导致土壤退化严重，自然环境更加恶化，干旱、洪水和其他自然灾害频发，对农业生产造成很大威胁。

目前，海地人均土地面积不足一公顷，很多农民拥有的土地根本不适宜耕种，产出仅够生活之用。海地可耕种土地总共有55.5万公顷，其中12.5万公顷适宜灌溉，但实际上只有7.5万公顷的土地有灌溉设施。近年来，农业发展主要集中在扩大灌溉面积方面，以生产出更多的粮食，满足城市人口的需求。目前，海地还保留有少量种植园，面积约占已耕种面积的10%，主要由美国公司经营，种植咖啡和剑麻。

二 种植业

海地种植的作物主要为经济作物和粮食作物两大类。经济作物主要有咖啡、甘蔗、可可、剑麻等。粮食作物主要有谷类、豆类、块茎类作物等。

（一）经济作物

咖啡 咖啡曾经是海地历史上最重要的出口作物，但现在其重要性已被其他作物所取代。1726年，法国人把咖啡从马提尼克岛引进海地，并很快成为海地主要的农产品。咖啡的产量在1790年达到顶峰，但在海地独立后便逐渐下降。到20世纪60年代，世界咖啡价格下跌，造成海地咖啡大幅减产，产量也坠入低谷。70年代后期，咖啡的价格和产量有所提高。到了80年

海地

代,咖啡树的种植面积约为13万公顷,年平均产量3.59万吨。1982~1994年间,由于政局的原因,国际社会对海地实施经济禁运,使咖啡的产量几乎减少了一半。由于咖啡出口困难,许多咖啡种植者将咖啡树砍掉,烧成木炭拿到市场上去卖。而且自那时起,咖啡的产量便一直持续减少。20世纪90年代中期,海地从事咖啡种植的人口约为38万,但由于该产业的萎缩,这一数字大大减少。受产量低和世界市场咖啡价格降低等因素的影响,海地咖啡出口的收入也大幅降低。1999年,海地咖啡的出口收入为1800万美元,占农业出口总收入的45%;2000年,海地出口咖啡豆6180吨,价值约为710万美元;到2006年海地出口咖啡豆继续减少,价值约为410万美元。海地是国际咖啡组织(International Coffee Organization, ICO)的成员,但其咖啡产量逐年下降,越来越无法满足该组织所分配的出口配额(该配额在1988年为30万袋,每袋60公斤)。

甘蔗 哥伦布在第二次抵达伊斯帕尼奥拉岛时将甘蔗引入当地,甘蔗很快便成为当时仅次于咖啡的第二大经济作物。海地独立之后,甘蔗产量大幅下降,再没有恢复到独立以前的水平,但蔗糖的生产和少量出口却没有停止。与其他加勒比国家不同,作为经济作物,海地的蔗糖工业主要是由农民而不是由大规模的种植园发展起来的。20世纪70年代早期,海地甘蔗产量降至400万吨以下;70年代中期,由于世界蔗糖价格猛增,甘蔗的产量也升至将近600万吨;到80年代,随着世界蔗糖价格下降和面临的结构问题,甘蔗的产量又开始下降;到80年代末,甘蔗在沿海平原地区的种植面积还不足11.4万公顷,年产量不足450万吨。蔗糖的总出口量也从1980年的1.92万吨下降到1987年的0.65万吨。其中1981、1982和1988年则完全没有蔗糖出口。受到价格更加便宜的进口食糖的竞争,海地三个主要的糖厂也于1986年停产。进入90年代,海地蔗糖产量继续下降,1993年的产量为118万吨,到1996年更降至60万吨。目前海地甘蔗的种植面积约为4.5万公顷。

海地的蔗糖工业存在着一些严重的、根深蒂固的问题,生产成本高是非常突出的一个。20世纪80年代,海地生产蔗糖的费用是世界价格的3倍。随着以谷物为原料的果糖生产在全球的普及,世界食糖市场发生了变化,并给海地制糖业者带来了更大的压力,蔗糖产量持续下降。这导致海地不得不从国外进口食糖,然后再作为海地配额的一部分出口到美国。不过,由于海地的配额在80年代有所下降,使得这种情况没有继续发展下去。有鉴于此,一些外国发展机构建议在平原地区种植大豆以取代甘蔗。

可可、剑麻、棉花 除咖啡和甘蔗外,其他主要经济作物还包括可可、剑麻、棉花等。1987年,海地可可树的种植面积约为1040公顷,年产量4000吨。2006年,可口出口收入为740万美元。可可工业主要集中在南部,特别是大湾省。剑麻也是海地主要的经济作物之一。自1927年以来,海地就将剑麻制成麻线出口,其产量在20世纪50年代达到顶峰,达到4万吨,产品主要出口到美国,用于朝鲜战争。但到了80年代,海地麻线的平均年出口量下降到6500吨,主要出口到多米尼加和波多黎各。随着人造纤维的出现并取代剑麻制品,海地的剑麻种植规模逐渐缩小,但许多农民仍然用天然剑麻纤维编制帽子、鞋子、地毯和手提袋。棉花的种植在20世纪30年代最为兴盛,但随后发生的墨西哥棉籽象鼻虫灾导致其产量下降。60年代,海地引进了优良的棉花品种,并将经过加工后的棉花出口到欧洲国家。但到了80年代,由于棉花价格有所下降,棉花的种植面积也由1979年的1.24万公顷下降到1986年的不足8000公顷。棉花出口也停止了。

目前,海地最主要的农业出口产品为香精油、芒果和可可。香精油是从香根草、酸橙和苦橙等植物中提炼出来的,可用于生

产化妆品和药品。香精油的出口量在 1976 年达到顶峰,为 395 吨;80 年代下降到 200 吨多一点,年均赚取外汇 500 万美元。2000 年香精油出口收入为 250 万美元,2006 年为 490 万美元。芒果是林业作物,是海地人的日常食物之一,有少量出口。2006 年,海地芒果出口收入为 950 万美元。

(二) 粮食作物

20 世纪 80 年代,在经济作物价格下降和经济不稳定性增加的情况下,海地粮食作物的处境要好于经济作物。但是,人口的增长使得人均粮食产量下降,国家仍持续进口了数百万吨的谷物。此外,种植和收获马铃薯等块茎类作物加速了土壤的退化,扩大粮食作物生产的做法也给生态环境带来了消极后果。但是,由于海地的农民已经处于食不果腹的状态,在没有恰当鼓励机制的情况下,农民们是不会种植经济作物来取代块茎类粮食作物的。

谷类 海地的谷类作物多种多样,主要包括玉米、高粱和稻米。玉米是最主要的粮食作物,其种植面积也大于其他作物。南部地区的农民都种植玉米,但多与豆类等作物混种。2003 年,海地玉米的种植面积为 26.5 万公顷,稻米产量为 19.8 万吨。高粱是耐旱作物。在第二耕作季节,高粱往往取代玉米而成为主要的粮食作物。1999 年,海地高粱的种植面积为 13 万公顷,产量为 9.6 万吨。自 20 世纪 60 年代以来,阿蒂博尼特河谷地区的灌溉系统得到了发展,促进了大规模农业种植,稻米的种植也越来越普遍。在 80 年代,由于实施了新的灌溉方式,稻米的产量有所增加,特别是在阿蒂博尼特河沿岸地区。这一地区的稻米种植面积约为 3.6 万公顷。但是,种植稻米仍然要依靠政府的补助,产量也相当不稳定。90 年代中期,由于海地大幅降低保护性关税,导致美国大米大量进口,造成国产大米产量的减少。2003 年,海地稻米种植面积约为 5.2 万公顷，稻米产量约为 10 万吨。

块茎类 在海地，块茎类作物也被当作粮食加以种植。马铃薯是海地产量最大的作物之一，20 世纪 80 年代的种植面积约为 10 万公顷，年产量为 26 万吨。木薯是另一种主要的混种块茎类作物，种植面积超过 6 万公顷，年产量为 15 万~26 万吨，主要被农民当作粮食食用。由于缺少深层潮湿的土壤，山药的种植面积只有 2.6 万公顷。热带太平洋芋头等其他块茎类作物的种植面积约为 2.7 万公顷。

豆类 红豆、黑豆及其他豆类的种植非常普遍。许多海地人摄入的蛋白质主要来自豆类。2004 年，海地豆类的种植面积约为 5.5 万公顷，产量约为 3.3 万吨。

（三）**其他作物**

香蕉和芭蕉（plantain）的种植在海地很常见，虽然其易受飓风和干旱的影响，但其生长速度快，并且灾后可以迅速再种植，因而得到普遍种植。2004 年，海地香蕉种植面积为 4.6 万公顷，产量为 30 万吨；芭蕉种植面积为 4.3 万公顷，产量为 28.3 万吨。其他作物还包括柑橘类水果、鳄梨、菠萝、西瓜、杏仁、椰子、黄秋葵、花生、番茄、面包果树和曼密苹果树等。除此之外，海地还种植有品种繁多的食物类、药材类和其他种类的植物，如百里香（麝香草属植物）、茴芹、墨角兰、苦艾、牛至、黑胡椒、肉桂、丁香、肉豆蔻、大蒜和山葵等。

三 林业

伊斯帕尼奥拉岛最初曾几乎被热带森林完全覆盖，到处生长着松树林和阔叶林。但是，在法国殖民期间，殖民者们为了开辟种植园以种植甘蔗、咖啡等经济作物，大量砍伐森林。种植园给殖民者们带来了巨大财富，却造成海地森林面积减少，土壤也变得贫瘠。海地独立革命期间，愤怒的奴隶们又几

乎烧毁了所有种植园，甚至连森林和玉米地也放火焚烧，对森林资源造成进一步的破坏。

海地独立以后，一些领导人曾关注过砍伐森林问题。布瓦耶政府就曾在颁布的《农业法》中规定，禁止"砍伐山脊、水源和河流两岸的树木"。1864年，政府又对这条禁令增加了强制措施，凡不遵守相关法律的人不仅会被处以100古德（这在当时是很大的数目）的罚款，还会被逮捕。

但是，由于人口快速增长、破坏性的农业耕种，以及土地所有权日益集中等原因，过度砍伐森林的现象并没有被制止，反而越来越严重。自20世纪50年代起，农村人口开始大量涌入太子港等城市。随着人口的增多和城市的扩张，对木炭的需求量大大增加，一些人被特许砍伐树木，从事伐木和搬运业，这进一步加快了森林砍伐的速度。60年代，由于咖啡价格下降，农民开始放弃种植咖啡，转而将烧炭作为自己收入的来源。70年代，政府成立了环境和森林整治委员会、植树造林特别基金会、反侵占土地国家委员会，以及土地规划国家委员会等机构，进行森林和环境保护工作。但由于缺乏资金和政府的实际支持，并没有取得很大的成效。到了80年代，连公共森林也成为被砍伐烧炭的对象。到1988年，海地的森林覆盖率已经减少到只有2%了。1991年军事政变后，政局进一步动荡，对森林的保护程度也愈发降低。国际社会实施的经济制裁又使农民种植的水果无法出口，于是连水果树（如芒果树）也成为砍伐的对象。2004年，海地的森林覆盖率约为1.4%。

过度采伐森林造成的最直接后果就是土壤退化。土壤退化使土地生产力降低、干旱日益严重，并最终导致土壤荒漠化；而这些又进一步促使人们开发剩余的土地和森林，并由此形成恶性循环。为了满足对能源的需求，海地每年有4000万~5000万株树木被砍伐；每年水土流失达3600万吨；每年因土壤侵蚀而新增的无法耕种的土地为 6000 公顷。[①]

虽然历届海地政府都表示重新造林是非常重要而紧迫的事情,但很少采取实际行动。促进植树造林的力量主要来自国外。20 世纪 80 年代,由美国国际开发署(the U.S. Agency for International Development)实施的农林业拓展项目是在海地实施的主要的造林项目。在该项目的支持下,海地农民共种植了 2500 万棵树木。但是,在海地,砍伐树木的速度却远远高于种植树木的速度。今后,海地拯救森林及生态系统的努力将主要集中在加大造林的力度、减少木炭生产过程中的浪费、引进可完全燃烧木材的炉子,以及在美国国际开发署的食品换和平项目下进口木材等方面。

四 畜牧业

大多数海地农民都饲养少量的牲畜,如山羊和牛。由于饲养的牲畜数量很少,绝大多数农民都不将饲养牲畜作为收入的主要来源。此外,由于海地银行体系不完善,许多农民饲养牲畜是将其作为一种储蓄和财产保障,以备不时之需,在遇到婚礼、生病、孩子上学、买种子或伏都教祭祀的时候,将它们卖掉或宰杀,以支付所需的费用。

猪在海地农村地区的饲养非常普遍。海地原产猪叫克里奥尔猪,据说是由西班牙殖民者引入的一种已经本土化的猪种与后来由法国殖民者引入的欧洲猪种杂交而成的品种。这种猪适应了海地的热带环境,不需要专门的饲料,非常容易饲养。甚至有说法称这种猪连粪便都吃,附带还能够清洁农村地区的卫生环境。这种猪在海地农民的经济生活中扮演着非常重要的角色。20 世纪

[①] 〔海〕 *Liver blanc de fanmi lavalas*: *Investir dans L'humain*, Port-au-Prince, Haiti, 1999, p. 42.

海地

70年代末,非洲猪瘟(African Swine Fever)从西班牙传入多米尼加,后又传入海地。由于这种病传染速度非常快,很多猪都因遭到感染而被宰杀。1978～1982年间,海地120万头猪中有1/3因感染上这种病而被屠宰。由于惧怕该病进一步传播,农民们又屠宰了另外1/3的猪到市场上抛售,导致原本已经下跌的猪肉价格进一步下跌。与此同时,出于经济目的的考虑,美国政府一直向海地政府施压,要求其从美国进口新的猪种,以替代克里奥尔猪。在美国政府的压力下,海地政府要求农民宰掉其余所有的克里奥尔猪,转而饲养从美国进口的爱荷华猪。与克里奥尔猪相比,这种猪并不适应热带环境,并难以饲养:要喂食富含蛋白质和维生素的饲料、要有适量的饮水、要经常对其进行清洗,还得将其饲养在铺着水泥地的猪圈内。对于在饲养过程中要投入的大量人力、物力,绝大多数海地农民是负担不起的。非洲猪瘟的传播、对克里奥尔猪的灭绝性宰杀、政府承诺的宰杀赔偿一直没有兑现,以及饲养新猪种的高成本,使原本生活就很贫困的农民处境更加艰难。许多儿童辍学,一些小农业主被迫将自己的土地抵押出去,还有人则以砍伐树林烧制木炭卖钱为生。20世纪90年代阿里斯蒂德政府上台后,又重新引进了数万头克里奥尔猪。

山羊是海地饲养最普遍的家畜之一。和克里奥尔猪一样,它们非常适应海地崎岖的山地和稀少的植被。约有54%的农民饲养山羊,数量由1981年的40万只上升到80年代末的100万只。

牛是海地农民饲养的主要家畜之一,约有48%的农民家庭每家至少饲养一头牛。1987年,海地全国有100万头牛。肉牛的主要出口市场是美国。

此外,还有一些地区的农民饲养绵羊,但这种家畜并不太适应海地的气候。鸡、鸭、火鸡和珍珠鸡的饲养也较为普遍。在20世纪80年代对猪进行大规模宰杀之后,禽肉便取代猪肉成为海地人餐桌上的主要肉食。

五　渔业

海地大约有 1.1 万人从事全职或兼职的渔业养殖,有一些小规模的水产业。海地近海水域海产品产量低下,而渔民一般都不敢冒险到离岸很远的海域捕鱼。20 世纪 80 年代,海地年捕鱼量约 5000 吨,此外,每年还要进口 1.2 万吨鱼类产品以满足国内的需求。然而,当时龙虾、贝类和其他水产品的出口额还是达到了 400 万美元。

第三节　工业

一　概况

受政治不稳定、基础设施不完善、竞争力差和缺乏技术工人等因素的影响,海地的工业产值自 20 世纪 80 年代起开始下降。海地最主要的工业产业是装配制造业,主要面向美国市场。此外,公共工程、建筑业和其他与之相关的工业部门 1994 年以后曾有所发展,但在 90 年代后期陷于停滞。2002 年海地工业总产值约为 5.3 亿美元,占国内生产总值的 15.6%。[①]

二　制造业

海地的制造业主要包括装配制造业、小规模的地方制造企业,以及国有企业等。从 20 世纪 70 年代开始,海地制造业的平均年增长率超过 10%;制造业产品也取代农产品成为主要出口物资。到了 80 年代,制造业成为海地经济中最具

---

① 中国海地贸易发展办事处网站 http://haiti.mofcom.gov.cn/aarticle/ztdy/200310/20031000136717.html.

海地

活力的产业,其在 80 年代初的产值占到国内生产总值的 18%。到 80 年代后期,海地约有 500 家从事制造业生产的公司,大部分是小规模或中等规模的家庭企业,主要从事食品加工、电气设备、纺织品和服装的生产。其中小型企业占 57%,但其雇用的工人数量只占从事工业生产劳动力的 10%;中型企业占 35%,雇用的工人数量占从事工业生产劳动力的 44%;大型企业虽然只占 8%,但其雇用的工人数量却占到所有从事工业生产劳动力的 43%。小型企业的工人数量一般在 50 人左右;中型企业一般在 50 至 300 人之间;大型企业一般在 300 人以上,大部分在位于太子港工业园的大型装配厂里工作。受到政局的影响,海地的工业产值自 1984 年起开始下降,1991 年军事政变后,政局更加混乱,国际社会也开始对海地实施经济制裁,使工业产值的下降幅度进一步增大。设在太子港的两个外贸免税区(free zone)内的 180 家离岸装配厂(offshore assembly plants)关闭了将近 130 家。2006 年海地制造业总产值仅占国内生产总值的 7.6%。

装配制造业在海地的发展主要得益于几个因素:廉价的劳动力、靠近美国市场、跨国企业越来越多等。20 世纪 60 年代,装配行业(如缝制服装、填塞玩具、篮球充气等)在不景气的经济环境下取得了一定的发展。小杜瓦利埃上台以后,美国与海地关系有所改善,在海地的外国投资也有所增加,装配企业从 1966 年的 13 家增加到 1978 年的 127 家。该产业的发展在 1980 年达到顶峰,当时全国共有约 200 家装配工厂,雇用的工人将近 6 万人。80 年代中期,约有 40% 的装配企业为海地独资企业,另外还有美国独资企业以及美国和海地的合资企业。亚洲地区向海地的投资也有所增长。装配业组装、加工的产品主要有服装、电子产品、棒球、游戏器械、运动产品、玩具、鞋类以及皮革制品等。20 世纪 80 年代末,海地最大的装配行业是服装业,发展最快的组装行业是电子行业。

第四章 经　济

　　1986年以后，由于政局不稳、加勒比地区装配业竞争加剧以及政府没能采取进一步措施吸引更多的外国投资等原因，造成装配业下滑。1989年，海地有装配工厂150家，雇用的工人只有4.1万人，其中超过3/4为妇女。出口装配业（export assembly sub-sector）在1994~1999年有所恢复，这主要得益于海地廉价的劳动力。但由于设备落后、生产成本较高以及缺乏熟练技术工人等原因，造成其国际竞争力低下，使得该产业的增长在2000年再次陷入停顿。2001年起该产业有所回升。2006年，海地装配业出口总值为4.35亿美元，其中服装产品出口收入所占比重为88％。2005年初，世界贸易组织成员间的纺织品和服装进口配额全部取消，《纺织品与服装产品协议》（Agreement on Textiles and Clothing——ATC）被废止，使海地的服装出口面临更严峻的竞争和挑战。ATC配额的中止对美国80％的纺织品进口产生影响，并对海地几乎所有的纺织品出口种类产生影响。但是，美国国会于2006年12月通过的《海地机会伙伴促进法案》（HOPE）又给海地纺织业带来一线生机。该法案放宽了海地出口美国纺织品原产地规定，有利于提高海地纺织业的竞争力。

　　为了发展装配工业，海地共建立了4个工业园区，2个由国有的国家工业园区公司（National Industrial Park Company）经营，2个由私人公司经营。设在这里的许多公司都是根据转包合同开展业务，合同规定由美国公司提供产品零部件、原材料和机械，海地的工厂则按美国公司的要求进行组装。工人按小时计酬，并设定最低工资。1989年的最低日工资为3美元，大部分实际支付的工资都要稍高一些。这些工人在海地工人中应该算是工资最高的，但由于他们中的大部分平均要养活4个人，生活仍很困难。而且，大多数工人在被雇用的头几个月只能领到最低工资的60％，许多工人只能得到短期合同和季节性临时岗位，每年有将近5000名工人被解雇，并且得不到任何补偿。尽管如此，许多海地人仍非常希望能在装配行业找到工作。

装配业的发展对海地其他产业的带动作用微乎其微。一些经济学家指出，尽管装配行业提供了城市急需的工作岗位，但这一产业与海地其他经济产业之间却几乎没有联系，因而也就无法带动其他产业的发展。除了少数地方企业在生产过程中使用国内生产的胶水、绳索、剑麻和纺织品外，绝大多数企业都使用外国进口的产品，因为这些产品更便宜、质量更好、数量也更充足。

国内制造业主要集中在食品、饮料、日用商品以及建筑材料的生产等方面。20世纪70年代至80年代中期，海地政府尝试发展进口产品替代制造业，加强了对本地工厂的保护，使它们免受国外竞争的冲击。这类产业主要生产纸张、火柴、纸板、鞋类、皮革、食品、饮料、橡胶、塑料、金属制品、建筑材料、纺织品、香烟、肥皂、啤酒以及其他常用物品。大多数本地工厂都属于中、小型企业，一些规模非常小的企业在以废品为原材料生产产品方面表现出惊人的能力，少数生产朗姆酒、油漆、香精油、皮革和手工艺品的厂家能够通过出口拓展业务。但是，国内市场有限和人们的购买力低下等因素严重制约了生产规模的扩大，使大部分本地企业生产率很低，或处于生产不饱和状态。1986年，海地执政委员会开始制定广泛的进口自由化政策，取消了进口保护措施，迫使本地企业参与全球竞争，加上大量价格低廉的走私产品的冲击，使国内制造业受到沉重打击，许多厂家因此而倒闭。1994年以来，该产业一直处于不景气的状态。

三　建筑业

建筑业在20世纪60年代经历了一次大发展，年增长率为1.8%。70年代是建筑业的繁荣时期，年增长率高达14%，是除装配制造业以外发展最快的产业。从70年代至今，海地建筑业主要集中在基础设施建设、为从事装配及其分支产业的公司建造厂房，以及在太子港及其周边地区建造豪华住宅等。建筑业方面的快速增长使水泥的产量由1975年的15万吨增加到1985年的22万吨。在80年代，建筑业虽然有所发展，但却时好时坏，主要原因是政局不稳和经济不景气造成的。1994年起，海地的公共工程、建筑业和其他与之相关的产业部门呈现出上升趋势。海地利用外国援助的资金，大力开展公路等基础设施的建设，直接促进了建筑业的增长。1994~1998年期间，海地建筑业共增长了85%，其中公路建设起到了主要作用。但是，在那之后，由于外部融资减少，其增长势头也陷入停顿。比较而言，海地的私人建房业呈现出上升势头，建房资金主要来自国外汇款和走私毒品等收入。不过，海地建筑业的发展总体上并未给穷人带来实惠，他们仍然住在自己用各种未经加工的材料搭成的住房里。农村地区的住房大部分仍是木结构，屋顶用棕榈叶遮盖；城市贫困人口聚居区的住房则是纸板或木头房，屋顶盖着波浪状的金属片。

四 矿业

由于海地具有商业价值的矿产资源很少，采矿业的规模也很小。采矿业雇用的工人还不足全部劳动力的1%。矾土矿是海地主要矿产，曾一度成为海地第二大出口产品。海地唯一的矾土矿厂在南部平原，20世纪80年代早期年产矾土矿50万吨；但是，由于可开采的矿石日益减少、生产成本过高以及国际矾土市场饱和等原因，该矿厂已于1982年被迫关闭。海地从60年代起也进行过一些铜矿开采，但产量很少。

海地还有储量较少的金、银、锑、锡、褐煤、硫黄、煤、镍、石膏、石灰石、锰、大理石、铁、钨、黏土以及多种建筑用石料。

五 能源

海地的能源资源非常有限。海地没有勘探到石油，只有少量的、可开发的水电资源，以及供应量急剧减少的充当燃料的木材资源。对木材的需求占该国能量需求的75%；石油占15%；甘蔗渣占5%；水电占5%。海地是世界上人均能源消耗率最低的国家之一，相当于每人每年270公斤石油的消耗量。其生产的商业能源仅限于电能，靠水力和热能（燃料为进口石油）来发电。

木材 木材仍然是海地主要的能源来源。1999年，薪炭材的使用量相当于145万吨石油产生的能量，提供海地所需能量的73%。这就直接造成对森林的乱砍滥伐，生态环境严重恶化。

石油 从20世纪40年代末开始，许多国际石油公司都在阿蒂博尼特平原等地区进行过石油开采，但都以失败而告终。钻探更深的油井或进行风险较高的海上勘探以寻找石油的前景也不乐观。因此，海地石油严重依赖进口。2006年5月，海地加入了"加勒比石油计划"。[①] 该计划以优惠价格向海地提供石油，海地约2/3的石油进口都将通过该计划得到满足，其余的石油进口将在《圣何塞协议》[②] 框架内购买。

电力 海地全国的能量消耗中，电能不足10%。电力供应主要集中在首都太子港及其周边地区，农村地区几乎没有电力供

[①] "加勒比石油计划"是在委内瑞拉的倡议下于2005年6月设立的，目前共有17个成员国。根据该计划，委内瑞拉本着"团结、互补"的精神，以优惠价格和贸易条件向缔约国提供石油和石油制品。海地于2006年加入该计划。

[②] 1980年，墨西哥和委内瑞拉在哥斯达黎加首都圣何塞与中美洲和加勒比11个国家签署了《圣何塞协议》。根据协议，委、墨两国以优惠条件向协议国家提供石油。

应。至 1998 年底，整个太子港地区包括邻近郊区和城镇的电力供应为 175 兆瓦，其中热力发电厂提供 2/3 的需求，水力发电厂提供 1/3 的需求。此外，由于缺乏外汇，提供给热电厂的进口石油数量很不稳定，对热力发电的影响很大，而旱季缺水等情况又对水力发电造成严重影响。

海地最大的发电厂是佩利格尔坝发电厂（Péligre dam），建于 1971 年，是水力发电厂，主要为太子港地区提供电力。该厂最大发电量为 54 兆瓦，但实际上的发电量却从没达到这一水平，其在 2003 年初的发电量为 36 兆瓦。为了运营该厂，海地成立了国家电力公司（Electricité d'Haïti）。该公司为国营企业，除佩利格尔电厂外，还运营着加亚穆克水力发电厂（Guayamouc hydroelectric plant）、两个大型热电厂、一系列小型水力发电厂，并生产小型发电机及配电系统。由于管理不当、产品质量差、收取电费过高，以及很多企业自己建发电设施等原因，该公司运营状况很差，其 2004 年的债务已高达 7.55 亿古德，处于破产的状态。

海地的电力系统非常混乱，在首都和省会城市之间没有电力连接。即使在太子港地区，停电的情况也时常发生，每日电力供应只有数小时。2004 年，美国国际开发署曾提供援助资金用以改善太子港的电力供应状况，使太子港的电力供应每天最多达到 14 小时。但是，该项目于 2005 年 3 月结束以后，其电力供应又降至每日不足 6 小时，有些地方甚至不足 2 小时。由于电力供应毫无保证，大多数规模比较大的企业都有自己的备用发电机。据估计，这些发电机的发电能力约为 60 兆瓦。此外，由于电费过高，非法私接电线的现象也非常严重。一些国际发展机构曾试图帮助海地开发其他能源，如风能、太阳能、从高粱中提取甲醇、从有机废料中生产能量等，但没有一种是切实可行的。

海地

第四节 交通与通信

尽管自20世纪70年代以来，海地在基础设施建设方面取得了较大的发展，但其交通运输系统仍然比较落后。国内交通不畅严重阻碍了经济、特别是农业的发展。

一 公路

公路是海地交通运输系统的主要组成部分，国内的客货运输主要以公路运输为主。2004年初，海地共有公路3400公里，其中只有18%是沥青路、5%的公路状况良好；其余的公路大部分是土路，还有一些是由沙砾铺成或经过改良的道路。海地的公路都处于超负荷状态，而且公路质量很差、缺乏维护，大多数路段在雨季难以通行。

海地85%的公路交通流量集中在太子港及其周边地区。除了太子港地区的公路以外，海地还有两条主要的公路分别贯穿北部与南部地区。其中1号国家公路连接太子港和海地角，途经海滨城市蒙鲁依（Montrouis）和戈纳伊夫；2号国家公路从太子港向南延伸，途经米腊关，抵达莱凯，中途有一条支线通往雅克梅勒。这两条公路都是1973年在美国国际开发署的资助下修建的。除了外国资助和一些由国家道路维护保障部门实施的改良工程以外，海地在道路维护方面的投入非常少。至2005年底，在国际援助的资助下，海地共修复和重建公路300公里。

海地的车辆完全依靠进口，20世纪80年代末的进口量为每年4000辆左右。海地公交车的数量远远不能满足需要，而且车况很差，多由小型载货卡车改造而成，海地人称之为"嗒嗒"（tap-tap）。人们将小卡车的车斗上支个顶篷，再摆上长条凳充当坐椅，车身外面涂上五颜六色的图案，一辆公交车就改造完成了。海地大部分地区都使用这种车。由于经常超载,加上海地多是山路,路况又非常差,乘坐这种车外出还是很危险的。出租车多由卡车或多用途运载车改造而成,虽然价格比较昂贵,但却比公交车舒适和安全得多,也比较适合在崎岖的山路和碎石路上行驶。2000年,海地车辆拥有量约为每千人36辆。

二 港口

港口是海地交通运输系统的另一个主要组成部分。海地共有19个港口,包括2个国际港口(太子港和海地角港)和17个沿海小港。全国港务管理人员约2000人。

太子港是海地最大、最主要的商业港口,大多数出口货物和约90%的进口货物都从该港进出。直到20世纪80年代末,太子港仍然是海地唯一的现代化港口,它拥有机械搬运设备、两个转运仓库、集装箱装卸设备等。但是,由于费用过高,太子港并没有被充分使用。太子港的码头费是多米尼加港口的4倍。目前,将太子港部分私有化的准备工作正在进行,但其公布吸引招标的日期被一再推迟。海地角是海地第二大港口,控制着大部分客运航运。大部分客船和国内外的商船都停靠在这里。此外,海地还有一些小型港口,如米腊关、莱凯港、利贝泰堡港、戈纳伊夫港、雅克梅勒港,以及热雷米港等。

1991年军事政变后,国际社会对海地实施的经济制裁极大地影响了海地的对外贸易。根据海地港务管理局公布的数据,2002年海地全年共接待船只800~850艘,装卸集装箱5.6万个,营业收入7.37亿古德,其中行政开支4.6亿古德,预算投资2100万古德。由于到港货物大量减少,港务管理人员极度过剩。以其经营规模,全国只需港务人员850人,而实际人数高达2000人。

为了提高各港口的竞争力,国家港务局已经制定了近期发展计划,主要包括修缮港口仓库、购置挖泥设备疏通航道、添置岸

吊等关键设施以增强港口的装卸能力，以及重建一些已经关闭的小港，如圣马可港、小瓜夫港、和平港、自由要塞港等。

由于公路交通十分落后，各省间的港口运输和国内航空在国内商业活动中扮演了重要角色。一些较小的港口还参与各种与多米尼加和美国迈阿密间的非法贸易。走私活动对那些不景气的省市港口起到了刺激作用，但同时也使海地每年损失上百万美元的进口税。

三　航空

海地只有两个国际机场，分别位于太子港和海地角市。太子港机场距市区10公里，1965年开始投入使用，能够起降各种国际航班，并经营着绝大多数国内航班。虽然机场的设备陈旧，但美国交通部在2000年时承认其达到了国际安全标准所要求的水平。此外，在热雷米、雅克梅勒、和平港等城市也建有机场，用于国内航空运输。海地航空公司为国营企业，成立于1969年，受国家民用航空局（National Civil Aviation Office）的管辖。国家机场总局（National Airport Authority）负责对全国的机场进行总体调控。

2004年3月海地前军人推翻阿里斯蒂德政权之后，国际维和部队进驻海地。直升机运输成为维和部队所使用的重要的交通方式。

四　铁路

海地没有客运铁路运输。在太子港的西南和东部有80公里的铁路，早先用来为海地美国制糖公司（Haitian American Sugar Company）运送甘蔗。这是海地唯一的一条铁路。

五　通信

海地是加勒比国家中电话普及率最低的国家。海地的电话服务主要集中在太子港地区，农村地区则非常落后。据国际电信联盟（the International Telecommunication Union）的统计数据显示，2004年海地全国电话用户为54万户，相当于每百人拥有6.4部电话，而整个拉美和加勒比地区的电话普及率为每百人拥有53部电话。所有电话用户中有1/4为公共部门，74%为蜂窝电话。

1998年以前，海地国家电信公司（Télécommunciation d'Haïti）是海地唯一的电信公司。该公司是国营企业，受海地公共建设、交通和通信部的管辖，负责海地的电话和其他电信服务。政府拥有该公司96%的股权。在法国的资助下，该公司在太子港地区引入数字拨号系统，并在80年代末对海地的电话工业进行了现代化改造。

1998年之后，两家新电信服务商进入海地市场，他们分别是海地国际电信公司（Haiti Telecommunications International）和移动通信公司。海地国际电信公司部分所有权属于总部设在美国的世通公司（MCI WorldCom）；而移动通信公司则属于总部设在美国的西部无线公司（Western Wireless）。这两家公司都提供固定和移动无线通信服务。海地国际电信公司于1999年3月正式成立，当时的业务范围只有在太子港地区的6万部电话；但到了2004年，其服务范围已经涵盖海地全国大部分地区了。至2005年4月，该公司的客户已经超过15万。移动通信公司则根据其与海地国家电信公司达成的协议，于1998年起开始在太子港实施一项商业服务项目，将其蜂窝系统与公共交换电话网相连接。2005年10月21日，该公司正式推出了GSM移动通信系统，成为海地第一家采用此技术的通信公司，海地也从此步入了全球移动通信GSM时代。此外，海地国家电信公司也建立了自己的蜂窝式移动电话业务。

2003年初，美国休斯网络系统公司（Hughes Network Systems）与一家名为海地电信公司（Telecom Haiti）的私营公司达成协

议，开始进入海地市场，提供宽带互联网服务。海地政府已经宣布将实施一个为学校免费安装连接互联网的装置和接口的项目，但实施的具体情况尚不得而知。根据国际电信联盟的统计，海地2003年的互联网用户只有8000人，互联网普及率为96人/1万人。到2005年，海地互联网用户已达到50万人，互联网普及率为609人/1万人。但与同一时期美国6300人/1万人的互联网普及率相比，海地的互联网普及率还是非常低的。

第五节 金融

一 金融业

20世纪70年代，随着装配制造业、建筑业和旅游业的发展，海地银行业与金融业的年增长率达到10%。但到了80年代，由于政治不稳定，以及因此而引发的投资环境得不到保障等因素，海地经济形势迅速恶化，金融业也受到严重打击。到80年代末，银行业及其相关行业占国内生产总值的10%，雇用的员工占全国总劳动力的4%。

海地银行业不发达，这反映出海地国内收入和储蓄水平都很低。海地现有银行13家，其中2家为国有商业银行、2家外国银行分行、7家私营银行、2家储蓄银行。大部分银行都设在太子港。创办银行的发起资金分别为：商业银行500万古德，贸易银行750万古德，储蓄银行250万古德，外国银行分行500万古德。法律规定，银行的长期头寸比例应该不低于40%；同一集团的成员，不能拥有附属银行5%的股份；外国银行享受国民待遇，但外国银行不得向非常住居民贷款；银行利率和汇率随行就市；海地没有外汇管制，所有银行都可以经营对外贸易结汇业务。

海地共和国银行（the Banque de la République d'Haïti）是海

地的中央银行。另两家国有银行为国家信贷银行（Banque Nationale de Crédit）和海地人民银行（Banque Populaire Haïtienne）。这两家银行将被私有化，但政局和经济形势动荡使其私有化进程陷入停滞。作为先期准备，国家信贷银行已经于1999~2000年开始缩减规模，裁减了约一半的雇员。海地银行的全部存款为520亿古德（13亿美元），这两家银行的存款额约占10%。两家外国银行为美国花旗银行（Citibank）和加拿大丰业特银行（Scotiabank）在海地的分行。这两家银行的存款额占到海地银行总存款额的7%。在此之前，海地还有两家外国银行，即法国巴黎国民银行（Banque Nationale de Paris）和波士顿第一国家银行（First National Bank of Boston），已分别于1994和1997年被海地本地利益集团控股，改名为普罗莫银行（Promobank）和商业洲际银行（Banque Intercontinentale de Commerce）。随后，商业洲际银行和普罗莫银行分别于1998年和2006年被索日银行（Sogebank）吞并，另一家银行——索卡银行（Socabank）也被央行吞并。此外，海地还有两家抵押贷款银行，其存款只占海地银行总存款的3%。

商业银行虽然提供各种银行服务，但海地的银行业缺乏规范、市场没有安全性，并且无法提供股本融资（equity financing）。政府曾希望通过推动合作社银行制来增加对小企业的投资，但由于缺乏对这些机构的监管和规范，反而引发了灾难性的后果。2001年，不规范的储蓄合作社数量激增，其允诺的月储蓄利率竟然高达10%~12%。这些允诺它们当然无法承受，也不能兑现。2002年上半年，这些合作社开始纷纷倒闭，储户们的存款化为乌有，不得不走上街头示威抗议，政府才开始制定法规以对这一行业加以规范。

海地的金融机构还包括保险公司、信用合作社、基金会等。在20世纪80年代，几十家公司参与制定了保险业政策，但只有为数很少的几家是本地公司。信贷协会成立于20世纪40年代，

海地

主要向各农业合作社提供资金。海地发展基金会（the Haitian Development Foundation）和海地援助妇女基金会（the Haitian Fund for Assistance to Women）成立于80年代末，向无法得到商业银行贷款的小型企业提供贷款。此外，海地还有一个分布广泛的"地下"信贷系统。海地没有证券交易所。

二 外汇储备和汇率

外汇储备 在整个20世纪80年代，海地的外汇储备都处于极低的水平。1990年底，海地的外汇储备只有320万美元。1991年，也就是阿里斯蒂德政府执政的第一年，海地的外汇储备增加至1730万美元。1993财政年度的外汇储备额没有公布，但估计在军政府执政期间会大大减少。1994年阿里斯蒂德政府重新执政以后，外汇储备开始恢复，但仍然处于很低的水平。根据国际货币基金组织提供的统计数据显示，2003年底海地官方储备为6200万美元，至2007年年中升至3.03亿美元。

汇率 1991年以前，海地汇率长期固定在5古德兑换1美元的水平。1991年，当几乎所有的交易都转用市场汇率时，海地开始实行自由汇率制。此后，古德持续贬值。1995年底，汇率为16.2古德兑1美元。1996年，由于实行货币紧缩政策，古德出现强势，并在1997~1999年基本保持稳定。2000年的政治危机又导致古德疲软，国际社会在危机发生后中止了对海地的援助，使古德一直承受着很大压力。2006年海地平均汇率为40.4古德兑1美元，2007年7月中旬为34.2古德兑1美元。

表4-1 2002~2006年年均汇率

年 份	2002	2003	2004	2005	2006
1美元	29.3古德	42.4古德	16.9古德	40.4古德	40.4古德

资料来源：IMF, International Financial Satistics。

第六节 对外经济关系

一 对外贸易

纵观海地的历史，对外贸易在其经济活动中扮演着重要角色，是海地外汇的主要来源。但是，由于贸易结构和政府政策不合理等原因，外贸的发展反而导致人民收入减少和财产分配不均。长期以来，海地政府实行的进口许可制度和关税政策很容易形成进出口垄断，使大量昂贵的消费品能够低关税进口到国内，同时也造成国内消费品价格普遍过高。在20世纪80年代中期，基本消费品的进口被垄断在约20个家族手中。出口也被一小群商人所控制，特别是咖啡出口，其获利甚至比生产性投资的获利还要高。

海地的出口额在20世纪80年代总体上有所上升，但政局动荡使其在80年代末的时候开始下降。由于农业长期凋敝、停止开采矾土矿，以及美国实施了加勒比盆地优惠方案（Caribbean Basin Initiative）①，都使海地的出口结构发生了巨大变化，制造业产品替代农产品成为海地的主要出口产品。1987年，海地制造业出口额占总出口额的53%；其次是咖啡，占18%；手工艺品占14%，香精油占2%，可可占2%，其他产品占11%。农产品的出口额由1980年占总出口额的52%降至1987年的24%。糖、剑麻和肉类等传统出口产品的出口量大幅下降，甚至没有出口。为了推动传统贸易的发展，政府于1986年取消了长期征收

---

① 1982年，美国总统里根颁布加勒比盆地优惠方案，对加勒比海地区提供特殊的贸易优惠，目的在于引进外来投资以改善该区域内国家的经济状况，以及防止国际共产主义进入该区域。

的咖啡、可可、剑麻以及其他产品的出口税。1987年，政府制定了削减预算以维持古德对美元的汇率，保障最低工资，以及贸易自由化等措施，以促进投资和出口。海地私营企业还在美国国际开发署的资助下，成立了一个出口促进会，以促进投资，推动出口，并弥补因国内政治剧变而造成的出口损失。

在进口方面，1986年7月，海地执政委员会提出进口自由化政策，取消了除7种基本生活消费品以外所有商品的进口限制，用从价关税（Ad valorem tariffs）取代进口配额，同时还大幅降低了其他关税。政府对关税法进行的全面修订，使市场保护程度在1986年底的时候大幅降低。政府还取消了国有企业所享有的关税补贴，改进了进口许可制度，并试图简化海关手续。根据海地官方的统计数据，1987年海地进口额为3.077亿美元，在整个80年代居倒数第二位，仅略高于1986年的3.032亿美元，而当年的出口额只有1.984亿美元，造成1.1亿美元的贸易逆差。食品在进口产品中占最大比重，为19%；其次为机械和运输设备，为17%；此后依次为制造业产品16%；石油13%；化学制品10%；食用油10%；其他产品15%。但是，由于海地实行的进口政策缺乏细致而完善的、能够遏制猖獗的走私行为的措施，官方统计并不包含规模相当大的违法贸易的相关数据。

1991年海地发生军事政变后，国际社会对海地实行的贸易禁运使其出口和进口额都大幅下降。1994年，由于禁运力度加大，进出口下滑更加严重。根据国际货币基金组织的数据，海地的出口额从1990年的2.66亿美元下降至1994年的6000万美元；以离岸价格计算的进口额从1990年的4.43亿美元下降至1994年的1.72亿美元。

在1994年恢复民选政府以后，国际禁运开始解除，出口额大幅攀升，一年内就增长了将近50%，于1995年达到8800万美元。在此后的几年，出口额持续增长，1999年达到3.39亿美元。在此之后,受政治动荡的影响,出口额又开始下降,2002年下滑至 2.73 亿美元。2003 年以来,出口额又有所回升,2006年为 4.94 亿美元。据国际货币基金组织的数据显示,20 世纪 90年代末那几年的出口增长,主要来自制造业产品,这些产品大多数是由外国投资的装配工厂生产出来的。制造业产品的出口额从1996 年的 1.07 亿美元(占当年出口的 63%)上升到 2006 年的 4.35 亿美元(占当年出口的 88%)。由于长期缺乏投资,海地本地出口产品的竞争力日益减弱。2000~2004 年,外商投资的来料加工组装业产品出口额上升了约 1/4,而非组装业产品的出口额则下降了 1/4 强。从 2005 年起,装配产品的出口开始减少,而其他出口产品的下滑幅度则更大;纺织品协定的中止,使海地失去了向美国市场出口产品的优先权,海地企业的前景更加暗淡。2006 年底美国国会通过《海地机会伙伴促进法案》后,海地装配业有所恢复。

在进口方面,1994 年民选政府开始实行贸易自由化改革,将最高关税从 50% 降到 15%。再加上海外移民汇款突然增多和大量外资的涌入,使海地进口支出猛增。根据国际货币基金组织的数据显示,进口额在 1995 年增长了 3 倍,创下了 5.17 亿美元的纪录。从那以后,进口额持续增长,1999 年达到 10 亿美元。到 2000 年,由于人民实际收入和官方贷款开始减少,进口增长陷于停滞。2004 年起,随着外国援助的流入、物价持续上涨,以及经济开始恢复增长,海地的进口支出也开始增加。2006 年,海地进口额达到创纪录的 15.48 亿美元,其中增长最快的是燃料进口额,从 2003 年的 1.97 亿美元增长到 2006 年的 3.96 亿美元;食品进口也快速增长,约占总进口物资的 1/4,显示出海地对进口食品的依赖。

海地的对外贸易非常依赖美国,甚至可以说是被美国所控制。近年来,对美国的贸易占其出口的大部分,以及其进口的一半。多米尼加是海地第二大贸易国,与多米尼加的贸易额占海地总贸易额的近7%。欧盟也是海地重要的贸易伙伴,双方的贸易额一直在增加,其中意大利和法国是海地咖啡的主要出口国。海地还是《科托努协定》(Cotonou Convention)① 的签约国,海地虽然不出口该协定列出的最主要的农产品——蔗糖和香蕉,但仍被欧盟确定为贸易最惠国。

表4-2　2002~2006年主要贸易伙伴在海地进出口中比重

单位:%

年　份	2002	2003	2004	2005	2006
出口对象国:					
美　国	84.4	83.3	81.4	80.9	80.4
多米尼加	6.6	6.4	7.3	6.9	7.7
加拿大	2.4	3.6	4.1	4.0	3.0
墨西哥	0.1	0.4	0.9	1.3	1.4
进口对象国:					
美　国	30.0	28.8	34.8	48.7	46.0
荷属安的列斯群岛	16.9	18.7	18.0	11.9	11.8
中　国	2.1	2.1	2.3	2.1	3.4
巴　西	3.8	3.3	3.0	3.3	3.2

资料来源:IMF, International Financial Statistics。

---

① 2000年6月23日,欧盟15国与非洲、加勒比海和太平洋地区国家集团(简称非加太集团)77个成员国在贝宁科托努签订《非加太地区国家与欧共体及其成员国伙伴关系协定》,即《科托努协定》。《科托努协定》的前身是欧洲经济共同体9国与非加太集团46个成员国1975年2月28日在多哥首都洛美签订的贸易和经济协定《洛美协定》。该协定自1975年以来共执行了4期,欧盟一直通过该协定向非加太集团成员国提供贸易优惠和财政、技术等援助。2000年2月,双方就第5期《洛美协定》达成协议,并于同年6月在科托努正式签署,称为《科托努协定》。《洛美协定》就此宣告结束。经双方各国政府的正式批准,《科特努协定》于2003年4月1日起正式生效。

第四章 经 济

表 4-3　2001~2005 年海地国际收支

单位：百万美元

年　份	2001	2002	2003	2004	2005
经常项目余额	-131.9	-87.6	-45.3	-54.3	54.1
货物出口	305	274	333	378	459
货物进口	-1055	-980	-1116	-1211	-1309
服务出口	139	148	136	113	134
服务进口	-261	-270	-301	-315	-447
收入贷方	0.0	0.0	0.0	0.0	2.1
收入借方	-9.5	-13.7	-14.3	-11.9	-39.2
一般转移贷方	768.6	775.7	948.0	1031.5	1313.3
一般转移借方	0.0	0.0	0.0	-39.0	-59.3
金融与资本项目余额	78.1	-23.0	-84.3	44.5	37.0
资本流入	-3.0	27.3	-98.0	24.6	7.8
资本流出	81.1	-50.3	13.7	19.9	29.2
国际收支余额	-5.2	-67.9	1.1	40.9	45.8
平衡项目					
储备资产变动	40.7	59.6	19.6	-52.5	-18.7
IMF 信贷利用额	0.0	0.0	0.0	0.0	30.3

资料来源：IMF, International Financial Statistics。

二　外国援助

外国援助对海地经济起着至关重要的作用。作为西半球最贫穷的国家，海地的外国投资很少，而且几乎没有商业信贷。海地严重依赖于官方发展援助来平衡经常项目赤字。许多双边和多边发展机构以及 300 多个外国非政府组织都对海地进行过经济援助。一些分析家甚至将在海地的国际发展机构称作影子政府，因为他们控制的外国援助资金占到海地经济和社会发展方面支出的 70%，占国家预算的 40%。这种情况主要是从杜

海地

瓦利埃政府时期遗留下来的，因为杜瓦利埃不愿向发展项目投入资金，转而请求大量的外国援助来支付相关投入。尽管如此，由于政府无力履行相关义务、对应资金极少、公共机构不完善以及从历史上长期延续下来的腐败问题等因素，海地人均外国经济援助的数额大大低于大多数加勒比和中美洲国家的水平。设在海地的非政府组织于1985年进行的一次调查显示，有1/3的外国非政府组织1960年以前便进驻海地，许多是在1954年飓风"黑兹尔"过后为救灾而抵达海地的，到1985年，这些外国非政府组织每年向海地提供的食品、物资以及项目资助等援助已达6500万美元。

1991年军事政变后至1994年民选政府恢复执政期间，除了很少的人道主义援助外，所有外国经济和发展援助都被中止，这给海地造成了巨大打击。民选政府恢复以后，国际援助方达成了一项超过20亿美元的长期经济重建一揽子计划，前提是海地同意实施一个结构调整项目。但是，由于议会的反对和政府行政管理能力很弱，这个项目的进展速度远远落后于先前的计划，原定提供的资金按时到位率还不足75%。不过，援助资金每年仍有2.5亿美元左右，超过国内生产总值的6%；官方贷款为每年1亿至1.5亿美元，约占国内生产总值的3.5%。2000年以来，由于因议会选举引发的争议迟迟得不到解决，国内出现了政治僵局，国际援助方也因此中止了对海地的援助，使得约5亿美元的援助被冻结。这再次给海地经济造成重大打击。尽管美洲国家组织于2002年9月同意有条件地提供援助，为海地重新得到资金带来希望，但由于议会经常否决有关如何使用外国援助的提案，加之公共部门效率低下，极大地限制了政府运用外国资金的能力，使海地仍然处于资金短缺的状况。此外，国际社会允诺的资金经常不能按时到位。2000年的国际援助预计为7.0亿古德，约合2800万美元；但到位的资金只有4.3亿古德。2002年的总援助额为 1.35 亿美元，贷款额只有 800 万美元，比海地每年分期偿还的欠款还要少。2004 年的总援助额为 1.13 亿美元，大量援助被用于支付到期的外国贷款，使得海地获得的净援助资金仅为 460 万美元。

2004 年 2 月发生武装叛乱后，海地过渡政府在外国援助方的支持下，开始上台执政。7 月，国际援助方在美国华盛顿召开会议，同意在临时合作框架下，在未来两年内向海地提供超过 10 亿美元的援助。不过，由于国内政局不稳，以及对海地行政部门的行政能力和廉洁程度心存疑虑，援助方拨付款项的速度严重缓慢，2005 年 5 月底只拨付了 1.64 亿美元。由于海地政府不断呼吁并敦促各援助方信守承诺，拨款速度有所加快。2005 年 10 月举行的第二次国际援助议会宣布，已到位的款项为 6 亿美元。至 2006 年底，已有约 90% 的款项到位。此外，2006 年普雷瓦尔政府上台后，于 7 月举行了第三次国际援助方会议，各与会方同意在 2006 年 7 月至 2007 年 9 月间再增加 7.5 亿美元的援助。

美国是向海地提供双边经济援助最多的国家。美国 1944 年就开始向海地提供经济援助。杜瓦利埃上台以后，美国总统约翰·肯尼迪于 1963 年中止了除人道主义援助外的所有援助，海地也因此没有参加进步联盟（Alliance for Progress）。[①] 小杜瓦利埃上台后，美国于 1973 年恢复了对海地的援助。1987 年 11 月海地发生选举暴力事件之后，里根政府又中止了非人道主义援助。20 世纪 80 年代末，美国对海地的发展援助又得以恢复。进入 90 年代以后，海地政局一直动荡不安，美国的援助也处于时断时续的状况。2004 年，美国向海地提供的经济援助有 1.13 亿

[①] 该联盟是由肯尼迪政府发起并由约翰逊政府继续实施的一项旨在促进拉丁美洲发展的项目。

美元。

　　美国国际开发署是美国对海地实施援助的主要机构之一，其援助目标主要是：通过转化并改良土壤、植树造林，以及进行流域管理等措施，改善海地农村地区的生产生活条件；通过增加营养、实行计划生育，以及增加受教育机会等措施，提高海地的人口素质；鼓励政府进行旨在发展私营部门和促进出口的经济政策改革。他们还向海地提供禁毒、移民控制以及政治改革方面的援助。1981年，美国制定《对外援助法》(Foreign Assistance Act)，以法律形式对其援助方式进行了调整。从1982年起，美国国际开发署开始通过非政府组织而不是海地政府加大援助力度。加拿大、联邦德国和其他捐助国也决定绕过政府部门，通过非政府组织来实施援助。这一措施立刻产生了很好的效果。到80年代末，美国国际开发署所有人道主义援助都是通过一个非政府组织机构网络提供的。美洲基金会 (Inter-American Foundation) 和美国和平队 (the Peace Corps)[①] 也对海地提供了援助。在经过十多年的磋商后，和平队于1983年进驻海地，但在1988年和1989年政治动荡时，和平队的志愿者被解散。向海地提供援助的其他国家和地区还包括加拿大、法国、日本、荷兰、瑞典、德国等。

　　多边发展机构承担了海地主要基础设施建设项目中的大部分，并在70和80年代负担了大部分短缺的资金。

　　国际货币基金组织是在海地最有影响的多边国际组织。自20世纪50年代初期起，海地已与该组织签订了20余个备用协定 (standby agreements)，多于其他任何国家。1988年，该组织将海地列为其加强结构调整计划 (Enhanced Structural Adjustment

---

[①] 美国和平队是一个志愿服务组织，该组织是在美国总统肯尼迪的推动下于1961年3月1日正式成立的，目的是招募在教学、农业和保健方面有一技之长的美国人到外国服务，满足当地对技术人才的需求。

Facility）的试点国家，该方案是一项针对贫困国家的特别资助方案。世界银行也是向海地提供援助的多边机构之一，其在20世纪80年代末提供的援助占到海地多边援助的1/4，其援助项目包括公路、电力、教育、基础设施建设，以及政治改革等。此外，美洲发展银行从20世纪60年代早期开始，向海地提供了超过3亿美元的援助，用于改善海地的灌溉系统、农村用水系统、公共健康状况以及公路建设。其他多边组织还包括几家联合国的相关机构、欧盟、美洲国家组织以及石油输出国组织等。

为了加强各非政府组织间的协调，美国国际开发署于1981年出资成立了非政府组织海地协会（the Haitian Association of Voluntary Agencies），以进行信息、技术和经验等方面的共享。1989年该组织的成员已过百人。

三 外债

20世纪80年代初，海地的外债额适中，并在可偿还的范围之内。当时，海地所借外债的条件、还款利率、还款期限以及还款宽限期等，都对海地非常有利。但是，海地的外债额在80年代开始迅速增长，从1980年的3.5亿美元增长到1990年的9.11亿美元；出口货物和劳务的还本付息率也从6%上升到11%。由于国际货币基金组织和世界银行向海地提供的贷款数目增多，海地借多边组织的外债占其外债总额的比重有所上升，从1983年的67%增加到1987年的74%；对双边机构的欠债额占其外债总额的18%；对私人银行的欠债额占其外债总额的8%。不过，在80年代中期，海地政府基本上履行了偿还到期债务义务。1991年，阿里斯蒂德当选总统以后，一些双边官方债权国开始减免海地所欠的债务，使海地的债务在1991年降至7.77亿美元。但是，在军政府统治期间，海地到期未还的

海地

欠款数额不断激增,1994 年仅欠多边机构的到期应还款额就达到了 7300 万美元。1994 年 10 月,阿里斯蒂德政府恢复执政,美国和其他 9 个国家同意免除其欠款,以便能向其提供新的贷款。1995 年 5 月,由债权国组成的巴黎俱乐部(the Paris Club)① 也同意,将海地对该俱乐部的债务进行重组,使其在 23 年内分期还清。1995~1999 年间,海地获得的国际援助款项不断增多,虽然一些款项由于政治方面的原因没有拨付到位,海地的外债总额仍然从 1995 年的 8.16 亿美元上升到 1999 年的 11.8 亿美元。2000 年出现政治危机后,对海地的援助被冻结。2002 年,向海地拨付的款项只有 400 万美元,远远低于 1997 年高峰时期的 1.19 亿美元。这使得 1999~2002 年间海地的外债总额维持在 12 亿美元的水平。2004 年海地外债总额为 13 亿美元,相当于当年国内生产总值的 37.2%,其中 85% 来自债权国官方优惠贷款。海地过渡政府成立后,其外债总额又有所增加。2006 年,海地外债总额为 13 亿美元,其中欠多边债权方的款项占 83%,欠双边债权方的款项占 17%。

海地政府对外部筹资的过度依赖,引起人们对海地可承受的外债水平的关注。2006 年海地的外债额与国内生产总值的比率为 33%。2006 年,按现在净价值计算,海地外债额与出口额的比率为 176%,这一水平被国际货币基金组织认为是无法承受的。在海地与其债权方之间的关系中,外债重组将扮演越来越重要的角色。2005 年 1 月,世界银行免除了海地 5200 万美元的欠账,法国、意大利和西班牙随后也同意延缓海地的偿债期限,并且宣布,一旦一项"减贫与增长贷款"(Poverty

---

① 巴黎俱乐部,也称"十国集团"(Group-10),形成于 1956 年,是一个由官方债权人组成的国际性非正式组织,专门为负债国和债权国提供债务安排,例如债务重组、债务宽减、甚至债务撤销。由包括美国、英国、德国、法国、日本等国在内的全球最富裕的 19 个国家组成。

Reduction and Growth Facility-PRGF)① 开始实施，他们将会制订一个正式、详尽的延期还款方案。除此之外，国际货币基金组织和世界银行还对海地是否适用于"重债穷国倡议"(the Heavily Indebted Poor Countries Initiative-HIPC Initiative)② 进行了评估，并于 2006 年 11 月认定其符合该计划框架内的援助条件。

海地在"重债穷国计划"框架内计划免除的债务总额为 2.129 亿美元。在减债计划全部完成之前，海地政府将能够从一些债权方接受临时债务免除 (interim debt relief)。2006 年 10 月中旬，巴黎俱乐部的官方债务方同意合并 6900 万美元的海地债务，使其直接免除的债务达到 720 万美元。巴黎俱乐部还同意将重组债务的还息时间推迟至 2010 年 11 月以后，这将有助于减轻海地沉重的还债负担。

当海地在"重债穷国计划"框架内的减债计划完成时，其将符合"多边减债计划" (Multilateral Debt Relief Initiative-MDRI) 的援助条件。届时，该计划框架内的免除债务按名义价值计算 (in nominal term) 将达到 4.646 亿美元，并将包括所有 2003 年 12 月底之前欠世界银行国际开发协会 (World Bank's International Development Association) 的未偿还债务。

第七节　旅游业

海地气候温和，人民热情，文化独特，景色优美，是个旅游资源比较丰富的国家。但由于国内政局经常处于

---

① "减贫与增长贷款"是国际货币基金组织发起的一项旨在降低贫困和促进发展的规划。

② "重债穷国计划"由国际货币基金组织、世界银行于 1996 年倡议实施，是旨在帮助重债穷国在其改革、援助项目下减免债务的综合措施。

海地

动荡之中，基础设施又很落后，使旅游业未能得到应有的发展。前往海地旅游的游客主要是美国人，占前往海地旅游总人数的 3/4。

海地的旅游业在 20 世纪 70 年代取得了很大发展。这主要得益于当时海地与美国关系的改善，使前往海地旅游的美国人增多；其次是因为太子港的国际机场于 1965 年建成并投入使用，使世界上其他地方到海地旅游的人数也有所增加；第三个原因是当时海地仍处于杜瓦利埃家族的独裁统治之下，国内政局比较稳定，从而促进了旅游业的发展。1980 年，前往海地旅游的人数达到 30 余万，是海地历史上游客数量最多的一年。净旅游收入也在 1981 年达到最高值，为 4400 万美元。此后，前往海地旅游的人数开始下降。一个原因是当时海地人民反对小杜瓦利埃统治的活动开始加剧，国内政局动荡，阻碍了游客前往旅游；另一个原因是国外媒体对海地的负面报道，破坏了旅游者们对海地的印象，使他们不愿前往海地旅游。这些报道的一个主要内容是关于艾滋病的宣传，说海地可能是该病的发源地。虽然这种说法后来被证明是错误的，但已经给人们造成的恶劣印象却很难改变。此外，外国媒体还经常对海地的政治暴力、极端贫困、大量的"船民"以及政局不稳等消息加以报道，这也对海地旅游业产生了很大的不利影响。

游客人数的下降迫使许多旅馆闭门歇业，有旅客入住的客房总数从 1981 年的 3000 间下降到 1987 年的 1500 间。而邻国多米尼加同期的旅馆客房入住数量却增加了 4 倍，与海地形成了鲜明对比。海地驻美国纽约的旅游办事处也被迫关闭。1991 年军事政变后，前往海地旅游的人数更是大幅减少，从之前的年平均 15 万人次下降到不足 8 万人次，其中还包括大量到海地工作的非政府组织的人员，以及从国外回国探亲的外籍海地人。到 1996 年中期，海地可提供给旅客住宿的旅馆房间已下降到只有

800间了。2005年，前往海地旅游的人数为11.2万，其中80%为回国探亲的、旅居国外的海地人。目前，虽然海地政府重视发展旅游业，并与国际援助方和加勒比旅游业组织（Caribbean Tourism Organization）等相关组织进行磋商，以制定恢复和发展海地旅游业的计划与措施，但由于海地缺乏发展国际旅游业所必需的设备和基础设施，又没有长期稳定的政治环境，使得旅游者仍然不敢轻易前往这个国家。

第五章
军　事

第一节　概述

　　海地宪法规定，海地武装力量由军队和警察两部分组成。军队一直在海地的政治发展史中扮演着重要角色，海地历史上发生的 30 余次政变绝大多数都属于军事政变。1994 年 10 月，在军事政变中流亡美国 3 年之久的阿里斯蒂德总统重新回国执政，为了防止再次出现军人干政的情况，他于 1995 年宣布解散军队。军队被解散后，前军人和国内反对党派认为此举违反了宪法，一直要求政府恢复军队。前军人在海地的政治生活中仍然具有举足轻重的作用，2004 年 2 月发生的武装叛乱就主要是由前军人领导和参与的。目前警察是海地唯一的武装力量。

一　军队发展简史

　　海地宪法规定的军队包括陆、海、空军和技术兵种。军队总司令由总统任命，任期 3 年。年满 18 岁的海地公民需服兵役。在 1995 年被解散之前，海地军队共约 7000 人，其中陆军 6000 余人，空军和海军各约 300 人。

第五章 军　事

　　海地军队最早起源于海地独立革命运动。经过10余年的武装独立革命斗争，海地军队具备了卓越的战略和战术能力，最终迫使法国军队投降。1804年海地建国以后，当时的军队领导人也都成为早期的国家领导人。由于海地是由实行奴隶制的殖民地经过革命而成立的独立的民主共和国，不论是普通民众还是国家领导人都普遍缺乏民主意识。此外，因为缺乏强有力的宪法保障和可行的文官制度，军人很容易夺得政权，海地政局也总是被武力所支配。海地军队在建国后没有成为独立于国家政治之外的职业化军队，而是成为一支对海地政局具有重大影响力的政治力量，因此军事政变也就屡见不鲜了。

　　19世纪下半叶至20世纪初，海地政局混乱，政府频繁更迭，国内各种反政府的起义和农民起义层出不穷。海地的政治问题引来美国、德国等外国势力的干预，其中美国更是以"保护美国人和外国人的利益"为借口，于1915年武装占领了海地，这种占领一直持续到1934年。由于国家政局长期动荡，军队的力量也受到很大削弱。当时的海地军队约有9000人，军纪涣散，装备落后，待遇低下，看起来更像是一支民兵武装，而非正规军队。

　　武装占领海地期间，美国占领军遣散了海地军队，并于1916年2月建立了海地宪兵队，由美国海军陆战队负责训练。建立宪兵队的目的是为了镇压海地人民反抗美国占领发动的武装起义，同时也承担一些基础设施的建设工程，如修建道路等。宪兵队中的551名殿卫军直接负责总统的安全。1928年，海地宪兵队改编为海地卫队（Garde d'Haïti），其组织结构、训练和装备都比占领前的军队有所提高。1934年美国结束对海地的武装占领后，海地卫队成为海地军事力量的核心。美国对海地武装力量的训练并没有使其成为一支现代化的、独立于政治之外的武装力量，干预政府仍然是海地武装力量的一种倾向，这对海地的政局

海地

发展往往具有决定性的影响。

1957年,杜瓦利埃当选海地总统。在他统治期间,海地军队的力量再次受到大幅削弱。杜瓦利埃深知军队对国内政局的影响力,为了巩固自己的统治地位,他上台后对军队进行了彻底"清洗",将试图反抗他的军官清除出军队,或调至偏远地区,更换为忠于自己的军官,并安排自己的亲信担任军队中的重要职务。杜瓦利埃还建立了忠于自己的总统卫队(Garde Présidentielle),用以取代先前的禁卫军保卫总统府,并使其成为军队中的精锐部队。同时,他还将军队的武器弹药储备转移到总统府内,由总统直接控制。为了进一步制衡军队的力量,杜瓦利埃还组建了准军事组织"国家安全志愿军"。该组织通常被称为"通顿马库特",独立于军队之外,一切行动只向总统个人负责,其权力大大超出了军队。

1971年,小杜瓦利埃上台执政。为确保对国家安全工具的绝对控制,他对通顿马库特的权力加以约束,并对其进行了整编。在整编中,一些通顿马库特的高级官员被调入军队,使军队和通顿马库特这两支安全力量实现了部分合并。小杜瓦利埃还组建了另一支忠于自己的名为"豹子队"(Leopards)的特务组织,以镇压国内的反对力量,并与军队和通顿马库特相制衡。1986年,小杜瓦利埃下台之时,海地军队约有7000人。

在杜瓦利埃父子统治期间,由于政府极端腐败,大部分国防预算无账可查。还有一些经费虽有记录,但在总统府官员的操纵下,通过各部门间的转账,糊里糊涂地消失了,这些钱款毫无疑问地被政府官员中饱私囊了。

海地的国防开支在20世纪70和80年代增长缓慢。70年代后期实行的一些军队现代化——尤其是空军——的措施,以及杜瓦利埃政府日益增强的安全意识曾使国防支出有所增加。但在此之后,军费开支保持在每年3000万美元左右。在1975~1985年间,军队支出平均占政府总支出的8%，占国民生产总值1.2%～1.9%。

1991年初，海地第一届民选政府上台执政。总统阿里斯蒂德为了防止再次出现军人政府的现象，对军队和警察力量都进行了削减和人事变动。他解除了3/4军队高级将领的职务，并计划将警察从军队中划分出去，组建正式的警察部队。由于这些措施损害了军队的利益，海地武装部队总司令拉乌尔·塞德拉斯于1991年9月发动军事政变，阿里斯蒂德被迫流亡美国。1994年10月，在国际社会的努力和干预下，阿里斯蒂德重新回国执政。为了彻底解决军队对海地政局的影响和威胁，阿里斯蒂德于1995年下令解除军队，只保留了一支几千人的警察部队。但是，反对派及一些前军人认为解除军队是违反宪法的行为，一直呼吁恢复军队。

2004年2月，主要由前军人组成的武装力量在戈纳伊夫市发动叛乱，并很快攻下全国大部分地区，进而围攻首都太子港。他们要求恢复军队，并要求处于第二个总统任期的阿里斯蒂德下台。由于阿里斯蒂德在这一事件中没有得到美国的全力支持，被迫于2月29日宣布辞职，前往中非共和国，后又转往南非避难。由此可见，虽然军队早就被解散，但其对海地政局的发展仍具有不可忽视的影响。此后，一些前军人仍然积极寻求参与政治，武装叛乱分子领导人之一的居伊·菲利普还组织政党，并参加了2006年2月举行的总统选举。

2006年5月，海地新总统勒内·普雷瓦尔宣誓就职。尽管国内要求恢复军队的呼声一直没有停止，但新政府表示不会重建军队，并会加强对国家警察的建设力度。

二　警察

海地宪法规定，警察和军队一起同属于海地武装力量。警察的运行从属于司法部，依法设立专门部门：如监

海地

狱管理处、消防队、交通处、公路警察处、罪犯侦缉处、缉毒缉私处等。海地警察总司令任期3年，可以连任。

在海地历史上，警察的作用远没有军队那么突出。1995年海地军队被取缔之后，过渡公共安全部队被组建起来，其人员主要是前军人。随后，在国际上提供装备和技术支持的情况下，海地组建了国家警察（the Police Nationale Haïtienne），并于1995年中期开始部署，慢慢取代了过渡公共安全部队。由于在此之前的海地政局长期动荡，国际社会又对海地实施了经济制裁，使海地经济状况恶化，政府缺乏足够的资金来加强海地警察的建设。再加上美国在军政府时期开始实施的对海地的武器禁运，使警察无法购得先进的武器装备。在这种情况下，当时只有1500人的海地警察部队，不仅人力严重不足，武器装备也很差，根本起不到维护社会秩序的作用。1995年3月31日，由6000名维和部队和900名民事警察组成的联合国海地特派团开始进驻海地，协助维护社会稳定，并负责为海地训练警察部队，协助海地国家警察向专业化部队过渡。从1995年3月至1997年11月期间，联合国几次作出决议，先后向海地派驻联合国海地特派团、联合国海地支助团、联合国海地过渡时期特派团，以及联合国海地民警特派团。他们除了协助海地政府维护社会稳定之外，一个重要的任务就是帮助海地训练警察部队，建立一支规模适当、能独立行动的专业国家警察部队。在美国和国际社会的帮助下，海地在国家警察建设方面取得了重要进展。一些配备重武器的特种警察部队也开始组建，主要有防暴警察、维护秩序干预部队、快速反应警察部队、国家警察干预部队等。

虽然国家警察的建设取得很大进展，但其向专业化部队发展的步伐仍然缓慢。况且由于其建立时间不长，在与犯罪活动作斗争方面仍缺乏经验。到20世纪90年代末，海地国家警察的政治性越来越明显。此外，海地人权组织开始频繁指责警察在地方和国家政治人物的指使下做出滥用职权和违反人权的事情。除了滥用酷刑以外，海地警察还卷入了大宗毒品的走私活动。在此情况下，国际社会对海地国家警察提供的支持越来越少，美国更是停止了对其的援助，致使海地警察的装备越来越落后，人员数目也越来越少。到2003年底，海地警察只有约4000人。

从2000年开始，海地政局再次陷入危机，社会再度动荡，犯罪事件增多，武器走私也愈发严重，民间轻武器数量越来越多。在这种情况下，只有约4000人的警察要维护一个800多万人的国家的社会治安，人手明显不足；加之海地警察长年缺乏训练、装备落后，根本无法提供哪怕最低限度的法律和秩序保障。因此，当2004年海地又发生武装叛乱时，警察根本无法与持有精良武器的叛乱分子抗衡，警署被攻占，警察被枪杀，枪支流入民间，叛乱分子很快占领了全国大部分地方，并进而包围了首都太子港。虽然在国际社会的斡旋下，总统阿里斯蒂德被迫宣布离职，流亡国外，过渡政府也开始上台执政。但海地国内的政局依然一片混乱，各种武装冲突和犯罪活动层出不穷。海地警察力量在叛乱过程中受到重创，剩下只有2000人左右，更加无力维护社会治安。2004年3月临时政府成立以后，宣布将在未来几年增加警察人数，使其最终达到2万人。2004年6月，联合国再次向海地派驻联合国驻海地稳定特派团，在协助维护社会稳定的同时负责海地警察的培训工作。2006年5月新总统普雷瓦尔上任之后，也表示将加强对海地警察的建设力度。

三 准军事组织

海地历史上有一个非常著名的准军事组织，即杜瓦利埃当政时期建立的国家安全卫队，俗称通顿马库特。

海地

　　1957年杜瓦利埃上台以后，一方面大力削弱军队的力量，一方面组建忠于自己的武装力量。他除了组建总统卫队来保卫总统府的安全以外，还以选举中的忠实支持者为骨干，吸收一批黑人流氓无产者，成立了被称之为"蒙面人"的特务组织。这个组织因其成员通常戴上蒙面帽罩进行镇压活动而得名。1958年5月，杜瓦利埃将"蒙面人"改编为"民兵"，补充了大量地痞流氓、地主恶霸和伏都教徒，并装备有小型武器。这支秘密警察力量通常被称为"通顿马库特"。"通顿马库特"是海地民间传说中的一个妖怪的名字。它总是在夜里摄取儿童的灵魂，然后装在袋子里带走。通顿马库特的成员通常戴面罩，穿粗斜纹棉布做的夹克和牛仔裤，脖子上系红色的领巾，戴墨镜。1960年，杜瓦利埃进一步扩充这一组织，并正式称之为"国家安全志愿军"，将其置于自己的直接领导之下。该组织独立于军队之外，一切行动只向总统个人负责，采取残忍手段镇压杜瓦利埃的反对者。到1962年，这一组织的人数已发展到8000人，而当时的军队才只有5000人，其人数和权力已大大超出了军队。

　　虽然通顿马库特从未成为真正的军事力量，但它却不仅仅是一支安全警察部队。当总统卫队在首都负责保护杜瓦利埃的安全时，通顿马库特则在农村地区扩展自己的势力，帮助杜瓦利埃控制广大的农村地区。由于该组织属于私人民兵性质，没有工资，其成员便通过强取豪夺的方式，从农民那里抢夺现金和粮食。由于受到总统的庇护，手段又很残忍，该组织在农村地区有着非常巨大的影响力。此外，通顿马库特的另一个作用就是与军队抗衡。虽然杜瓦利埃大大削弱了军队力量，但军队毕竟历来是海地历史上一个至关重要的政治力量，通顿马库特的任务之一就是牵制并压制军队力量，以维护杜瓦利埃的统治，保护其不会被军事政变所推翻。

第五章 军　事

到1986年杜瓦利埃家族倒台时，通顿马库特的成员人数约在9000~15000之间。

第二节　对外军事关系

一　与美国的军事关系

在20世纪，海地的外国军事援助主要来自美国，援助方式主要是物资和资金援助。美国武装占领海地期间，曾对海地军队进行训练，使当时的军队技术有所增强，后勤保障上也比较有力。美国在第二次世界大战期间、50年代以及60年代早期也曾向海地派驻过部队，这使两国间的联系十分紧密。杜瓦利埃统治期间，虽然对美国在海地军队中的影响力怀有戒心，清除了大批曾受过美军训练的军官，但他同时也从美国购买一些军事装备和设施。1964~1970年间，海地从美国购买了一些老式飞机、轻武器、巡逻艇等，并对海地仅有的5架F–51s战机进行全面检修。[①] 小杜瓦利埃上台后，从美国购买武器装备，用于组建新成立的"豹子队"。1950~1977年间，美国还为610名在美国的海地学生提供了大约340万美元的军事援助和训练费用。

在20世纪80年代，美国通过贷款、军火贸易，以及一些军事援助项目和军事教育训练项目等方式，向海地提供军事物资和技术援助，以满足海地国家安全的需要。在80年代早期，美国向海地提供一项持续的外国军售资助项目，数额约为每年30万美元。同时用于军事教育和训练项目的支出在每年15万美元到

---

① http://lcweb2.loc.gov/cgi-bin/query/r?frd/cstdy:@field(DOCID+ht0103)

海地

25万美元之间，1980~1985年间，共有200名海地学生享受到这一资助。海地军火贸易主要是向美国购买防暴装备，这在小杜瓦利埃统治的最后两年明显增多，1985年达到320万美元。

1987年海地选举失败后，美国的军事援助便暂时停止，同时还中止了为改善海地司法和政治体制而提供的援助，只有一些毒品控制方面的资助还在继续。1991年9月，海地发生军事政变后，为了防止军人政府从美国购买武器，美国对海地实施了武器禁运。1994年10月，阿里斯蒂德在美国的大力帮助下重新回国执政，并于1995年宣布解散军队，组建海地国家警察。从那时起直到1999年，美国向海地警察提供了大力支持，共花费约7000万美元，用于组建和训练警察队伍。但是，在20世纪90年代末，海地国家警察的政治性越来越明显。由于相当数量的警官都是前军人，海地政府一直对这支警察部队怀有戒心，并加强了对其的控制。对此，美国认为这是海地政府意图从政治上控制警察，并决定于1999年终止了对海地警察的援助项目。2004年2月底，海地过渡政府成立以后，美国每年向海地提供1500万美元的援助用于训练警察。2006年5月，海地新政府上台执政以后，美国于10月部分解除了对海地实施15年的武器禁运，允许警察从美国购买轻武器、安全防护装置以及其他装备。

二　与联合国的军事关系

1994年10月海地恢复民选政府以后，联合国安理会于1995年1月30日通过决议，在海地部署联合国海地特派团，并于3月31日开始进驻海地。特派团共由6000名士兵和900名警察组成。1997年7月30日，根据当时海地总统普雷瓦尔的要求，安理会通过决议成立联合国海地过渡时期特派团，任期4个月，继续协助海地培训警察，以建立一支警察部队。决议认为，建立一支国家警察力量对海地巩固民主和恢复司法制度十分重要。1997年11月28日，联合国安理会再次通过决议，决定建立一支任期为1年的联合国海地民警特派团，接替将于11月30日期满的联合国海地过渡时期特派团。决议指出，建立一支适当规模、能独立运作的专业国家警察部队，对巩固海地的民主和重建海地司法系统十分重要，虽然国家警察在建设上取得了重要进展，但距专业化部队还有一定的距离，并且还有可能受到某些政治集团的操纵，因此联合国将继续协助海地国家警察向专业化部队过渡。

2004年海地发生武装叛乱后，联合国安理会于4月30日通过决议，从6月1日开始向海地派驻约8000人的联合国驻海地稳定特派团（以下简称"联海团"），协助海地过渡政府稳定社会秩序，为选举新总统做准备，并负责培训海地警察。联海团的派驻时间为6个月。但是，随着海地社会动乱不断加剧，安理会又多次决定延长联海团的驻扎时间。2005年6月，安理会又通过决议，再向海地派驻1000名维和士兵，使在海地的维和士兵人数达到约9000人。联海团进驻海地以后，除了巡逻以维护日常秩序之外，还多次与海地警察联合，深入到武装分子主要藏身的贫民窟，对他们采取围剿行动。这些贫民窟多分布在太子港郊区，其中以名为"太阳城"（Cite Soleil）的贫民窟最为著名。太阳城居住着近40万人口，约占太子港人口的1/5。武装分子藏身其中，使这些地区治安状况极度恶劣，严重影响了人民的生活。联海团的抓捕行动在一定程度上起到了打击武装分子的作用。2006年2月，海地举行总统选举。联海团又与海地警察一起，维护各投票点以及计票中心周围的秩序，保障了投票和计票工作的顺利进行。普雷瓦尔当选总统后表示，虽然依靠国际维和不是解决海地安全问题的长久之计，但海地仍然非常需要他们帮助维护社会秩序。他还希望联海团能继续延长在海地驻扎的时间，直到海地社会真正恢复稳定。

海地

　　特别值得指出的是，中国也派遣了 125 人的维和警察防暴队（以下简称"中国防暴队"）参加了此次联合国的维和行动。这是中国第一次派成建制的防暴警察进入美洲国家，而且是第一次进入一个未建交的国家执行维和任务。在执行维和任务期间，中国防暴队以纪律严明、不怕危险、吃苦耐劳、勤奋敬业的品质，精湛的技术，以及与外国同行良好的协作精神，得到联海团官兵的广泛赞誉。在海地举行总统选举期间，中国防暴队负责计票中心的安保工作，承担了此次选举安保工作中任务最艰巨、最复杂的部分。由于海地政局动荡、社会秩序混乱，以及选举结果迟迟没有公布等原因，部分候选人的支持者及一些非法武装分子开始闹事，大选计票中心及其附近的中国防暴队营地也受到上千人的围攻。对此，中国防暴队严密部署，与闹事者对峙长达一周时间，最终出色保护了计票中心，确保了选举工作的顺利进行。鉴于中国防暴队的出色表现，联海团多次提出表彰，并授予"和平勋章"，以表彰他们在维和行动中的贡献。此外，联海团还通令嘉奖第三批中国防暴队，并颁发荣誉证书，以表彰其全体队员在维和期间、特别是选举期间的突出表现，这是联海团成立以来首次授予防暴队集体的荣誉；向第五批中国防暴队颁发嘉奖令，以表彰其在海地执行联合国维和任务中作出的突出贡献，使其成为当时在海地执行维和任务的 9 支维和警察防暴（特警）队中唯一获此殊荣的单位。2008 年 11 月 8 日，第七批中国防暴队在一个坍塌学校的救援现场受到普雷瓦尔总统的接见，并于几日后在总统府被普雷瓦尔总统授予"国家秩序骑士勋章"荣誉。

第六章

教育、文艺、卫生

第一节 教育

海地历届政府都意识到教育的重要性，但是由于贫困和资金匮乏等原因，海地的教育一直处于比较低的水平，其公共教育支出（2006年海地教育支出只占其国内生产总值的1.7%）和提供教育服务的能力甚至低于撒哈拉以南非洲地区。

世界银行2005年世界发展指标指出，2002年海地的成人识字率只有52%，而拉美和加勒比地区的成年人平均识字率约为90%。海地政府采取过不少措施来提高教育水平。1994年，阿里斯蒂德回国继续执政以后，加强了对教育系统的建设，并通过兴建学校、举办扫盲班等改善海地人民的受教育状况。1995～2000年间，普雷瓦尔政府继续采取措施推动教育发展，海地的小学入学率有所提高，由1994年的20%上升到2000年的64%。虽然如此，海地农村地区的入学率仍然很低，受过中等教育的人数更少，1996年海地中学入学率仅有15%。

家庭贫困和学费过高是父母们不让孩子上学的主要原因。海地有超过一半的人生活水平在每日1美元以下，所以很多家庭无力支付孩子上学所需的费用。而公立学校尽管表面上是免费的，但仍需支付学杂费，这也是家长们负担不起的。此外，由于公立教育机构严重缺乏资金，而且设施很差，很多家长不愿意把孩子送到公立学校。据一些非政府组织估计，公立学校的入学率仅占全国总入学率的1/10左右。除公立学校以外，海地还有很多营利性的私立教育机构，一些由非政府组织开设的学校和教会学校，以及加拿大、美国和法国等在太子港开办的国际学校。

一　教育的发展

海地独立后的第一部宪法——1805年宪法就提出实行免费的初等义务教育。亨利·克里斯托夫和佩蒂翁等早期执政者都曾兴建学校。到1820年，海地共有19所小学和3所公立中学。1848年，海地公布《教育法》，宣布建立乡村小学及医学和法律专业的大学。但是，由于上层社会和比较富裕、能负担得起学费的家庭都将子女送到法国读书，使海地的教育系统没有得到太大发展。

1860年，海地与梵蒂冈签订协约允许建立罗马天主教堂后，海地出现了一些教会学校。这些学校实质上是宗教公立学校，由海地政府和梵蒂冈共同资助，担任教师的牧师大多来自法国，他们绝大部分在城市里教书，受教育对象为上层社会人士的子女，还有一些在条件较好的平民中学教书。他们在授课的同时也扩大了罗马天主教教会在学生中的影响。

20世纪80年代以前，海地学校教授的主要是文学方面的课程，教学方法也是填鸭式的。美国在武装占领海地期间曾一度鼓励建立职业学校，但遭到上层社会的反对。1934年以后，海地政府又恢复了以前的教育模式和课程设置。1978年，政府将一直受农业、自然资源和农村发展部管辖的农村学校置入教育部的管辖之下，首次统一了教育系统。

第六章 教育、文艺、卫生

在20世纪70年代后期,受政局等因素的影响,大量教师向非洲和加拿大移民,导致整个教育系统人力匮乏、工作不力。一些教育工作者注意到这个情况,提出进行教育改革。但是,由于国际援助方并没有认识到教育改革对海地国家发展的作用和影响,未在这方面提供更多援助,使海地的教育改革一直没能实施。直到1980年,世界银行才对海地的一项教育改革提供了资金援助。这项改革力求使学生能够用克里奥尔语读写,并以法语为第二语言;从所处阶层的实际出发,发扬批判精神;在集体生活中要有公民责任感;对所处的地理地域和社会环境有基本的了解和理解;发展认知和动手能力等。由于改革的方向、措施及想要达到的目标与当时政府的观点相左,援助方对改革的不了解,政府部门运作不力,以及政局动荡等原因,改革进行得非常艰难,没有取得太大成果。

1997年,海地政府制定了一个为期10年的教育规划。这项规划旨在提高义务教育的水平,改善公、私立教育机构质量,并达到2010年普及初等教育、小学入学率100%的目标。国家也加大了对教育的投入,教育经费在国家预算中的比重由1998年的9.4%增加到2001年的22%。国家实施的一些项目,如公立学校向学生提供免费午餐,还有些公立学校为学生提供校服、学习用具和校车等,使不少穷人家庭的孩子得以上学。2002年,政府还开展了一场识字运动,在这场运动中共派出3万名识字辅导员,发放了70万册识字教材。不过,由于海地的国内生产总值很低,而所有政府支出又只占到国内生产总值的10%左右,所以海地的教育仍然面临资金匮乏、发展缓慢的问题。

海地教育体系有一个突出的特点,即海地的学校大部分是私立学校。1988~1997年间,私立学校的增长率高达93%。目前,在私立学校就读的学生数量占到海地所有学生总数的90%。私立教育机构的质量良莠不齐,既有教育质量非常优秀的学校,也

有很多教育质量非常差的学校。很多私立学校既没有足够的教学能力，又没有致力于教育的理想，无法按要求完成各项教学计划，影响了教育的质量。据世界银行的统计，海地 70% 的学校缺乏认证，私立教育机构的教师有 60% 不具备相应的教育资格。

二 初等教育

海地的基础教育包括学前教育、初等教育和中级初等教育。学前教育也就是学前班，共 2 年时间，入学率很高。初等教育为义务教育，为期 6 年，分为预备、初级和中级三级，每级 2 年。每年 10 月至次年 7 月为一学年，圣诞节和复活节放两个星期的假。学校将根据学生们每一级学完后的考试成绩和学期中间的课堂分数，决定他们能否升级。在此之后，学生们将参加毕业考试。通过考试的学生将取得毕业证书，然后再参加进入中学的考试，或者参加进入中级初等教育学校的考试。中级初等教育学校为 3 年制，学生毕业后可获得初等教育证书。因此，整个基础教育包括幼儿园 2 年，小学 6 年，中级初等教育 3 年。到 2002 年，① 海地共有公立学前教育中心 210 家，私立学前教育中心 1018 家；公立小学 1100 所，私立小学 7000 所。

海地初等教育的入学率非常低。由于交不起学费，以及住家所在地区没有学校或是离学校太远等原因，海地有将近 100 万名儿童无法上学。虽然政府自 20 世纪 80 年代以来一直努力提高教育的普及率，但结果仍不尽如人意，尤其是农村地区的教育普及率远远低于城市。1995 年，农村学龄儿童（6~11 岁）的小学入学率还不到 25%，有些地区甚至更低。此外，由于公立小学数量少，质量普遍较差，很多学生不得不进入私立小学上学。

---

① 〔海〕*Liver blanc de fanmi lavalas*: *Investir dans L'humain*, Port-au-Prince, Haiti, 1999, p. 110.

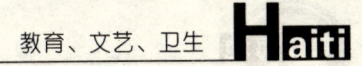

1994～1995年，海地115万余名小学生中，约85%的学生在私立学校就读。这意味着家长要为子女的基础教育投入大量的钱。

海地初等教育的辍学率也非常高，有一半的学生都是超龄学生。这不仅使学校的招生率下降，还引发了严重的教育问题。据20世纪80年代中期的统计，大约有超过一半的城市小学生在完成6年的学业前辍学，农村地区的辍学率高达80%。由于农村地区的辍学率和复读率非常高，以至于小学一、二年级的学生数量占到所有学生数量的3/5。虽然美国和一些欧洲国家以及一些国际组织和非官方发展机构，曾对海地的初等教育提供过资助，但效果并不十分明显。此外，由于受资助的学生多为城市学生，而且主要集中在太子港，农村儿童的入学率仍然很低。

海地小学教师数量少，整体水平和职业素质较低，也影响了初等教育的发展。大部分老师连中学水平都没达到。此外，由于教师的工资水平非常低，也迫使许多教师放弃这一职业，转而从事其他职业。

三　中等教育

海地中等教育一般为7年，其中初中3年，高中4年。1991年，海地全国只有38所中学（包括中级初等教育学校），1997年增加到1170所。其中私立中学1026所，占88%；公立中学144所，只占12%。在公立中学中，位于城市地区的112所，农村地区的只有32所。而且这些中学没有一所是完全中学，也就是说没有一所学校能够教授所有的中学课程。只有16%的中学生能够完成3年学业，其中公立学校为19%，私立学校为15%。由于政府用于中等教育资金非常有限，而私人投资者向教育领域投资并没有做好充分的准备工作，导致海地中学的收费增长很快，学费也很高。

根据1997年的统计显示，公立中学就读的学生有8.1121万

名，其中 3.2391 万名为女生，4.873 万名为男生。私立中学学生的数量是这个数字的 3 倍，为 24.6857 万名，其中女生 12.4237 万名，男生 12.262 万名。

海地中学教师的师资力量也无法满足教学的需要。1995 年，海地共有 2747 名中学教师，其中只有 366 名拥有高等师范学院的毕业文凭，500 名有大学毕业文凭，1315 名只是高中毕业生。高中毕业生占到这支教师队伍的 48%。值得一提的是许多大学生就曾在这样的中学就读，而且根本没有达到应有的教育水平。此外，由于高中毕业考试内容陈旧，考试过程中作弊现象严重，致使毕业考试根本无法反映学生的真实水平，高中毕业文凭的"含金量"也大打折扣。

在海地，除了一般意义上的中学之外，还有一些职业和商业学校，主要集中在太子港。

四　高等教育

海地高等教育机构包括自治的海地国立大学、公立高等学院和政府批准的私立高等学院。

海地大学（University of Haiti）是海地最重要的高等教育机构，其前身可以追溯到创建于 19 世纪 20 年代的几所医学院和法学院。1942 年，这几所学院合并而成了海地大学。这所大学原本是独立机构，1960 年发生了学生罢课运动后，该校被杜瓦利埃政府置于严格的管控之下，并被更名为国立大学（State University）。1986 年小杜瓦利埃下台之后，该校又恢复了原来的名字。进入该校学习需要有高中毕业证书，一些系还要求通过单独的入学考试。

海地的私立高等院校有 80% 都是在 1984 年后创立的。1984 年，在这些私立高等院校就读的大学生只占所有大学生的 14%。到 1995 年，在私立高等院校注册的学生就已占到了学生总数的

第六章 教育、文艺、卫生

一半左右。海地主要私立高等院校有位于太子港的大学教育国际学院（the Institut International d'Etudes Universitaires）、商业经济高等教育学院（the Institut des Hautes Etudes Economiques et Commerciales）、海地高等技术学院（the Institut Supérieur Technique d'Haïti、海地电子技术学院（The Institut de Technique Electronique d'Haïti），以及位于海地角市的圣克里斯托夫国王学院（the Institut Universitaire Roi Christophe）。此外，还有一些神学院和法学院分布于海地角、戈纳伊夫、莱凯、热雷米和利贝泰堡等市。

1994~1995学年，共有1.8万至2万名学生就读于各高等教育院校，其中就读于公立大学的有1万名学生。这些学生大部分就读于海地大学的11个学院；其余的就读于国家高等技术学校、国家艺术学校和国家护士学校等院校。海地大学的学生人数在10年间增长了56%，但它的教育能力并没有大的提高。其中法律和经济学学院、人种学学院、人类学学院和应用语言学院等招收的学生占该校所有学生的76%，而学习科学、医学和人种学的学生仅占学生总数的18%。

海地大部分大学的师资力量比较差，不仅缺乏有力的管理，连大部分授课的教授也是兼职的。他们的薪金按小时计算，与学生也缺乏交流。此外，学校的硬件设施也比较差，不论是公立还是私立学校，都没有固定的校园，也没有真正的图书馆和实验室。

五 技术教育和职业教育

在海地，每千名劳动者中，只有6人接受过职业培训。虽然有很多私立职业培训中心，但这些培训中心设施很差，并缺乏合格的教师，接受过培训的人往往没能掌握所需的技术和职业素质，无法真正满足社会和企业的需求。此外，现在企业越来越多地通过中介公司雇用技术合格的外籍工人,给海地的技术和职业教育提出了更严峻的问题。

六 扫盲与非正规教育

海地的文盲率在美洲是最高的,也是世界上文盲率最高的国家之一,长期徘徊在60%左右。海地政府实施的非正规教育项目主要是扫盲。海地设有国家扫盲办负责相关工作,许多私立机构也从事这方面的工作。

除扫盲之外,其他非正规教育项目主要由农业部、卫生部以及一些非政府组织开展。但是,这些项目的运行是彼此独立的,在对教育的实施过程和评估等方面也没有统一的标准。这些非正规教育项目主要有三种:一是在农村地区放映动画片,题材主要是与发展有关。二是通过电台等媒介对民众进行远程教育,这种方式在海地的试验已取得不同程度的成功。海地法律规定每家广播电台每天都要拿出1个小时用于播放教育节目,但并没有真正得到执行。三是举行以教育为目的的大型集会,进行关于人权、艾滋病等内容的国民教育。电视、广播、宣传单和横幅标语等,都是海地很常用的非正规教育媒介。

第二节 文学艺术

一 文学

海地文学的发展经历了4个阶段。

第一阶段从1804年海地独立到1820年前后,作品主要以历史题材和人物传记为主,内容集中在揭露殖民主义者和种族主义的罪恶,具有强烈的爱国主义和革命先驱精神。

第六章 教育、文艺、卫生

第二阶段始自19世纪20年代，成熟于60年代，结束于19世纪末。作品主要为诗歌和小说。虽然这两个阶段的作品大多描写海地人民的生活，但它们在形式上与法国同时期的作品并没有太大区别，主要原因是当时许多海地的文学家都是在法国接受教育的，其作品也在法国出版，并受到法兰西学院（l'Aeademie Francaise）的承认和肯定。另一个原因就是，由于当时西方的殖民主义和种族主义者对新生的海地充满敌意，污蔑海地是由一群蒙昧人建立的国家，一些海地人为了证明黑人的智商并不比白人低，开始"盲目模仿法国模式"，从生活方式乃至思维方式上都向西方靠拢。诗人奥斯托尔德·杜兰德（Oswald Durand）是个例外。他所创作的抒情诗，不论是用法语还是用克里奥尔语写成的，都具有一种海地所特有的神秘气质。

第三阶段从19世纪末延续至20世纪的头10年，被认为是海地文学史上最繁荣的时期之一。由于海地独立100周年的1904年就处于这一阶段之内，因此这一时期的文人又被称为"百年一代"（Centennial Generation），其中以佩蒂翁（Lycée Pétion）和他的学生为代表。佩蒂翁的老师是法国人，但他本人却是土生土长的本土作家，并未像许多海地知识分子一样留学法国。为了表明自己并不比那些求学法国的人差，同时也为了显示本土文学的独特魅力，佩蒂翁和他的学生们创作非常勤奋，表现得也很活跃。1894年，他们以杂志《海地青年》（La Jeune Haïti）为核心结成社团。该杂志的创办人为朱斯坦·莱里讼（Justin Lhérlsson）也是一个著名作家，其作品以描述海地人的家庭生活见长。

马西永·夸库（Massillon Coicou）是这一时期最著名的诗人和剧作家，也是最先将克里奥尔语用于海地文学创作的作家之一。1898年，他与"好胜者"俱乐部（Les Emulateurs）的其他成员一起创办了文学刊物《龙达》（La Ronda）。该刊物的第二

海地

任编辑丹特斯·贝勒加德（Dantes Bellegarde）(1877~1966) 也是一个著名的作家，同时也是一个亲法的传统主义者，著有24本著作。他称自己既是外交官和教育家，又是哲学家和社会历史学家，是海地众多亲法的传统主义者中生活年代距我们最近的一位。

第四阶段始自20世纪三四十年代，海地当代文学也始于这一时期。让·普赖斯·马尔斯（Jean Price-Mars）是这一时期的代表人物之一。他既是"百年一代"中一位著名的文人兼学者，也是引领海地文学进入第四阶段的先驱之一。他在20世纪初就同民族学者多桑维尔（J.-C. Dorsainvil）一起致力于研究海地的民间传说，并对其所蕴涵的文学价值赞叹不已。但是，这一研究在当时并未受到重视。1915年美国武装占领海地之后，对外国占领者的愤恨也广泛反映在各种文学作品中，包括小说、诗歌、戏剧、散文以及学术著作。通过文学来彰显海地文化特性的愿望变得非常强烈，旨在宣扬对黑人文化和非洲传统的自豪感、发扬海地文化特性的运动开始发展，民族主义和社会意识开始在海地文学界兴起，并进而成为海地当代文学的特点。这种对黑人文化传统的认同和自豪感，反映在40年代以来海地社会生活的各个层面。人们认为，之所以会产生这种现象，是因为一些受到两种文化影响并因此而感到困惑的中、上阶层的人（特别是那些曾在巴黎求学的知识分子），想要明确自己的身份。海地的广大民众当然不需要这些，他们非常确切地知道自己属于哪一种文化。

让·普赖斯－马尔斯、雅克·罗曼（Jacques Romain）和菲利普·索比－马塞兰（Philippe Thoby-Marcelin）是这一时期最著名的作家。让·普赖斯－马尔斯的作品充满了对海地文化源于非洲的自豪感。雅克·罗曼创作的《露水的主人》（*Gouverneurs de la Rosee*）被认为是海地最具代表性的文学作品。他用克里奥尔

第六章 教育、文艺、卫生

语化的法语和现实主义的手法，对一个农民公社的生活进行了细致的描述。雅克·罗曼于 1944 年去世，该书在他去世 4 个月后出版，现已被翻译成近 20 种文字。菲利浦·索比－马塞兰和他的哥哥皮埃尔·马塞兰（Pierre Marcelin）共同完成了描写海地农民生活的三部曲《神的铅笔》（Le Crayon de Dieu）、《绿睡椅》（Canapé-Vert）和《海地山中的野兽》（La Bete de Musseau），受到了国内外的广泛赞誉。

这一时期的著名文学家还有很多。利昂·拉洛（Leon Laleau）的著作《震惊》（Le Choc）真切地表达出因国家被占领而产生的苦闷、愤怒的情绪，以及长期以来社会地位都十分优越的混血种人，突然发现许多白人对他们也存有歧视而感受到的震惊。弗兰克·富歇（Frank Fouché）和费利克斯·莫里索－勒鲁瓦（F. Morisseau-Leroy）是将戏剧艺术本土化的代表人物，他们将包括索福克莱斯的《俄狄浦斯王》和《安提戈涅》在内的很多戏剧作品都翻译成了克里奥尔文。卡尔·布鲁阿尔（Carl Brouard）、马格卢瓦尔·圣奥德（Magloire St. Aude）和埃米尔·鲁梅（Emile Roumer）是这一时期的著名诗人，他们的诗虽然是用法文写作的，但都以富于克里奥尔式的表达方式和情感而著称。海地另一位著名诗人兼记者路易斯·迪亚夸（Louis Diaquoi）还于 1935 年成立了一个社团，其成员的创作灵感都来自于伏都教。杜瓦利埃也曾是这个社团的成员，对伏都教非常了解，这对他执政后利用伏都教巩固政权起到了很大作用。

20 世纪 40 年代以后，海地的文学家受到超现实主义的很大影响。著名的文学家有诗人勒内·德佩斯特（René Depestre）和作家雅克·斯蒂芬·亚历克西（Jacques Stéphen Alexis）。勒内·德佩斯特的作品主要有《黑矿石》（Minerai Noir）和《跨越宽阔的海洋》（Traduit du Grand Large），是他在流放期间完成的，表达了痛恨白人社会、向往非洲，以及坚信人与人之间存在

海地

手足般的亲情。亚历克西的作品主要有《太阳将军教父》（*Compere General Soleil*）。

由于杜瓦利埃将自己列为黑人民族主义文学运动的一员，他上台伊始并没有对其过多干预。他还首次将民族文学引入学校教育。但是，到了20世纪60年代中期，由于政府所采取的政治压迫非常严酷，对知识分子也实施了压迫和迫害，使大部分知识分子都三缄其口，或被流放到国外。亚历克西被暗杀，德佩斯特也流亡国外。海地文学的发展陷于停顿。杜瓦利埃家族统治期间，国内鲜有文学作品问世，文学作品多出自流亡国外的海地人之手。这些作品大多表现出反杜瓦利埃的观点和描写流亡生活。他们中最知名的作家为达尼·拉费里埃（Dany Laferrière）和埃德维热·丹蒂卡（Edwidge Danticat）。

与此同时，海地国内用克里奥尔文写作的风气开始渐渐流行，代表人物是弗朗克·艾蒂安（Frank Etienne），他创作的《德泽菲》（*Dézafi*）是海地最早的一部全部由克里奥尔文写作的小说。

二 绘画与雕塑

虽然加勒比国家大都有非常丰富的传统艺术，但海地的艺术可说是这些国家中最丰富和最具特色的。海地众多的艺术家中，大部分是画家，还有金属雕刻家和伏都旗制作家。海地艺术品总是具有一种"质朴"和"原始"的特质，主要是因为其制作样式比较单一，并且不受传统技法的束缚。海地艺术家之所以能创造出具有这种特质的作品，与他们同伏都教有着紧密的联系是分不开的。当海地艺术被外界"发现"之前，这些艺术家们主要从事与伏都教有关的创作，如给庙宇的墙壁绘制壁画，或者制作供伏都教庆典活动使用的精美的、饰有金属亮片的旗子。

海地绘画艺术的巨大魅力是在20世纪四五十年代被外界发

第六章 教育、文艺、卫生

现并认可的。一位名叫德威特·彼得斯（De Witt Peters）的美国艺术家最早发现了海地传统绘画的艺术魅力。在他之前，海地没有艺术学校或博物馆，也没有商业画廊。海地画家进行的都是个体创作，根本没有被外界所认知，更没有人提供资助和相关的指导。1943年，彼得斯前往海地，在太子港一所公立学校内任英语教师。由于日常生活中找不到同他探讨艺术问题的人，令他倍感无聊。于是，他租了一间房子，邀请海地的艺术家前来进行艺术创作，并展出他们的作品。渐渐地，一些从未受过任何专业训练的海地画家开始出入这里，同时用自己的画作向彼得斯换取美元和一些绘画用的材料。1944年，由彼得斯创建的海地艺术中心（Centre d'Art）在太子港落成。

埃克托尔·伊波利特（Hector Hyppolite）是海地最伟大的画家。一次，彼得斯路经圣马克（Saint-Marc）一家咖啡馆的门前时，被门上装饰画的奇特画风深深吸引。他找到画的作者伊波利特，并邀请他加入艺术中心，伊波利特也从此声名远扬。伊波利特是一位伏都教祭司，他的作品总是流露出神秘的气质，处处可见伏都教的影响，以及他对灵魂世界的痴迷。他的绘画才能也主要运用在与伏都教活动相关的地方。他习惯于用刷房子的刷子作画，画风粗犷而色彩鲜艳，绘画灵感主要来自各种梦境和幻觉。伊波利特于1945年死于心脏病，当时他正在画自画像。位于太子港的艺术博物馆（Musée d'Art）收藏有他的作品。

除伊波利特以外，海地最著名的画家当属威尔逊·比戈（Wilson Bigaud）。他善于在帆布上作画，画风非常细腻，最著名的画作名为《人间天堂》（Earthly Paradise）和《斗鸡》（Cock Fight）。海地其他著名画家主要有：菲罗美·欧宾（Philomé Obin），他生活在海地角市，没有前往太子港加入海地艺术中心，但他的许多作品都是在艺术中心展出的；昂盖朗·古尔盖（Engnerrand Gourgue），他的作品与比戈一样，以巴洛克式的华

海地

贵风格而著称；勒内·樊尚（René Vincent），他的作品以善于刻画人的心理而闻名；图桑·奥古斯特（Toussalnt Auguste），他的作品以具有对称美而著称；以及里戈·伯努瓦（Rigaud Bénoit）和卡斯特拉·贝齐耶（Castera Bazile）等人。

1949年，阿尔佛雷德·沃格里（Alfred Voegeli）主教委托艺术中心在太子港的"圣三一大教堂"的墙壁上创作壁画，这成为艺术中心所从事的最大规模的艺术活动。当时海地的知名画家，如威尔逊·比戈、菲罗美·欧宾、里戈·伯努瓦和卡斯特拉·贝齐耶等都参与了创作。壁画的内容来源于《圣经》，但画面上故事的背景画都是海地的风景，并且渗透出一种灵魂世界的气息。这些壁画可被看做是海地"原始"艺术最大规模的、永久性的展出。

1946年，来自北美洲的诗人和选集编纂者塞尔登·雷德曼（Selden Redman）来到艺术中心，并于1948年在纽约开设了海地艺术中心。许多海地的绘画作品正是通过纽约海地艺术中心这一渠道才开始被美国收藏家所收藏。同一时期，一些海地的绘画作品，特别是伊波利特的作品参加了联合国教科文组织举行的一次展出，引起世界性的轰动。

到1950年，海地已经出现多个"原始"艺术团体，其中一个在太子港建立了自己的画廊，即造型艺术中心（Foyer des Arts Plastiques），并在世界上享有盛名。20世纪70年代中期的圣日团（Saint-Soleil group）也非常引人注目，代表人物主要有普罗斯珀·皮埃尔·路易斯（Prosper Pierre Louis）、路易兹亚娜·圣弗勒朗（Louisianne St Fleurant）路易兹亚娜的儿子史蒂文森（Stevenson）和朗菲·马格卢瓦尔（Ramphis Magloire），以及勒沃·埃克西勒（Levoy Exil）。这些艺术家们都来自乡间，他们的画作与海地的传统画作一样，主要描绘的是伏都教的神灵。在他们的作品中，这些神灵并不是以具体的形象或者天主教圣徒的形

第六章　教育、文艺、卫生

象出现，而是以抽象的或者是自然能量的形态表现出来。这标志着在丝毫未受到外界艺术流派的影响下，表现主义也开始出现在海地的艺术作品中。

海地的雕塑艺术也是在 20 世纪四五十年代与绘画一起发展起来的。海地早期的雕塑家的作品都具有浓郁的法国风格，如路易斯·埃德蒙·拉福雷（Louis Edmond Laforesteris）创作的半身雕像和诺曼·于利斯·夏尔（Norman Ulysse Charles）创作的杜桑·卢维杜尔纪念碑。但是，由艺术中心所倡导的原始艺术运动引发了雕刻艺术的革命，使具有非洲艺术风格的传统雕塑风格得到很大发展。乔治·利亚博（Georges Liataud）便是一个著名的雕塑艺术家，也是被彼得斯发现的另一个著名艺术家。彼得斯一次开车路过太子港东北部的克鲁瓦-德布凯（Croix des Bouquets）时，发现当地墓地中许多铁十字架的风格非常独特，便找到了这些十字架的制作者——从事铁匠营生的利亚博，并把他邀请到艺术中心进行创作。此后，利亚博创作出许多富有想象力和创造力的作品，克鲁瓦-德布凯也随之成为当今海地金属作品活动的中心。利亚博的两个学生：加布里埃尔·比恩-艾梅（Gabriel Bien-Aime）和塞尔日·诺利莫（Serge Jolimeau）是当前比较著名的雕塑大师，他们都利用回收的废旧油桶和车辆进行创作。其他著名雕塑家还有：瓦伦丁（Valentin），他的雕刻作品具有浓郁的西部非洲的韵味，虽然他从未到过那里；奥迪隆·迪佩里耶（Odilon Duperier），他曾是一名木匠，并以雕刻精美的面具而闻名；雅斯曼·约瑟夫（Jasmin Joseph），他以充满想象力的赤陶雕塑而闻名。

三　建筑艺术

法国殖民时期的建筑基本上都在后来的地震、火灾、飓风、革命运动和各种起义中被毁了，残留下来的多保存在海地角一带，主要是一些堡垒和桥梁。

独立以后，太子港、海地角和雅克梅勒等城市的建筑风格，依然受到法式建筑风格的深刻影响。著名建筑有位于太子港的建于18世纪的大教堂、国民宫等，以及其他几处官邸。此外，太子港地区还保留了很多建于19世纪末的房屋和官邸，这些建筑典雅、精巧、华丽，具有新哥特式的风格、优雅的阳台和繁复的木格雕刻。海地角附近还有著名的莫愁宫（palace Sans Souci）和拉费里埃城堡。拉费里埃城堡建于山顶，是海地建筑史上里程碑式的建筑。它于1804年开始建造，在一位名叫亨利·贝斯（Henri Besse）的海地工程师的指挥下，动用了2万至2.5万名奴隶才得以建成。

20世纪中期以来，海地建筑开始由充满雕砌的、华贵的法式建筑风格，向样式简洁、实用的现代国际建筑风格过渡。罗贝尔·罗桑（Robert Raussan）和阿尔伯·芒戈纳（Albert Mangones）等是推动这一转变的著名建筑师。此外，由于黑人中产阶层的不断发展，其在国家政权中的力量也越来越大，连带着也影响了太子港的建筑风格。现在太子港的建筑已经不再沿袭原先那种式样单调或典雅凝重的风格了，而是越来越多地使用亮丽的颜色取代以前使用的白色。

海地农村地区的房屋建造则反映出他们祖辈曾经是奴隶的历史印迹。当年从非洲来的奴隶们按照他们在非洲时的住房建造房屋。这种茅草屋顶的棚房至今仍可在农村地区见到，只不过很多房屋的门、窗，以及其他内部的木结构部分都被涂上了鲜艳的颜色。

四　电　影

1972年，海地共有约30家电影院，共有坐位约17000个。其中8家电影院是宽银幕。1972年观众数目约有100万人。法国电影占主导地位，但也有相当一部分是美国电影，其他国家的电影则用法语配音后播放。

海地电影多为纪录片，故事片很少。影片内容多反映海地追求民主的奋斗史，以及其丰富多彩、充满活力的文化。主要有：《痛苦的甘蔗》，反映了当时海地半封建制的经济体制。《猪的故事》，描述了伏都教、猪以及政治之间的内在联系。《抵抗者》（Rezistans）描述了海地民主运动的历史。《被抛弃的人》，描述了美国移民政策改变之后海地及其他国家的移民在美国的生活。其他纪录片还有：由若纳唐·德姆（Jonathan Demme）在1988年导演的《民主之梦》，反映了杜瓦利埃家族的统治被推翻后人民对民主的希望和向往。玛亚·德朗（Maya Deren）在1951年导演拍摄的《神圣的牧马人：海地活着的神》，是一部关于海地伏都教的纪录片。由凯瑟琳娜·卡纳（Katharine Keane）和鲁迪·斯特恩（Rudi Stern）导演的《海地：破碎的梦》，是一部关于1991年军事政变始末的片子。

海地的故事片主要有：《喜剧演员》拍摄于1967年，正处于杜瓦利埃独裁统治期间。该片根据格拉纳姆·格林（Graham Greene）的同名小说改编，描述了一对恋人在那个动荡的年代里彼此寻求温暖的故事。《蛇与彩虹》拍摄于1988年，是一部惊险故事片，涉及了传统的蛇神形象，讲述的是一位化学家前往海地寻找一种传说中的草药，这种草药可以使服用的人全身麻痹，只有意识是清醒的。由于当时海地民众正发动革命试图推翻杜瓦利埃的独裁统治，这位化学家的探险旅程将他置身于当时混乱的社会形势之下，从而引出了一系列惊险的情节。

第三节　医药卫生

海地的健康指标非常低，营养不良、卫生条件恶劣、医疗机构不足等现象非常严重。根据世界银行公布的健

海地

康指标，2005年，海地人口预期寿命为53岁，而拉美和加勒比地区的平均水平为72岁；活产婴儿死亡率高达84‰，是拉美和加勒比地区平均水平的3倍。联合国世界食品项目2004年提供的数字显示，4/5的海地人生活在贫困线以下；一半人口无法在日常饮食中摄入必需的营养，处于"食品非安全"状况之下；5岁以下儿童中有一半因为营养不良而影响发育，身材瘦小。海地75%的医生和67%的护士都集中在太子港所在的西部省，首都以外地区的公共医疗中心很少能见到医生。20世纪90年代中期以来，数百名古巴医疗人员开始深入海地各处行医，但农村地区的健康指标仍然很低。

海地可以获得安全饮用水的人口只占总人口的54%，而在其他被世界银行列为"低收入"的国家中，这一指标的平均值为75%。海地人口的疫苗注射率在过去10年中有所增长，但也只有大约一半的人口能够注射预防白喉、破伤风、百日咳和小儿麻痹症的疫苗。20世纪70~80年代，随着海地旅游业的发展，性服务行业也发展很快。由于海地的医疗服务非常落后，致使海地成为非洲以外艾滋病发病率最高的地方。根据世界卫生组织的统计，2003年海地成人艾滋病感染率为5.6%。但其他相关机构的估计值要高得多，其中城市人口感染率高达12%，农村人口感染率为5%。联合国儿童基金会（Unicef）估计，海地感染艾滋病的人口在12万至60万之间，其中有8万为儿童。根据其计算，海地每年有5000名婴儿出生时就已经感染艾滋病，而因艾滋病造成的婴儿死亡占海地所有死亡婴儿的1/5，艾滋病还使20万名儿童成为孤儿。联合国机构、其他国际和地区性非政府组织与海地政府一起，对有关研究治愈和预防艾滋病的项目提供支持。1993年艾滋病感染率为9%，至2005年已降到约4%。有关阻止病毒从母体传染给胎儿的研究已使这种病的感染率从30%下降到9%。但是，这些研究仍然时时面临着资

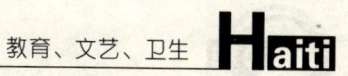

金短缺的问题。

大部分海地人仍然通过传统的医疗方式——草药来治病。尽管随着环境的恶化,一些草药已经很难找到,但草药仍然被广泛应用,尤其是在农村地区。人们在生病时有时自己找点药吃,有时会找专门的草药师(doktè fey)看病,并从那里抓取草药。许多伏都教的祭司同时也是草药师。农村地区的妇女分娩时依然求助于传统的接生婆。不过,许多接生婆在政府的组织下接受了有关现代助产方式的训练。

第四节 体育

足球在海地是一项非常普及的运动。虽然在这项运动方面的投资很少,但全国有几百家小规模的俱乐部,举办很多非官方的比赛。国家足球协会有超过 50 支球队,分为三个赛区。官方联赛开始于每年的 11 月,至次年 5 月结束,而整个夏季还有许多独立的比赛。随时随地都可能有即兴的足球比赛在街道上或运动场上举行,其中不乏球技高超的参与者。

斗鸡是海地另一项非常普及的群众性体育项目。在大多数城镇的比较僻静的街道上,都能见到斗鸡场,在农村地区就更常见了。海地人斗鸡并不像其他国家那样激烈,他们不在鸡腿上绑刺激用的铁钩,也不会让鸡一直斗到死为止。斗鸡时,附近还有食品和饮料出售,人声鼎沸,非常热闹。由于没有正式的赌注登记者,人们都是和身旁的人打赌。比赛开始之前,如果一个人看好某一只鸡,就指给他旁边的人,假如旁边的人看中的是另一只,双方便开始下注,赌注一般为 25～50 古德。如果这个人看中的鸡占有明显优势的话,基本上就不会有人跟他打赌了。

海地

第五节 新闻出版

一 报纸、期刊和书籍

海地的报纸种类繁多,但一般都是法文报纸,通常由街头摊贩出售。日报有《早报》(Le Matin)和《消息报》(Le Nouvelliste)等,周报有《海地进步报》(Haiti Progiés)、《前进海地报》(Haiti en Marche)和《解放者报》(Libète)等。其中《海地进步报》有英文版,而《解放者报》则是发行量最大的克里奥尔文报纸。在太子港的书店里可以买到国外发行的英文和法文报纸和杂志,其他城市偶尔也能买到,但往往都不是最新出版的。主要杂志有《读者》(Audience),法文杂志,内容包括时事新闻和一些与旅游有关的信息;《海地资讯》(Haiti Info),英文杂志,刊登一些新闻和分析报道。此外,总部设在伦敦的海地支援小组(Haiti Support Group)也发行有双月刊《海地简报》(Haiti Briefing),刊登时事及一些评论文章。

二 广播、电视

与许多发展中国家一样,海地主要的新闻和广告传播主要依靠电台广播。据估计,海地有超过300家广播电台。虽然1997年通过的一项法律规定国家对电视广播拥有所有权,但至少有133家没有注册的广播电台也在播出。此外,海地全国还有50家社区性质的电台。美国之音和英国广播公司也都在海地有节目转播。

电视的受众非常少,只有少数比较富裕的家庭才安装有电视天线。至2002年,海地有8家电视台,都设在太子港。此外,

第六章 教育、文艺、卫生

一些宾馆还装有有线电视,转播美国等国外电视台的节目。

海地国际广播电台每天从早上 9 点至晚上 7 点每小时用法语播出新闻。此外,其还播放海地的哈西奈斯音乐(Haitian raciness)、法语歌曲、瑞格舞曲(西印度群岛的一种舞蹈及舞曲)、古典音乐以及拉丁音乐等。首都电台(Metropole)每小时也会播出 5 分钟的新闻。蒂莫电台(Radio Timoun)是一家克里奥尔语电台,每小时播出新闻和最新公告,中间还夹杂着播出流行音乐。热带调频每半小时用法语播出新闻公告,并播出大量的说唱音乐、瑞格舞曲、摇滚乐、哈西奈斯音乐以及贡巴斯音乐(compas)等。而欢乐调频(Sweet FM)则主要播放轻音乐。

第七章

外　交

第一节　外交政策

海地一直奉行"中立"的外交政策。由于海地所处的地理位置相对孤立，具有独特的语言和文化，一直以来在外交方面表现得并不活跃。再加上其国内政局长期动荡、经济发展落后等原因，也极大地影响了对外关系的发展。

1804年独立后，海地曾经试图与美国、英国等西方国家搞好关系并得到它们的承认。海地1807年宪法第9条就写道[①]："海地政府向在海地周边地区拥有殖民地的国家郑重宣布，海地绝不会干涉他们的政权，海地人民不会夺取自己领土以外的土地，但会坚决保卫自己的国土"。但是，由于海地的独立对美国、英国和法国等仍然实行奴隶制或是有殖民地的国家构成威胁，因此在很长一段时间内，海地一直受到西方国家的敌视和制裁。在与拉美地区国家的关系上，海地早期的领导人如佩蒂翁等，曾对其他拉美国家的革命运动提供过一些支持，但由于海地国家小、国力弱、内部政局不稳等因素，这种支持并不大，而且

---

① Patrick Bellegarde-Smith: *Haiti*: *The Breached Citadel*, Westview Press, Inc., 1990, p. 51.

第七章 外 交

海地与这些国家也没有建立密切的联系。

到20世纪初,美、德等国意识到海地所处地理位置的重要性,对海地展开了争夺战,最终以美国武装入侵海地并对海地实施长达20年的占领而告终。20世纪50年代末至80年代中期,海地处于杜瓦利埃家族的独裁统治之下,并受到国际社会的谴责和孤立。因此,直到20世纪90年代,海地仍然未能很好地融入国际社会。

1994年10月海地恢复民选政府以后,对外关系开始有所发展。1996~2001年普雷瓦尔任总统期间,海地制定和调整了外交政策,明确外交工作的宗旨是为捍卫国家主权和经济发展服务,海地将逐步恢复、发展与各国的关系,并通过多边和双边渠道大力争取国际社会的援助,以维持其社会稳定和恢复国民经济。2000年5月和11月,海地分别举行议会和总统选举,由于反对党派认为选举存在舞弊,拒不承认选举结果,引发了政治危机。美、欧等西方国家和组织也对选举表示质疑,对海地施加了强大压力,并冻结了向海地提供的援助。在此情况下,海地提出外交政策应服务于国家发展,以开放精神和实用原则来处理对外关系;在批评西方国家干涉其内政的同时,积极拓展外交生存空间,加强了同加勒比和中美洲国家的关系。海地总统和外长先后出访古巴、墨西哥、洪都拉斯等国,谋求扩大地区性合作。海地同时还积极发展与非洲国家的关系。

2004年2月,海地发生武装叛乱,时任总统阿里斯蒂德流亡南非,过渡政府上台执政。虽然过渡政府得到了国际社会特别是美国的支持,但地区组织加勒比共同体却认为推翻民选政府的行为是违法的,不承认过渡政府的合法地位,因而中止了海地的成员国资格。2006年2月,海地举行新总统选举,普雷瓦尔第二次当选总统。新政府上台以后,积极采取措施加强与国际社会的关系,争取国际援助,以恢复并发展海地的经济。除了继续加

海地

强与美国和联合国、欧盟等国家和国际组织的关系外,也进一步促进与邻近国家和地区组织间的关系。普雷瓦尔频繁出访多米尼加、古巴和玻利维亚等中美洲和加勒比国家,加勒比共同体也于6月恢复了海地的成员国资格。

海地于1945年加入联合国,也是世界银行、国际货币基金组织、世界贸易组织、国际咖啡组织,以及加勒比共同体等国际和地区组织的成员。目前,海地共与40个国家(不包括中国台湾省)建立了外交关系,有30个国际和地区组织在海地设有常驻机构。

第二节　同美国的关系

美国是海地主要的进出口贸易对象,也是海地主要的经济援助国和移民目的地国家。海地一直非常重视与美国的关系。

美国于1776年宣布独立,成为美洲第一个独立的国家。美国独立后,北方实行的是资本主义制度,南方各州仍然实行奴隶制度。1804年海地独立以后,美国南方的种植园主强烈反对承认海地,并与主张承认海地的废奴主义者展开了激烈的争执。在南方种植园主的压力下,美国一直没有承认海地,并分别在1806、1807和1809年对海地实行了贸易禁运。这种情况一直到亚伯拉罕·林肯当选总统后才得到改变。林肯政府一直主张废除奴隶制,并于1862年承认了海地[1]。

美国在海地的外交利益本来不大。但是,海地距巴拿马运河和中美洲很近,还控制着向风海峡,所处的地理位置具有重要的

---

[1] Patrick Bellegarde-Smith: *Haiti: The Breached Citadel*, Westview Press, Inc., 1990, p. 183.

第七章 外 交

战略意义，其对美国的外交重要性也因此而提升。19 世纪时，美国曾考虑在海地建一个海军基地，但遭到海地的拒绝。1915 年，美国趁海地国内局势动荡之机，以保护在海地的外国人利益为由，武装占领了海地。海地人民不甘心屈从于美国的占领，展开了各种形式的反抗运动，武装斗争此起彼伏。在海地人民长期坚持不懈的斗争下，美国最终于 1934 年撤离了海地。1957 年，杜瓦利埃当选总统，海地进入杜瓦利埃家族独裁统治时期。虽然美国不满于杜瓦利埃的独裁统治，但 1959 年古巴革命胜利后，美国一直将距古巴非常近的海地视为一个反共堡垒，所以并未对杜瓦利埃施加过多的压力。杜瓦利埃也正是利用了美国对卡斯特罗领导下的古巴的仇恨，以及惧怕共产主义在加勒比地区蔓延的心理，得到了美国对其独裁行为的默认，后又在美国的默许下将权力移交给他的儿子小杜瓦利埃，使杜瓦利埃家族对海地实施了长达近 30 年的统治。

小杜瓦利埃上台后，美国增加了对海地的援助。到 20 世纪 80 年代，反对小杜瓦利埃的政治运动越来越高涨，美国不得不放弃对小杜瓦利埃的支持，小杜瓦利埃于 1986 年下台，流亡法国。之后，海地原定于 1987 年举行的新总统选举又受到杜瓦利埃家族支持者的破坏，并引发流血事件。当时的美国总统罗纳德·里根因此中止了对海地的所有援助。

1990 年底，阿里斯蒂德当选为海地历史上第一个真正意义上的民选总统。美国随后便向海地提供了 6000 万美元的经济援助。阿里斯蒂德上台后大幅度削减了军队的力量，引起军队的不满，海地武装部队总司令拉乌尔·塞德拉斯 1991 年 9 月发动军事政变，阿里斯蒂德流亡美国。海地政变后，美国发表声明，宣布不承认海地军人政权，要求立即恢复阿里斯蒂德的总统职权；谴责政变军人破坏海地的民主进程，并敦促联合国对海地实行经济制裁。美国还对海地实施武器禁运，以防止军政府从美国购买

海地

武器。在美国和国际社会多次斡旋未果的情况下，美国于1994年9月派出20多艘军舰驶往海地，威胁军政府交出政权，否则美国将会动武。在美国的强大压力下，海地军政府被迫交出政权，美国与其他国家组成多国部队进驻海地维持秩序。10月，阿里斯蒂德在美国国务卿和驻海地大使的陪同下回国继续执政，美国随后宣布解除对海地的所有制裁，并在此后每年向海地提供大量经济援助。联合国随后向海地派驻了6000人的维和部队，其中美军占1/3强。

普雷瓦尔1996~2001年第一次任总统期间，十分重视同美国的关系。他曾多次访美，谋求美国对海地经济改革政策的支持并向海地提供经济援助。1997年，海地政府与议会在改革问题上产生矛盾，引起政局不稳，美国国务卿奥尔布赖特于1998年4月访问海地，要求海地政府与议会中止政治斗争，以便赢得外部的经济援助。1999年下半年始，海地又因议会选举引发政治危机，美国一方面频频派出议员访问海地，一方面以经济制裁相威胁，迫使海地公正合法地进行民主选举。2000年3月和6月，克林顿总统拉美加勒比事务特别顾问瓦伦瑞拉两度访问海地，转达美国政府对海地议会选举的关注。

2000年底，海地举行总统选举。在反对派联合抵制选举的情况下，阿里斯蒂德第二次当选。反对派认为选举存在舞弊行为，拒不承认选举结果。美国也对此表示关注，并暂时中止了除人道援助外的所有经济援助。但据美方称，美每年7000万美元的人道援助仍将通过非政府组织进行。12月，海地外长安托尼奥和财长古斯塔夫访美，企求美国和国际金融机构的经济援助。布什政府明确表示，海地国内局势不稳及暴力增多，将使美国在对海地援助问题上采取更加强硬的立场。海地政府指责这一行动是对海地实行经济恐怖主义。

2004年2月，海地发生武装叛乱。美国在斡旋未果的情况

第七章 外 交

下，放弃了对阿里斯蒂德的支持，并在阿离职离开海地后，迅速与法国等国组成多国部队进驻海地，以稳定海地局势。过渡政府上台后，美国给予很大支持。4月，美国国务卿鲍威尔和美参议员代表团分别访问海地。6月，海地临时总理拉托特访问美国。从2004年到现在，美国已向海地提供了约5亿美元的援助，是海地最大的援助国。2006年2月普雷瓦尔第二次当选海地总统后，美国对他表示祝贺。10月，美国部分解除了对海地实施10年之久的武器禁运，以改善海地警察的武器装备，允许警察购买轻武器、安全防护装置以及其他装备，以对抗装备良好的武装分子。该措施显示了美国对新政府重整社会秩序及打击武装团伙的支持。

从海地和美国的关系发展史可以看出，两国在历史上关系非常密切。美国对海地政局的稳定与否有着决定性的影响力；同时，美国又是海地最大的对外贸易国和最大的援助国，对海地经济也有着重大影响力。历史上美国曾经三次出兵海地：除了1915～1934年对海地实施长达20年的武装占领外，美国还分别于1994年军事政变后和2004年武装叛乱后作为多国部队的主要成员派兵进驻海地，维持社会治安。美国如此注重海地的稳定，从一个侧面表明海地也在一定程度上影响着美国。海地每年有大量船民试图偷渡到美国，在政局动荡的年代里尤其如此。1991年军事政变后，约有20万～50万人逃离海地；2004年武装叛乱发生后，也有数万人逃离海地，这些人中绝大部分的目的地就是偷渡到美国。此外，海地还是南美毒品运往美国过程中重要的中转地之一。据估计，每年运抵美国的毒品中约有20%是经由海地转运的。这与海地地理位置处于美国和中美洲之间有关，也与海地国内政局长年动荡、国家无法有效打击毒品走私有着直接关系。正因为如此，美国对海地的稳定十分关注，一旦海地国内出现政治危机或是军事叛乱，美国总是迅速作出反应，甚至出兵协助海地政府稳定局势。

海地

第三节 同多米尼加的关系

多米尼加与海地分别位于伊斯帕尼奥拉岛的东部和西部，是海地唯一的陆上邻国。两国虽然历史渊源颇深，但关系却并不融洽。主要原因有两个：一个是历史原因，一个是在多米尼加的海地移民问题。

1804年海地独立之时，国土面积包括整个伊斯帕尼奥拉岛。从1805年起，岛的东部（即现在的多米尼加）再度被法国殖民者所占领。戴沙林曾于1805年出兵，试图收复东部，但以失败告终。从1809年起，东部又被西班牙殖民者所控制。1821年，东部发生反抗西班牙统治的起义，起义军于11月30日宣布脱离西班牙而独立。当时的海地总统布瓦耶随后派出2万军队，于1822年1月到达东部，重新统一了伊斯帕尼奥拉岛。1822~1844年，海地政治腐败，赋税负担过重，经济状况恶化，东部人民对海地统治者的仇恨也越来越强烈。1843年，海地国内发生暴乱，布瓦耶政府被推翻。1844年2月，东部趁布瓦耶下台后政局混乱之机发动起义，并宣布独立，建立多米尼加。在此之后，海地独裁者苏鲁格曾分别于1849和1854年入侵多米尼加，但都被击败。因此，在历史上多次被海地入侵的背景下，多米尼加人一直对海地持敌视态度，两国间的关系也一直非常冷淡。许多流亡的海地政客也多以多米尼加为落脚点，并伺机回国试图夺取政权。

除历史原因之外，在多米尼加的海地移民问题也是引发两国关系紧张的一个主要因素。目前在多米尼加的海地移民人数已达到约100万。海地人为了维持生计，每年大量越界前往多米尼加一方的种植园收割甘蔗，或长期居住在多米尼加打工挣钱赡养家庭，这种情况已经持续了几十年。他们大多是非法移民，没有身份证件，收入得不到保障，生活条件也十分恶劣。由于在多米尼加的海地人越来越多，多米尼加政府和民众的不满也越来越强烈。1937年，多米尼加独裁者特鲁希略（Rafael Leonidas Trujillo Molina）曾公开宣称"在多米尼加的土地上所能找到的海地人，一个不留都杀死"。① 随后，特鲁希略于1937年10月2日下令，对在多米尼加境内种植园做工的海地人进行屠杀和驱逐。被杀的海地人确切数字不详，但至少有1.2万人，甚至可能达到2.5万人，其中包括妇女和儿童。事后，国际社会强烈谴责了这次大屠杀，特鲁希略被迫向海地政府支付了75万美元作为赔偿，两国的关系更加紧张。

20世纪90年代以来，两国关系有些改善，多米尼加总统费尔南德斯还于1998年访问海地，成为62年来第一位对海地进行官方访问的多米尼加总统。但是，这些进步却不时因移民问题而被抹杀。1997年初，约1.5万名海地移民被多米尼加驱逐出境；2003年上半年，3.3万名左右的海地移民被多米尼加驱逐出境，使两国关系陷入紧张状态。

2004年2月，海地发生武装叛乱后，国内局势一片混乱，不仅有大量海地人涌入多米尼加，海地武装团伙也时常在边界地区出没，引发两国边界上的紧张局势。多米尼加人对海地移民的敌视也更加强烈。仅2005年一年，多米尼加人与海地移民发生的大规模冲突就有5次，造成多名海地人死亡或受伤；数千名海地移民被多米尼加驱逐出境；多米尼加最高法院还于12月宣布，不给予在多米尼加出生的海地非法移民的子女以该国国籍。

2006年2月，普雷瓦尔当选海地总统。他对改善与多米尼加的关系非常重视，于3月2日访问了多米尼加，这是他被宣布

---

① 李春辉等著《拉丁美洲史稿》上卷，商务印书馆，2001，第566页。

海地

当选以后出访的第一个国家。无论如何，海地移民和边界问题仍将是影响两国关系改善的主要因素。

第四节　同中国的关系

海地与中国没有外交关系。

1991年海地发生军事政变以来，中国在联合国一直支持和平解决海地问题，支持阿里斯蒂德总统回国执政。1993年10月，阿里斯蒂德曾在联大发言，支持台湾"重返联合国"，后在中国严正交涉下，阿里斯蒂德承诺今后用联合国有关决议和口径来指导两国之间的关系。1994年10月阿里斯蒂德返回海地重新执政后，中国继续支持联合国在海地的维和行动。迄今为止，海地没有再次在联合国支持"台湾重返"提案，但曾于2002年5月在世界卫生大会上发言，支持台湾以"观察员身份"加入该组织。

1996年2月，普雷瓦尔接任海地总统。他在当月致函江泽民主席，感谢中国始终不渝地支持海地恢复宪政秩序的进程，并希望加强两国之间的对话。7月，中国常驻联合国代表秦华孙应海地政府邀请访问海地，会见了海地总统、总理、外长、议长等，并转交了江主席致普雷瓦尔总统的复函。9月，两国在中国常驻联合国代表团驻地举行了《中国与海地互设商务代表处协议》的签字仪式[①]，钱其琛副总理兼外长与海地外长朗尚出席仪式并举行了会谈。1997年1月，中国海地贸易发展办事处在太子港设立。1998年2月，海地中国贸易发展办事处在北京开设。11月25日，联合国安理会通过第1212号决议，决定将联合国

[①] http：//cnipr.yhdiglib.com.cn：918/print? record = 52&ChannelID = 799&back = -3&randno = 23&type = Print&presearchword = &presortfield = &preextension =

海地民警特派团任期延长一年，中国投弃权票。1999年6月，海地前总统顾问迪普伊访华。11月30日，联合国安理会通过决议，将联合国海地民警特派团的任期延长三个月，中国投了赞成票。2000年7月，海地国家电视台代表团访华。

2001年2月，阿里斯蒂德再次赢得选举就任海地总统。5月，海地众议院外委会主席孔顿率代表团访华。10月1日，海地外交部长安托尼奥致函唐家璇外长，祝贺新中国成立52周年。中国驻海地商务代表处举行国庆招待会，阿里斯蒂德总统送花篮表示祝贺。海地政府总理、外长、公共工程部长、环境部长等官员出席了招待会。11月，中国外交学会会长梅兆荣访问海地，分别会见了海地总理和外长。12月28日，阿里斯蒂德总统夫妇分别向江泽民主席和胡锦涛副主席发新年贺卡。2002年4月，海地外长办公室主任杜朗和国际司长路易访华。

2004年2月海地发生武装叛乱后，中国派出125人的维和警察防暴队参加联合国在海地的维和行动。中国防暴队作风优良，技术精湛，得到了维和部队全体官兵的赞誉，并多次获得联合国授予的"和平勋章"。

海地与台湾于1956年"建交"。台湾向海地提供了多笔贷款并搞了一些经济合作项目。台湾在海地派有农业技术团，主要从事稻米增产示范推广及训练计划、竹类栽培及加工利用计划等。1996年8月，台湾当局向海地捐赠了50辆清洁车及一批警用摩托，同海地签订农业技术合作协定，并允诺提供3000万美元的经济援助。1998年4月，普雷瓦尔总统访问台湾，台湾将上述经援金额增至6000万美元（包括免除2000万美元债务），其中32%为贷款。1999年1月，台湾当局又将上述金额增至6500万美元。2000年1月，海地总理阿列克西访问台湾。8月，普雷瓦尔总统出席多米尼加新总统就职典礼期间与陈水扁进行接触。10月，普雷瓦尔总统访问台湾。2001年6月，海地农业部长访台。2002年5月,海地在世界卫生组织大会上发言,支持台湾以"观察员身份"加入该组织。7月,海地总统阿里斯蒂德和外长安托尼奥分别访问台湾,台湾当即向海地提供4000万美元赠款和1500万美元贷款;双方还签署所谓"联合公报",海地承诺支持台湾"加入"国际组织。

但是,海地和台湾的关系并非铁板一块。1996年,海地众议院提出的一项新议案呼吁海地与中国建立外交关系,当时刚当选总统的普雷瓦尔还公开拒绝了台湾当局开给他个人的100万美元支票。时任台湾"副总统"的李元簇带着2000万美元的"贺礼"出现在普雷瓦尔的总统就职典礼上,才让台湾当局与海地的"邦交"关系勉强维持下来。2006年2月,普雷瓦尔再次当选海地总统。台湾原拟由"行政院长"苏贞昌参加普的就职典礼,但遭到海地方面的拒绝。用台湾媒体的话说,此事"创下台湾高层出访邦交国失败的首例"。

第五节 同拉美和加勒比国家的关系

历史上海地与拉美和加勒比国家的联系并不多,但海地早期的国家领导人曾支援过西半球其他国家的革命运动。1805年,拉美独立运动的"先驱者"、委内瑞拉革命家弗朗西斯科·德米兰达(Francisco de Miranda)到达海地,当他离开时,一支由海地人组成的志愿小分队也跟随他一起离开。1815和1816年,海地南方政权佩蒂翁总统接待了被誉为拉美"解放者"的西蒙·玻利瓦尔(Simon Bolívar)。海地南方宪法中有关终身总统的条文曾给玻利瓦尔留下了深刻的印象。玻利瓦尔离开时,也有海地人志愿队跟随。此外,海地政府还向他提供了钱、军需品、武器以及一台小型印刷机,用以印刷宣传南美革命的文章和废除奴隶制的公告。而海地对玻利瓦尔的唯一要求是,解放

第七章 外 交

属于他的 1500 名奴隶。① 虽然海地对南美革命运动提供过支援，但由于其当时受到南部仍实行奴隶制的美国以及英国等欧洲国家的抵制和制裁，在国际上处于孤立的地位，因此其一直将恢复与美国和英国的关系作为其外交活动的重中之重；再加上其国家小，国力弱，内部政局不稳等因素，海地并没有向英国、法国和丹麦在拉美的殖民地的独立运动提供更多的支援。英国和法国也曾竭力限制其附属地与海地联系，以打击海地的独立运动。此外，海地文化和语言方面的独特性，也阻碍了其与该地区其他国家发展密切的关系。直到 20 世纪 80 年代，海地与其他拉美国家的关系仍然不甚密切，缺乏建设性。

1991 年海地第一任民选政府上台后，开始重视发展同拉美和加勒比地区国家的关系。当年 9 月海地军事政变后，一些拉美国家发表声明表示谴责。1993 年 10 月，里约集团 13 国总统发表声明，支持联合国对海地军政府实行制裁。1994 年 7 月联合国安理会通过 940 号决议，授权美国以武力解决海地危机，大多数拉美国家对此表示不满或持保留态度。9 月 18 日，美军和平占领海地后，拉美国家普遍表示谨慎的欢迎，个别国家对美公开出兵干涉海地内政持批评态度。1996 年普雷瓦尔执政后，更加重视加强区域联系，并积极改善同牙买加和多米尼加等邻国的关系。1996 年 2 月，海地与古巴复交。1997 年 7 月，海地加入了加勒比共同体；② 8 月，海地同特立尼达和多巴哥建交。1999 年 4 月，普雷瓦尔总统出席第二届加勒比峰会；7 月，普雷瓦尔总统参加在特立尼达和多巴哥举行的加共体第 20 次首脑会议；10 月，普雷瓦尔总统访问古巴。2001 年 2 月，阿里斯蒂德就职后

---

① Patrick Bellegarde-Smith：*Haiti*：*The Breached Citadel*，Westview Press，Inc.，1990，p. 50.

② 2004 年海地发生武装叛乱后，加勒比共同体曾中止海地的成员国资格；海地新政府选出后，该组织于 2006 年 6 月恢复了其成员国资格。

海地

第一次正式出访,赴巴巴多斯出席加共体国家元首及政府首脑会议第12次部门间会议闭幕式;7月,阿里斯蒂德总统访问古巴。2006年5月,海地加入由委内瑞拉主导的"加勒比石油计划"。2007年3月,委内瑞拉总统乌戈·查维斯(Hugo Chavez)访问海地。在访问期间两国达成协议,委内瑞拉向海地提供1.2亿美元的援助,用于建筑工程和社会项目。此外,委内瑞拉还将与古巴一起向能源极度匮乏的海地援建5个发电厂。

海地与古巴的关系比较密切,古巴在卫生、农业和渔业方面向海地提供大量人力和技术物资援助。普雷瓦尔和阿里斯蒂德都曾多次出访古巴。2004年2月海地过渡政府成立,与古巴的关系有所冷淡。2006年2月,普雷瓦尔再次当选总统后,于4月11日出访古巴,以修复两国间的关系。访问期间,普雷瓦尔会见了古巴国务委员会主席卡斯特罗,并就古巴对海地援助问题进行了讨论。古巴同意帮助海地改善电力系统,并派更多医生前往海地。12月3日,普雷瓦尔还参加了古巴为庆祝卡斯特罗80岁生日而举行的庆祝活动。

第六节 同其他国家的关系

欧盟是向海地提供官方援助的主要渠道之一,双方签有双边贸易和援助协议。2003年7月之前,欧洲的非政府组织共向海地提供了2700万美元的直接和间接援助。2004年4月,欧盟宣布向海地提供1.1亿美元的人道主义援助。2005年,欧盟为海地选举提供1460万美元的援助。2006年,普雷瓦尔总统访问欧盟,欧盟宣布2008~2013年向海地提供的援助将上升至2.93亿美元,用于教育和基础设施建设,比在2002~2007年提供的2.11亿美元增加了800余万美元。

在欧盟成员中,法国作为海地殖民地时期的宗主国,与海地

第七章 外交

在文化和语言方面有着特殊的联系。2003年，海地发起了向法国要账的"还债"运动，提出法国归还1825年海地为争取法国承认而向其支付的9000万金法郎，海地政府认为该笔款项约合现在的216.85亿美元，两国因此而发生分歧，但后来此事无果而终。2004年5月，海地临时总理托拉特访问法国；同年5月，法国外长访问海地，并宣布向海地提供150万美元的紧急援助。2006年6月，普雷瓦尔在访问欧盟之后前往法国访问，法国总统希拉克表示将帮助海地争取更多的欧盟及其他国际组织的援助，将支持延长联合国维和部队在海地驻扎时间的提案，支持海地恢复稳定及进行政治改革。

海地与加拿大魁北克省的关系也较密切。该省是西半球为数极少的一个多种语言并用的地区之一。许多海地在加拿大的移民都居住在魁北克省，并且加拿大向海地提供的大部分政府援助项目也都来自该省。在亚洲国家中，日本是向海地提供援助最多的国家。1991年以来，日本共向海地提供了9200万美元的援助。2004年6月，日本向海地提供了30多万美元的紧急援助。在非洲国家中，海地与贝宁和南非等国保持了传统友谊。2003年10月，贝宁外长比阿欧访问海地。2004年1月1日，南非总统姆贝基参加了海地独立200周年庆典，南非政府为庆典活动提供了1000万兰特的资助。2004年2月海地发生武装叛乱后，阿里斯蒂德总统最终流亡南非。

附　录

一　国旗、国徽

国旗　海地国旗呈长方形,长与宽之比为 5:3。旗面上、下是两个平行相等的横条,上蓝下红,中央为白色长方形,其中绘有国徽图案。海地国旗的颜色经历了数次变化。海地独立后的第一面国旗是从法国三色旗派生出来的,由蓝、红两色竖向并列组成。不久之后,国旗的颜色被改成为黑色和红色。1806 年,海地国旗又被改回蓝、红两色,但成了横向排列,并一直使用了 100 多年。1964 年,海地国旗再度被改为黑、红两色。1986 年杜瓦利埃家族倒台之后,海地国旗又恢复为蓝、红两色横条旗,但在中央增添了国徽图案。海地国旗的蓝色代表独立和自由的精神,红色则代表了海地人民不屈不挠的英雄业绩。

国徽　海地国徽正中是一株象征国家主权的绿色棕榈树,树的两侧各有三面国旗和三支带刺刀的步枪。一只黄色的战鼓放在树下的绿地上,左右各有一门古老的火炮,火炮下面分别有一堆炮弹,表示海地人民严阵以待,誓死捍卫国家独立和尊严的决心。火炮两侧是出现在海平面上的三角旗和金锚,显示出海地的岛国特征。白色饰带上用法文写着"团结就是力量"。这枚国徽是由海地历史上著名的总统亚历山大·萨贝斯·佩蒂翁于1807年设计的,表现了海地人民英勇斗争、百折不挠的民族精神。

二 重要人物简介

杜桑·卢维杜尔(Toussaint Louverture,约1743~1803) 海地革命领袖。生于海地北部海地角附近的一个黑人奴隶家庭,受过一定教育,读过法国启蒙主义哲学著作和欧洲古代军事家著作。1791年8月,海地北部发生由黑人奴隶和黑白混血种人发动的反对法国殖民统治的武装起义。10月,杜桑带领1000余名奴隶加入起义队伍。1793年春,英国和西班牙结成反法联盟,相继入侵海地。5月,杜桑率领起义军与西班牙军联合,大败法军。杜桑要求西班牙在占领区内废除奴隶制度,遭到拒绝。1794年5月,法国宣布废除海地奴隶制度。杜桑遂与法军联合反击西班牙殖民军,将它逐出海地北部,并宣布废除占领区内的奴隶制度。1798年初,杜桑率军大败英军,迫使英国签订停战协定。1799年,镇压海地北部和西部地区种植园主的叛乱,次年平定南部种植园主的分裂活动。1801年1月,率军东征,直抵圣多明各城,统一整个海地岛。之后,杜桑着手整顿秩序,建立革命政权,恢复并发展经济,开展对外贸易。1801年7月1日,杜桑颁布海地第一部宪法,并被推举为终身总统。1802年,领导海地军民抗击拿破仑·波拿巴派来的法国远征军,后由于军事失利被迫接受议和。6月7日,在与法军会谈时,被法军背信弃义地逮捕,后被押送回法国。1803年4月7日病死狱中。

弗朗索瓦·杜瓦利埃(Francois Duvalier,1907~1971) 前海地总统,黑人。毕业于海地大学医学院,后当医生。1957

年10月当选总统,就任后开始实行独裁统治。1961年操纵选举从而再度当选总统。1964年6月修改宪法,被授予终身总统头衔,并禁止一切反对党派活动。1971年1月再次修改宪法,把担任总统的最低年龄从40岁降至18岁,并指定其子、年仅19岁的让－克洛德·杜瓦利埃为继承人。同年4月21日病死。

让－贝特朗·阿里斯蒂德(Jean-Bertrand Aristide,1953~)前海地总统。生于海地南部的萨尔特鲁。自幼丧父,十几岁时随同母亲和姐姐迁到首都太子港。1979年毕业于海地大学,获心理学硕士学位。经在多米尼加、希腊、以色列等国深造后,1985年获神学博士。1990年12月当选海地总统,执政8个月后被军事政变推翻,流亡美国。1994年回国复任总统。1996年2月7日任满卸职。2000年11月再次当选为海地总统。2004年2月海地发生武装叛乱,阿里斯蒂德被迫离职,流亡南非。

勒内·格拉西亚·普雷瓦尔(René Garcia Préval,1943~)现任海地总统。出生于首都太子港,曾是一家面包房的老板。在杜瓦利埃家族独裁统治时期,他流亡美国长达10年之久,直至杜瓦利埃政权1986年倒台之后才返回海地。1987~1991年任专门调查委员会主席,负责调查杜瓦利埃统治时期海地大批人员失踪问题。1991年,出任政府总理,1993年9月至1994年11月任内政部长。1995年12月当选总统,2001年2月7日任满卸职。2006年2月再次当选总统,5月14日就职。

主要参考文献

中文参考书目

李春辉等主编《拉丁美洲史稿》(第三卷),商务印书馆,1993。

李明德等主编《简明拉丁美洲百科全书》,中国社会科学出版社,2001。

高放等主编《万国博览·美洲大洋洲卷》,新华出版社,1999。

姜士林等主编《世界宪法大全》,青岛出版社,1997。

《拉鲁斯青少年百科全书——世界宗教》,姚祖培、庄根源译,浙江教育出版社,1998。

〔美〕鲍勃、简·杨:《拉丁美洲的解放者》,商务印书馆,黄士康、汤柏生译,1979。

刘文龙:《拉丁美洲文化概论》,复旦大学出版社,1996。

张家哲:《精粹世界史·拉丁美洲:从印第安文明到现代化》,中国青年出版社,1999。

郝明玮、徐世澄:《世界文明大系——拉丁美洲文明》,中国社会科学出版社,1999。

刘毅夫、赵锦元主编《世界民族大辞典》,吉林文史出版社,1994。

宗教研究中心编《世界宗教总览》，东方出版社，1993。

朱伦编译《拉丁美洲各国民族概况》，中国社会科学院民族研究所世界民族研究室，1981。

外文参考书目

Robert J. Tata; *Haiti: Land of Poverty*, Library of Congress Cataloging in Publication Data, University Press of America, Inc., 1982.

Thomas E. Weil etc: *Area Handbook for Haiti*, Foreign Area Studies of The American University, 1973.

Patrick Bellegarde-Smith: *Haiti: The Breached Citadel*, Westview Press, Inc., 1990.

Liver blanc de fanmi lavalas: *Investir dans L'humain*, Port-au-Prince, Haiti, 1999.

Scott Doggett、Joyce Connolly: *Lonely Planet: Dominican Republic and Haiti*, Lonely Planet Publications, 2002.

主要网站

外交部网站：http://www.fmprc.gov.cn

中国海地贸易发展办事处网站：http://haiti.mofcom.gov.cn/index.shtml

http://haiti-info.com/

美国国会图书馆网站：http://www.loc.gov/rr/frd/

美国乔治敦大学网站：http://www.georgetown.edu/

海地资讯网：http://www.haiti-info.com/

支持海地网：http://haitisupport.gn.apc.org/

多米尼加
（Dominican）

范 蕾 编著

列国志

第一章
国土与人民

第一节 自然地理

一 地理位置

多米尼加位于加勒比海大安的列斯群岛中的伊斯帕尼奥拉岛（又称海地岛，与古巴岛、牙买加和波多黎各同属大安的列斯群岛，总面积77914平方公里）东部，西经68°19′~72°31′、北纬17°36′~19°56′之间。东隔莫纳海峡与波多黎各相望，西邻海地，南临加勒比海，北濒大西洋。总面积为48442平方公里，其中陆地面积48092平方公里，水域面积350平方公里。[①] 东西端相距390公里，南北端相距265公里，与海地的国境线长360公里。[②]

伊斯帕尼奥拉岛是加勒比海面积仅次于多米尼加岛的第二大岛。周围环绕着离海岸线不远的大大小小的岛屿，其中归属多米尼加领土的主要岛屿有（按照面积从大到小排列）：萨奥纳（Saona）岛（117平方公里）、贝阿塔（Beata）岛（约27平方

---

① www.country.9c9c.com.cn
② www.typedominicanrepublic.com

公里)、卡塔利娜(Catalina)岛、阿尔托韦洛(Alto Velo)岛(约1.4平方公里)和洛斯弗赖莱斯(Los Frailes)群岛。

二 行政区划

多米尼加行政区划的最高单位是省,省下设市和乡。多米尼加国家统计局2002年公布,多米尼加共有1个国家区(省级单位)、31个省、125个市和99个乡。根据685—00号法令,31个省归属9个地区,分别是:国家区(国家区、圣多明各省)、瓦尔德西亚地区(蒙特普拉塔省、佩拉维亚省、圣克里斯托瓦尔省、圣何塞—德奥科阿省)、中北部地区(埃斯派亚省、普拉塔港省、圣地亚哥省)、东北部地区(玛丽亚·特立尼达·桑切斯省、杜阿尔特省、萨尔塞多省、萨马纳省)、恩里基约地区(独立省、巴奥鲁科省、巴拉奥纳省、佩德尔纳莱斯省)、东部地区(埃尔塞沃省、阿尔塔格拉西亚省、拉罗马纳省、圣佩德罗—德马科里斯省、阿托马约尔省)、埃尔巴耶地区(埃利亚斯皮尼亚省、阿苏阿省、圣胡安省)、西北部地区(达哈翁省、蒙特克里斯蒂省、圣地亚哥—罗德里格斯省、巴尔韦德省)和中部锡瓦奥地区(拉贝加省、蒙塞纽尔·鲁埃尔省、桑切斯拉米雷斯省)。

三 地形特点

多米尼加地形复杂,具有安的列斯群岛的共性:高耸的山峰、广阔的平原、长沙漫漫的沙漠和肥沃的谷地。多米尼加境内多山,均呈东南—西北走向。科迪勒拉山脉分中央、北部和东部3条,横贯全国。中部的杜阿尔特峰海拔3175米,[①] 为加勒比地区的最高峰,坐落在圣胡安省境内的何

---

① http://www.lonelyplanet.com/shop_pickandmix/previews/caribbean-islands-dominican-republic-preview.pdf

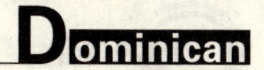

塞·德尔·卡门·拉米雷斯（José del Carmen Ramírez）国家公园之中。大致在北纬19°，西经71°。属山地气候，冬季气温低于0°C。植被以松树为主。加勒比地区最具代表性和观赏性的山地。旅游设施完备，是多米尼加的旅游胜地之一。附近坐落着两座海拔超过3000米的高峰——佩罗纳（Pelona）峰和卢西亚（Rucilla）峰。

山脉之间多盆地和谷地，土地肥沃，宜于农耕。中北部的锡瓦奥谷地土地肥沃，为全国富庶地区。

西部是大片干旱沙漠。

漫长的海岸线形成众多的海滩地带，主要有大西洋沿岸的索苏阿、纳瓜和马卡奥；加勒比海沿岸的海滩主要位于巴拉奥纳和恩里基约之间。

四 河流、湖泊和海湾

多米尼加的河流全年流量不大，每年的总流量约为2100万立方米，但地势和气候因素对流量有所影响，如降雨量充足的地区流量有所增加。主要河流有北亚克河、南亚克河、尤纳河、奥萨马河和马克里斯河。前四条主要河流的源头都是中央山脉。北亚克河发源于中央山脉的北麓，流经锡瓦奥谷地，入海口为蒙特克里斯蒂（Monte Cristi）湾。北亚克河流域达7044平方公里，是多米尼加境内流域面积最广的河流；流量96立方米每秒，是多米尼加流量最大的河流；长度296公里，是多米尼加最长的河流。尤纳河发源于中央山脉的巴尼莱赫斯（Banilejos）山系的东北部山麓，流向从西向东，入海口为桑切斯—萨马纳半岛。尤纳河全长209公里，流量充足，流域面积全国第二。尤纳河的支流卡姆河（Camú），流域面积占尤纳河流域面积的1/3。卡姆河流经多米尼加全国最肥沃的地区——锡瓦奥谷地。南亚克河发源于中央山脉的南麓，流经圣胡安谷地，出海口为加勒比海的内瓦（Neiba）湾。南亚克河全长183公里，流域面积4972平方公里，全国第三。南亚克河流势最陡，流速最急。奥萨马河全长148公里，圣多明各市就坐落于奥萨马河沿岸。多米尼加与海地分享阿蒂博尼托（Artibonito）河，发源于中央山脉的西麓，流向从东到西。全长320公里，流域总面积达9913平方公里，是伊斯帕尼奥拉岛上最长、流量最大的河流，多米尼加境内的长度为68公里。[①]

多米尼加有三个较大的湖泊，西南部的恩里基约湖为第一大湖，湖面海拔－44米，是拉丁美洲和加勒比地区陆地的最低点；巴拉奥纳以西的临康湖是淡水湖，湖水浅；利蒙湖是咸水湖。

多米尼加海岸蜿蜒曲折，总长1350公里[②]，沿海的地形结构有半岛、海湾、港湾、海岬、岬角、岛屿、小岛等。其中有许多优良的海港，萨马纳海湾以其引人入胜的自然景观和丰富的生态资源闻名于世，还有圣多明各、拉罗马纳和普拉塔港等；另有风光秀丽的旅游胜地，如埃斯科塞萨湾（Bahía Escocesa）、内瓦湾、奥科阿湾（Bahía de Ocoa）、曼萨尼约湾（Bahía de Manzanillo）、迈蒙湾（Bahía de Maimón）和拉斯阿基拉斯湾（Bahía de las Aguilas），等等，不胜枚举。

五 气候

多米尼加地处热带，北部、东部属热带雨林气候，西南部属热带草原气候。多米尼加的年平均温度25℃。11月至4月温暖宜人，湿度较低；5月至10月气温相对

---

① http://www.elcaribe.com.do
② 〔美〕塞尔登·罗德曼著《多米尼加共和国史》，南开大学翻译小组译校，天津人民出版社，1972，附录。

较高，日间平均温度达 31℃，夜间平均温度约为 22℃，湿度较高。① 多米尼加的年温差（即温度最低和最高月份之间的温差）不大，沿海地区的年温差约为 1℃，科迪勒拉山中部和北部之间地区的年温差约为 5℃。沿海地区的日温差（即每天的最高和最低温度之间的差异）为 8℃，山区的日温差为 15℃。多米尼加的近海海水的表层温度很高，大西洋海水表层的年平均温度达到 26.2℃，加勒比海海水表层的年平均温度达到 27.0℃。首都圣多明各海拔 14 米，最热月是 8 月，日平均气温 23～31℃；最冷月是 2 月，日平均气温 19～28℃。②

多米尼加雨水充足，年平均降水量约为 1400 毫米，每年平均有 110 天下雨。由于多米尼加的地势起伏不平，该国的降雨体系在安的列斯群岛的各国中最为复杂。雨量的地区差异很大，内伊瓦附近地区降水量稀少，年降水量不超过 600 毫米；但有的地区，如阿尔塔格拉西亚山谷（Villa Altagracia）地区，年降水量约为 2389 毫米。多米尼加的降雨体系大致可分为两种：一是北部山脉以北地区，1 月、2 月、12 月（即气象学定义的冬季）为雨季；6 月、7 月、8 月（即气象学定义的夏季）为旱季；二是北部山脉以南地区，1 月、2 月、12 月（即气象学定义的冬季）降雨最少，但雨季各不相同：阿苏阿省的谷地、圣胡安省、内瓦地区、西北部的地势较低的地区和最东端，9 月、10 月、11 月（即气象学定义的秋季）雨量丰沛；锡瓦奥谷地的东部地区、萨马纳半岛、亚马萨（Yamasa）山脉的周边地区、巴尼和圣佩德罗—德马科里斯之间的沿海平原地区、巴奥鲁科山区，6 月、7 月、8 月（即气象学定义的夏季）降雨最多；中央山脉的北麓，3 月、4 月、5 月（即气象学定义的春季）降

---

① http：//www.laromana.net
② http：//www.rincondominicano.com/geografia/temperaturas.php

多米尼加

雨最多。①

和其他热带地区一样,多米尼加的最高气压值在每天上午10点左右;最低气压值在每天下午4点和第二天凌晨4点之间。多米尼加的气压受北大西洋气压系统(最高气压中心是百慕大群岛)和北美洲气压系统(冬季和夏季气压中心)的影响,也受到邻近地区的气象现象的影响,如热带飓风、东部飓风、谷地风等。多米尼加的气压变化很小,年平均气压约为761毫米汞柱。但在飓风过境时,平均气压下降为748毫米汞柱。

多米尼加位于北半球的纬度条状地带,全年受北半球信风影响,但该国的复杂地貌对信风有一定影响。由于地表的受热和受冷不均及加勒比海的影响,多米尼加的沿海地区盛行时间风,白天风从海上来,夜间风向海上吹。多米尼加山区的时间风类型与沿海地区不同,称作谷地风。白天风从谷地向高处吹;夜间风从高处向谷地吹。一般来讲,风速不是很快。地势较低的地区,全年的平均风速稍稍大于10公里/小时。随着地势的抬升,风速也逐渐加快。

多米尼加在夏秋季节(6月1日~11月30日)常遭热带飓风袭击,8、9月最为频繁,如1930年圣塞农飓风侵袭圣多明各,风速达180公里/小时;1966年伊内斯飓风袭击卡沃罗霍(Cabo Rojo),风速达140英里/小时(每英里约合1.6公里);1979年的戴维飓风,风速每小时超过160英里;1998年的乔治飓风。2004年8月以来,多米尼加先后遭受了查利、弗朗西斯、伊万和珍妮飓风的袭击,造成人员伤亡和巨大的经济损失。②

多米尼加的水蒸气含量很大,如圣多明各市1841毫米/年。多米尼加的湿度非常高,全年平均湿度超过70%。多米尼加的

---

① http://www.rincondominicano.com/geografia/lluvia.php
② http://www.rincondominicano.com/geografia/viento.php

多云天气很多，基本上是半多云气候（即一年的平均云层覆盖率超过 1/2）。[1]

第二节 自然资源

一 矿物、森林、土地

矿产资源较丰富，主要有金、银、镍、铁、铝土、铜、煤、琥珀、岩盐、石灰石、花岗岩、大理石等。锡瓦奥谷地是采矿业最发达的地区，这里有蕴藏量丰富的镍铁矿和美洲最大的露天矿。石油资源匮乏，主要能源供应仍靠进口。沉积在桑切斯－萨马纳半岛地下的褐煤是多米尼加重要的燃料能源之一。多米尼加还出口盐、宝石、石膏和大理石。[2]

多米尼加的森林资源较为缺乏，林地面积约为1.3万平方公里，约占土地总面积的28%，其中亚热带旱地森林占16.67%；阔叶林占3.23%；松柏林占5.68%；混合林占0.56%；荆棘和灌木林占5.80%；热带低湿地丛林占0.22%。80%左右的林地属于国家公园的范畴。[3] 每年用作木柴燃烧的木材约100万吨，烧制木炭需木材50万吨。在贫穷的农村地区，伐木取柴使林木资源日渐减少。

多米尼加的土地资源大致可分为三种用途，根据美洲国家组织的研究，多米尼加的农业用地占20.3%，牧业用地占12.7%，林业用地占67%。锡瓦奥谷地、东部平原、圣胡安谷地和贝加

---

[1] http://www.rincondominicano.com/geografia/evaporacion.php
[2] 李明德等主编《简明拉丁美洲百科全书》，中国社会科学出版社，2001，第586页。
[3] www.elcaribe.com.do

雷亚尔（Vega Real）谷地等土地肥沃，雨水充足，是从事农业生产的理想地区。

二　植物

由于气候条件多样，多米尼加有着生机盎然的大自然和丰富多样的植被。多米尼加的植物分为两大类：土生植物和国外移入的植物。土生植物是指西班牙殖民者到达圣多明各岛之前的各种岛上植物，现仅存桃花心木、松树、雪松、山番荔枝、无花果、酸果、金星苹果、漆树、野番石榴、野胡椒、龙舌兰、胶香树、棉花、烟草、玉米等10余种。国外移入的植物有糖甘蔗、橙子、香蕉、椰子、小香蕉、可可、风琴仙人掌、面包果树、桉树、火红花、菩提树等。

多米尼加各地区的植物种类有所不同。在土地干旱和贫瘠地区，如多米尼加的西北部和西南端，生长着仙人掌和带刺灌木等沙漠及旱地植物；在潮湿的山谷，生长着棕榈树等喜湿植物。

多米尼加的国树是桃花心木，学名 *Swietenia mahagoni*，是伊斯帕尼奥拉岛的土生植物。桃花心木的适应能力很强，在高山、肥沃的谷地和贫瘠地区都可以生存，各地区的种类不同。美洲的桃花心木分为三种：①狭叶桃花心木，学名 *S. mahogani*，生长在大小安的列斯群岛；②洪都拉斯桃花心木，学名 *S. humilis*，生长在从墨西哥的太平洋沿岸到哥斯达黎加的广大地区；③阔叶桃花心木，学名 *S. macrophylla*，生长在从墨西哥到亚马孙河的广大地区。目前用于出口的桃花心木绝大多数是阔叶桃花心木。桃花心木一般高30余米，幼树干的直径1.5米。旱季落叶，随着新叶的长出重新枝繁叶茂。它的花朵小巧而芬芳，呈淡绿色，有雄花和雌花之分，雌雄同萼。桃花心木是热带地区的珍贵树种之一，被列为濒危树种。实用价值很高，树木可用来制造贵重的家具和钢琴、吉他等乐器,也用于园林装饰;树汁可以提取促进伤口愈合的药物原料,也用于文身。

三　动物

多米尼加的动物物种繁多,包括脊椎动物527种,其中鸟类270种(17.5%土生品种),爬行动物141种(83%土生品种),淡水生物70种(33%土生品种),哺乳动物41种(12%土生品种);非脊椎动物种类不详。多米尼加的陆生脊椎动物以索莱诺东特(Solenodonte)(学名Solenodon paradoxus)和休蒂亚(学名Plagiodontia aedium)为主。索莱诺东特是一种食虫动物,古巴岛和马达加斯加岛可以找到类似生物;休蒂亚是介于人和类人猿之间的动物,称之为"失去的环节"。海生脊椎动物有西南部海岸的海牛和萨马纳湾及白银海岸(Banco de la Plata)的一种鲸(学名Selene vomer)。爬行动物有主要生活在恩里基约湖的凯门鳄(学名Crocodilus acutus)、蜥蜴(学名Cyclura cornuta)和玳瑁。鸟类主要有鹦鹉(全称cigua palmera)、火烈鸟、布比鸟和喜鹊。海洋鱼类和淡水鱼类都很多,主要有锯鳐(学名Pristis pectinatus)和鲨鱼。甲壳纲动物主要有龙虾、虾和蟹。多米尼加的毒虫很少,没有毒蛇,蜥蜴可食用。①

多米尼加的动物大致分为土生和外国引入两种。据克利斯托瓦尔·哥伦布的日记及费尔南多·冈萨罗·德·奥维多的《印第安自然史与通史》(Historia Natural y General de las Indias)记载,"西班牙人到达基斯科亚(Quisqueya)岛(海地岛)后,发现当地的鸟类的品种十分丰富,但脊椎动物的品种十分稀少,只有海牛、蝙蝠和一种不会叫的狗,其他的脊椎动物都是从外部

---

① http://www.elcaribe.com.do

引入的。"

多米尼加的土生动物包括池龟、玳瑁、龟、蛇，还有蜜蜂、苍蝇、蚊子、蜘蛛等各种昆虫和冠鸽、鹦鹉、啄木鸟等鸟类。

1987年1月14日，多米尼加颁布31~87号法令，宣布鹦鹉为国鸟，学名 Dulus dominicus，是伊斯帕尼奥拉岛土生的 Dulidae 鹦鹉种群的唯一成员。这种鸟体态娇小，体长仅20厘米，头部颜色略深；背部呈棕褐色；双翅和尾臀呈绿色；腹部呈浅咖啡色，略显淡黄色，有深棕色条纹。喙小巧而坚韧，双腿与其体积相比略长。叫声婉转动听。以花朵和多种小型昆虫为食，善于在飞行中捕食。它生活在平坦的原野，在山区难觅芳踪，繁殖期在每年的1月到8月。群居鸟类，喜欢栖息在不太高的棕榈树上。它们常常协作筑巢，使用细而干的树枝。鸟巢的架构十分精巧完整，大而舒适，有时可达2米宽、1米高。巢内分为若干"房间"，居住着对对"情侣"。巢与巢之间有密闭的通道相连。在戈纳夫（Gonave）和萨奥纳尚可觅其芳踪。

多米尼加政府明确规定，所有多米尼加人有义务保护和保存濒危动物，但猎杀动物的行为仍时有发生。人们通过猎杀动物获取肉和皮毛，用来吃、穿或制作吉祥物。近年来，由于自然环境的恶化和人为破坏，许多物种濒临灭绝，如凯门鳄和玳瑁。

第三节 居民

一 人口

伊斯帕尼奥拉岛东部原来是印第安人泰诺族（taíno）聚居的地方。在西班牙殖民者到达前，在岛上的印第安人曾达100万人。1492年，哥伦布到达伊斯帕尼奥拉岛。

1496年,西班牙人在岛上建立圣多明各城,这是欧洲殖民者在美洲的第一个永久性居民点。殖民者实行分派制和委托监护制,惨无人道地剥夺印第安人,他们的残暴行为使印第安人迅速减少,1548年仅存500人。随着甘蔗种植业的发展,劳动力匮乏的问题越来越严重。1503年,第一批非洲黑奴被贩卖到圣多明各岛。直到1520年,非洲黑奴几乎是岛上的唯一劳动力来源。

多米尼加的人口和住房普查每十年左右进行一次,由国家统计局(Oficina Nacional de Estadística de República Dominicana)主持,目前共进行过8次。第八次普查从2001年2月至2002年7月25日进行了户口登记工作,2002年10月全部结束。据历次人口普查及每年的人口估计数字,1920年多米尼加人口为894665人。1920~1935年,年均增长40700人。1935~1950年,年均增长43000人。1950~1960年,年均增长91000人。1960~1970年,年均增长103000人。1970~1981年,年均增长129000人。1981~1993年,年均增长137000人。1993~2002年,年均增长140000人。2002年多米尼加人口为8562541人,其中8011033人为土生本国人,551508人为外来移民。①

1920~2002年之间的82年间,多米尼加人口增加了8.6倍。1960~1980年的年均出生率为2.9%,1980~2000年为2%,2000年以后为1.6%。总的来说,多米尼加的人口增长率从1960年起一直呈下降趋势。原因有二,一是独裁政权被推翻后,出现对外移民潮;二是从20世纪60年代末起,人口出生率不断下降。上述各时期的人口增长率如表1-1所示。

---

① http://www.one.gov.do/

多米尼加

表1-1 多米尼加历次人口普查结果及各时期人口增长率

单位：人，%

人口普查年份	人口总数	人口增长率
1920	894665	—
1935	1479417	3.56
1950	2135872	2.44
1960	3047070	3.61
1970	4009458	2.98
1981	5545741	2.76
1993	7293390	2.17
2002	8562541	1.79

资料来源：Oficina Nacional de Estadística de República Dominicana。

据2002年普查，国家区（包括圣多明各省）人口最多（2193046人），佩德尔纳莱斯省人口最少（18054人）；1993~2002年人口增长最快的省份是阿尔塔格拉西亚省（年均增长率5.13%），人口增长最慢的省份是巴奥鲁科省（年均增长率-1.53%）。人口密度最大的省份是国家区（包括圣多明各省），1960.77人/平方公里；人口密度最小的省份是佩德尔纳莱斯省，10.51人/平方公里。[①] 1993~2002年多米尼加各省人口状况见表1-2。

据历次人口普查，多米尼加人口的男女比例基本持平。详见表1-3。

多米尼加的人口呈现老龄化趋势。总的看来，青少年比例呈下降趋势，如0~9岁人口比例从1935年的16%左右下降至2002年的11%左右，18岁以下人口比例约为40%；中老年人比

---

① Resultados definitivos VIII Censo de Población y Vivienda 2002, http://www.one.gov.do/

表 1-2　1993～2002 年多米尼加各省人口状况

	省　份	面积（平方公里）	1993 年人口	2002 年人口	年均增长率(%)
中高增长率	阿尔塔格拉西亚	3001.49	115685	182020	5.13
	圣佩德罗—德马科里斯	1254.59	212368	301744	3.95
	拉罗马纳	656.10	166550	219812	3.11
	独　立	1753.67	39541	50833	2.81
	圣地亚哥	2808.65	710803	908250	2.74
	圣克里斯托瓦尔	1240.31	420820	532880	2.64
	国家区(包括圣多明各)	1392.97	2193046	2731294	2.45
	萨马纳	844.83	75253	91875	2.23
	普拉塔港	818.63	261485	312706	1.99
	佩德尔纳莱斯	2017.66	18054	21207	1.79
低增长率	蒙特克里斯蒂	1885.74	95705	111014	1.65
	佩拉维亚	785.10	201851	232233	1.56
	蒙塞纽尔·鲁埃尔	991.57	149318	167618	1.28
	拉贝加	2273.78	344721	385101	1.23
	埃斯派亚	825.05	202376	225091	1.18
	阿托马约尔	1323.59	80074	87631	1.00
	巴拉奥纳	1646.76	164835	179239	0.93
	玛丽亚·特立尼达·桑切斯	1211.92	124957	135727	0.92
	蒙特普拉塔	2612.77	167148	180376	0.84
	阿苏阿	2688.21	199684	208857	0.50
	巴尔韦德	808.73	152257	158293	0.43
	杜阿尔特	1639.68	281879	283805	0.06
负增长率	埃利亚斯皮尼亚	1396.93	64641	63879	-0.13
	圣地亚哥—罗德里格斯	1152.10	62144	59629	-0.45
	圣胡安	3360.06	252637	241105	-0.51
	萨尔塞多	430.03	101810	96356	-0.61
	桑切斯拉米雷斯	1190.84	163166	151179	-0.84
	埃尔塞沃	1775.29	96770	89261	-0.89
	达哈翁	1003.72	68606	62046	-1.10
	巴奥鲁科	1243.88	105206	91480	-1.53

资料来源：Oficina Nacional de Estadística de República Dominicana。

多米尼加

表1-3 多米尼加历次人口普查男女比例

人口普查年份	总人数	男性	女性
1920	894665	446384	448281
1935	1479417	750704	728713
1950	2135872	1070742	1065130
1960	3047070	1535820	1511250
1970	4009458	2000824	2008634
1981	5545741	2793884	2751857
1993	7293390	3550797	3742593
2002	8562541	4265216	4297325

例呈上升趋势,如75岁以上人口的比例从1935年的1.1%上升到2002年的2.2%。

据2002年普查,多米尼加城市人口为5446704,占总人口的63.61%(男性2648064人,女性2798640人),0~9岁人口男性多于女性,10岁及10岁以上人口女性多于男性(5岁为一档);农村人口为3115837,占总人口的36.39%(男性1617151人,女性1498686人),各年龄段男性均多于女性。[①]

多米尼加人口流动性不大。据2002年普查,在本国出生的人口中,在出生地常住的人口比例为74.13%。国内出生的流动人口(未在出生地居住)的城乡比例差距较大(城市人口为1459359,农村人口为587793);非流动人口城乡比例差距较小(城市人口为3580845,农村人口为2286803)。[②]

2002年,多米尼加人口增长率1.61%,出生率2.44%,死

[①] Resultados definitivos VIII Censo de Población y Vivienda 2002, http://www.one.gov.do/

[②] Resultados definitivos VIII Censo de Población y Vivienda 2002, http://www.one.gov.do/

亡率0.468‰，新生儿死亡率3.341‰。移民数量出现负增长（-0.359‰）。人均预期寿命73.68岁，其中男性71.57岁，女性75.91岁。①

2005年，多米尼加总人口为9355371，其中男性4678145人，女性4677226人。0~14岁人口占33.24%，15~64岁人口占61.27%，65岁及以上人口占5.49%。2005年，多米尼加出生183819人，其中男性92856人，女性90963人。2005年，多米尼加死亡33949人，其中男性19086人，女性14863人。预计2010年多米尼加总人口将达到10031888，其中男性5007215人，女性5024673人。②

2000~2005年，多米尼加年均出生率2.461%，死亡率0.6%。年均增长139064人。年均预期寿命71.15岁，其中男性68.11岁，女性74.35岁。2001~2005年，国家区、圣地亚哥省和圣克里斯托瓦尔省是人口出生最多的省份。2005~2010年，预计年均出生率2.303%，死亡率0.599%。预计年均增长135479人，预期寿命72.24岁，其中男性69.18岁，女性75.45岁。③

多米尼加的海外人口约为100万，主要居住在美国。约有120万外国人居住在多米尼加，其中约80万为海地人。

二 民族

多米尼加同其他拉丁美洲和加勒比国家一样，种族较为复杂。西班牙殖民者到达伊斯帕尼奥拉岛后，与当地土著居民印第安人混血。由于西班牙殖民者的残酷统治，再加上疫病流行，印第安人口几近灭绝。随着甘蔗种植经济的发展，劳

---

① http://www.laromana.net
② República Dominicana en Cifras 2007，http://www.one.gov.do/
③ República Dominicana en Cifras 2007，http://www.one.gov.do/

多米尼加

动力的匮乏问题凸现出来,西班牙殖民者因此开始从非洲输入黑人奴隶。非洲人同西班牙人一样,对现代多米尼加民族的形成起了很大作用,西班牙人同黑人大量混血,形成穆拉托(mulato)人,即黑白混血种人。

欧洲移民、非洲黑人和当地的印第安人,在漫长的几个世纪里,在经济发展、文化进步和为摆脱殖民统治的共同斗争中,一代接一代地互相通婚、混血,相互同化,形成了现在的多米尼加民族。目前多米尼加黑白混血种人和印欧混血种人占73%,白人占16%,黑人占11%。[1]

三 语言

多米尼加的官方语言是西班牙语,但与海地的边境地区也使用法语,旅游业的发展使得会英语、法语、意大利和德语的人员逐渐增多。多米尼加的西班牙语与西班牙本土的卡斯蒂里亚语有很大不同。与卡斯蒂里亚语相比,多米尼加的西班牙语更为柔和,语音更为有韵律。与古巴和其他加勒比国家一样,一些辅音被省略,尤其是"sc"同时出现的情况,只发"c"的音,省略"s",如单词"Francisco"的发音是"Francico"[2];颤音"r"的发音也不如西班牙语明显。和其他西班牙语国家一样,多米尼加也有一些独一无二的单词,如切尔(chel)是多米尼加的货币单位(分)等。

四 宗教

目前多米尼加主要有天主教、基督教新教和犹太教。部分农村地区保留着民间宗教仪式和源于海地的伏

---

[1] 李明德等主编《简明拉丁美洲百科全书》,中国社会科学出版社,2001,第583页。

[2] http://www.republicadominicana.inter.net.do

第一章 国土与人民

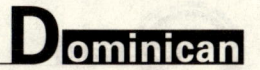

都教（voodoo）。① 多米尼加 90% 以上居民信奉天主教，少数人信奉基督教新教和犹太教。

1546 年，教皇保罗三世创建圣多明各大主教管区，多米尼加成为美洲设立宗教辖区的先驱，这个管区也成为在美洲传播天主教的发源地。最有代表性的教士是尼古拉斯·德·赫苏斯和卡尔德纳尔·洛佩兹·罗德里格斯。从宗教辖区上划分，目前多米尼加共有 8 个主教辖区和一个大主教管区，各主教辖区由一名主教负责。这些辖区分别是圣地亚哥主教辖区，拉贝加主教辖区，圣胡安主教辖区，伊格依（Higüey）主教辖区，巴拉赫纳主教辖区，圣弗朗西斯科—德马科里斯主教辖区，蒙特·克里斯蒂主教辖区，巴尼（Baní）主教辖区和圣多明各大主教管区。

多米尼加文化融合了非洲、西班牙和土著文化的元素，宗教也不例外。如今多米尼加的一些地区仍然保留着非洲的宗教仪式，仪式中的神灵分别是代表"善"的天主教神灵和代表"恶"的政治化偶像（称为 luas），举世闻名的大独裁者特鲁希略就是其中之一。11 月 2 日的亡灵节（Día de los Muertos）是最有名的非洲式宗教节日之一，节日神灵是墓地神，原型是第一个埋葬在墓地的人。

1 月 21 日是多米尼加的守护女神阿尔塔格拉西亚（Virgen de la Altagracia）的节日。传说 1600 年，一个女孩请求她的父亲为她从首都圣多明各带回阿尔塔格拉西亚女神的神像作为礼物，可是父亲遍寻不着。在回家的路上，父亲遇到一个老人，送给他这个神像。清晨时分，神像奇迹般地出现在一棵甜橙树下。因为这件事发生在伊圭这个地方，所以在当地建造了大教堂，敬奉阿尔塔格拉西亚女神。②

---

① http：//www.laromana.net
② http：//www.mundodominicano.com

第四节 民俗和节日

一 民俗

饮食[①] 从殖民时期起，木薯就是伊斯帕尼奥拉岛上土著人泰诺人的主要食品原料，当时用来制作木薯面饼。如今木薯仍为多米尼加人普遍食用，可以制作木薯面饼和盐水木薯，也可以搭配洋葱和少许酱油食用。

多米尼加的特色美食是什锦炒饭，原料有米饭、菜豆、肉和蔬菜。这些原料也是多米尼加人最主要的日常食品。粘在锅底的米饭可以用来烹饪风味独特的锅巴（con-con），令人垂涎欲滴。

大蕉（plátano）也是一种基本烹饪原料，烹饪方式多样：青大蕉可以整个或切片油炸，制成色香味美的油炸大蕉（片），也可以制成大蕉糊（mangú），搭配大腊肠或鸡蛋食用；成熟的大蕉也可以制成大蕉糊、油炸大蕉或糖浆大蕉（plátano con almíbar）。

另一个独具特色的菜品是甜菜豆，每个受难星期五（Viernes de Dolores）食用，一般搭配木薯面饼或饼干。木薯香蕉肉（sancocho，一种午餐菜）也是多米尼加闻名的特色食品，配料有肉（羊肉、牛肉等）、淀粉类食物（木薯、香蕉、马铃薯等），一般搭配菜豆食用。

交通 多米尼加的交通规定遵照第241号交通法。在多米尼加规定靠右侧行驶，从左侧超车；所有驾车人都必须避让横穿人行横道的行人；即使行人有交通过错，驾车人也应采取措施避免伤害行人。[②]

---

① http://www.mundodominicano.com
② http://www.mundodominicano.com

多米尼加规定高速公路最高时速 80 公里，次城市地区最高时速 60 公里，城市街道最高时速 35~40 公里（有交通标志的地方按交通标志的限速行驶）。外国人可以持本国驾驶执照行车 3 个月（90 天），无需补办任何手续。加油站通常工作到夜间 10 点，有些甚至提供 24 小时服务。[1]

多米尼加的大型酒店均为游客提供出租呼叫服务，住客可以享受 24 小时的电话叫车服务，出租车按里程计费。[2] 多米尼加的出租车不止一种，服务便利。实行固定价格制度，车上没有计价器。随着旅游业的飞速发展，多米尼加政府着手进行出租车服务改革，奶油色的"Hundai"牌小型和迷你汽车走上街头，排气量远小于 20 世纪 70 年代的美式大型汽车，但收费较高。出租车站一般距机场不远。有些出租车司机要价较高，每件行李收取 5 美元；但可根据行李的多少和路程的远近作适当调整。

多米尼加的汽车租赁费用相对而言较贵。Honda，Nacional，Avis，Budget，Hertz，Europcar，Nelly Rent-a-Car，Dollar 等大型汽车租赁公司一般都设在机场和大城市，持有有效驾驶执照和这些公司信用卡的人最多可租赁 90 天汽车。

多米尼加的公共汽车系统遍及全国，有固定的始发车和末班车发车时间。[3] 相对于出租车和租赁汽车而言，公共汽车收费较低，更为安全。长途公共汽车也十分便捷和舒适。除节日期间，公共汽车可以预定。大城市中还设有城市快车和空调车。除快车外，其他公共汽车可以中途停车，让乘车者充分领略城市的风土人情。地方公共汽车（guaguas）可以行至附近城市，收费 1 美元。多米尼加的公共汽车末班车为晚上 9 点。在一些大城市可以

---

[1] http：//www.w3.org/TR/REC-html40
[2] http：//www.w3.org/TR/REC-html40
[3] http：//www.w3.org/TR/REC-html40

多米尼加

看到随叫随停的巴士，这种巴士只收几个比索的车费，非常适于短途乘车。

在多米尼加，短途载客摩托车无处不在，但首都圣多明各的市中心除外。这种车夜间计价翻番，如路程较近，日间计价 10 比索，夜间计价 20 比索。它不适于路程较远的乘客，也较易发生交通事故。

多米尼加的交通违章现象较为严重。大部分交通警察步行执行任务，他们没有必备的工具，也几乎没有人听从他们的指挥。因此，租车驾驶有相当风险，租赁摩托车更不必说。如果外国游客遇到交通事故，最好在交警面前保持镇定和礼貌，并请求领事馆提供律师。急躁和粗暴的抬杠都会带来严重后果。

在多米尼加，看车或洗车服务一般收费 10～15 比索。设有交通信号灯的路口一般有挡风玻璃擦洗工人。不管是否需要，他们都会擦洗汽车的挡风玻璃，但车主可以拒绝付费。

购物[①]　多米尼加的商业银行、货币兑换所和酒店均可兑换外币。可以携带出境的最高金额为 1 万美元或其等值货币。

游客应谨慎使用信用卡，建议在出行前兑换足够美元，在酒店以外的其他场所使用现金。最好不要携带过多现金出行，并妥善存放在酒店的保险箱内。

多米尼加银行的营业时间是周一到周五的早 8:30 到下午 3:00，周末不营业。通用的信用卡有 Visa, Master Card, American Express 和 Diners Club。市区设有自动取款机，但旅游景点通常没有。

多米尼加政府对酒店的住宿加收 5% 小费，饮食加收 8%。由于竞争激烈，部分旅游景点的物价较高。旅店一般加收 10% 小费，但工作人员的工资很低，仅限于满足基本需求在多米尼加购物，讨价还价必不可少，尤其是在旅游纪念品商店和上街购物；但高

[①]　http://www.republica-dominicana.org/currency-es.html

级购物场所不接受讨价还价。如果不想购买小贩推销的物品，只需微笑着说句："不，谢谢！"就足够了。讨价还价时应以比索为单位，如以美元为单位价格偏高。一旦价格确定，可以用相应的美元交费。建议使用小额面值的美元，如 1、2、5、10 美元。

称谓 同其他讲西班牙语国家的人民一样，多米尼加人的姓名一般由三至四节组成，按照"名—父姓—母姓"的顺序排列。多米尼加女子在结婚后，一般要将婚前全名中最后一节的母姓去掉，改用夫姓。在一般场合通常用名—姓，在朋友、亲属之间，习惯以名字或名字的昵称相称。多数名字的昵称是在名字后面加上指小后缀，如卡洛斯（Carlos），其昵称为卡洛西托（Carlosito）。少数名字的昵称有固定的变体，如何塞（José）的昵称是贝贝（Pepe）。在血统关系中，晚辈对长辈相应的称爷爷、奶奶、爸爸、妈妈、叔叔、婶婶等，但平辈之间或长辈对晚辈，直呼其名者居多。

礼仪 多米尼加人热情好客，比较注重礼仪和礼节。日常问候用语是："你好！""早上好！""下午好！""晚上好！"或"你怎么样？"等。在分别时，多米尼加人一般都要话别，常用的告别语是"再见！""回头见！""我们还会见面的"等。

多米尼加人的见面礼节与其他拉美国家相似，一般采取打招呼、握手、拥抱和亲吻四种方式。如果只是一般认识，关系不是太密切，见面时只要打招呼即可，不一定要握手；在熟人、朋友、亲属之间，根据关系的远近，可以相互拥抱、亲吻。

婚姻 多米尼加实行一夫一妻制。虽然法律规定夫妻双方享有同等的权利，但大男子主义相当普遍。多米尼加人成熟较早，婚前同居现象普遍。

多米尼加的法定结婚年龄是：男 16 岁，女 15 岁。16～18 岁的男青年及 15～18 岁的女青年，其婚姻必须得到双方父母的书面并经过公证的许可，或是在结婚仪式上父母的公开许可。除

多米尼加

法官准许的特殊情况，16 岁以下的男青年及 15 岁以下的女青年不允许结婚。法律不允许重婚。除与前夫复婚之外，离婚妇女在离婚后 10 个月内不得再婚。法律规定以自由结合为原则。任何不符合上述任一条件的婚姻均视为不合法。夫妻双方任一方死亡或双方合法离婚，均视为夫妻关系解除。

夫妻双方可以自主选择财产的分配方式，但必须合法且有政府官员证明。结婚后，女方必须将其收入和财产的全部或一部分作为夫妻双方的共同财产，由男方掌管。女方可以自由支配共同财产之外的其他个人财产（bienes parafernales），但未经男方或法官许可不得将这部分财产转让他人。夫妻分居后，不存在双方共同财产，而是依照男女双方的个人财产进行财产分割；但女方未经男方或法官许可无权支配财产。

外国人在多米尼加结婚须具备下列附加条件：①持有本人护照并提供复印件；②有多米尼加公证人在场的结婚意愿声明；③最好持有本人旅行证明、居住证明或身份证明。另外，多米尼加法律要求：婚姻必须在结婚仪式前以任意方式对外公开。

多米尼加人的婚姻分成两类：世俗婚姻和宗教婚姻。世俗婚姻是指结婚双方在民政部门登记结婚并领取结婚证书。世俗婚姻不举行宗教结婚仪式。民政部门的有关官员主持简单的结婚仪式，并有权在仪式上宣布婚姻无效，但必须书面写出无效原因，且原因必须符合《婚姻法》。结婚仪式必须有结婚双方及法律要求的证人在场。主持的民政官员询问在场者是否举行过某种结婚仪式；如果有，必须说明举行的时间、地点和结婚公证人的名字。结婚证上必须注明婚姻双方的名字及双方同意结婚的声明。主持婚礼的民政官员、结婚双方和在场证人均须在结婚证上签字。然后，结婚双方登记，婚姻生效。

多米尼加人大多信仰天主教和信教，因此其婚姻普遍采用宗教婚姻形式。正统的宗教婚姻在罗马天主大教堂举行结婚仪式；

结婚仪式结束后，罗马天主大教堂有权直接登记婚姻和宣布婚姻合法有效。还有的宗教婚姻在其他教堂举行结婚仪式；但仪式结束后，结婚双方必须在民政部门的有关官员处登记，婚姻方可视为合法有效。任何形式的宗教婚姻均要求主持牧师须在仪式举行后3天之内向民政部门提交书面报告。结婚仪式上，在优美的婚礼曲声和翩翩纷飞的漫天花瓣中，新郎新娘在亲友和傧相的陪伴下，踏着红色地毯、慢慢地走向祭坛。接下来，新郎在左，新娘在右，面向主持牧师站好。牧师分别询问新郎、新娘是否愿意与对方缔结婚姻，得到双方的肯定回答后，牧师郑重宣布两人正式结为夫妻。随后，新郎新娘手挽手在音乐声和亲友的祝福声中走出教堂。婚礼后，通常要举办婚宴。

据2002年人口及住房普查，多米尼加15岁及15岁以上人口的婚姻状况如表1-4所示。

表1-4 2002年多米尼加人口婚姻状况

总人数	已婚	同居	丧偶	离婚	合法夫妻分居	同居者分居	未婚
5657425	1307678	1843859	248114	121203	52777	285765	1798029

2001~2005年，多米尼加人口的婚姻状况如表1-5[①]所示。

表1-5 2001~2005年多米尼加人口婚姻状况

年 份	2001	2002	2003	2004	2005
注册结婚数	37269	36685	37225	38642	39439
注册离婚数	12821	12972	14618	17691	16649

资料来源：多米尼加国家统计局。

注：本表为官方登记处的统计数字。

---

① República Dominicana en Cifras 2007, http://www.one.gov.do

多米尼加

吉凶征兆 脚朝屋外睡觉会带来厄运；上午向邻居借盐会带来厄运；婚礼上穿黑色衣服会给新郎新娘带来厄运；一个房间里有两盏点亮的灯会带来死亡；周二、周五、11月结婚会带来厄运；狗不停地朝某人大叫，此人死期将近；清晨看到斗鸡把头埋在翅膀下，当天斗鸡必输；某人脚朝房间正前方睡觉，此人死期将近；进餐时食物掉到手上，有嫉妒者；感觉右手痒，近期有财源；感觉左手痒，近期会破财；所有母鸡同时叫，此家有人死期将近；以椅子的某只腿为轴心旋转椅子，此人有厄运；圣星期四（复活节的星期四）在河里游泳会溺水，并化作一条鱼；圣星期四和圣星期五打孩子，手会粘在孩子身上；生病的人去墓地，会患该疾病死亡；农民在播种木薯时抽烟，木薯会发苦；狗在夜里无缘无故的吠，定是看到魂灵；摇晃没有婴孩的摇篮，此婴孩会患疯病；门后放置倒置的扫帚，意为逐客令；朝水里投掷物品，溺水者的尸体会浮出水面；将死者头朝下放置在发现尸体的地方，会发现凶手；一天当中的第一个顾客用信用卡付费，全天买卖不会顺利。①

二 节 日

多米尼加人一年四季中大大小小、形形色色的节日数不胜数，大致可分以下几种：一种是与历史事件有关的节日，如2月27日是独立日；另一种是与宗教有关的节日，如圣诞节、狂欢节和国家及各省市的守护神节等；此外，还有三八妇女节、五一劳动节等国际节日；以馈赠礼物为主要活动的情人节（2月14日）；与收获季节有关的节日，如10月萨马纳省的丰收节等。多米尼加既有法定的全国性的节日，也有一个地区、一个省、一个市镇、一个村或一所学校的节日。各种节日庆祝方

---

① http://www.mundodominicano.com

式五花八门，通过这些节日及其各具特色的庆祝方式，可以了解多米尼加悠久的历史和灿烂的文化，体察多米尼加人的民族性格和丰富多彩的生活方式。

下面按照时间的顺序介绍多米尼加的主要节日[①]：

1. 圣克里斯托·德·巴亚瓜纳节（El Santo Cristo de Bayaguana），1 月 1 日

圣克里斯托·德·巴亚瓜纳节的宗教、社会、民间和文化庆祝活动始于 1505 年（西班牙殖民统治时期）。

随着时光的流逝，克里斯托教堂成为信徒们在伊斯帕尼奥拉岛的朝圣地之一。庆祝活动中最重要的两项是：迎接和敬奉公牛、"买卖"公牛。步骤如下：

（1）圣克里斯托·德·巴亚瓜纳节开始前的若干星期，圣克里斯托的教士在当地向信徒们募集公牛。信徒们为了感谢神恩或是表示虔诚，向教士提供公牛。12 月 28 日的早晨，骑士、斗牛士、教士和信徒全部到达巴亚瓜纳。公牛被送到当地的寺庙，作为祭品。在途中，在骑马教士的带领下，巴亚瓜纳市乐队、信徒和即将成为祭品的公牛组成浩浩荡荡的宗教游行队伍。人们吟唱圣诗、祈祷、唱赞美诗等，繁华喧嚣的烟花鞭炮声和信徒们虔诚的心灵交融在一起。

（2）神圣的祭祀仪式结束后，要被作为祭品的公牛被驱赶进附近的畜栏。1 月 1 日，这些公牛将被卖掉。教士和斗牛士 12 月 27 日就到达巴亚瓜纳，他们和当地的居民在 28 日的晚上高唱《公牛歌》（cantos de toros），喝着咖啡。《公牛歌》是即兴创作的诗歌，有一名领唱的独唱者，配以集体合唱。

（3）1 月 1 日，来自全国各地的朝圣者涌入巴亚瓜纳，参加当天举行的圣克里斯托的弥撒活动。许多病人向圣克里斯托祈求

---

① http://www.dominica.com/arte

康复，还有的人还愿。

（4）人们把圣克里斯托的神像搬下祭坛，准备宗教游行。在庄严肃穆的气氛中，信徒们虔诚地祈求神恩。然后，教士、僧侣和信徒来到公牛畜栏，购买公牛。卖公牛的利润用于天主教堂的修缮和维护。这些公牛带有十字架，这是圣克里斯托的象征，它代表着信徒的虔诚。最后是宗教游行，这是圣克里斯托·德·巴亚瓜纳节庆祝活动的高潮。

2. 古洛亚节（Los Guloyas），1月1日

1月1日早晨，迎接新年，祈求新的一年有一个快乐的开端。圣佩德罗—德马科里斯的古洛亚人在街上载歌载舞。尤其是米拉马尔（Miramar）区，这里是音乐的海洋。大部分人喝甘蔗酒，只有少数人可以有幸品尝到一口特酿的雪利酒（guavaberry），被称为"神灵的美酒"。

3. 东方三圣贤节（Los Reyes Magos），1月5~6日

12月24日，圣婴耶稣降生，这意味着东方三圣贤的出现。他们为降生在马厩的圣婴带来了礼物。

起初，每年的12月24日，人们向孩子们赠送礼物，来纪念耶稣降生。后来，人们装扮成东方三圣贤的样子，在1月6日这一天，向孩子们赠送礼物。

1月5日晚，多米尼加的孩子们在入睡以前，都会在床下或是屋角放置给骆驼吃的水和草，还有给三圣贤吃的甜点、糖果。他们相信，三圣贤会骑着骆驼，来给他们送礼物。

若干年前，在国家区政府的努力下，圣多明各市开始举行东方三圣贤的宗教游行。入乡随俗，三圣贤骑的不是骆驼，而是马。

4. 莱格瓦神节（Papa Legbá），1月17日

多米尼加的许多省份都举行纪念莱格瓦神的庆祝活动，莱格瓦神相当于天主教里的圣安东尼奥·阿拜的神。莱格瓦神是多米

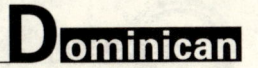

尼加伏都族（Vudu）所有分支的首领。莱格瓦神拄着深棕色的拐棍，他素以仁慈善良著称，是多米尼加最受人尊敬和爱戴的神灵。

5. 阿尔塔格拉西亚女神节（La Virgen de la Altagracia），1月21日

从1月12日起，纪念多米尼加的守护女神和灵魂之母——阿尔塔格拉西亚女神的"九日祭"庆祝活动就开始了。她的朝圣地是伊格依市，位于多米尼加东部。九日祭的高潮是弥撒、祈祷、唱《圣歌》、祷告和唱赞美诗等活动。多米尼加的《圣母颂》源于天主教传统的礼拜仪式，以音乐和歌唱形式出现。多米尼加人民对原来的《圣母颂》与本地文化相融合，创作了独特的《圣母颂》的节奏、歌唱技巧和内容。多米尼加的《圣母颂》共有两种：西班牙—欧洲式《圣母颂》和非洲式《圣母颂》。多米尼加的《圣母颂》肃穆庄严，有时有伴舞，单面小鼓、传统的双面鼓和圭罗伴奏。打击乐的节奏、乐器和技巧都来源于非洲。乐器主要是单面鼓（congos-dahomeyanos），双手敲击鼓面，金属圭罗、小棍和沙球伴奏。乐队一般由三个人构成。1月20日早晨，向阿尔塔格拉西亚女神供奉的公牛被送到蒙特普拉塔（Monte Plata）。人们祈祷、唱圣歌、演奏音乐。1月21日，唱《圣母颂》，在蒙特普拉塔举行宗教游行。

6. 狂欢节，2月6~27日

狂欢节是西班牙殖民者带给伊斯帕尼奥拉岛的"礼物"，至今仍是海地和多米尼加最重要的节日之一。据文献记载，早在1520年之前圣多明各就举行过狂欢节的庆祝活动。时光流逝，狂欢节也逐渐本土化，成为具有多米尼加特色的重大节日。与欧洲的狂欢节圣周不同，多米尼加的圣周以独立日（2月27日）告终。在多米尼加不仅演化出"独立狂欢节"，还有"复兴狂欢节"和"圣周狂欢节"，后者在盖拉（Guerra）、卡夫拉尔（Cabral）、萨利纳斯（Salinas）、丰达西翁（Fundación）和佩尼

翁（Peñón）等农村地区，巴拉奥纳和圣胡安地区都有各具特色的庆祝活动。

2月的每个星期日，圣多明各、圣克里斯托瓦尔、阿苏阿、拉贝加、萨尔塞多、科图伊（Cotuí）、马奥（Mao）、蒙特克里斯蒂、普拉塔港、萨马纳、桑切斯、圣佩德罗—德马科里斯等城市都举行盛大的"独立狂欢节"节日庆祝活动。在萨尔塞多、马奥和博瑙（Bonao），庆祝活动甚至持续到3月的第二个星期日。

狂欢节的游行活动中，人们戴着五花八门的面具，装扮成"印第安人"、"非洲黑人"、"阿里巴巴"、"跛脚鬼"等。本土化的"跛脚鬼"是游行队伍的"灵魂人物"，各地区的"跛脚鬼"的名字形形色色，不一而足，如圣多明各、圣克里斯托瓦尔、拉贝加、圣弗朗西斯科—德马科里斯，"跛脚鬼"用原名称呼；科图伊称之为巴佩鲁塞斯（papeluses）或普拉塔努塞斯（platanuses）；萨尔塞多和博瑙称之为马卡拉奥（macarao）；蒙特克里斯蒂称之为多罗斯（toros）。

7. 圣·埃利亚斯节（San Elías），又称丧葬节，2月16日

在某些民间宗教场所，人们也欢庆"丧葬节"。信徒们认为"墓神"会附身于当天第一个下葬的死者。"墓神"身着黑衣，带着白色十字架。据说"墓神"的妻子是玛玛·布依塔（Mamá Buyita），女儿是坎德莉娜（Candelina）。人们认为"墓神"会保佑大众，尤其是为博彩带来好运，所以在多米尼加"墓神"被广泛信仰。

8. 圣灰星期三（Miércoles de Ceniza），3月的第一个星期三

圣灰星期三为盛大的宗教节日——四旬节拉开序幕。这一天，神甫将圣灰撒在信徒头上，或者圣徒用圣灰在额头画十字，表示忏悔之意。四旬节指复活节前的40天，纪念耶稣基督的诞生，并祈祷耶稣降临到我们的世界，为我们造福。欧洲的天主教有"告解星期二"，在"圣灰星期三"的前一天，狂欢节以此日

告终,但多米尼加狂欢节的结束日是 2 月 27 日,即国家的独立日。

多米尼加的部分地区有独特的节日庆祝方式,如米切斯(Miches)地区,这一天孩子们抹着一脸灰在街头尽情地嬉戏,人们亲切地称之为"小脏鬼"。

9. 胡里托·帕尼亚瓜纪念日(Julito Paniagua),3 月 21 日

胡里托·帕尼亚瓜的祭辰。胡里托·帕尼亚瓜是多米尼加奇迹(Maravilla)教堂的著名教士。当天在阿尔塔格拉西亚谷地附近的西瓦纳(Jibana),人们吟唱《圣母颂》,虔诚地缅怀胡里托·帕尼亚瓜。胡里托·帕尼亚瓜节是多米尼加民间文化遗产之一。

10. 阿曼西亚·佩雷斯纪念日(Amancia Pérez),4 月 8 日

女统领阿曼西亚·佩雷斯的忌辰,她英勇地率军守卫巴尼的圣胡安大教堂。圣胡安大教堂是多米尼加文化遗产之一。

11. 多罗利塔节(La Dolorita)

莫莱诺斯(Molenos)等地的宗教节日,纪念当地最受崇拜和尊敬的女神多罗利塔。成千上百的信徒吟唱《圣母颂》、虔诚祈祷,还有小鼓伴奏。多米尼加的部分信徒崇拜她的化身梅特雷塞利(Metreseli),认为她具有奇迹般的助人之术。

12. 复活节前的最后一个星期日(Domingo de Ramos)

天主教的传统节日,是圣周的第一天。传说耶稣赐福于信徒,并赐予他们棕榈叶。信徒们将棕榈叶带回家中,放置在门的上方作为保护符。还有的信徒把棕榈叶悬挂在自己的房间,用于驱邪避害,还可以避免暴风雨中的闪电霹雳。

13. 圣周(Semana Santa),4 月

圣周是天主教最重要的节日,教徒们斋戒、祈祷,纪念耶稣基督的受难、死亡和复活。多米尼加的圣周具有独特的文化和社会特点。如:

多米尼加

（1）圣周是天主教信徒的斋戒期，多米尼加的天主教徒也不例外，要准备各式各样的素食（非猪肉食品），如鳕鱼、仙人掌果、鲭鱼、土豆沙拉。人们不仅与家人享用美食，邻里之间、亲朋好友之间也"资源共享"，友好亲善的气氛十分浓厚。各式甜品令人垂涎欲滴：柑橘、奶制品、油煎饼、奶味米饭等。

（2）多米尼加的圣星期四的开端是狂欢节（Carnaval Cimarrón）。这一名称源于节日的庆祝活动都在非洲黑奴反抗西班牙殖民者的历史地点进行。多米尼加的狂欢节与欧洲狂欢节的时间不同，而且具有强烈的非洲文化的色彩。国家区的盖拉，巴拉奥纳省的卡夫拉尔、萨利纳斯、丰达西翁、佩尼翁、克里斯托瓦尔、圣胡安是狂欢节的主要举行地点。

（3）圣星期六、耶稣复活星期日和随后的星期一，在卡夫拉尔、克里斯托瓦尔（Cristobal）、萨利纳斯、佩尼翁、丰达西翁及其周边地区，由人操纵的假人卡楚阿（Cachua）是节日的核心人物。穿着小丑服（traje mameluco）、带着蝙蝠翼、敲着小鼓的卡楚阿与庆祝节日的人群展开"挥鞭大战"，人们充分展示挥鞭的技巧、非凡的勇气和男子气概。仪式的高潮是卡楚阿"倒毙"在卡夫拉尔的公墓。这时人们会焚烧代表邪恶的"胡阿（Júa）娃娃"，象征着一切邪恶都被驱除，人们的心灵重新纯洁无瑕。

（4）在埃利亚斯皮尼亚省（Elías Piña）的埃尔亚诺（El Llano）等地区，在圣星期五和星期六，"魔鬼"（"las mascaras del Diablo"）涌上街头，他们穿着女人的衣服，手舞长鞭，象征着万物复苏、丰饶的春天。"魔鬼"面具令人惊叹：硕大的面具从前腰直达后背，装饰着色彩斑斓的羽毛、羊角和红色腰带。游行活动结束后，人们在田野中汇集所有的"魔鬼面具"，将它们焚烧成灰，并把灰与农作物的种子混合，表示春天的丰饶已来到人间。

(5) 圣胡安信徒的圣星期六的庆祝方式别具一格,带有浓厚的非洲特色。面具用沥青、马鬃和兽牙制成。戴面具的人们上着女装,下穿男裤,手舞长鞭,称之为蒂夫阿(tifuá)。其中一人的面具与众不同,为黑色马头,称之为克克里卡莫(cocorícamo)。

(6) 在霍亚(Joya)、佩赫(Peje)、郝依塔(Joyita)、卡冲(Cachón)、巴里亚(Baría)、铁拉布兰卡(Tierra Blanca)和卡波(Capó)的农村地区和国家区的盖拉,在耶稣复活星期日,戴着面具的"黑人"上着女装,下穿长裤,用棉花、油橄榄花和缠绕红丝带的树枝作装饰。圣周一开始,"黑人"走家串户,清点儿童的数目,尤其是犯过错的儿童。在耶稣复活星期日,"黑人"根据前日的调查结果前往犯错误儿童的"关押"地点,逐一点名并清数儿童所犯的错误。在某个特定时间,大人们会在孩子不知情的情况下打开门,手持树枝"教训"子女,直到孩子们"投降",保证不再犯错。此后的几个月内,这种集体教育的方式一直持续下去。

(7) 从圣周四到圣周日,在各个制糖中心都举行名为"嘎嘎"(Ga-Gá)的庆祝仪式。"嘎嘎"仪式源于海地,人们载歌载舞,奏乐祈祷。仪式逐渐多米尼加化,但仍然保留着浓重的魔幻和宗教色彩。"嘎嘎"仪式的重要人物包括"嘎嘎"王、王后、舞蹈指挥、乐师、歌手、音乐指挥、"部长"和"嘎嘎"的秘密保护者等。

(8) 埃利亚斯皮尼亚省的"嘎嘎"仪式与上述地区不同,别具一格。"嘎嘎"仪式由多个项目组成,分别象征着丰收、春天的到来和生死之交。

(9) 在圣多明各等城市,人们会在耶稣复活星期日焚烧象征着叛徒的犹大(为了区区30枚金币出卖耶稣)。

注:圣周的开始时间:春分后的第一个满月日。

14. 圣十字节（Santísima Cruz），5月2~3日

圣十字节是最重要的宗教节日之一，由西班牙殖民者引入伊斯帕尼奥拉岛。传说公元326年的5月3日，康斯坦丁诺（Constantino）国王的母亲圣埃莱娜在蒙特卡尔瓦利奥（Monte Calvario）发现了耶稣的坟墓，坟墓上奇迹般地出现三个十字，其中之一是耶稣受难的十字，圣十字节由此诞生。除了马奥，多米尼加几乎所有地区都在5月3日庆祝圣十字节。

15. 圣灵节（Espíritu Santo），圣灵降临后的第一个星期日

科图伊的宗教节日，庆祝活动以宗教游行为高潮，游行队伍中有"国王"、"王后"、"王子"和骑士、马队等，走街串巷，高唱圣母颂，人们举着象征着圣灵的金鸽子和象征圣胡安大教堂的小银鸽。宗教游行在一片壮丽的赞美诗、虔诚的祷告声和优美的舞蹈中结束。

16. 奥利沃里奥·马特奥纪念日（Olivorio Mateo），5月22日

反帝国主义领导人奥利沃里奥·马特奥的遇刺纪念日。

17. 圣·费尔南多节（San Fernando），5月30日

圣费尔南多是蒙特克里斯蒂省的守护神。蒙特克里斯蒂省是古巴民族英雄马尔克斯·德尔·罗萨利奥，国父何塞·马蒂和著名领导人戈麦斯的革命地区。

18. 圣·圣地亚哥节（San Santiago），7月25日

圣·圣地亚哥是圣地亚哥市、帕亚（Paya）和巴尼的守护神。殖民地时期，圣地亚哥市通常举行盛大的宗教游行。如今帕亚在节日期间常常做玉米羹等甜食，还举行赛马比赛。

19. 圣·克里斯托瓦尔节（San Cristobal），7月25日

传说中力大无比的圣·克里斯托瓦尔神肩背幼年的耶稣基督渡过水流湍急的大河。多米尼加的民间宗教称圣·克里斯托瓦尔神为"伟大的布阿"（El Gran Buá），多米尼加的伏都教徒极为崇拜他。

20. 圣·洛伦索节（San Lorenzo），8 月 10 日

圣多明各市的洛斯·米纳（Los Mina）街区、圣克里斯托瓦尔省的博亚（Boyá）、蒙特克里斯蒂、拉贝加的库都布（Cutupú）庆祝这个节日。在洛斯·米纳的古教堂，乐声徜徉，清脆的小鼓声此起彼伏，孔戈舞和康加·马兰加（canga-malanga）舞令人目不暇接。据文献记载，圣·洛伦索节开始于从伊斯帕尼奥拉岛西部迁移来的非洲黑奴的定居时期（1677年）。

21. 伊圭的公牛献祭日（Toros-ofrendas Higüey），8 月 14 日

这一天，信徒们供出的公牛从伊格依抵达阿尔塔格拉西亚大教堂。此前几天，教士来到城市乡村收集信徒们供奉的公牛，他们唱诗、敲鼓。募集而来的公牛汇集到伊格依，大主教为公牛赐福。朝圣的人们为表虔诚，日夜兼程、风雨无阻。

22. 比维亚娜卡夫拉尔纪念日（Bibiana y Cabral），8 月 28 日

比维亚娜·德拉·罗萨的忌辰。她是圣克里斯托瓦尔的马纳（Mana）教堂的创建者，曾于 20 世纪初领导过一次颇有声势的弥赛亚教运动，死于 1925 年，葬于自己的教堂。目前，马纳教堂成为永久性的朝圣地。

23. 圣母梅尔塞德斯节（Virgen de las Mercedes），9 月 23～24 日

圣母梅尔塞德斯是拉贝加、杜阿尔特等省份的某些城市的守护神。圣山（Santo Cerro）的天主教堂如今成为朝圣地。信徒在这里寻求赐福、帮助、心灵的平静和神灵的庇护。

24. 祭奠节（Fieles Difuntos），11 月 2 日

缅怀和祭奠死去的天主教徒，祈祷他们在墓中静静地长眠。按照多米尼加的习俗，全家人都要来到死去的亲人的墓地，清洁

墓地、献上鲜花、点燃蜡烛并默默念诵《安魂经》。在多米尼加的中国和日本人习惯携带祭祀品，如水果、鸡肉等。

25. 圣诞节前夜（Noche Buena），12月24日

圣诞夜又称"平安夜"，源于欧洲，纪念耶稣基督的诞生。圣诞节的习俗是制作耶稣降生模型，重现耶稣诞生的场景；吟唱"村夫谣"（西班牙的一种民歌，一般以耶稣降生为题材，在圣诞节期间演唱），纪念新生的耶稣；最后全家人聚餐，给孩子们赠送礼物并举行子时弥撒。

多米尼加人的圣诞节与欧洲的大致相同，节日的美食包括葡萄干、火鸡、梨、苹果、葡萄、椰子、榛子。圣诞树装饰得美不胜收，皑皑的白雪、祝福的贺卡、五彩的小气球、缤纷的花环、火热的爆竹。家里摆放天使和耶稣降生的模型。

与欧洲不同，多米尼加人是在1月的"三圣贤日"给孩子们赠送礼物；节日通常准备小糕点、大黑面包等，饮料主要有甘蔗酒、杜松子酒、混合甜酒（一种甜酒、柠檬汁和糖等调制的饮料）、雪利酒。人们欢唱圣诞颂歌，成群结队地载歌载舞，亲友欢聚一堂。

26. 圣婴日（Día de los Santos Inocentes），12月28日

天主教传说希律（Herodes）为了搜捕刚刚降生的耶稣，残忍地杀害了全城的出生婴孩。后演化成愚人节，人们开各种善意的玩笑。

第二章

历　史

第一节　哥伦布到达前的多米尼加

1493年哥伦布发现伊斯帕尼奥拉岛时，岛上的各种印第安部族还从事着俭朴的农业劳作。这里尚没有社会阶级和阶层的明确划分，但已出现酋长、领主、教士、平民和仆役等不同层次的群体。

传统理论认为伊斯帕尼奥拉岛上共有5个酋长领地，但一些考古发现和研究表明，实际数字远不止于此，只不过很多小领地往往不确定地依附于几个主要的大领地。岛上的主要印第安部族是泰诺人。[①]

考古研究表明，泰诺人[②]来自委内瑞拉西北海岸，是南美洲阿鲁阿科人（aruaco）的后裔。泰诺人社会实行酋长领地制，采取集体劳动的方式，不存在土地和劳动工具私有制。酋长有权分配劳动成果，主持宗教仪式和其他各种活动。泰诺人按照性别和年龄标准分配工作，女人制陶和编筐，男人狩猎、捕鱼、采集食

[①] http://lcweb2.loc.gov/cgi-bin/query/r?frd/cstdy:@field(DOCID+do0013)

[②] http://en.wikipedia.org/wiki/Taino

多米尼加

物，必要时参加战争，并帮助女人完成较为艰苦的农业劳作，孩子们跟着妇女播种，他们还常常扮演看守人的角色，赶走袭击小果园的鸟类。

泰诺人的主要农作物是木薯。木薯可以被加工成一种叫做"卡萨维"（casabe）的面包。卡萨维的诞生经历了千年的技术演变史，它最早产生于公元前1500年以前的哥伦比亚北部海岸。制作过程是：①把含有诸如氢氰酸等毒素的味苦的木薯汁液抽取出来；②把木薯放置在一种叫做"斯布坎"（cibucan）的用棕榈叶纤维织成的网状物上，挤压木薯的剩余水分，直至几乎压干所有水分；③用植物纤维织成的筛子筛干净木薯粉；④把木薯块放置在饼铛上用火烘烤，把木薯块烤干并压缩，烘烤剩下的部分，直至烘烤成形状各异的饼。另一种叫做瓜依加（guayiga）的食物，首先要用蔷薇藤制成的细砂磲除去它有毒的根，随后将其与刚刚萌芽的植物幼芽混合，制成碳水化合物和蛋白质丰富的易嚼烂的食物。

泰诺人以农耕和收集食物为生，发明了糖类种植方法，主要种植物是玉米。水果、浆果的采集也是泰诺人的基本生存手段之一。他们也从事近海和深海捕鱼，完善了捕鱼技术，使用大网、鱼篓和骨制鱼钩，在地势较低的水道和入海口处设立"围捕鱼场"系统（即在鱼可能逃脱的地方设立竖立的密集的棍子）。另外，他们还捕猎蜥蜴和各种啮齿类动物。打堆技术是泰诺人最擅长的技术之一，他们用松土和废渣混合堆砌成堆，在堆上种植木薯和一部分玉米。这种技术后来推广到委内瑞拉、哥伦比亚北部和圭亚那。

泰诺人使用的劳动工具很简单，但适于当时的产品加工和生产活动。一种叫做"科阿"（coa）的尖木棍是泰诺人的主要工具之一，它主要用来挖土，以便播种。但中美洲的一种谷物播种器具似乎在不久之后也传入安的列斯群岛地区，并用于种植玉米。一种打磨成小花瓣形的斧子似乎是最常用的工具。根据斧子的大小，可以用于砍伐森林或收割庄稼。泰诺人在狩猎中会使用弓和箭。泰诺人用木灰做肥料，他们的耕地面积广阔。

泰诺人的家非常简单，以木质桌椅为主。酋长的家带有浓重的宗教色彩，有原始的装饰物，比如吊床和悬挂的盛水用的葫芦，灶台一般在屋子的角落，很少的几个陶罐就是餐具。有些陶罐装饰精美，而且代表了泰诺族的神灵。酋长的家还有背包、筐子和绳子等物品。吊床是泰诺人房屋里最主要的家具，既可以当床，也可以当椅子。泰诺人把狗视为重要的伙伴。

至于交通条件，内陆河流和沿海地区的可航行海路都是重要的对外联系的纽带。泰诺人的交通工具是独木舟。独木舟一般用一个大树干制成，大小不一，最大的可以载100人。经过火的烘烤加固的鱼钩、渔网、木叉，还有鱼篓，都是捕鱼工具。

泰诺人认为死亡意味着一次漫长的旅程，让死者可以到达另一个世界与先逝者相会。生者用食物和饮料为死者陪葬，供其在旅途中享用；还随葬一些生活用品，让死者在另一个世界使用。泰诺人把他们信奉的保护神称为"塞密"（cemi），他们用木头、黏土、骨头、贝壳、晚香玉根、石头和纺织品制作神物。一种三面雕刻的石头神物叫做 trigonolito，人们把它埋进播种的土地，祈求风调雨顺、五谷丰登，还可以保佑妇女顺产，毫无痛苦。泰诺人把他们的主神 Yocahu Vagua Maorocoti 与他们的主要食物木薯相关联。举行宗教仪式时，酋长坐在一种叫做"杜奥"（duho）的木质或石质椅子上。泰诺人最主要的宗教仪式是"科瓦"（cohoba）仪式。酋长用一种吸管吸鼻烟，以此实现与神灵的对话。这种鼻烟是从金合欢树的种子提取而来，也叫"科瓦"。泰诺人在山洞里举行宗教仪式，他们在岩石上绘制与宗教意识相关的图画和各种动物。

泰诺人并非伊斯帕尼奥拉岛上的唯一土著族，同时代的还有

marcorije 人,他们的制陶技术较高。上述两种土著居民相互融合。

第二节 欧洲殖民时期

伊斯帕尼奥拉岛是西班牙殖民者在美洲的第一个定居点,是欧洲殖民者在美洲的殖民统治的大本营。1492年,哥伦布在找寻"印度群岛"的首次航程中发现伊斯帕尼奥拉岛。[①] 哥伦布和船员登上该岛,岛上的原始居民泰诺人热情地欢迎了他们。岛上土地肥沃,但当地丰富的金矿更让殖民者为之疯狂。初期,发现者与当地土著人交换佩戴的金饰;后来,他们大规模开采岛上的金矿。

西班牙殖民者最初企图在伊斯帕尼奥拉岛的北部海岸建立殖民地,最后在现在的圣多明各建立了在美洲的第一个殖民地。西班牙统治期间,伊斯帕尼奥拉岛改称圣多明各岛。最初的几年,闪烁着熠熠光辉的金子和驯服的土著矿工吸引着更多的西班牙人。新的移民者怀着一夜暴富的野心源源不断地来到圣多明各岛,他们以怨报德,残酷地驱使善良的泰诺人,疯狂地掠夺土著人的食物,强暴土著妇女。有压迫就有反抗,泰诺人忍无可忍、奋起反抗,但他们的抗争犹如以卵击石,在1495年被彻底平息。

岛上的执政官哥伦布(1492~1499年)试图缓解新移民者和土著人之间的矛盾。他下令禁止草料征集和规范税收政策,这在某种程度上是一种更为缓和的剥削方式,但仅仅是如此微小的让步也引起了新移民者的强烈不满。为了满足新移民者的狼子野心,哥伦布下令实行分派制,新移民者可以永久性地获得大片土

---

① http://lcweb2.loc.gov/cgi-bin/query/r?frd/cstdy:@field(DOCID+do0013)

第二章 历 史 Dominican

地并奴役在这片土地上劳作的土著人,且无需承担任何赋税义务。

1499 年,西班牙王室任命的弗朗西斯科·德博瓦迪利亚(Francisco de Bobadilla)走马上任。原执政官哥伦布沦为阶下囚,被遣回西班牙本土。随后,西班牙王后伊莎贝拉下令释放哥伦布。博瓦迪利亚政府懦弱无能,1503 年,新任执政官尼古拉斯·德奥万多(Nicólas de Ovando)上台。奥万多下令实行的委托监护制等措施正合西班牙王室的心意,因而被授予"西班牙帝国在印第安的奠基人"称号。在委托监护制下,所有土地归西班牙王室所有,土著人是王室土地的佃农。新移民者可以以定期缴纳赋税的方式成为王室土地的代理人,他们有责任向土著人提供膳食和住宿,并使其信仰基督教。获得领地并不代表获得土地的所有权;但实际上,拥有领地的新移民者可以通过很多方式获得土地的所有权。委托监护制为新移民者带来财富,却为土著人带来无穷无尽的痛苦。劳累、饥饿和疾病困扰着土著人,土著人口迅速减少。1492 年,土著人口 100 万;而 1548 年,土著人仅存 500 人。随着甘蔗种植业的发展,劳动力匮乏的问题越来越严重。1503 年,第一批非洲黑奴被贩卖到圣多明各岛。直到 1520 年,非洲黑奴几乎是岛上的唯一劳动力来源。①

1509 年,哥伦布的儿子迭戈·哥伦布被任命为圣多明各殖民地的执政官。但不久以后,西班牙王室就发现了他的统治野心。1511 年,西班牙王室成立审议厅(Audiencia),监督殖民地执政官的工作。第一个审议厅由 3 名法官组成,它是圣多明各岛西部的最高上诉法院。随后,这种审议厅制度遍布西班牙统治的美洲地区。审议厅的势力范围不断扩大。1524 年,圣多明各的

---

① http://lcweb2.loc.gov/cgi-bin/query/r?frd/cstdy:@field(DOCID+do0013)

多米尼加

王室审议厅的管辖范围包括加勒比地区、中美洲和墨西哥的大西洋沿岸地区和南美洲的北部沿岸地区（包括现在的整个委内瑞拉和哥伦比亚的部分地区）。审议厅是西班牙王室在美洲殖民地的全权代表，拥有行政权、立法权和司法权，法官的数目不断增加。审议厅对刑事案件的判决即视为最终判决；某些重大的民事案件可以上诉至西班牙本土的王室印第安人事务院（Real y Supremo Consejo de las Indias）。王室印第安人事务院由查尔斯五世创立于1524年，是处理殖民地事务的专门机构，拥有制定法律、司法、管理财政、管理贸易、监督教会、指挥军队的绝对权力。①

贸易办公室（Casa de Contratación）成立于1503年，是王室印第安人事务院的从属机构，负责处理西班牙本土和美洲殖民地之间的贸易事宜。西班牙殖民者垄断着美洲的大西洋沿岸海港，为两者之间的贸易和征收赋税提供了极大的便利。西班牙王室严禁其美洲殖民地与其他国家通商，同时严格限制各殖民地之间的贸易往来。上述种种措施制约了美洲的经济发展，在某种程度上助长了走私活动。罗马天主教会是西班牙文化在美洲的传播者。教会组织遍布西班牙统治的美洲，反映了教会和国家统治机构的坚固联盟。②

1521年，埃尔南德斯·科尔特斯（Hernández Cortés）征服墨西哥，西班牙殖民者随之在墨西哥和秘鲁发现丰饶的金银矿藏。与此同时，圣多明各岛上的金矿几乎开采殆尽，劳动力也极度匮乏。于是，大量西班牙殖民者迁移到墨西哥和秘鲁，圣多明各岛上的人口大幅度减少，农田荒芜。

法国和英国竭力削弱西班牙在美洲的政治和经济势力，在

---

① http：//lcweb2. loc. gov/cgi-bin/query/r? frd/cstdy：@ field （DOCID + do0013）
② http：//lcweb2. loc. gov/cgi-bin/query/r? frd/cstdy：@ field （DOCID + do0013）

第二章 历 史 Dominican

1492年后的近250年的时间里，两国挑起了数次武装争端。1586年，英国的弗朗西斯·德雷克（Francis Drake）爵士占领圣多明各城，并向西班牙索取赎金。1655年，奥利弗·克伦威尔（Oliver Cromwell）派遣的由威廉·佩恩（William Penn）率领的一支英国舰队进攻圣多明各城，在遭遇到强大的反击后，他们向西进发，转而占领牙买加。西班牙殖民政府从伊斯帕尼奥拉岛的北部沿岸地区撤离后，法国海盗逐渐猖獗。海盗在现在的海地的西北方向的托尔图加岛（Tortuga Island）设立基地，并于17世纪中期登陆伊斯帕尼奥拉岛。尽管西班牙殖民政府数次摧毁海盗的定居点，但法国海盗数次卷土重来。1664年，法国成立法国西印度公司（French West India Company），这是法国控制伊斯帕尼奥拉岛西部的开端。此后，法国和西班牙殖民者之间冲突不断。西班牙政府疲于应付欧洲大陆的战火，无力保证圣多明各岛上的驻防，使法国有机可乘。1697年，法西双方签订《立兹维克和约》，西班牙把圣多明各岛西部让给法国，称为圣多明各，东部为西班牙所据有。直至1929年，东西部的分界线始终不甚清楚。①

18世纪初期，西班牙殖民地的土地所有者没有利用巨额的资产谋求发展，加之海盗频频袭击，导致南部沿岸地区的甘蔗种植园几乎荒废，对外贸易停滞不前。1700年，波旁王朝取代哈普斯堡皇室。新的王室大力推行经济改革，圣多明各岛的对外贸易逐渐复苏。1705年，法国人把西班牙人从东部驱逐出去，伊斯帕尼奥拉岛全部沦于法国人的统治之下。波旁王室逐渐放宽宗主国和殖民地之间、各殖民地之间的贸易限制。1737年，垄断性质的海港制度废除了。18世纪中期，奴隶贸易活跃。1765年，加勒比岛国可以与西班牙本土的港口自由通商。1774年，西班

---

① http：//lcweb2.loc.gov/cgi-bin/query/r？frd/cstdy：@field（DOCID+do0013）

多米尼加

牙在美洲的各个殖民地之间可以通商。很多商品的贸易税大幅度缩减，有的甚至缩减为零。1790年，西班牙本土的任何港口都可以与西班牙美洲的任何地方自由买卖。1800年，西班牙对所有的中立国均采取殖民地贸易开放政策。随着贸易的复苏，伊斯帕尼奥拉岛东部人口从1737年的6000增长到1790年的12.5万，其中4万是白种人，土地所有者；2.5万是自由的纯种黑人或穆拉托人（黑白混血人）；大约6万是奴隶。圣多明各岛东部的人口构成与该岛西部形成了鲜明的对比，后者约有至少50万名黑奴。[1]

第三节 海地统治期

虽然西班牙和法国分别控制着伊斯帕尼奥拉岛的东西部，但法国建立的圣多曼格（Saint-Domingue）农业发达，为宗主国带来巨额利润；而西班牙建立的圣多明各几乎毫无经济作为。法国的种植园所有者不断扩张土地，谋求更大的经济利益。他们购买并残酷地奴役非洲奴隶。

18世纪末，尽管圣多明各的经济状况有所改善，但当地的土地所有者的经济地位还是远远不及圣多曼格的法国殖民者。圣多明各的农业仅仅满足于自给自足，缺乏市场利润的契机，也不需要更多的劳动力。根据西班牙法律，奴隶只要支付一小笔钱就可以赎回自己和家人的自由，因此，西班牙殖民地的自由人比例较高，社会更为平等，种族分裂现象较少。

在法国本土反君主政体斗争的激励下，1791年8月，圣多明各爆发起义。起初，面对法国殖民地波澜壮阔的起义，西班牙殖民者惶惶不安，纷纷逃离伊斯帕尼奥拉岛。西班牙政府准备趁

---

[1] http://lcweb2.loc.gov/cgi-bin/query/r? frd/cstdy：@ field（DOCID + do0013）

第二章 历 史

乱牟利，企图与英国结盟，控制伊斯帕尼奥拉岛西部。但是，杜桑·卢维杜尔（Toussaint Louverture）领导的起义队伍粉碎了西班牙政府的企图。1796 年，法国政府任命杜桑·卢维杜尔为圣多曼格执政官。次年，杜桑·卢维杜尔政府控制整个伊斯帕尼奥拉岛。这标志着西班牙在欧洲大陆乃至全世界的地位下降，走上日落西山的道路。[①]

尽管法国名义上控制着整个伊斯帕尼奥拉岛，但该岛东部始终处于无政府状态。杜桑·卢维杜尔（后来是吉恩·雅克·代萨利讷 Jean-Jacques Dessalines）领导的队伍和 1802 年登陆的由拿破仑·波拿巴（Napoléon Bonaparte）领导的远征军之间冲突频发。1804 年 1 月，代萨利讷等人建立起独立的海地，但一小股法国残余仍然顽抗在伊斯帕尼奥拉岛东部。1805 年 3 月，代萨利讷原计划进攻圣多明各城，但由于收到法国海军中队进攻的战报而未能成行。

截至 1808 年，西班牙的保皇主义土地所有者陆续返回圣多明各城，他们渴望借助外力摆脱法国的控制，重夺控制权。海地为他们提供武器；英国占领了萨马纳并封锁了圣多明各港。1809 年 7 月，法国的残余分子逃离伊斯帕尼奥拉岛。

在费迪南德七世（Ferdinand VII）的专制统治下，伊斯帕尼奥拉岛的经济大大衰退。同时，南美洲殖民地的独立运动唤起了多米尼加人的独立意识。1821 年 11 月 30 日，西班牙副总督何塞·努涅斯·卡塞雷斯（José Núñez de Cáceres）宣布圣多明各独立，成为西班牙海地的一个州。卡塞雷斯申请加入由西蒙·玻利瓦尔（Simón Bolívar）等人创立的大哥伦比亚共和国（现哥伦比亚、厄瓜多尔和委内瑞拉）。但是，在申请的过程中，海地总统吉恩·皮埃尔·博耶（Jean-Pierre Boyer）侵略圣多明各，统

---

① http：//lcweb2.loc.gov/cgi-bin/query/r? frd/cstdy：@ field（DOCID + do0014）

多米尼加

一和控制了整个伊斯帕尼奥拉岛。①

海地对多米尼加的统治长达 22 年（1822~1844 年）。在此期间，多米尼加经济不断衰退，多米尼加人民对海地的民族仇恨也越来越强烈。圣多明各的农业发展模式是内向型的，几乎没有农业产品出口。博耶试图在圣多明各推行旨在提高农业生产率的、面向海地自耕农的农村法，但以失败告终。越来越多的多米尼加土地所有者宁愿背井离乡，也不愿意生活在海地。海地统治者似乎也乐于接受多米尼加人的选择，没收他们的土地并分配给海地的政府官员。博耶政府十分无能，只懂得霸占或没收他们需要的东西，多米尼加人视其为卑鄙的小人和愚蠢的窃贼。种族仇恨不断升级，黑皮肤的海地士兵与肤色较浅的多米尼加士兵之间的矛盾冲突不断，多米尼加人甚至认为海地人的黑皮肤就是压迫与占领的代名词。海地统治期间，宗教和文化矛盾也不可调和。海地人认为罗马天主教会就是法国殖民者的帮凶，他们没收了圣多明各所有的教会财产，驱逐了所有的外国教士，并切断了余下的教士与梵蒂冈的联系。这些行为在虔诚信奉天主教的多米尼加人看来犹如奇耻大辱。此外，上层海地人认为法国文化优于西班牙文化；海地士兵和下层海地人也蔑视西班牙习俗。

大量多米尼加的上层人士离开圣多明各，使得多米尼加人群龙无首，这从某种程度上延长了海地的统治；但是，海地和多米尼加人之间的冲突从未间断过。1838 年，一场有组织的大规模反抗海地统治的起义初现端倪。起义的领导人就是多米尼加历史上著名的胡安·巴勃罗·杜阿尔特。杜阿尔特出生于圣多明各的显赫家庭，他留学欧洲 7 年归国，当时年仅 20 岁。

如果将多米尼加的历史比作一本传奇人物传记，那么杜阿尔特的生平就是其中最引人注目的章节。杜阿尔特是一位理想主义

---

① http：//lcweb2. loc. gov/cgi-bin/query/r？frd/cstdy：@ field（DOCID + do0014）

者、禁欲者和真正的民族主义者。他坚持原则,充满传奇色彩。杜阿尔特是多米尼加的国父。他是多米尼加人民争取自由独立的精神领袖和动力源泉。可以想象,当时杜阿尔特回归故里,对故土的颓废是如何的震惊。他下定决心,要掀起轰轰烈烈的起义,把深爱着的祖国从海地的桎梏中解救出来。他成立了一个名为"三位一体"(La Trinitaria)的组织[1],创始的9个人分为三个独立的分支组织。为了避免被海地政府发现,每个组织各自招募成员,彼此几乎没有任何联系,坚持严格的保密制度。尽管如此,"三位一体"还是被海地政府察觉,不得不改名为"博爱"(La Filantrópica),继续反对海地统治的秘密活动。

"三位一体"拥有广泛的群众基础和强大支持。1843年,博耶政权被推翻,查尔斯·里维耶尔·赫勒尔德(Charles Rivière-Hérard)成为新的海地总统,这次事件成为多米尼加人民起义的催化剂。查尔斯·里维耶尔·赫勒尔德需要一段过渡时期,以便清除反对势力和巩固政权,他对"三位一体"的强力镇压迫使杜阿尔特暂时离开祖国,寻求其他拉美国家,主要是哥伦比亚和委内瑞拉的支持。1843年12月,杜阿尔特的同伴劝服他回国,但杜阿尔特在途中身染重病。1844年2月,尽管杜阿尔特尚未归国,弗朗西斯科·德尔罗萨里奥·桑切斯(Francisco del Rosario Sánchez)和拉蒙·梅利亚(Ramón Mella)还是决定起义。

1844年2月27日(多米尼加独立日),起义者攻下了首都的奥萨马要塞(Fortaleza de Ozama),海地的卫戍部队溃不成军。海地的政府官员在两天之内全部撤离圣多明各城。起义者成立了临时执政洪达,梅拉任主席。杜阿尔特于3月14日病愈归国。次日,他在一片欢腾和拥戴的呼声中到达首都。但革命胜利的喜悦即将被权力之争的残酷所取代。

---

[1] http://lcweb2.loc.gov/cgi-bin/query/r? frd/cstdy:@field(DOCID+do0014)

> 多米尼加

第四节　桑塔纳和巴埃斯统治时期

1844～1864年,桑塔纳(Santana)和巴埃斯(Báez)先后统治多米尼加。① 虽然两人的形象和性格截然不同,但这两位统治者在寻求其他国家的庇护方面殊途同归,在他们的统治期间都充斥着党派之争。他们是多米尼加卡迪略主义的卫道士。

桑塔纳的政权基础是抗击海地人卷土重来的军队。杜阿尔特在归国后成为执政洪达的成员之一,也曾指挥过一支部队。从个性而言,杜阿尔特并不是个将才,所以洪达任命何塞·玛丽亚·英伯特(José María Imbert)接替他的职务,杜阿尔特则转任锡瓦奥的执政官。当时,锡瓦奥是圣地亚哥市的辖区之一,是多米尼加北部的农业区。1844年7月,梅利亚和一批聚集在圣地亚哥的杜阿尔特的支持者迫切要求杜阿尔特担任共和国总统。杜阿尔特欣然允诺,提议举行自由选举。桑塔纳却认为必须依靠强有力的权力巩固这个新生的独立国家,对杜阿尔特的选举提议不以为然。1844年7月12日,桑塔纳的军队占领圣多明各城,并拥戴他为多米尼加总统。梅利亚竭力斡旋于杜阿尔特和桑塔纳之间,希望建立一个二人共同执政的政府,但最后以自己的锒铛入狱而告终。杜阿尔特和桑切斯也随之入狱,随后被流放。

1844年,负责制定或修改宪法的国民代表大会参照海地和美国宪法的模式起草了一部宪法,规定三权分立,立法机关有权监督行政机关的工作。桑塔纳在宪法中加入第210条,规定他可以在对抗海地的战争中享有至高无上的权力,这一条款使得新宪

---

① http://lcweb2.loc.gov/cgi-bin/query/r? frd/cstdy:@field(DOCID+do0016)

第二章 历 史

法形同虚设。

1845年12月,多米尼加在对抗海地的斗争中取得全面胜利。1844~1848年间,桑塔纳始终把持多米尼加政权,进行独裁统治。他下令处死反对派,用人唯亲,以此巩固自己的政权;他下令发行大量纸币用以支付巨额的军费开支,造成严重的货币贬值;他竭尽所能寻求强大国家的庇护,然而美国、法国和西班牙均拒绝了他的请求。

桑塔纳的行径引起多米尼加民众的强烈不满,多米尼加经济满目疮痍。1848年2月,桑塔纳在一片骂声中下台,回到了他位于埃尔塞沃省的农场。同年8月,原战争部部长马努埃尔·斯门尼斯(Manuel Jiménez)当选新总统。但斯门尼斯毫无治理国家的才能,执政近9个月就下台了。与此同时,海地在自封的皇帝福斯汀·苏卢克的指挥下进行了疯狂的反扑。桑塔纳重新掌握了军队的指挥权,并于1849年4月在拉斯卡雷拉斯成功地阻击了海地人的进攻。海地军队撤退后,桑塔纳压倒斯门尼斯占据上风。双方部队发生数次小规模冲突。1849年5月30日桑塔纳控制了圣多明各城。

桑塔纳拒绝了立法机构赋予他的临时总统的职务,下令举行大选。桑塔纳举荐圣地亚哥·埃斯派亚(Santiago Espaillat),而埃斯派亚虽然在1849年7月5日的国会第一轮选举中获胜,却拒绝充当桑塔纳的傀儡。这为巴埃斯的仕途扫清了道路,他在1849年8月18日的第二轮选举中获胜。

巴埃斯比他的前任更致力于寻求强大国家的庇护。法国和美国虽然还是不乐于充当保护者的角色,但是很乐意把萨马纳半岛作为海军军港或贸易港口。英国不甘于拱手相让在美洲大陆的经济利益,也更加积极地干预多米尼加事务。1850年,英国与多米尼加签订了贸易和海事条约。次年,英国又充当了多米尼加和海地的中间人角色,促成了两国的和平协议。

多米尼加

桑塔纳当然不会对巴埃斯的排挤坐视不理，1853年2月，桑塔纳重返政坛，当选巴埃斯的继任者。桑塔纳对他以前的这位部下反唇相讥。1853年7月3日，桑塔纳在一次公开演说中公然抨击巴埃斯是海地统治者的帮凶。桑塔纳成功地利用1844年宪法的第210条将巴埃斯驱逐出境。

尽管桑塔纳颇受公众欢迎，但他的第二次执政历程面临重重危机。1854年2月，负责制定或修改宪法的国民代表大会颁布了一部新的宪法，这部宪法删除了原有的第210条。但是，桑塔纳随后即利用军权强行通过了一部新宪法，赋予行政机关更多特权。在国际方面，桑塔纳领导的多米尼加政府积极谋求与美国的联合。相反的，海地皇帝苏卢克（Soulouque）力图制止美国对伊斯帕尼奥拉岛的占领。1855年11月，苏卢克发动新一轮进攻。1856年1月，多米尼加军队取得决定性胜利，将海地军队逐出多米尼加国境。

此后不久，多米尼加与美国政府达成贸易协议，规定美国租用萨马纳的一小部分作为煤站。巴埃斯派和西班牙政府等反对势力趁机谴责美国的帝国主义，并要求驱逐桑塔纳。1856年5月26日，桑塔纳被迫辞职，让位于副总统曼努埃尔·德拉雷格拉·莫塔（Manuel de la Regla Mota）。

莫塔的统治仅持续了近5个月。由于国库空虚，他下令解散大部分军队，从而削弱了多米尼加传统的政权基础——军队。迫于西班牙政府的压力，莫塔任命巴埃斯为副总统，随后辞职。巴埃斯睚眦必报，上台后立即下令将桑塔纳驱逐出境。随后，巴埃斯又一次把桑塔纳的派系踢出中央政府，代之以自己的亲信。但是，巴埃斯的政权也不过是昙花一现。他恢复了第一次执政期间的货币政策，大量发行纸币。锡瓦奥地区的农民拒绝接受迅速贬值的纸币，他们奋起反抗，1857年革命爆发了。

1857年8月，圣地亚哥市的临时政府赦免桑塔纳，并请他

第二章 历　　史

参加革命。桑塔纳召集亲信部队，并迅速掌握了革命的领导权。经过一年的腥风血雨，双方都付出了惨重的代价。1857 年 6 月，巴埃斯利用休战期携款逃往库拉索（Curaçao）。获胜的桑塔纳背信弃义，恢复了 1854 年的独裁宪法。连年的内战使得多米尼加人民生活在水深火热之中，陷入绝望的人民别无选择地接受了桑塔纳寻求强国庇护的政策。

巴埃斯与桑塔纳的敌对状态一直持续到 1864 年。桑塔纳死后，巴埃斯把桑塔纳的派系踢出中央政府，代之以自己的亲信；赦免了一大批桑塔纳的政敌；重组军队，以此冲淡桑塔纳在军队的影响力；还计划成立一支民兵队伍，以此对军队起制约作用。

第五节　西班牙重新控制多米尼加（1861~1865 年）

美国爆发内战，西班牙对这位强大的北方邻居的忌惮大大减弱；同时，西班牙国内以利奥波尔杜·奥唐奈（Leopoldo O'Donnell）为首的自由派执政，强烈要求扩张西班牙版图；而在多米尼加，举国上下都担心着海地卷土重来和经济滑坡。因此，1861 年 3 月 17 日，桑塔纳宣布多米尼加成为西班牙的保护国。[①]

但是，成为西班牙的保护国并非像桑塔纳及其亲信想象的那般顺利。1861 年 5 月，第一次反对西班牙占领的起义爆发了，但这次起义旋即以失败告终。一个月后，由巴埃斯派系的桑切斯将军发动了一次较为有组织的起义。不幸的是，桑切斯将军陷入了老谋深算的桑塔纳的埋伏而被捕处死。多米尼加人民怨声载

---

① http://lcweb2.loc.gov/cgi-bin/query/r? frd/cstdy:@ field（DOCID + do0017）

多米尼加

道,反抗与冲突间或爆发。国内局势紧张、种族矛盾尖锐、赋税沉重、货币制度极不稳定、宗教改革矛盾重重、西班牙军费开支无度、对外贸易限制重重。1863年,西班牙政府镇压了无数次起义,但起义的星火如燎原之势。桑塔纳政府不得不下令全城戒严。

1863年9月14日,起义的多米尼加人在圣地亚哥市成立临时政府,政府首脑是何塞·安东尼奥·萨尔塞多·拉米雷斯(José Antonio Salcedo Ramírez)。临时政府颁布独立法令,该法令是复国战争(War of Restoration)的开端。西班牙政府本指望桑塔纳雄风再现,但是桑塔纳早已众叛亲离,为多米尼加人民所不齿。临时政府强烈抨击桑塔纳的叛国行为,并宣判其死刑。1864年6月14日,桑塔纳在极度的沮丧中告别人世,传言他是自尽身亡。其间,反对西班牙占领的斗争如火如荼。1865年2月27日,临时政府召开全国大会,会上制定了新宪法并选举佩德罗·安东尼奥·皮门特尔·查莫罗(Pedro Antonio Pimentel Chamorro)为总统。

国际上,美国内战结束,禁止欧洲国家染指美洲的门罗学说占据上风。多米尼加国内,西班牙军队在排山倒海般的起义面前节节败退,来势汹汹的疾病也困扰着他们。因此,西班牙政府不得不放弃多米尼加。1865年3月3日,西班牙王后颁布法令,宣布撤离多米尼加。

西班牙军队撤退后,多米尼加政坛又上演了一幕争夺政权的"好戏",南部的保守派和锡瓦奥的自由派争执不下。最后,双方各自成立了自己的政党。自由派的政党名为国家自由党(Partido Nacional Liberal),也称蓝党;保守派的政党称为红党。红党凭借人数优势压倒蓝党,并于1865年12月8日拥戴回国的巴埃斯担任总统。由于国内形势巨变,地方武装力量取代了国家军队;政权分散,锡瓦奥派和保守派势不两立,巴埃斯无法继续他的独裁式统治。

第二章 历史 **D**ominican

第六节 政权之争（1865～1882 年）和厄鲁统治期（1882～1899 年）

18 66 年，多米尼加国内再次爆发起义。同年 5 月，巴埃斯逃往国外。以格雷戈里乌·卢佩龙（Gregorio Luperón）为首的三人执政小组临时掌握了政权。1866 年 9 月 29 日，曾于 1865 年短期担任过总统的何塞·玛丽亚·卡夫拉尔·卢纳（José María Cabral Luna）再次当选。但是，巴埃斯派的势力仍然十分强大。1868 年 5 月 2 日，巴埃斯把卡夫拉尔赶下台。重新上台的巴埃斯还是恶性不改，他侵吞公款，变卖国家财产，还企图让多米尼加成为美国的保护国。1874 年 1 月，起义的蓝党把巴埃斯推翻。

蓝党的内部之争持续至 1882 年。1876 年 3 月 24 日，卢佩龙支持下的乌利塞斯·弗朗西斯科·埃斯派亚·基尼奥内斯（Ulíses Francisco Espaillat Quiñones）在总统选举中获胜。埃斯派亚是自由派，他致力于发展自由经济。但埃斯派亚的统治仅持续了 9 个月，1876 年 12 月 20 日，埃斯派亚在南部和东部的起义浪潮中下台。巴埃斯借机重登总统宝座。巴埃斯政权的最大威胁来自自由派费尔南多·阿尔图多·德梅里诺·拉米雷斯（Fernando Arturo de Merino Ramírez）领导的起义力量。1878 年 2 月，巴埃斯再次被流放，这位枭雄再也没能回到祖国，于 1882 年离开人间。①

时过境迁，人事全非。桑塔纳和巴埃斯如同多米尼加历史长河中的沙砾，叱咤风云，也不过如过眼云烟。他们铭刻在历史中的，只是无穷无尽的权力之争，满目疮痍、不堪一击的经济和对

---

① http：//lcweb2.loc.gov/cgi-bin/query2/r？frd/cstdy：@field（DOCID + do0018）

多米尼加

外国势力的依赖。在这种分裂和混乱的形势下,一个工于心计的权谋政治家厄鲁登上了历史舞台。1882～1899年的17年里,多米尼加人民生活在厄鲁的极其专横的恐怖统治之下。①

厄鲁曾是卢佩龙麾下的一名中尉。他是不知名的海地男人和来自圣托马斯岛的女人的私生子。厄鲁以其阴险的个性而闻名,权力欲望极强,为达目的不择手段。从1878年巴埃斯下台到1882年厄鲁上台,塞萨雷奥·吉列尔莫·巴斯塔多(Cesáreo Guillermo Bastardo)、伊格纳西奥·玛丽亚·冈萨雷斯·桑蒂(Ignacio María González Santín)、卢佩龙和梅里诺曾先后执政或宣布执政。厄鲁是梅里诺政府的内务部长,但他的幕后势力远远超过梅里诺。1882年9月1日,厄鲁登上总统宝座。

厄鲁的首次执政持续了两年,这两年平淡无奇。卢佩龙和梅里诺的统治为厄鲁创造了稳定的金融环境和政治的相对稳定,两年中仅发生过一次大规模起义。两年任期一满,蓝党主席卢佩龙就大力支持塞贡多·英伯特(Segundo Imbert)将军继任总统;而厄鲁针锋相对,成为弗朗西斯科·格雷戈里乌·比利尼(Francisco Gregorio Billini)的强大后盾。

1884年9月1日,比利尼就职。但与厄鲁的初衷背道而驰,比利尼拒绝成为厄鲁的傀儡。厄鲁散布谣言,借口比利尼曾经颁布过反政府政治犯特赦而宣称他串通前总统塞萨雷奥·吉列尔莫进行反卢佩龙的活动。厄鲁如愿以偿,1885年5月16日,比利尼迫于严重的政府危机而辞职,副总统亚历杭德罗·沃斯·希尔(Alejandro Woss y Gil)继任总统。厄鲁成为幕后总统,操纵新政府,他的一大批亲信成为内阁成员,他本人也掌握了军权。厄鲁处心积虑地残酷镇压吉列尔莫领导的起义,迫使吉列尔莫拒捕自杀。此举一箭双雕,不仅扫除了自己的一个强有力的政敌,也

---

① http://lcweb2.loc.gov/cgi-bin/query2/r?frd/cstdy:@field(DOCID+do0019)

第二章 历 史

赢得了吉列尔莫的凤敌卢佩龙的青睐。

1886年总统大选，卢佩龙不出意外地支持厄鲁。厄鲁凭借其翻云覆雨的政治谋略操纵选票。厄鲁的对手莫亚（Moya）发动武装起义，但卢佩龙的支持在这场权力之争中起了举足轻重的作用，厄鲁又一次击败劲敌。虽然厄鲁的就职日不得不因此而延迟了4个月，但这次重登宝座，厄鲁再也没有使政权旁落。

厄鲁玩弄政治权术，步步为营地为其独裁统治铺垫道路。他提议修订宪法，将总统任期从两年延长到四年，取消直接选举。为了巩固政权基础，厄鲁兼容红党和蓝党成员担任政府官员。他还建立遍布全国的秘密警察和告密制度，以便把反政府起义扼杀于摇篮；而以前自由的新闻媒体也被严格审查。

多米尼加的自由派意识到独裁主义的严重威胁，他们不得不支持硕果仅存的卢佩龙。1888年大选无异于一场卢佩龙和厄鲁之间的激战。厄鲁在权力驱使下对他的"恩人"毫不留情。厄鲁的选举团恶意攻击卢佩龙及其支持者，并逮捕了无数卢佩龙派成员。卢佩龙意识到，大选将毫无自由和平等可言，他退出选举，也没有听从他的支持者的建议，而是选择离开祖国，逃往波多黎各。

此后直至1899年遇刺，厄鲁的政权几乎没有受到任何威胁。他操纵立法和宪法的修订，一次又一次地连选连任。尽管政权相当稳固，厄鲁还是变本加厉地镇压反对势力，监狱人满为患。厄鲁积极寻求外国势力，尤其是美国的庇护。他试图将萨马纳半岛租借给美国，但由于国内蓝党的强烈反对和欧洲国家的干涉而未能如愿。1891年，美国和多米尼加达成互惠协议，26种美国商品可以自由进入多米尼加市场，多米尼加的部分商品也可以免税进入美国市场。德国、英国和法国对这一协议表示出强烈不满，他们认为此举将损害本国的贸易利益。

厄鲁统治期间，多米尼加的外债急速膨胀。厄鲁穷奢极欲的

多米尼加

生活和旨在巩固政治地位的巨额开支使政府入不敷出。由于资金得不到有效利用,财政赤字迅速增长。为了避免银行系统全面崩溃,政府不得不采取发行纸币的权宜之计。1897年,过度发行的纸币极度贬值,甚至多米尼加人都拒绝使用本国纸币。

除了血腥镇压反对势力,厄鲁的告密和间谍系统的触角甚至伸到其他国家。面对厄鲁的独裁政策,卢佩龙派的新生力量奥拉西奥·巴斯克斯·拉哈拉（Horacio Vásquez Lajara）在波多黎各创立了一个革命组织,自称青年革命洪达（Junta Revolucionaria de Jóvenes）。他和另外两个主要成员费德里科·贝拉斯克斯（Federico Velásquez）、拉蒙·卡塞雷斯·巴斯克斯（Ramón Cáceres Vásquez）回到锡瓦奥,秘密策划起义。1899年7月26日,卡塞雷斯在莫卡（Moca）枪杀厄鲁,厄鲁倒在血泊和惊恐的人群中,卡塞雷斯功成身退。

第七节　斯门尼斯派和巴斯克斯及卡塞雷斯派的冲突（1899~1916年）

在一段时期的武装冲突之后,革命派占据了上风。1899年9月,巴斯克斯建立临时政府。通过自由的直接选举,胡安·伊西德罗·斯门尼斯·佩雷拉（Juan Isidro Jiménez Pereyra）于当年11月15日当选总统。由于以法国为首的欧洲各国开始要求归还厄鲁时期的外债,斯门尼斯政府面临严重的财政危机。海关收入是斯门尼斯政府的主要财政来源。中央政府用海关收入的40%偿还外债,引起了以美国为靠山的圣多明各发展公司（San Domingo Improvement Company）的不满。厄鲁时期,该公司向政府借出巨额资金,以相当大份额的海关收入为补偿,并把持了多米尼加海关的管理权,以确保政府定期偿债。现在,

第二章 历史

斯门尼斯政府收复了海关的管理权,该公司耿耿于怀并"申诉"到美国国会。这次事件重新激起了美国对多米尼加的浓厚兴趣。

厄鲁的死亡无疑预示着相对和平而稳定的政治形势。斯门尼斯积极与外国进行金融磋商,引起了全国各地,尤其是锡瓦奥地区的民族主义者的强烈反对。他们认为此举无异于"丢了西瓜捡芝麻",出卖国家主权以换取外国的金融支持。巴斯克斯指挥的政府军数次扼杀了反对派的起义;但巴斯克斯和斯门尼斯之间的明争暗斗使多米尼加的形势更加混乱。1902年4月26日,巴斯克斯的军队揭竿而起,失道寡助的斯门尼斯仓皇逃离多米尼加。巴斯克斯未能及时控制支持派和反对派之间的冲突,国内形势极不稳定。1903年4月,前总统沃斯就任总统。

多米尼加的政治势力再度划分为两大阵营——斯门尼斯派(Jimenista)和巴斯克斯及卡塞雷斯派。[①] 沃斯总统本属于斯门尼斯派,他妄想吸纳巴斯克斯及卡塞雷斯派成员,却反被"盟友"卡洛斯·弗朗西斯科·莫拉莱斯·朗瓜斯科(Carlos F. Morales Languasco)推翻(1903年12月)。莫拉莱斯随即成立临时政府,并宣布成为总统的唯一候选人,卡塞雷斯成为(竞选副总统)的竞选伙伴。就职前,莫拉莱斯再度与巴斯克斯及卡塞雷斯派修好,激发斯门尼斯派的又一次起义。但是,莫拉莱斯和卡塞雷斯成功地镇压了这次叛乱,1904年6月19日分别宣誓就任总统和副总统。

此后,莫拉莱斯和卡塞雷斯之间的派系之争大大削弱了新政府的统治基础。1905年后期,卡塞雷斯的狼子野心昭然若揭;事实上也在内阁取得了明显优势。莫拉莱斯断然决定发动政变。不幸的是,他的计划暴露,本人也被捕后被流放。1905年12月29日,卡塞雷斯就任总统。

---

① http://lcweb2.loc.gov/cgi-bin/query2/r? frd/cstdy: @ field(DOCID + do0020)

多米尼加

就在多米尼加的各派政治势力"窝里斗"的时候,美国乘虚而入,通过强加给多米尼加共和国的一系列协定,使多米尼加沦为保护国的地位。20世纪初,罗斯福执政的美国对加勒比国家的稳定抱有极大的兴趣,尤其是多米尼加这个通往巴拿马运河的门户。1904年6月,美多双方达成协议,多米尼加政府出资收购圣多明各发展公司的股权;美国派遣经济顾问,确保该公司收回多米尼加政府赊欠的债务。1905年2月7日,双方再度签署协议,美国有权支配多米尼加的海关收入,用以偿还国内外债务。1905年4月,美国设立驻多米尼加办事处,实现全面的多米尼加海关事务破产在管。

上述协议从一定程度上减轻了多米尼加的债务负担,卡塞雷斯政府是最大受益者。经济形势稍有好转,卡塞雷斯就着手进行政治体制改革。国会修订了宪法,规定设立从属于中央政府的各级地方政府;总统任期延长为6年;撤销副总统职位。卡塞雷斯政府还下令公共资产国有化和设立专门的公共工程管理机构。多米尼加国内对这几项措施褒贬不一。政府机构的简化削弱了地方势力,使他们怨声载道;国内的民族主义者认为决不能出卖国家主权换取经济利益。1911年11月19日傍晚,卡塞雷斯在圣多明各的大街上驾车时被路易斯·特赫拉(Luis Tejera)等人刺杀。

第八节 美国军事占领期 (1916~1924年)

卡塞雷斯死后,埃拉迪奥·维多利亚(Eladio Victoria)政府的军费开支急速膨胀,用以镇压全国各地尤其是锡瓦奥地区的起义。1912年9月24日,美国总统威廉·塔夫脱(William H. Taft)派遣特别团斡旋于多米尼加各派政治势力之

第二章 历 史

间，并随后向多米尼加调兵遣将。美国的干涉①迫使维多利亚辞职，让位于罗马天主教大主教阿道夫·亚历杭德罗·努埃尔·博瓦迪利亚（Adolfo Alejandro Nouel Bobadilla）。1912 年 11 月 30 日，努埃尔正式就任临时总统。

努埃尔无力调节国内各派势力之间的矛盾，1913 年 3 月 31 日被迫下台。继任总统的何塞·博尔达斯·巴尔德斯（José Bordas Valdés）也同样不称职。美国又一次染指多米尼加事务。美国充当多米尼加地方政府选举的"监督人"，并答应监督制定或修改宪法的国民代表大会起草总统选举的程序。在这种情况下，巴斯克斯及卡塞雷斯派同意停火。但是，1914 年 6 月 15 日，博尔达斯却利用新的选举程序当选总统。巴斯克斯及卡塞雷斯派和斯门尼斯派站到了"统一战线"，"并肩"反对博尔达斯。

为此，伍德罗·威尔逊（Woodrow Wilson）政府又一次干涉多米尼加。威尔逊总统发出最后通牒，如果多米尼加不选举总统，美国将强加指派。1914 年 8 月 27 日，多米尼加人一致选举拉蒙·巴埃斯·马沙杜（Ramón Báez Machado）为临时总统。1914 年 10 月 25 日，多米尼加举行公开大选，斯门尼斯重登总统宝座。虽然贵为一国总统，斯门尼斯不得不违心地任命各派政治势力，力图稳固统治基础。但事与愿违，参政的各派势力争执不下，反而削弱了政府和总统的势力，国家战争部部长德西代里奥·阿里亚斯（Desiderio Arias）斗胆控制了国家的军事力量和国会，他迫使国会议员以"违宪"的罪名弹劾总统。尽管美国大使答应向斯门尼斯政府提供军事援助，斯门尼斯还是于 1916 年 5 月 7 日主动退位。

阿里亚斯随后上台，但他只不过是操纵在美国政府手中的木偶。1915 年，美国占领海地，比以往更加赤裸裸地干涉多米尼

---

① http://lcweb2.loc.gov/cgi-bin/query2/r? frd/cstdy: @field（DOCID + do0021）

多米尼加

加内政。美国的海地驻军在里尔·阿德米拉尔·威廉·卡泊顿（Rear Admiral William Caperton）的率领下以武力迫使阿里亚斯下台。1915年5月16日，第一批美国海军登陆。两个月内，美国军队就完全占领了多米尼加。当年11月，美国正式对外宣布成立驻多米尼加的军事政府。现行的多米尼加宪法和政府机构原封不动，但实行严格的新闻传媒审查制度，并严禁公开演说。

美国的军事政府暂时稳定了多米尼加的政治局势，财政状况略有好转，经济状况有所改善，多米尼加有史以来首次兴建了公路，并成立了一支职业化的警察部队。但是，美国侵略者对多米尼加人民进行了残酷的奴役和剥削。内乱与外患迭起，严重阻碍了多米尼加经济的发展。农业发展缓慢，至19世纪末，农作物如糖、烟草、可可和咖啡等才得到一定程度的发展。工业生产水平也很低，整个19世纪只发展了一些小型的棉纺业、制帽业、鞋业以及木材、家具、纸烟、雪茄和火柴等工业，出口货物极少。社会经济和文化的发展虽然缓慢，但人口的增长却很迅速。1840年，全国人口总数只有20万左右，1921年便已达到90万。

多米尼加人不甘于丧失国家主权，以东部埃尔塞沃省和圣佩德罗—德马科里斯省的反抗最为激烈。从1917~1921年，美国军队与维森特·埃万赫利斯塔（Vicente Evangelista）领导的起义队伍遭遇数次。虽然起义队伍是民心所向，又熟知地形，但毕竟在武器装备和兵力上处于极大的劣势，最终败北。

第一次世界大战后，美国国内的反占领舆论很大。1921年3月，沃伦·G.哈丁（Warren G. Harding）继任美国总统，他曾经反对占领海地和多米尼加。1921年6月，一部分美国众议员提交"退兵议案"，史称哈丁计划。根据该项计划，多米尼加必须通过美国军事政府的所有法令，美国将向多米尼加提供250万美元的贷款用于公共工程建设和其他开支，美国有权任命警察部队（改称 Guardia Nacional）的长官并监督多米尼加的总统大选。多米尼加公众普遍反对该项计划。中立派的多米尼加政治势力借机与美国政府展开谈判，并最终达成协议，即大选前由临时总统执政。1922年10月21日，胡安·巴乌蒂斯塔·维西尼·布尔戈斯（Juan Bautista Vicini Burgos）就任临时总统。1924年3月15日，奥拉西奥·巴斯克斯·拉哈拉（Horacio Vásquez Lajara）在总统大选中大胜代表联盟党（Partido Alianza）的弗朗西斯科·佩纳多·巴斯克斯（Francisco J. Peynado. Vásquez），他所属的政党在参众两院中也占据了多数席位。当年7月13日，奥拉西奥·巴斯克斯·拉哈拉宣誓就职，宣告多米尼加人重新掌握国家主权。

第九节 特鲁希略家族的独裁统治期（1930~1961年）

1930年，拉斐尔·特鲁希略（Rafael Trujillo）通过军事政变夺取了多米尼加政权。在此后的30多年里，多米尼加一直处于特鲁希略家族的独裁统治之下。[①] 1930~1938年和1942~1952年期间拉斐尔·特鲁希略任总统，1952~1960年由其弟埃克托尔·特鲁希略（Héctor Trujillo）任总统。特鲁希略兄弟大权独揽，专横跋扈。对内残酷镇压人民的反抗，疯狂掠夺国家财富；对外一向唯美国马首是瞻，充当扑灭加勒比国家民族主义运动的帮凶，还多次向美国出卖多米尼加国家主权。特鲁希略家族的31年的统治以军国主义、极权主义、独裁主义的考迪罗主义为特征。

---

① http: //lcweb2. loc. gov/cgi-bin/query2/r? frd/cstdy: @ field（DOCID + do0022）

多米尼加

一 政治背景

巴斯克斯政府在多米尼加历史上如同暴风雨中闪耀的恒星。历经8年的起义与镇压时期后,巴斯克斯政府小心谨慎地确保广大人民的政治和民事权利。出口商品价格的上涨和政府借款额的加大促进了经济的发展。政府兴建公共建设工程。首都圣多明各的城区扩大,逐渐成为现代化的都市。但是,经济的进步犹如昙花一现,极不稳定的政治局势死灰复燃,如同大漩涡般摧毁经济成果。而掀起这场政治浩劫的就是多米尼加历史上的又一位传奇人物:拉斐尔·特鲁希略。

巴斯克斯是一个原则性很强的政府首脑,也是各派政治势力长期斗争的产物。巴斯克斯成功地削弱了政敌费德里科·贝拉克斯的势力,任命自己的亲信担任政府要职。1927年,巴斯克斯将总统任期从4年延长到6年,此举虽然获得了国会通过,但显然违背了巴斯克斯本人曾经承诺遵守的1924年宪法。总统这种昭然若揭的统治欲望引起了其他政客的强烈不满,权力之争再度上演。

在这场权力之争中,特鲁希略的优势较为明显。出身卑微的特鲁希略当时已经成为多米尼加国家军队的总指挥。1918年,多米尼加正处于美国的军事政府统治之下,多米尼加的大部分上层人士都不愿意与占领政府合作,而就在此时特鲁希略应征加入国家警察。此后他步步高升,广交"朋友",很快就建立起庞大的人际关系网。特鲁希略没有把国家警察仅仅看做是与政治无关的维持社会秩序的工具,而是争夺国家政权的强大基石。

特鲁希略与美国军事占领政府的关系不仅仅限于接受的军事训练,还在于与国家警察的高级长官建立起的千丝万缕的关系。这些高级长官对特鲁希略中尉青睐有加,认为他是多米尼加未来的最合适的领导人物。因此,他们不断地举荐特鲁希略,升他的职。特鲁希略中尉与卡茨（Cutis）上校交情匪浅，卡茨上校利用他的国家警察总指挥职务，任命特鲁希略为国家警察统领。而就在几天前，特鲁希略刚刚升职为上尉。

特鲁希略在军队系统的升职不仅仅是美国军事占领政府支持的结果，也源于他本人的政治谋略和交际技巧。巴斯克斯在短短的几个月内，就把特鲁希略提升为中校和国家警察助理指挥，这使特鲁希略成为美国军事占领政府麾下有力的军事支持力量。在巴斯克斯企图再次当选时，"圣地亚哥革命"爆发了。1930年2月23日，政变爆发。圣地亚哥的革命者高呼："革命万岁！""杀死奥拉西奥·巴斯克斯！"没有遇到任何抵抗就占领了圣多明各。这次起义由拉斐尔·埃斯特雷亚·乌雷尼亚（Rafael Estrella Ureña）领导，但是得到了当时的军队总指挥特鲁希略的强大支持。他向革命者提供武器装备和士兵，事后却掩盖了他对革命起义的支持行为。

起义后，多米尼加政局动荡。革命者和巴斯克斯及卡塞雷斯派之间的火并不断。巴斯克斯被迫辞职，迅速前往波多黎各。后来，巴斯克斯又返回多米尼加，在坦博里尔定居，度过余生。1930年，特鲁希略被任命为多米尼加总统。多米尼加历史上最残酷、暴力的时期开始了。

二　特鲁希略统治初期（1930~1934年）

1930年8月16日，特鲁希略和埃斯特雷亚·乌雷尼亚分别宣誓就任多米尼加总统和副总统。当年9月3日，新政府面临了执政以来的第一次严峻挑战：圣塞农飓风造成圣多明各市巨大的财产和人员损失。特鲁希略利用这次自然灾害的机会，确立在多米尼加人民中的威信。他充当了多米尼加重建者的角色。他解散政党。军队成为特鲁希略实施反民主政策的有效工具。

特鲁希略穷尽各种手段，残酷镇压反独裁运动。被称为"不屈的游击队员"的德西代里奥·阿里亚斯，在多米尼加西北部边境坚持战斗长达 29 年。1931 年，阿里亚斯在马奥战死沙场。

副总统埃斯特雷亚·乌雷尼亚是特鲁希略独裁政权的另一个牺牲品。特鲁希略先是冻结了他的行政职务，为了逃避特鲁希略的谋杀，埃斯特雷亚·乌雷尼亚逃往美国。政府设立 42 号巡逻队，用以镇压所有反对特鲁希略的人和组织。这一时期，多米尼加革命党成立了。新生的革命党组织迅速壮大。所有成员必须缴纳工资的 10% 作为党费。政党的标志是手掌，口号是"正直、自由、工作、道德"（这四个单词的开头字母刚好和特鲁希略全名的开头字母吻合）。

三 极权主义统治和与海地的边界矛盾（1934～1938 年）

这几年中，极权主义体制表现为各个方面。一方面，下令全国"领袖膜拜"，1935 年，甚至把圣多明各市更名为特鲁希略市。对特鲁希略的膜拜使政府官员争相溜须拍马、明争暗斗。圣多明各大学授予特鲁希略名誉博士称号，国会也极力推举他为终身总统。国会通过，每年 1 月 1 日是"国家造福者"日。无数的法令发布全国，用特鲁希略的名字、他无数的头衔之一或是他家庭成员的名字为城市、公园、街道、公路和楼房冠名。多米尼加全国各地还开展各项膜拜活动，如游行、弥撒、群众集会、晚会、庆祝活动，等等；竖立特鲁希略的半身塑像。1936 年，甚至企图授予特鲁希略诺贝尔和平奖。对特鲁希略的膜拜激起了社会各界的反特鲁希略极权主义的活动。面对人民的这种自然反应，特鲁希略政府设立了严密的特务、间谍体系，侦察、逮捕和判决所谓的罪人。从此，暴力与血腥充斥多米尼加。其中最令人震惊的是 1937 年 10 月对海地人的大屠杀。但究其根源，还要从多米尼加和海地之间的不适当的辖区划分说起。这个问题的解决是特鲁希略"边境地区的多米尼加化"计划能否实现的重头戏。这个计划充斥着种族主义、独裁主义和特鲁希略利益集团的论调。

多米尼加和海地的边境线并没有起到国境的作用，海地人不断涌入多米尼加领土。从第一共和国时期起，克里奥约行政官员和海地当时的官员一直为解决这个问题不懈的努力。1931 年，特鲁希略在达哈翁发表演说，指出必须改善这一地区的生活条件，为此，必须在边境地区划分一条明确的界限。1933 年起，特鲁希略与当时的海地总统斯泰尼奥·文森特（Stenio Vincent）多次谈判，最终于 1935 年签订了协议。该协议规定，敦促多米尼加的海地人返回海地，断绝边境地区两国居民之间的贸易往来、通婚和文化交流。但是，协议的签订并没有使情况好转。特鲁希略在达哈翁再次发表演说，他宣称：如果多米尼加国境内的海地人不离开多米尼加，他将采取强制性措施。其结果就是 10 月 2 日的残酷屠杀。在屠杀中丧生的人不计其数，准确数字至今不得而知，但可以确定是在 1.2 万到 2.5 万人之间，其中包括妇女和儿童。事后，特鲁希略政府的若干工作人员充当了替罪羊，被控滥用职权，进了监狱。国际社会强烈谴责了特鲁希略的大屠杀。特鲁希略向海地政府支付了 75 万美金作为赔偿。

四　特鲁希略的幕后统治（1938～1942 年）

1939 年 6 月，特鲁希略以特派大使的身份访问欧洲和美国，并希望借此达到取缔 1907 年和 1924 年条约的目的，使多米尼加的海关重新归本国管辖。在华盛顿，特鲁希略表示支持美国国会对第二次世界大战的一切决议。

虽然废除这两个条约的目的没有达成，但 1940 年 12 月，他

与美国当时的国务卿科德尔·赫尔（Cordell Hull）达成了一项协议。美国并没有兑现这项特鲁希略-赫尔条约的有关承诺，即多米尼加可以延迟7年偿清多达9271855.55美元的外债。这个数目比特鲁希略统治初期上升了2000万美元。当时，海关收入是多米尼加的主要财政收入。债务一旦清偿，海关就归政府管辖了。随后，特鲁希略政府推行海关保护主义政策，特鲁希略的私人财产和国家财产已经混为一谈。但不管怎样，国家的收入增多，并推动多米尼加工业的发展。特鲁希略宣称，海关的回收是他民族主义思想的表现之一。同时，特鲁希略掠取的国家财产更多了，他的头衔也更多了。这次，特鲁希略又成了"多米尼加财政独立的再造者"。

哈辛托·佩纳多（Jacinto B. Peynado）于1940年死于任上，当时的副总统特龙科索（Troncoso）继任总统。特龙科索颁布法令，下令把特鲁希略的肖像与杜阿尔特、桑切斯和梅利亚的肖像并列，悬挂在学校和办公室等公共场所。1941年，为了表现特鲁希略主义中的所谓"女性主义"，妇女的民事权利得到承认。同时，特鲁希略发起的宪法改革取消了副总统职位；规定总统任期为五年；并规定战争及海军部部长在总统缺席时可以代行总统职务。

五 昙花一现的民主斗争（1942~1947年）

1942年5月大选，多米尼加妇女第一次行使选举与被选举权。当时，第二次世界大战正处于关键阶段，这使多米尼加受益良多。战争引起粮食匮乏，对多米尼加的农产品的需求量大大增加，国家收入也随之大大增加了。

这几年，美国推行"睦邻"政策，独裁政权趁机重新确立了统治地位。"睦邻"政策意味着美国会接受美洲任何国家的政府，不会推翻或干预这些政府。这项政策也有利于独裁政权以低价扩充军备。第二次世界大战后,联合国成立,并颁布《联合国宪章》。特鲁希略也趋同国际潮流,表示赞同自由主张。因此,特鲁希略推行了独裁政权内部的所谓"自由"氛围,允许以多米尼加民主革命党为首的小股反对势力萌芽。附属于人民社会党(1946年成立)的民主青年组织与多米尼加民主革命党联合。特鲁希略承诺,允许持不同政见的人参与政权。

这些代表反对势力的政治团体充分行使"自由",他们发起声势浩大的民主思想的浪潮。这场浪潮也促使了工人组织的形成,各制糖中心的工会组织实力最为强大。1942年,特鲁希略统治时期唯一的一次较大规模的罢工爆发了。罢工扩展到拉罗马纳省和圣佩德罗·德马科斯省地区。罢工最终以胜利告终,罢工者的工资显著提高。此后,工会领导人之一毛里西奥·巴埃斯(Mauricio Báez)被迫流亡哈瓦那,在那里被绑架,从此销声匿迹。

随着国际形势的逆转,独裁政权支持下的民主氛围也中断了。特鲁希略政权实行铁腕政策,许多反对人物被捕、被起诉、被暗杀,反对独裁的斗争陷入瘫痪状态。美国的反共产主义、支持拉丁美洲的独裁政权的国际政策,极大地巩固了特鲁希略在国内的统治。特鲁希略趁机宣称自己是"美洲反共产主义第一人",粉饰他对反对势力的变本加厉的残酷镇压。

六 失败的武装起义(1947~1952年)

这个时期的几个突出事件都与国际形势密不可分,尤其是与美洲国家间的关系密不可分。第二次世界大战期间,特鲁希略政权支持同盟国,反对极权主义。同盟国的胜利推动整个世界向民主自由的方向发展。民主自由的国际潮流极大地影响了拉丁美洲国家,特鲁希略的独裁政策与委内瑞拉、哥斯达黎加、危地马拉和古巴等国的民主潮流发生碰撞,多米尼加的反

多米尼加

对派人物在这些国家避难。1947年,在拉丁美洲一些民主政府的支持下,流亡国外的反对势力组织武装起义,准备终结特鲁希略的独裁政权。在古巴,上千人参加了军事训练。他们筹集经济援助,其中最重要的援助者是胡安·罗德里格斯·加西亚(Juan Rodríguez Garcia)。起义者在古巴境外的一个小岛上参加训练。胡安·博什(Juan Bosch)、胡安·罗德里格斯·加西亚、安赫尔·莫拉莱斯(Ángel Morales)、米盖尔·安赫尔·拉米拉斯(Miguel ángel Ramírez)、胡安·伊西德罗·斯门尼斯·格鲁利翁(Juan Isidro Jiménez Grullón)和莱奥维吉尔多·奎略(Leovigildo Cuello)等起义领导人在岛上制定了详细的起义计划。

这次起义的策划过程十分公开,就连特鲁希略本人也获悉此事。在美国的干预下,起义失败。但是,这次失败并没有阻止起义者的斗争步伐。他们组织了"加勒比军团",从危地马拉出发,再次向特鲁希略政权发起冲击。起义者有6架飞机,其中1架到达圣多明各,4架由于恶劣的天气迫降在墨西哥境内,第五架护航飞机返回危地马拉。唯一一架到达多米尼加的飞机上共有15名起义者。1949年6月19日,他们在卢佩龙降落,随后与政府军展开激战,只有5个人幸存,其中包括加勒比军团的领导人奥拉西奥·奥尔内斯·夸斯克(Horacio Ornes Coiscou)。

随着这两次冲击的失败,所有从境外发动的反特鲁希略起义中断了十年。同时,多米尼加国内再次掀起镇压和关押的浪潮。政府军和特鲁希略本人的势力都得到了巩固。特鲁希略甚至利用这两次起义,请求国会授予他"对敌国不宣而战的特权",并宣布"古巴、危地马拉和哥斯达黎加是阴谋策划者"。

七 埃克托尔·特鲁希略统治期(1952~1961年)

1942~1952年,特鲁希略一直是多米尼加总统。从20世纪50年代起,特鲁希略是在美国扶植下最有权势的拉丁美洲国家的独裁者。特鲁希略的兄弟埃克托尔·特鲁希略上台执政，特鲁希略借此达到了扶植裙带关系担任总统继任者的目的。

1955年，独裁政权进入黄金时期。特鲁希略家族掌握了国家的绝对统治权，而且在社会发展的各个方面都有显著的改善。1955年被定为"多米尼加造福者年"。同年，"自由世界的和平与团结"国际大会在多米尼加召开。大会的开幕式极尽奢华，耗费了多米尼加大量财政预算。几年后，特鲁希略政权与拉丁美洲其他国家的关系进入极不稳定的时期，尤其是与古巴的关系，因为卡斯特罗领导的古巴革命取得了胜利。

1958~1960年，特鲁希略政权收容了一些其他拉美国家被改革浪潮推翻的独裁者。他们是胡安·多明戈·庇隆（Juan Domingo Perón）、赫拉尔多·马查多（Gerardo Machado）、富尔亨西奥·巴蒂斯塔（Fulgencio Batista）、马尔科斯·佩雷斯·斯门尼斯（Marcos Pérez Jiménez）和罗哈斯·皮尼利亚（Rojas Pinilla）。1959年6月14日，起义者在委内瑞拉政府的支持下，从古巴出发，发动了起义。这次起义激发了多米尼加国内不少先进青年的斗争意识。起义分成三个战场：康斯坦萨（Constanza）、迈蒙（Maimón）和埃斯特罗—翁多（Estero Hondo）。尽管起义以失败告终，但是，6月14日地下组织由此形成。特鲁希略政权对反对势力，尤其是对暴露的6月14日组织成员的搜捕、折磨和暗杀活动变本加厉。

1960年，米拉瓦尔（Mirabal）三姐妹，即帕特里亚（Patria）、米纳瓦（Minerva）和玛丽亚·特蕾莎（María Teresa）三姐妹（这三姐妹的丈夫都因为反对特鲁希略的独裁政权被捕入狱）暴毙，对反对势力的搜捕和暗杀活动达到了高潮。三姐妹的暴毙激发了社会各界的反特鲁希略情绪。同时，一名教士因拒绝授予特鲁希略"教会造福者"的头衔而遭受迫害，这也引起了多米尼加人民的强烈不满。这次事件也是教会与特鲁希略政权之间的关系的转折点。1960年1月31日，教会发布《教会书》，正式与特鲁希略的独裁政权决裂。同年，多米尼加遭到了国际社会的经济封锁。特鲁希略对委内瑞拉总统罗慕洛·贝坦科特（Rómulo Betancourt）的暴力袭击引发了美洲国家组织对多米尼加的制裁。在哥斯达黎加首都圣何塞，美洲国家组织的各成员国声明："美洲国家组织的所有成员国达成一致，与多米尼加共和断绝外交关系，禁止向多米尼加出售任何武器和战争物资，中断与多米尼加的贸易往来，制裁多米尼加，直到多米尼加不再对和平构成威胁。"这意味着美国不再支持特鲁希略的独裁政权；同时，多米尼加被孤立了。原来大力支持特鲁希略独裁政权的美国认为，消灭独裁政权的时机已到。美国通过CIA参与了刺杀特鲁希略的行动计划。1961年5月30日，特鲁希略被"处以极刑"。

第十节 民选政府时期

一 后特鲁希略时期（民主政权过渡期）

特鲁希略被杀时70岁，死前没有指定继任人选。被军人任命为继承人的傀儡总统华金·巴拉格尔（Joaquín Balaguer）允许特鲁希略的儿子拉斐尔·特鲁希略·洛瓦敦（Rafael Trujillo Lovaton）从巴黎回国，并掌握实权。小特鲁希略缺乏其父的统治手段，最终与他的两个叔叔在国家的自由化方面争执不下。埃克托尔·特鲁希略和何塞·阿里斯门迪·特鲁希略·莫利纳（José Arismendi Trujillo Molina）于1961年11月回国。不久，厌倦了权力之争的小特鲁希略离开多米尼加。[1]

---

[1] http://lcweb2.loc.gov/cgi-bin/query/r? frd/cstdy:@field（DOCID+do0023）

第二章 历史

美国随即派遣舰队巡视多米尼加海岸,迫使埃克托尔·特鲁希略和何塞·阿里斯门迪·特鲁希略·莫利纳再次流亡国外。巴拉格尔重掌政权,但他的统治基础和群众基础都十分薄弱。多米尼加民众开展了广泛的反对活动,全国总罢工更是掀起了反对高潮。1962 年 1 月 1 日,巴拉格尔被迫与一个七人委员会(Council of State)共同执政。这个七人委员会的成员包括参与刺杀特鲁希略行动的安东尼奥·英伯特·巴雷拉(Antonio Imbert Barrera)和路易斯·阿米亚马·蒂奥(Luis Amiama Tío)。七人委员会仅仅运行了 16 天,多米尼加空军总司令佩德罗·罗德里格斯·埃查瓦里亚(Pedro Rodríguez Echavarría)就骤然发动政变。但是,此举不仅令国内人民怨声载道,也遭到了美国的强烈反对。一些高级军官软禁了罗德里格斯,随后将他驱逐出境。委员会恢复运行,原所有成员中唯有巴拉格尔因被流放而未能继续留任。

不久,新大选举行,主要参选人是多米尼加革命党的胡安·博什·加维尼奥(Juan Bosch Gaviño)和国家市民同盟(Unión Cívica Nacional)的比里亚托·菲亚略(Viriato Fiallo)。1963 年 12 月 20 日,博什在城市下层阶级的支持下获胜,赢得了 64% 的选票,所在的多米尼加革命党也占据了参政两院 2/3 的席位。

博什是多米尼加历史上第一位由公民的自由和民主选举途径产生的总统,他代表着全体多米尼加人的利益,关心下层民众。1963 年宪法规定教会与国家分离,确保公民的基本权利。博什政府还下令进行土地改革。在对外政策上,博什表现出一定的独立性,主张减少对美国的依赖。体制森严的罗马天主教会也对新宪法颇有异议,尤其是针对其中的离婚合法化条款。教会、军队或经济界的实权派人物害怕多米尼加受到社会主义的影响而成为"另一个古巴"。1963 年 9 月 25 日,军事政变爆发。[1]

---

[1] http://lcweb2.loc.gov/cgi-bin/query/r?frd/cstdy:@field(DOCID+do0023)

多米尼加

二　内战与美国军事干涉（1965年）

19 65年4月24日，多米尼加人民揭竿而起，发动了声势浩大的反美反独裁武装起义。美国进行了赤裸裸地干涉和侵略。同年9月，亲美右翼军人和文人重新掌握了军政大权。[①]

政变后，由国家市民同盟三人执政的文人执政委员会（Civilian Junta）成立。埃米利奥·德洛斯桑托斯（Emilio de los Santos）是委员会的第一任主席。1962年12月23日，埃米利奥·德洛斯桑托斯辞职，唐纳德·里德·卡夫拉尔（Donald Reid Cabral）继任。文人执政委员会既无法在各政治势力面前树立权威，又得不到广大民众的支持。民众对博什总统念念不忘，又极度不满里德的统治。1965年4月24日，多米尼加人民揭竿而起，发动了声势浩大的武装起义。

武装起义的领导者是多米尼加革命党和博什的支持者（自称立宪主义者，表明对1963年宪法的支持）。起义者占领国家宫，推举拉斐尔·莫利纳·乌雷尼亚（Rafael Molina Ureña）为临时总统。4月25日，埃利亚斯·韦辛（Elías Wessín）将军率领保守派武装力量攻击立宪主义者，多米尼加又一次陷入内战的深渊。

4月28日，美国公然干涉多米尼加内战。美国的干涉简直就是一场赤裸裸的侵略。林登·约翰逊（Lyndon B. Johnson）总统召集了一支总数为2万人的部队驻扎在多米尼加的首都圣多明各。在此期间，第一任临时政府总统是英伯特（Imbert）。1965年9月3日，埃克托尔·加西亚·戈多伊（Héctor García Godoy）就任临时总统。保守派和立宪主义者之间残酷的武装冲突仍时有发生。

---

① http://lcweb2.loc.gov/cgi-bin/query2/r? frd/cstdy: @field（DOCID + do0024）

三 华金·巴拉格尔政府（1966~1978年）

博什和巴拉格尔是总统竞选中的主要对手。许多多米尼加人对1965年4月的起义心有余悸，这使巴拉格尔从中渔利，获得了农民、妇女和商人的广泛支持。1966年，巴拉格尔获得57%的选票当选总统，所在的改革党（Partido Reformista）也占据国会的多数席位。[1]

1966年、1970年和1974年，巴拉格尔上演政坛上的"帽子戏法"，连续三次当选多米尼加总统。巴拉格尔执政12年，是多米尼加历史上执政时间仅次于拉斐尔·特鲁希略的总统。多米尼加革命党是他执政期间最有影响力的反对党。巴拉格尔虽然是保守派，但在执掌政权方面雷厉风行，他积极清除反对派和可疑分子，不留痕迹地运用政治手段任用亲信。

在此期间，巴拉格尔进行了一系列经济改革，加上国际市场上糖、咖啡、可可等价格大幅度上涨，旅游业逐渐兴旺，公共建设工程如雨后春笋，创造了多米尼加的经济奇迹。由于外国资本的渗入，多米尼加对外国尤其是美国的依赖加深，外债迅速增长，广大人民生活依然贫困。右翼的恐怖主义活动和左翼的游击队活动都颇为活跃。20世纪70年代后期，由于国际糖价下跌，石油价格上涨，多米尼加的经济增长速度大幅度放缓，国内通货膨胀率上升，失业人口激增，广大人民，尤其是中产阶级对政府的信任度下降

多米尼加革命党"顺应民心"，推举西尔韦斯特·安东尼奥·古斯曼·费尔南德斯（Silvestre Antonio Guzmán Fernández）参加1978年5月16日的总统大选。古斯曼在前期的民意测验和选举中均以绝对优势压倒巴拉格尔。但是第二天，军人控制了中

---

[1] http://lcweb2.loc.gov/cgi-bin/query2/r? frd/cstdy：@ field（DOCID + do0025）

央选举委员会（Central Electoral Board），并强令停止计算选票。显而易见，巴拉格尔试图以武力操纵选票，更改选举结果。当时的美国卡特政府再度插手多米尼加事务。在美国的干涉下，巴拉格尔违心地下令恢复计票工作。两周后，古斯曼正式当选。

四 安东尼奥·古斯曼政府（1978~1982年）和萨尔瓦多·豪尔赫·布兰科政府（1982~1986年）

1978年8月16日，古斯曼宣誓就职①，面临着严峻的政治问题的挑战。古斯曼接受胡安·博什的前车之鉴，决定步步为营地进行社会和经济改革，并直截了当地消除军队对政府的巨大威胁。他大刀阔斧地推行军队非政治化政策，包括将部分野心勃勃的军官调职或解职，任用没有什么政治野心的年轻军官，并设立专门的军事训练院校，强调军队的非政治化教育。这场运动十分成功，为继任的萨尔瓦多·豪尔赫·布兰科总统铺平了政治稳定的道路。

但是，巴拉格尔的改革党在中央选举委员会的势力仍然不可小视，他们想方设法使改革党在参议院中占据了多数席位（16席比11席）。因此，改革党可以合法否决古斯曼的任何动议。鉴于这种情况，古斯曼不得不言谨慎为，小心翼翼地推行改革政策。

古斯曼推行交通运输国有化，提高最低工资限度，但事与愿违，经济状况持续恶化。国际市场上石油价格上升，糖价下跌，古斯曼不得不下令实行财政紧缩政策，并大幅度提高汽油的零售价，这些措施都不得人心。1979年8月，戴维飓风肆虐多米尼加，这对持续恶化的多米尼加经济而言无异于雪上加霜。

---

① http://lcweb2.loc.gov/cgi-bin/query2/r? frd/cstdy: @field（DOCID + do0026）

由于古斯曼曾经发誓决不连选连任,多米尼加革命党推举萨尔瓦多·豪尔赫·布兰科(Salvador Jorge Blanco)为总统候选人。豪尔赫的主要对手是改革党的候选人巴拉格尔,还有脱离革命党自创多米尼加解放党(Partido de la Liberación Dominicana)的博什。1982 年 7 月,古斯曼自杀,原因不明。按照宪法规定,副总统哈科沃·马赫卢塔·阿萨尔(Jacobo Majluta Azar)任满古斯曼的 4 年任期。古斯曼未满任期自杀留下了历史性的遗憾,多米尼加未能实现从民选总统到民选总统的和平过渡。

1982 年 5 月,豪尔赫当选总统。① 在他执政的 4 年里,政府进行了一系列民主改革,同时注重发挥国内市场的作用。但是,革命党的经济措施没能取得明显效果,经济状况继续恶化,加上政局不稳,政府腐败无能的传言四起,导致 1986 年革命党大选失败。

五 华金·巴拉格尔再度执政期(1986~1996 年)

1986 年 8 月,华金·巴拉格尔在总统选举中以微弱优势获胜,第五次登上总统宝座,并于 1990 年和 1994 年两次连选获胜。② 巴拉格尔因此创造了多米尼加历史上的纪录,即在 22 年的时间内曾七次成为国家元首。巴拉格尔政府谨慎地推行实用主义政策,基础设施建设开支庞大,和穷人也保持着良好的关系,但未能解决经济发展倒退、贫困、失业、能源匮乏、居民住宅短缺、生活条件恶劣、医疗条件差、教育水平低、社会保障体系运转不良等突出的经济和社会问题。巴拉格尔政府初期还延续了特鲁希略时期的《劳动法》,工人的权利受到

---

① http://lcweb2.loc.gov/cgi-bin/query2/r? frd/cstdy:@field(DOCID+do0026)
② http://oisse.creighton.edu/intprog/Handbook%2051Historical%20Overview%20of%20the%20Dominican%20Republic.doc

严格限制。

1988年,由于比索大幅度贬值,巴拉格尔政府不得不冻结汇率,改革现汇兑换制度。尽管经济状况依然不佳,选举委员会(Electoral Commission)迟迟未宣布选举结果,外界揣测军人参加了投票,但最终巴拉格尔(得票率35%)还是在1990年大选中以1%的微弱优势击败胡安·博什(得票率34%),再度当选总统。1991年,巴拉格尔政府颁布一项法令,勒令在多米尼加糖蔗种植园工作的海地人返回本国。根据1991年的一项统计,多米尼加消费价格大幅度攀升,将近一半的多米尼加人处于极端贫困状态。在1994年大选前,巴拉格尔的支持率曾一度大大落后于多米尼加革命党候选人何塞·弗朗西斯克·培尼亚·戈麦斯(José Francisco Peña Gómez),选战异常激烈。巴拉格尔政府于1994年初开始实行新的劳动法和税法。1994年5月16日,根据官方公布的结果,巴拉格尔获得1275460张选票,以22281票的优势获胜。同年8月11日,多米尼加的几个重要政党达成协定,将对宪法中有关选举的若干条款进行修订。1995年,多米尼加国内暴出若干腐败丑闻,如海关高层贪污、教育部资金管理不善、电费随意上涨等;广大民众也要求提高远远不能满足生活基本需求的最低工资。

六 莱昂内尔·费尔南德斯·雷纳政府(1996~2000年)

1996年,多米尼加解放党的莱昂内尔·费尔南德斯·雷纳(Leonel Fernández Reyna)因得到多米尼加基督教社会改革党的支持,通过第二轮选举在大选中获胜。①

---

① http://oisse.creighton.edu/intprog/Handbook%2051Historical%20Overview%20of%20the%20Dominican%20Republic.doc

第二章 历 史

费尔南德斯政府随即通过展开贪污腐败案件的调查、制定和实行更严格的海关管理制度、建立新的司法队伍、与油气营销公司签订新合同等措施，兑现竞选时的承诺，力图改变贪污腐败成风的混乱局面。他召集所有政党的领导人开会，呼吁"降下党旗，升起国旗"，主张三大党团结起来，为实现反腐败、反贫穷和国家现代化的大目标共同努力。改革后的宪法规定，候选人需获得半数以上的选票方可当选总统，总统不可连选连任。在经济上，费尔南德斯政府提出稳定宏观经济，恢复私人部门的活力，对主要国营企业实行私有化，大力发展工、农业生产，进行价格和税收方面改革，旅游业和自由贸易区工业蒸蒸日上，侨汇也成为重要的 GDP 贡献者。费尔南德斯的改革取得明显成效，执政期内政局基本稳定。但是，他所属多米尼加解放党在议会中仅处少数地位，在 1994 年的议会选举中，解放党只在参、众两院中分别获得 1 席和 13 席。由于解放党在议会中的尴尬局面，新政府在决策中受到严重限制，反对党也频频否决总统提交国会的议案。

1996~1997 年，多米尼加与海地的关系日趋紧张。费尔南德斯政府一度下令强力驱逐在多米尼加的海地人，后迫于国际压力停止，并表明了建立解决两国移民问题的长远之计的态度。这段时期，仍有 30% 的家庭生活在贫困线以下，30% 的 18 岁到 25 岁劳动力失业，政府因此面临各界指责。1998 年 5 月，多米尼加议会选举首次独立举行，多米尼加革命党取得国会和地方政府的多数席位。同年 8 月，执政的多米尼加解放党与反对党多米尼加革命党各自扶植自己人担任重要的政治职务，冲突爆发。此后，政府决策在议会频频受阻。

2000 年的大选面临若干不确定因素，外界推测多米尼加革命党的获胜可能很大。多米尼加革命党的伊波利托·梅希亚（Hipólito Mejía）、多米尼加解放党的达尼洛·梅迪纳（Danilo

多米尼加

Medina)和多米尼加基督教社会改革党的政坛老将华金·巴拉格尔是主要候选人。

七 伊波利托·梅希亚政府（2000~2004年）

2000年5月,多米尼加革命党的伊波利托·梅希亚在第一轮选举中胜出,当选总统。同时,多米尼加革命党获得参议院的多数席位和众议院149个席位中的73个。同年8月,梅希亚政府开始执政。

梅希亚政府推行大规模的经济和政治改革,包括加大对基础设施建设和社会项目的投资力度。与上届政府不同,梅希亚政府比较关注农村地区的发展。政府建立起新的税收体系,企业每月上缴上年收入的1.5%和对几乎所有消费品征收12%的税成为最重要的两项新措施。[①] 政府的财政状况有很大改观,但财政支出急速增长,政府不得不大举借款以确保公共部门投资,国际收支状况恶化。面对国际油价的上涨局面,梅希亚政府提高了国内油气和电力价格,引发低收入阶层的不满,政府随后不得不承诺对其发放补贴。从2002年起,多米尼加经济开始衰退。由于能源匮乏,一些大公司开始裁员,经营收入大幅度缩水。美国经济周期性倒退和欧洲国家经济问题等国际因素导致多米尼加自由贸易区和旅游业发展放缓,侨汇也大量减少。

尽管经济治理未获成功,在2002年5月的中期选举中,多米尼加革命党仍巩固了执政党的地位,占据了参、众两院的绝大多数席位,并获得了125个地方政府中的104个执政地位。多米尼加解放党因一味攻击执政党而未提出可行的替代方案而落败。多米尼加基督教社会改革党则是最大的赢家,在众议院的席位翻

---

① http://oisse.creighton.edu/intprog/Handbook%2051Historical%20Overview%20of%20the%20Dominican%20Republic.doc

了一番。选举后不久,革命党部分议员促成了宪法改革,总统可以连选连任,并取消了部分男女分流的投票站。①

2002年7月,多米尼加基督教社会改革党主席巴拉格尔逝世,该党大部分成员仍继续支持正在执政的梅希亚,但一小部分成员公开支持多米尼加解放党的费尔南德斯。

2003年3月,洲际银行因欺诈丑闻破产,另外两家较小的银行也相继破产。银行业危机导致资本外逃,继而引发货币贬值和严重的通货膨胀。偿付能力的下降迫使梅希亚政府寻求国际货币基金组织的援助,希望通过当年8月与该组织的一项6亿美元的贷款来稳定经济,但这项贷款两度中断。宏观经济环境的恶化和悬而未决的电力匮乏问题使社会动荡加剧。同年5月,梅希亚宣布将再次参加大选,联想到特鲁希略家族长达几十年残酷的军事独裁统治,民众对可能出现的梅希亚极权主义的恐惧加剧。2004年5月,梅希亚在大选中落败。

八 莱昂内尔·费尔南德斯·雷纳再度执政期(2004年至今)

2004年5月,多米尼加解放党的莱昂内尔·费尔南德斯以57%的得票率第一轮就赢得大选胜利②,位居第二位的梅希亚和第三位的多米尼加基督教社会改革党候选人爱德华多·埃斯特雷利亚(Eduardo Estrella)分获34%和9%的选票。当年8月16日,费尔南德斯正式就职。当时,公众缺乏对政界的信心,腐败、经济治理不善等问题尤为突出。

费尔南德斯的再次当选使人们对政府的信任度有所提高,外逃的资本开始回流,物价和货币有所稳定,经济开始恢复。

---

① Country Profile 2005, The Economist Intelligence Unit Limited 2005
② Country Profile 2007, The Economist Intelligence Unit Limited 2007

多米尼加

2004~2005 年间，费尔南德斯政府采取了与国外官方和私人债权人之间的一系列债务重组措施。多米尼加革命党开始采取合作态度。但 2005 年 2 月，政府着手调查革命党前政府官员的腐败案，两党关系走出蜜月期，再次出现阴影。

在 2006 年中期选举前，由于最大的反对党多米尼加革命党在众议院中占有 150 个席位中的 72 个，并取得参议院中的压倒性优势；而执政的解放党在两院中的席位仅为 42 个和 1 个，执政党的执政地位较弱。中期选举结果使执政党的执政地位大大改观。由于费尔南德斯的支持率较高，经济也处在复苏期，执政党在参众两院中均获得多数席位（参议院 32 个席位中的 22 个，众议院 96 个席位）。此后，费尔南德斯政府把宪法改革提上最高议事日程。他的几项重要提议包括：赋予公民更多合法权利；清除现行宪法中的前后矛盾条款；议会与总统选举同期举行；总统可连续两个任期等。有关的民意调查随即展开。

2007 年 5 月，多米尼加解放党举行了推举该党 2008 年大选候选人的会议。现任总统费尔南德斯以 71.5% 对 28.5% 的得票优势击败达尼洛·梅迪纳获胜。尽管党内竞争激烈，但应不会导致党内派系分裂。

2008 年 5 月，费尔南德斯总统在第一轮大选中获得 53.43% 的选票，第三次连任总统。对手多米尼加革命党的瓦尔加斯获得 40.93% 的选票。[1]同年 8 月，费尔南德斯正式开始第三次总统任期。在这届任期，由于腐败、经济及社会发展和电力匮乏问题一直没有得到有效解决，费尔南德斯的民众支持率有所下降。但是，执政党仍然在参众两院占据多数优势，参议院议长和副议长均为该党成员。在 2010 年中期选举前，多米尼加政局应相对稳定。

---

[1] http://world.people.com.cn/GB/1029/42358/7254748.html

第二章 历　史

　　费尔南德斯政府仍然面临重重考验。如果关乎民生的燃料和食品价格的上涨趋势仍然不可抑制，执政党将面对更大的社会压力，提高政府工作效率和能源、农业等经济部门的改革将势在必行。目前，多米尼加重要的政党和商业团体中的年青一代已经强烈呼吁彻底改革政府机构，并制止政府部门浪费。合并参众两院，并将议员人数从 210 个缩减到 150 个的呼声越来越高。在 7 月的一次记者招待会上，费尔南德斯首次就能源紧张和食品涨价问题公开评论。与以前的政府不同，费尔南德斯强调利用双边和多边协议解决国内问题，如用石油生产国的获利创建"团结基金"（solidarity fund），把从委内瑞拉的优惠价格石油进口量从每日 3 万桶增加到 5 万桶等。多米尼加各界普遍认为执政党没有提出明确的改革方案和行动计划，缺乏解决问题的针对性。面对外界批评，费尔南德斯政府作出回应，提出"一揽子行动计划"，包括了支持开发新型可再生能源、推动乙醇生产、能源及食品补贴合理化、深化电力公司改革、将国有土地用于农业生产和减少不必要的政府开支等具体措施。但是，面对价格上涨和断电现象日益频繁的现状，费尔南德斯政府必须提出更具体的实施计划，采取更坚定的实施行动，才能缓和社会各界对执政府的压力。[①]

[①]　EIU, República Dominicana, Country Report, August 2008.

第三章

政　治

第一节　国体与政体

一　国体与政体

多米尼加是代议制民主国家,实行美国模式的议会制度和总统制度。设总统和副总统,总统任期四年。

多米尼加宪法将立法权赋予国会,实行两院制。国会由参议院和众议院组成,目前参议院共32个席位,众议院共178个席位。参众两院的2/3以上多数可以否决总统的否决票。[①]

二　宪法

(一) 演变

1844年宪法是多米尼加独立后的第一部宪法。在此之前,多米尼加所在的伊斯帕尼奥拉岛(现圣多明各岛)东部实行的宪法按时间顺序排列如下:

1. 1787年美国军事统治期间的宪法

该部宪法对行政权和总统职权的规定影响至今。

---

① Country Profile 2007, The Economist Intelligence Unit Limited 2007.

2. 1801年图森特·卢瓦特执政期间的宪法

1795年，伊斯帕尼奥拉岛东部归属法国。1801年1月，图森特·卢瓦特就职圣多明各执政官。同年2月，他召集制宪会议。胡安·曼塞沃、弗朗西斯科·莫里略、卡洛斯·罗哈斯和安德列斯·穆尼奥斯等人参加了会议。该部宪法的有效期截至1802年初。

3. 1804年法国统治期间的宪法

1802年初，图森特·卢瓦特下台。新政府颁布新宪法。该部宪法的有效期截至1809年。

4. 1812年西班牙统治期间的宪法

1809年，西班牙重新控制伊斯帕尼奥拉岛东部。1812年3月19日，1812年宪法正式生效。

5. 1816年海地宪法

1822年2月，海地控制伊斯帕尼奥拉岛东部，沿用当时的海地宪法，即1816年海地宪法。

6. 1843年海地统治期间的宪法

1843年11月，海地统治政府颁布新宪法。四名多米尼加代表参与了该部宪法的制定。

1844年11月6日，多米尼加独立后的第一部宪法诞生。该部宪法宣布多米尼加成为自由独立的主权国家，并对国家的领土、行政区划、国籍、公民权利、立法权、行政权、司法权、选举制度和宪法的修改等作出了规定。截至1994年，多米尼加宪法共历经36次修订。主要包括：（一）公民权利的修订，包括取消死刑（1858年）、禁止流放、禁止因负债而判刑（1865年）、通行自由合法化（1874年）、18岁以上公民享有选举权（1877年）、公民享有受教育权和工作自由（1907年）、任何公民如无故或非法入狱均可申诉（1924年）、对公民的经济权利和社会权利的明确规定、保护妇女、保护老年人、改善卫生条件等

多米尼加

(1955年)、雇员有权参与所在企业的利益分配和工会组织权、向从事农业生产的农民归还土地、禁止中小企业兼并等(1963年)。(二)对议会制度的修订,包括实行法案评议会(Tribunado)和保守主义议院(Consejo Conservador)的两院制(1844年)、实行众议院和参议院的两院制(1854年)、实行咨询参议院(Senado Consultor)的一院制(1854年)、实行共和国议会(Cámara de la República)和参议院的两院制(1858年)、实行共和国议会(Cámara de la República)和参议院的两院制(1865年)、实行共有24名议员的国会一院制(1866年)、实行咨询参议院(Senado Consultor)的一院制(1868年)、实行咨询参议院(Senado Consultor)的一院制(1872年)、实行共有31名议员的国会一院制(1874年)、实行共有12名议员的众议院一院制(1875年)、实行共有12名议员的立法院一院制(1877年)、实行参议院和众议院的两院制(1878年)、实行参议院和众议院的两院制(1879年)、实行共有16名议员的国会一院制(1880年)、实行共有18名议员的国会一院制(1881年)、实行共有22名议员的国会一院制(1887年)、实行共有24名议员的国会一院制(1896年)、实行众议院一院制(1907年)、实行参议院和众议院的两院制(1908年)。(三)对总统参选资格的修订,包括必须为多米尼加人,年满35岁,本国财产所有人(1844年、1854年、1868年、1872年);必须为多米尼加人,年满30岁,本国财产所有人(1858年);必须为多米尼加人,年满25岁(1865年);必须为多米尼加人,年满30岁(1866年);必须出生在多米尼加,年满30岁,现住在多米尼加(1874年、1875年、1877年、1878年、1879年);必须为多米尼加人,年满30岁,现住在多米尼加(1880年、1881年、1887年、1896年、1907年);必须为多米尼加人,年满35岁,在多米尼加住满20年(1908年);必须为多米尼加人,年满35岁,在多米尼加居住满 10 年（1924 年、1927 年、1929 年、1934年）；必须为多米尼加人，在多米尼加居住满 20 年（1942 年）；必须为多米尼加人，在参选前的最近 5 年定居多米尼加（1947年）；必须本人及其父母均出生在多米尼加，年满 25 岁，在参选前的最近 5 年定居多米尼加（1955 年、1959 年、1960 年、1961 年）；必须为多米尼加人，年满 30 岁（1962 年、1963 年）；必须为多米尼加人，年满 30 岁，至少在参选前一年内没有担任军事职务（1966 年、1994 年）。（四）对总统任期的修订，包括规定为 4 年（1844 年、1854 年 2 月、1858 年、1865 年、1866年、1874 年、1875 年、1877 年、1887 年、1896 年、1907 年、1924 年、1927 年、1929 年 1 月和 6 月、1934 年、1960 年 6 月和12 月、1961 年、1962 年、1963 年、1966 年和 1994 年）、规定为 6 年（1854 年 12 月、1868 年、1872 年、1908 年）、规定为 1年（1878 年）、规定为 2 年（1879 年、1880 年、1881 年）、规定为 5 年（1942 年、1947 年、1955 年、1959 年）。（五）对总统选举方式的修订，包括实行非直接选举（1844 年、1854 年 2月和 12 月、1858 年、1868 年、1872 年、1896 年、1907 年、1908年）、实行直接选举（1865 年、1866 年、1874 年、1875 年、1877年、1878 年、1879 年、1880 年、1881 年、1887 年、1924 年、1927 年、1929 年 1 月和 6 月、1934 年、1942 年、1947 年、1955年、1959 年、1960 年 6 月和 12 月、1961 年、1962 年、1963 年、1966 年、1994 年）；对副总统设立与否的修订，包括不设立副总统（1844 年、1865 年、1866 年、1874 年、1875 年、1877 年、1878 年、1879 年、1880 年、1908 年、1942 年、1947 年、1955 年、1960 年 12 月、1961 年）、设立副总统（1854 年 2 月和 12 月、1858 年、1868 年、1872 年、1881 年、1887 年、1896 年、1907 年、1924 年、1927 年、1929 年 6 月和 1 月、1934 年、1959 年、1960年 6 月、1962 年、1963 年、1966 年、1994 年）。

（二）现代多米尼加的各部宪法

1966年11月颁布的宪法规定，多米尼加为总统制国家，设总统和副总统。总统由公民选举产生，享有行政权。总统任期四年。总统有权任命政府各部部长和其他重要官员。总统有权否决参众两院的决议。参众两院的2/3以上多数可以否决总统的否决票。[1]

1994年8月，多米尼加对宪法进行修改，规定总统任期四年，不得连选连任。总统是国家元首、政府首脑、武装部队最高统帅。总统因故不能视事时，由副总统接任总统。总统选举和议会、地方选举分期举行。如果总统候选人在第一轮选举中获得的选票少于50%，必须举行第二轮选举。成立国家司法委员会，负责挑选最高法院的法官。[2]

2002年7月，多米尼加新宪法正式生效。虽然包括当时的多米尼加革命党主席哈托伊·德坎普斯在内的反对势力很大，新宪法还是作出修改：总统可以连选连任。但是，总统当选的选票数目从50%下降到45%的提案未获通过。传言梅希亚政府贿赂立法官员，企图利用"总统可以连选连任"的条款再次当选总统。[3]

2002年宪法[4]是多米尼加的现行宪法。这部宪法对多米尼加现行政治体制的基本架构、公民的权利与义务、国家机构与组织结构、宪法的地位及法律体系等都作出了明确规定。宪法的第一章第一篇开宗明义：多米尼加人民组成自由、独立的国家，国家全称多米尼加共和国；国家主权属于人民，由人民选举产生国家行政机构，代表人民行使国家主权；多米尼加共和国自由、独立

---

[1] Country Profile 2005, The Economist Intelligence Unit Limited 2005.
[2] Country Profile 2005, The Economist Intelligence Unit Limited 2005.
[3] Country Profile 2005, The Economist Intelligence Unit Limited 2005.
[4] http://pdba.georgetown.edu/Constitutions/DomRep/domrep02.html

的国家主权不可侵犯，任何组织和团体都不得从事或纵容对多米尼加共和国内外事务直接或间接的干涉行为、不得从事或纵容威胁国家及国家标志的性质和完整的行为；不干涉原则是多米尼加在国际政治中不可动摇的原则；多米尼加共和国承认并遵守国际法和美洲法的各项规定；多米尼加政府是公民的、共和国制的、民主的和代表制的政府；政府分为立法机构、行政机构和司法机构，这三个机构各自独立地行使其职能，并有义务完全履行宪法和其他法律规定的职权。宪法第一章第二篇规定了多米尼加的领土和行政区划，设一个国家区，即首都区和29个省，省下设市和乡。

宪法第二章分为两篇，分别规定了多米尼加公民的民事权利与义务。多米尼加公民享有生命权、人身自由权、居住权、国籍选择权、受教育权、财产所有权以及言论、出版、集会、结社、游行示威等权利和自由。宪法还规定了法律面前人人平等，推行社会福利和社会保障制度，改善居民的饮食和卫生条件，帮助贫困人口和老年人口，成立专门机构治理犯罪行为。

宪法第三章规定了多米尼加公民的政治权利。第一篇是有关国籍方面的规定；第二篇则规定了公民的选举权和被选举权的实施细则。

宪法第四章规定了多米尼加共和国的立法机构及其组织。2002年宪法再次重申，宪法具有至高无上的地位，其他由议会批准和制定的条约、规定、法律、法令，包括国际条约和协定、法律和组成法律体系的其他法令等，在法律的效力上依次递减。

宪法第五章规定了国家的政治和行政机构。第六章规定了国家的司法机构。第七章规定了国家财政委员会的权利和义务。第八章规定了国家区和各省的权利和义务。第九章规定了省级制度。第十章对各级选举的有关事宜作出了明确规定。第十一章规定了国家武装力量的职责。第十二章对多米尼加的国旗、国徽、国歌、货币及货币制度、国家公职人员的任免、国有资产等作出了规定。

为了保证宪法的效力和连续性,宪法第十三章对宪法的修改程序作出详尽的规定,即必须向国会提交有参议院或众议院成员的第三方支持的宪法修改的提案或行政权提交的宪法修改的提案;必须颁布特别法律公布修改宪法的必要性,并召集全国人民大会,大会确定宪法修改的目的,并制定需要修改的宪法条款;公布修改宪法的必要性的特别法律颁布后的 15 天内,召开全国人民大会,讨论提议修改的宪法条款,应有半数以上的参众两院议员参加大会;2/3 多数通过宪法修订案;全国人民大会投票通过并公布最后的宪法修订案后,应全文发表新宪法;宪法条款的修订不得涉及政府的组成;任何机构、政府、个人都不得暂停或取消宪法。

在宪法的最后一章,还列举了多米尼加历史上的临时立法和现行宪法的颁布地点及时间。

第二节 行政机构

一 总统和副总统

多米尼加是一个实行三权分立的国家,行政权由共和国总统行使。总统每四年选举一次。总统可以连任,只可以连任一届,此后不得再参加总统及副总统的选举。总统参选资格为:①出生地在多米尼加或多米尼加国籍;②年满 30 岁;③享有完全民事和政治权利;④至少在参选前的一年之内没有担任军职或政府职务。设一名副总统,选举办法、任期和参选资格同总统。总统和副总统由公民普选产生,选举同期举行。共和国总统未经国会许可不得离境超过 15 天。总统和副总统在行使职

第三章 政　治

权前，应向全国人民大会或任一公共官员宣誓，誓词如下：我以上帝、祖国和我的名誉起誓，遵守并监督他人遵守共和国宪法和其他法律，捍卫共和国的独立，尊重国家权力，严格履行我的职权。总统和副总统应于当选后的第一个 8 月 16 日宣誓就职，同时前任总统和副总统卸职。如果当选的总统由于不在国内、疾病或其他不可抗力的原因，不能宣誓就职，暂时由当选的副总统行使总统职权；如果副总统也处于上述情况，由最高法院院长暂时代为行使总统职权。如果总统宣誓就职后暂时离职，在离职期间由副总统代为行使行政权；如果副总统也离职，则由最高法院院长代为行使行政权。如果总统宣誓就职后永久离职，在其任职期间由副总统代行总统职权；如果副总统也永久离职，由最高法院院长暂时代为行使总统职权，最高法院院长应在从任职当日起的 15 天之内，召集全国人民大会在 15 天之内召开全会，并选举总统继任者，直至选出总统继任者方可闭幕。如果由于各种原因无法召集上述全会，全国人民大会应立即自动集会，选举总统继任者。总统和副总统只能向全国人民代表大会辞职。①

总统是国家元首、政府首脑和国家武装力量及警察部队的最高统帅。他享有以下职权②：①任命各部部长、副部长及其他依照宪法及其他法律规定不由其他自治机构或行政单位任命的公务员；接受上述官员的辞呈，调整上述官员的职务；②提出并下令印刷发行国会的法案和决议，监督上述法案和决议的执行情况，必要时废除法律、法令和条规；③监督国家税收的征收和投资工作；④经参议院同意，任命外交官员，接受其辞呈，调整其职务；⑤接见外国政府首脑及其代表；⑥主持国家大典，主持外交谈判，与其他国家或国际组织签署协议（应将协议提交国会通

---

① http：//pdba.georgetown.edu/Constitutions/DomRep/domrep02.html
② http：//pdba.georgetown.edu/Constitutions/DomRep/domrep02.html

多米尼加

过,未经国会通过的协议无效);⑦如果在国会休会期间发生社会动荡,宣告国家处于紧急状态,并依据宪法代替国会下令暂停行使部分公民权利;当国家主权遭受严重威胁或处于紧急危机时,宣告国家处于紧急状态;当国家遭受自然灾害(包括流星、地震、洪水等其他自然现象造成的灾害及瘟疫)时,确定受灾地区;⑧如果有人扰乱或企图扰乱公共秩序、国家安全、公务人员的日常工作或公共设施的正常运行,或阻碍国家经济活动的开展,采取必要的临时性安全措施,以此控制紧急事态的发展,并向国会通告紧急事态和采取的措施;⑨如果在国会休会期间,最高法院、上诉法院、土地法庭、初审法庭、指导法庭、和平法庭的法官席位,中央选举委员会主席及委员、国家财政委员会委员出现空缺,总统任命临时官员,以填补空缺席位,并在参议院下一次立法会议期间提交上述任命,以便后者确定继任人选;⑩签署协约,如果协约包括有关国有资产、价值超过2万金比索的不动产的翻新、贷款的免还、宪法第110条规定的税收的免除等内容,应提交国会通过;其他协约不需提交国会通过;⑪如果市长或国家区长官职位出现空缺,且候选人不足以填补空缺,行政机关应从原市长或国家区长官所属的政党或团体提名的三位候选人中挑选一名继任者;应在出现空缺的15天内向行政机关提名3位候选人,否则由行政机关任命继任者;⑫取消或否决航行权;⑬规范海关工作;⑭亲自或任命官员领导国家武装力量,确定武装力量的人数,并调遣武装力量为人民服务;⑮当国家遭到外国武装袭击或处于其他国家威胁的紧急状况时,采取必要措施巩固国防,并向国会通告采取的措施;⑯下令逮捕或驱逐从事危害或可能危害公共秩序或公民道德行为的人员;⑰任命或撤除国家武装力量和警察部队的战争理事会成员的职务;⑱规定国家领空、领海、河流和军管区;⑲决定国家港口和海岸的利用;⑳根据公共利益的需要,禁止外国人进入多米尼加国境;㉑在认为必要时更换总统官邸;㉒每年2月27日的第一次立法常规会议期间,向国会提交总统及国家各部委上一年工作情况的报告;㉓在第二次立法常规会议期间,向国会提交下一年的收入预算和公共消费法;㉔允许或拒绝多米尼加公民担任政府公共职务或在多米尼加境内的国际组织的职务,允许或拒绝多米尼加公民接受其他国家政府授予的勋章或职衔;㉕颁布法令,以撤销地方政府设立的公共事业税;㉖允许或拒绝地方政府翻新不动产,通过或否决地方政府做出的不动产担保或市政税收协议;㉗每年2月27日、8月16日和12月23日,根据法律规定,决定全部或部分、完全或有条件的豁免。

多米尼加的现总统为多米尼加解放党的莱昂内尔·费尔南德斯,在2008年5月的大选中再度获胜。费尔南德斯曾于1996~2000年和2004至2008年两度担任多米尼加共和国总统。在他执政期间,经济增长较快,年增长率达7%以上。现副总统为拉斐尔·弗朗西斯科·阿尔布尔格尔克·德卡斯特罗(Rafael Francisco Alburquerque de Castro)。

二 政府各部

宪法规定设立政府各部,享有公共事务的执行权和管理权。部长及副部长的当选资格是:多米尼加人,享有完全民事和政治权利;年满25岁。宪法规定:已加入多米尼加国籍的外国人,入籍10年后方可当选部长或副部长。宪法规定国家各部部长的职权。

多米尼加现任内阁由18个部组成:农业部、教育部、工商部、武装力量部、环境和自然资源部、公共事务和交通部、外交部、公共卫生和社会救济部、旅游部、劳工部、内务和警察部、财政部、不管部、青年部、妇女部、体育部、文化部和总统技术和管理部。

多米尼加

农业部①始建于 1854 年 2 月 27 日，现部长阿米尔卡·罗梅罗（Amílcar Romero）。教育部②始建于 1934 年 11 月 30 日，现部长亚历杭德里娜·赫尔曼（Alejandrina Germán）。工商部③始建于 1911 年 4 月 26 日，现部长弗朗西斯科·哈维尔·加西亚·费尔南德斯（Francisco Javier García Fernández）。武装力量部④始建于 1844 年 11 月 6 日，现部长拉蒙·安东尼奥·阿基诺·加西亚（Ramón Antonio Aquino García）。环境和自然资源部⑤始建于 2000 年 8 月 18 日，现部长马克西米利亚诺·普伊赫（Maximiliano Puig）。公共事务和交通部⑥始建于 1854 年 2 月 27 日，现部长马努埃尔·德赫苏斯（Manuel de Jesús）。外交部⑦始建于 1874 年 4 月 4 日，现部长卡洛斯·莫拉莱斯·特龙科索（Carlos Morales Troncoso）。公共卫生和社会救济部⑧现部长包蒂斯塔·罗哈斯·戈麦斯（Bautista Rojas Gómez）。旅游部⑨始建于 1969 年 12 月 31 日，现部长费利克斯·西门内斯（Félix Jiménez）。劳工部⑩始建于 1930 年 6 月 30 日，现部长何塞·拉蒙·法杜尔（José Ramón Fadul）。内务和警察部⑪始建于 1844 年 11 月 6 日，现部长富兰克林·阿尔梅达·兰歇尔（Franklin Almeyda Rancier）。财政部⑫始建于 1955 年 6 月 31 日，

---

① http：//www.agricultura.gov.do
② http：//www.see.gov.do
③ http：//www.seic.gov.do
④ http：//www.secffaa.mil.do
⑤ http：//www.ceiba.gov.do
⑥ http：//www.seopc.gov.do
⑦ http：//www.serex.gov.do
⑧ http：//www.sespas.gov.do
⑨ http：//www.dominicana.com.do
⑩ http：//www.set.gov.do
⑪ http：//www.seip.gov.do
⑫ http：//www.hacienda.gov.do/

现部长维森特·本戈阿（Vicente Bengoa）。不管部始建于2001年8月13日，现部长路易斯·因乔斯蒂（Luis Inchausti）。青年部现部长马努埃尔·克雷斯波（Manuel Crespo）。妇女部[①]创立于1999年8月11日，现部长格拉迪斯·古铁雷斯（Gladys Gutiérrez）。体育部始建于1943年12月17日，现部长费利佩·杰伊·帕亚诺（Felipe Jay Payano）。文化部[②]现部长何塞·拉斐尔·兰蒂瓜（José Rafael Lantigua）。总统技术和管理部始建于1965年9月8日，前身为总统部，现部长达尼洛·梅迪纳（Danilo Medina）。

三 地方政府

多米尼加的中央政府下设省级和市级建制。国家区相当于省级单位。国家区、省级和市级政府独立行使各自的政府职能。宪法及其他法律制约或限制政府职能的行使，并规定政府的职权、职责及义务。

每个省设一名省长。省长由总统任命。省长的任职资格是：多米尼加人；25岁以上；享有完全民事和政治权利。国家区长官或市级长官及其候补者的数量按人口比例确定，但国家区及各市不得少于5人，每4年选举一次，宪法及其他法律规定选举方式。年长的外国人（必须在相应的管辖区居住10年以上）可以依据宪法规定承担省级和市级政府长官职务。

在预算的制定和实施中，政府必须兼顾各行业。如果得到宪法规定的有关单位的许可，政府可以制定税种，但制定的税种不得与国家税收、政府间协议或出口贸易及宪法和其他法律相悖。

---

① http：//www.sem.gov.do
② http：//www.cultura.gov.do

第三节 立法与司法机构

一 立法机构

宪法将立法权赋予国会。国会由参议院和众议院组成。目前参议院共 30 个席位；众议院共 150 个席位。①

除立法权外，国会的职责②是：①制定税收政策及征税和投资方式；②根据国家财政委员会的报告，通过或否决国家行政机关向国会提交的征税和投资状况；③了解国家行政机关的执法情况；④支持并资助国有资产的保存、建设及翻新；安排纪念碑及古建筑的保存工作和古建筑的收购工作；⑤建立或撤销省、市或其他行政区划单位，确定各省、市及其他行政区划单位的边界和构成，对建立或撤销行政区划单位作社会、政治、经济、司法等各方面适应性的先期调研；⑥公告社会动荡或自然灾害，并在社会动荡或自然灾害期间，行使第 8 条的第 2 条的 b.c.d.e.g 项插入语和第 3、4、6、7、9 条中规定的公民权利；⑦国家主权遭受严重威胁或处于紧急危机时，公告国家处于紧急状态，暂停行使公民权利（生命权和宪法第 8 条的第 1 条插入语中规定的权利除外）；如果在国会休会期间发生上述情况，共和国总统代为颁布上述公告，并召集国会紧急会议，通告事态状况和颁布的法令；⑧制定移民有关法律；⑨扩大或精简上诉法庭，建立或撤销一般法庭或特别法庭；⑩建立或撤销审查并裁决有争议事件的特别法庭，并规定特别法庭的组织结构和资格；⑪投票通过或否决收入预算和公众消费法，并通过或否决国家行政机关申请的特别开销

---

① http://pdba.georgetown.edu/Constitutions/DomRep/domrep02.html
② http://pdba.georgetown.edu/Constitutions/DomRep/domrep02.html

第三章 政 治

贷款；⑫通过或否决国家行政机关申请的国家贷款；⑬通过或否决国家行政机关签署的国家协议和条约；⑭制定公债立法；⑮以法律形式宣告宪法改革的必要性；⑯共和国总统离境超过15天必须征得国会的同意；⑰每年审查国家行政机关的法令，并通过符合宪法和其他法律的法令；⑱根据宪法第55条的第10条插入语和第110条，共和国总统必须向国会提交签署的协议，国会有权通过或否决上述协议；⑲由于不可抗力或共和国总统的召集，宣布立法议会移出共和国首都；⑳批准大赦政治犯；㉑应参众两院一名或多名议员的请求，由参众两院2/3的议员一致提交国会的，国会有权向国家各部委部长及国家自治机构长官的任职资格提出质询。

（一）参议院和众议院通则

参众两院按照宪法规定举行联席会议，必须有半数以上的成员参加会议。任何决议都必须在各自半数以上成员到会的情况下，以绝对多数投票通过；紧急事件在第二次讨论时可以以2/3多数投票通过。联席会议开会期间，审查共和国总统和副总统的选举结果，宣布总统和副总统的任命，听取他们的就职宣誓，接受或否决他们的辞职，并行使其他现行宪法规定的职权。

参议院和众议院除召开联席会议之外，各自召开会议；也可以召开与其各自的立法职权或与宪法规定的各自的特有职责无关的纪念性或其他性质的集会。参众两院每年2月27日和8月16日召开例会。每次立法会议一般为期90天，可以延期60天。在每年8月16日的会议上，参众两院分别选举各自的领导团体，包括议长、副议长和两名秘书长。应行政机关召集，参众两院也召开特别集会。

参众两院在联席会议期间或召开其他集会时，会议主席职务由参议院议长担任，会议副主席职务由集会期间在职的众议院议长担任，会议秘书长职务由集会期间在职的两院秘书长担任；参议院议长缺席，且新的议长没有选出时，由众议院议长主持；参众两院议长均缺席时，由参议院副议长主持；如果参议院副议长也缺席，由众议院副议长主持。

参众两院各自为其内部事务及特别事务制定规章，并在行使其纪律职能时制定相应的惩罚措施。参众两院各自任命其协助工作官员。

参众两院议员均由直接选举产生。参议员和众议员均不得兼任其他政府职务。除非在任职期间被认定有犯罪行为，在未经其所属的参议院或众议院同意的情况下，在立法会议期间不得剥夺任何参议员或众议员的自由。无论是参议院还是众议院，无论是在会议期间还是未达到法定表决人数，两院的任何成员都可以要求在任职期间保持人身自由；如果参众两院的成员已被逮捕、扣留、拘留或剥夺自由，两院有权要求恢复其自由。可以视具体情况，由参众两院议长或任一参议员或众议员向共和国大检查官提出请求。必要时，可以在公证员的参与下，直接下令恢复其应有的自由。

参议员或众议员席位出现空缺时，相应的由参议院或众议院从3个候选人中推选出候选人所在政党最高机构提名的一位继任。国会开会期间，出现席位空缺的议院必须在30天内提名3位候选人；国会休会期间，出现席位空缺的议院必须在开会的前30天内提名3位候选人。如果各政党的领导机构没有在上述时间内提名候选人，出现席位空缺的议院举行自由选举。[①]

（二）参议院

各省和国家区各选出一名参议员，任期4年。参议员当选资格是：享有完全民事和政治权利的多米尼加公民；年满25岁；所在选区的当地人或连续在所在选区住满5年。宪法规定：外国

---

① http：//pdba.georgetown.edu/Constitutions/DomRep/domrep02.html

入籍公民必须在获得国籍 10 年后才有参议员参选资格，且在参选的近 5 年内一直居住在所在选区。至少参议院议员的 3/4 多数通过方可撤销参议员资格。

参议员的职权包括：①选举总统和选举中央选举委员会的委员及其候补委员；②通过或否决国家行政机构对外交官员的任命；③审查众议院提交的对当选政府公务员未能履行职责或违纪行为的诉讼；诉讼一旦审查属实，参议院有权撤销该公务员的职务，但无权执行其他惩罚措施。被撤销职务的公务员将依据宪法和法律接受控诉和判决。①

（三）众议院

众议员由各省人民和国家区人民直接选举产生，每 4 年改选一次。每 5 万居民或超过 2.5 万居民可选出一名众议院。每省至少选出两名众议员。众议员的当选资格同参议员。

众议院的特别职权是向参议院提交对有宪法第 23 条第 5 段列举行为的政府公务员的诉讼。诉讼必须由众议院全体成员的 3/4 多数通过方可提出。②

（四）法律的制定和实施

宪法规定：参议院和众议院、共和国总统、司法最高法庭和中央选举委员会有权参与法律的制定。其中，参议员和众议员有权在另一个议院申请制定法律。后三者有权通过在参众两院的代表申请。

在参议院或众议院通过的法案必须提交两次讨论，两次讨论之间至少间隔一天。紧急法案必须提交两次连续的会议讨论。

在参议院或众议院通过的法案必须提交另一个议院再次讨论，讨论中不更改原来的宪法形式。如果后者对前者的法案作出

---

① http://pdba.georgetown.edu/Constitutions/DomRep/domrep02.html
② http://pdba.georgetown.edu/Constitutions/DomRep/domrep02.html

多米尼加

修改，必须将原法案及后者的修改建议交还前者。如果前者接受后者的修改意见，则向国家行政机关提交法案；如果前者不接受后者的修改意见，必须再次将法案及前者的修改建议交还后者。如果后者接受前者的修改意见，即向国家行政机关提交法案；如果后者不接受前者的修改意见，则认为法案无效。

由参众两院通过的任何法案都要提交国家行政机关。如果国家行政机关没有修改意见，在收到法案的 8 天之内颁布法案，并在颁布法案的 15 天之内印刷发行法案。如果国家行政机关对法案做出修改，则必须在从法案提交之日起的 8 天之内将法案交还提交法案的议院；如果是紧急法案，则必须在 3 天之内。收到法案的议院必须把法案列入下次集会的议程，并再次讨论法案。如果经过讨论，该议院以 2/3 多数再次通过法案，则将法案移交另一个议院。如果后者也以 2/3 多数通过法案，即认为法案有效。共和国总统必须在指定的时间内颁布并印刷发行该法案。

在参众两院的立法会议期间悬而未决的法案，必须在下次立法会议期间继续讨论，直至法案的通过或否决。在一个议院通过并移交到另一个议院的法案，必须列入后者的议程。

已经印刷发行的法律，超过法定的法律认知时间后，即对共和国所有居民有法律效力。颁布的法律应根据法律的要求印刷发行。一旦超过法定的在国家各个行政区划单位的法律认知时间，该法律强制执行。法律只对其生效后的案件具备法律效力，而没有追溯已判决案件的效力（对二审案件或服刑已满案件的判决有利的除外）。任何法律或公民权利都不得改变或影响依据原有立法建立起来的司法安全。与公共秩序、警察、社会安定及道德有关的法律对所有居民具备法律效力。不得通过特别协约更改上述法律。[①]

---

① http://pdba.georgetown.edu/Constitutions/DomRep/domrep02.html

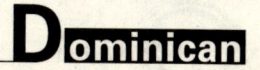

二　司法机构

现行宪法规定，最高法院及其他依据宪法及其他法律设立的法庭行使司法权。司法机构有管理及预算自主权。除最高法院，还设立上诉法院、土地法庭、初审法庭、和平法庭等特别法院，各市均设市长法官（Juez Alcalde）。目前多米尼加共有9个上诉法庭，30个初审法庭。

（一）最高法院

最高法院至少由11名法官组成，目前最高法院共有15名成员。参与人数达到法院组织构成法规定的法定人数的集会、案件审理和判决均视为有效。最高法院的法官由国家行政官员理事会任命，该理事会由总统主持，其他成员包括参议院议长；与参议院议长分属不同政党的一名参议员（由参议院选举产生）；众议院议长；与众议院议长分属不同政党的一名众议员（由众议院选举产生）；最高法院院长；由最高法院选举产生的一名大法官，担任理事会秘书长职务。如果总统空缺，由副总统主持；如果总统和副总统均空缺，由总检察官主持。

如果最高法院法官不能继续述职，国家行政官员理事会应选举新的法官行使其职权，或将其职权授予另一名法官。最高法院法官的当选资格包括：

（1）多米尼加公民或出生在多米尼加，年满35岁；
（2）具备完全行使民事和政治权利能力；
（3）法律硕士或博士；
（4）至少有12年律师、上诉法院法官、初审法院法官、土地法庭法官、公共工程部在上述法院的代表的从业经历。律师和法官的从业时间可以累加。

除宪法规定的其他职权，最高法院享有以下特权：
（1）总统、副总统、参议员、众议员、各部部长、各部副

部长、最高法院法官、总检察官、土地法庭的国家律师代表、最高土地法院法官、外交官员、中央选举委员会委员、Camara de Cuentas 成员、税收争议法庭法官、制宪法庭法官、参议院议长或众议院议长或相关单位的负责人知情后,唯一有权了解刑事案件;

(2) 依据宪法规定废除上诉;

(3) 最后审理由上诉法院初审的案件;

(4) 选举上诉法院、土地法庭、初审法庭、指导法庭、和平法庭的法官及其继任者;选举税收争议法庭及其他依据宪法和法律职业法设立的法庭的法官;

(5) 行使规范法律系统工作人员纪律的最高权力,并可以依据宪法暂停或撤除法律系统工作人员的职务;

(6) 根据实际需要,将上诉法院法官、初审法庭法官、土地法庭初审法官、指导法官、和平法官及其他依据宪法设立的法庭的法官暂时或永久性调离原来的管辖区;

(7) 设立必要的管理职位,使宪法及其他法律规定的司法权得以完全行使;

(8) 任命所有的司法系统官员;

(9) 确定法官和司法系统管理人员的工资及其他报酬。

(二) 总检察官

总检察官是公共事务部在最高法院的代表。总检察官或宪法规定的代任者行使代表职权。代表与最高法院院长平级,行使法律规定的职权。

总检察官的当选资格同最高法院法官。

(三) 上诉法院

至少设 9 个上诉法院。依据宪法确定每个法院的法官数量和每个法院的管辖区。选举上诉法院法官的同时,最高法院应指定大法官人选,以及大法官缺席时的第一、第二继任人选。如果上诉法院法官不能继续述职，最高法院应选举新的法官行使其职权，或将其职权授予另一名法官。

上诉法院法官的当选资格是：

（1）多米尼加人；

（2）具备完全行使民事和政治权利能力；

（3）法律硕士或博士；

（4）至少有4年律师、初审法院法官、公共工程部在土地法庭的原管辖区法官法庭的代表的从业经历。律师和法官的从业时间可以累加。

上诉法院的职权有：

（1）了解对初审法院法官做出的判决的上诉；

（2）初审法院法官、土地法庭原管辖区法官法庭的法官、指导法官、财政检察官和省长知情后，第一时间了解刑事案件；

（3）了解法律规定的其他事件。

（四）土地法庭

宪法规定土地法庭的职权。

土地法庭大法官和法官的当选资格同上诉法院法官。土地法庭原管辖区法官法庭的法官的当选资格同初审法庭法官。

（五）初审法庭

每个司法管辖区设一个初审法庭。宪法规定初审法庭的职权、司法管辖区的数量、每个初审法庭的法官数量及每个初审法庭可以设立的科室的数量。

初审法官的当选资格是：多米尼加人；享有完全民事和政治权利；有至少两年的律师、和平法官或财政官的从业经历。

（六）和平法庭

国家区及各市均依据宪法需要设和平法庭。宪法规定和平法官和财政官的职权。

和平法官、财政官或他们的代任者的当选资格是：多米尼加人；职业是律师；享有完全民事和政治权利。没有选举或任命律师的权利的各市，当选资格可以不包括"职业是律师"（国家区和省会城市除外）。

第四节 政党、团体

一 政党

多米尼加党是1930~1961年期间唯一的合法政党，1961年该党解体，让位于新的政治团体。多米尼加解放党（Partido de la Liberación Dominicana）在2008年大选中获胜，是现执政党。多米尼加现有20多个政党，主要的3个政党为：多米尼加解放党、多米尼加革命党、多米尼加基督教社会改革党，均为中间派政党。

多米尼加解放党[①] 多米尼加现执政党，现有党员数万人。1973年由从多米尼加革命党分裂出来的前总统胡安·博什等人创建，反对革命党内部的保护主义、民众主义和个人主义思想与实践（las prácticas clientelares, populistas e individualistas）。成立新党旨在建立一个能够实现民族英雄胡安·巴勃罗·杜阿尔特（Juan Pablo Duarte）的伟大事业，即捍卫社会公正，尊重民族和人民尊严，建立自由、主权和独立的国家的政治组织。解放党认为，必须建立一个在民主集中主义基础上的、符合集体主义和思想统一精神的，有严密领导层、合理工作方法和严格纪律性的，牢固的政治组织。

多米尼加解放党是在弗朗西斯科·卡马尼奥·德尼奥（Francisco Caamaño Deñó）领导的游击运动失败后不久成立的。

---

① http://www.pld.org.do/01-elpld/historia.htm

从某种意义上说，这次失败结束了从 1963 年 9 月胡安·博什政府被推翻后爆发的旨在恢复其政权的 1965 年 4 月 24 日起义开始的一个历史阶段。在美国的军事干预下，巴拉格尔从 1966 年执政到 1978 年。以上历史事件使胡安·博什的政治思想发生了深刻的变化。这些思想在他 1968 年以后出版的《民众支持下的独裁》(Dictadura con Respaldo Popular)、《取代帝国主义的五角大楼主义》(El Pentagonismo Sustituto del Imperialismo)、《多米尼加的社会构成》(Composición Social Dominicana)、《从克里斯托瓦尔·哥伦布到菲德尔·卡斯特罗：加勒比帝国边界》(De Cristóbal Colón a Fidel Castro: El Caribe Frontera Imperial) 等书中都有所阐述。这就是新政党以实现民族解放理想为宗旨的思想溯源。在政党成立前几天，1973 年 12 月的一次采访中，博什称，多米尼加解放党将会具备、也应该具备民主解放政党的思想和纲领性特征，这就意味着解放党不能够成为另一个多米尼加革命党。

多米尼加解放党是作为对当时的社会制度质疑的政治力量出现的，是马克思列宁主义政党。为了建立起牢固的领导体系，它在成立之初就建立了政治教育体系，规定所有党员和申请入党者都必须参加，教学资料由胡安·博什本人准备，遵循马克思主义的思想体系。20 世纪 80 年代，多米尼加解放党的中央委员会 (Comité Central) 由若干个马克思主义理论学习小组构成。

多米尼加解放党成立于一个对代议制民主存疑的历史时期。博什在《民众支持下的独裁》一书中认为，代议制民主仅仅在发达资本主义国家中是可行的，像多米尼加这样一个资本主义还没有发展的国家，推行代议制民主的做法是一种幻想。对代议制民主的质疑直接导致对通过选举途径获得国家权力的无效论断。在巴拉格尔执政的 12 年中，多米尼加解放党主张避免外国势力干预国家内政，呼吁尊重大多数民众的意志。从 1978~1986 年，

多米尼加

多米尼加革命党执政 8 年。虽然经济治理失败，但在政治上建立了宽容和尊重人权的气氛，多米尼加进入了没有政治犯和不因政治原因流放的新时期。在这种历史背景下，多米尼加解放党从 1982 年起改变了对民主选举的态度。它参加了 1982 年大选，获得了 10% 的选票。

多米尼加解放党成立的最初几年是党的建设期，这一时期以高度纪律性和博什思想的深刻影响为特征。20 世纪 80 年代，解放党进入党民联系期，这一时期解放党关注对外关系的发展，力图与城乡民众组织建立广泛联系，许多多米尼加人参与了党的生活，但大多数解放党党员并不理解和支持这种做法。因此，尽管博什已经认识到把政治工作与民众联系起来的必要性，解放党仍然是一个"精英政党"，与社会比较脱节。面临国内外政治、经济和社会形势的深刻变化，从 90 年代起，博什开始主张出卖公有企业，在多米尼加建立和发展资本主义，从而逐渐远离最初的马克思主义和国家主义思想。解放党的大多数领导成员不能理解博什的立场转变。1994 年大选失败后，博什宣布退出政坛，政治委员会（Comité Político）代之成为解放党的指导机构。1994 年，解放党的地位在议会和地方选举中大幅度倒退。参议院席位从 1990 年的 12 个减少至 1 个，众议院席位从 44 个减少至 13 个，同时失去了一些重要城市的地方政府。

1995 年，莱昂内尔·费尔南德斯·雷纳（Leonel Fernández Reyna）当选该党主席。1996 年，费尔南德斯赢得大选，但在执政纲领中并未明确统一的国家发展计划。由于缺乏充分而深入的党内讨论和党外协商，加上党内中高层缺乏必要培训，导致政策制定、监督、指导及评估制度的缺失，解放党的许多议会成员和地方政府各级官员都没有很好地履行职责。尽管如此，费尔南德斯政府还是维持了政局稳定和民主制度的发展，很大程度上治理了贪污腐败问题；建立了更实用的生产体系，取得了在经济稳定

第三章 政 治

前提下的经济持续增长；实现了教育机构、医疗机构和住宅建设等社会层面的改观，减少了失业率、儿童死亡率和文盲率，延长了居民的预期寿命，公务员工资增长了一倍多，简化了纳税、办理护照、获得驾照等关乎民生的程序；更积极地参与了国际社会。

2004年5月，费尔南德斯再次当选。政府采取了一系列债务重组措施。多米尼加革命党开始采取合作态度。但2005年2月政府着手调查革命党前政府官员的腐败案后，两党关系再次出现阴影。2006年中期选举后，解放党在参众两院中均获得多数席位，其中参议院席位（共32个）从1个增加到22个，众议院席位（共150个）从42个增加到96个，执政地位大大改观。此后，费尔南德斯提出了包括议会与总统选举同期举行、总统可连续两个任期等在内的宪法改革提案。2007年5月，多米尼加解放党内举行了推举该党2008年大选候选人的会议。现任总统费尔南德斯以71.5%对28.5%的得票优势击败达尼洛·梅迪纳获胜。尽管党内竞争激烈，但应不会导致党内派系分裂。[①]

多米尼加革命党[②]　1939年1月21日成立于古巴首都哈瓦那附近，创立人是当时因多米尼加特鲁希略独裁统治逃往海外的恩里克·科图瓦纳马·恩里克斯（Enrique Cotubanama Henríquez）、安赫尔·米奥兰（Ángel Miolán）、尼古拉斯·希尔法（Nicolás Silfa）、胡安·伊西德罗·斯门尼斯·格鲁利翁（Juan Isidro Jiménez Grullón）、胡安·博什（Juan Bosch）、比尔希略·马伊纳尔迪·雷纳（Virgilio Mainardi Reyna）、卢卡斯·皮查多（Lucas Pichardo）、何塞·曼努埃尔·桑塔纳（José Manuel Santana）等。创立者们表达了与特鲁希略独裁政权的斗

---

① Country Profile 2007, The Economist Intelligence Unit Limited 2007.
② http://es.wikipedia.org/wiki/Partido_Revolucionario_Dominicano

多米尼加

争决心，通过了党的指导纲领和若干章程，它的创立目标就是推翻特鲁希略政权，为多米尼加美好的民主未来而斗争。1940年，革命党的第一个正式活动点成立于纽约，名为"多米尼加革命联盟"（Unión Revolucionaria Dominicana），领袖是胡安·M.迪亚斯（Juan M. Díaz），秘书长是胡安·伊西德罗·斯门尼斯·格鲁利翁，领导层还包括曼努埃尔·亚历克西斯·利兹（Manuel Alexis Liz）、恩里克·科图瓦纳马、恩里克斯·卢卡斯·皮查多、比尔希略·马伊纳尔迪·雷纳和罗马诺·佩雷斯·卡夫拉尔（Romano Pérez Cabral）。后来，革命党又逐渐在墨西哥、波多黎各、委内瑞拉和阿鲁巴等国家和地区设立活动点。

20世纪40年代，多米尼加革命党继承了墨西哥1910年革命和维克多·劳尔·阿亚·德拉·托雷（Victor Raúl Haya de la Torre）的阿普拉主义中的进步民族主义思想。革命党人在流亡中积极进行着有组织的、反对特鲁希略独裁统治的斗争。革命党与其他流亡国外的组织共同组织了几次对多米尼加国内的武装征伐行动，但大多以失败告终。1961年5月特鲁希略被杀后，革命党领导层认为回国的时刻已经到来，从而放弃了以武装斗争方式推翻独裁制度的路线，转而认为应该通过政治途径获得国家政权，解决多米尼加的问题。

1961年7月，安赫尔·米奥兰、尼古拉斯·希尔法等革命党人回国，意图在多米尼加全国扩展革命党的组织和影响力，并在哥伦布公园召集会议。同年，胡安·博什也回到多米尼加，代表革命党参加了1962年大选。1963年2月27日，博什正式就职，但其政府仅仅7个月后就被军事政变颠覆。1966年，博什再次参加总统选举，落败于多米尼加基督教社会改革党的华金·巴拉格尔（Joaquín Balaguer）。1970年，博什认为国内缺乏透明的选举气氛，决定不参加大选，由此与何塞·弗朗西斯科·培尼亚·戈麦斯（José Francisco Peña Gómez）产生分歧。1973年，博什脱离革命党另组多米尼加解放党。此后,革命党领导层发生分歧,分成布兰科派、马赫卢塔派和戈麦斯派,但何塞·弗朗西斯科·培尼亚·戈麦斯一直任主席,直至1998年初去世。

1978年,革命党候选人安东尼奥·古斯曼·费尔南德斯在大选中获胜。古斯曼未满四年任期自杀,副总统哈科沃·马赫卢塔(Jacobo Majluta)代为任满。1982年,革命党的萨尔瓦多·豪尔赫·布兰科(Salvador Jorge Blanco)大选获胜。1986年,革命党总统候选人哈科沃·马赫卢塔败于巴拉格尔。1987年,哈科沃·马赫卢塔脱离革命党另组新党独立革命党(Partido Revolucionario Independiente)。在1994年大选中,革命党成为最大的反对党,得到41.50%的选票,并在议会中获多数席位。主席戈麦斯继在1990年、1994年大选中败于巴拉格尔后,又在1996年大选中败于多米尼加解放党的费尔南德斯,但获得了49%的选票。2000～2004年,革命党的伊波利托·梅希亚任总统。2002年8月立法选举,革命党获得27个参议院席位和72个众议院席位。因梅希亚参加2004年大选,革命党分裂为三派。曾任该党主席的哈托伊·德坎普斯(Hatuey De Camps)因反对梅希亚参选而被逐出党,于2005年另组新党——多米尼加民主社会革命党(Partido Revolucionario Social Democrata)。2005年6月,革命党内部改革,新一届领导层通过普选产生,拉蒙·阿尔布尔格尔格(Ramon Alburquerque)当选党主席,奥兰多·豪尔赫·梅拉(Orlando Jorge Mera)当选秘书长。新一届领导层的第一项重大举措就是与它的历史对手多米尼加基督教社会改革党首次结成联盟,共同参加2006年5月的议会和地方选举。这次中期选举,革命党获得6个参议院席位,54个众议院席位。① 2008年,革命党的总统候选人为米盖尔·巴尔加斯·马尔多纳多

---

① http://www.copppal.org.mx/doc-res-elec-res06.htm

多米尼加

(Miguel Vargas Maldonado)，竞选口号为"为了更好而改革"(El cambio para mejorar)。

多米尼加革命党历次总统选举候选人为胡安·博什（1962年、1966年）、安东尼奥·古斯曼（1974年、1978年）、萨尔瓦多·豪尔赫·布兰科（1982年）、哈科沃·马赫卢塔（1986年）、何塞·弗朗西斯科·培尼亚·戈麦斯（1990年、1994年、1996年）、伊波利托·梅希亚（2000年、2004年）、米盖尔·巴尔加斯·马尔多纳多。

多米尼加基督教社会改革党[①]　1961年，特鲁希略独裁政权终结，华金·巴拉格尔成为共和国总统，多米尼加政党进入新的现代发展时期。1963年6月21日，多米尼加真正革命党和社会行动党合并为改革党，即现在的多米尼加基督教社会改革党的前身。1962年流亡纽约的巴拉格尔广泛建立联系，改革党不断发展壮大。在波多黎各召开的党代会上，巴拉格尔宣誓就任党主席。来自多米尼加政坛各界人士参加了这次盛会，影响力覆盖全国。

与此同时，多米尼加国内的政治压力与日俱增，民选政府未能兑现承诺，人民逐渐失望，经济形势也日益恶化，政府宣布1965年9月再次举行大选。巴拉格尔被推举为改革党的总统候选人。后因军队、多米尼加革命党和其他政治及社会团体发起的社会运动导致大选未能如期举行。在此期间，巴拉格尔借口探望生病的母亲回国。随着运动逐渐平息，巴拉格尔开始巡游全国。他接触社会各阶层，从而巩固了改革党，使之成为重要的政治力量，也为1966年6月1日将要举行的大选积累了资本。改革党顺理成章地以绝对优势赢得1966年的大选，此后一直执掌政权，直到1978年多米尼加革命党上台。

---

① http://www.prsc.com.do/

在1982年3月的党代会上,"基督教社会理论"得以明确。1985年,改革党更名为基督教社会改革党。更名后的改革党在1986年的大选中再次胜出,一直执政到1996年。在执政期间,巴拉格尔与独裁政府的联系和政治暴力曾遭多方质疑。基督教社会改革党在历届任期内均政绩显著。原主席巴拉格尔与前任总统梅西亚私交甚佳,因此该党一直是革命党的有力支持者。

2002年7月巴拉格尔去世后,该党内部出现主席之争。2004年党内选举,爱德华多·埃斯特雷利亚(Eduardo Estrella)以52%的支持率领先于哈辛托·佩伊纳多(Jacinto Peynado)而当选为该党2004年大选候选人,但因仅获得9%的选票而失利。2004年5月中期选举后,该党获得4个参议院席位,28个众议院席位。[1] 2005年6月,费德里科·安通·巴特列(Federico Antún Batlle)当选为该党主席,他明确表示将参加2008年大选。

基督教社会改革党的思想纲领总称"基督教社会理论",即尊重人的尊严、共同福利和团结原则。基督教社会改革党是民众的、民族主义的、民主的、多元化的、基督教思想的政党。党的指导方针与时俱进,顺应潮流,主要体现为以下几个方面:遵从基督教人文主义原则,以"基督教民主思想"作为实现改革的主线;尊重人民的自由和平等获得教育的权利;认为拉美人民的历史斗争是建立真正自由国家的重要一步;坚信民主制度和法治国家的理想模式,尊重思想多元化;尊重男性和女性的权利,主张把人民从压迫、苦难、滥用职权、文化蔑视和不公正的状况中解放出来;认为"共同福利"是所有人应当追求的目标,人类的诞生就是要与他人共存;认为男性和女性应当和平共存,应当爱护女性;认为家庭是社会发展和政治生活的最基本单位;主张以人为本,最重要的是实现"人"的发展;尊重私有财产,认

---

[1] http://www.copppal.org.mx/doc-res-elec-res06.htm

多米尼加

为所有人都有平等的权利，反对过度的财富积累；作为基督教民主政党，坚决维护和平、反对暴力，支持自由、反对压迫，捍卫公正、反对剥削，主张扶持弱小、反对自私主义，坚持希望、永不绝望，优先精神层面的价值观、弱化物质主义概念；反对个人主义和极权集体主义导致的物质主义；反对任何形式的侵犯人权和自由的极权主义和独裁主义；认为美洲人民的共同目标应是发展和共存，应当以国际合作取代暴力和强制。

基督教社会改革党主张以基督教人文主义为指导，在各种族共同发展和公正自由的前提下，进行社会、经济、政治和文化的改革。在政治领域，基督教社会改革党坚持代议制民主路线，致力于建立真正团结协作、个性化和广泛参与的社会；谋求实现真正的政治共存，保证每个人都能完全实现个人的发展和参与；要发展和巩固公民社会，加强巩固民主制度的机构，实现政治共存的理想民主制度，建设法治国家。在经济领域，基督教社会改革党实行以人为本的经济方针，致力于满足个人和群体、尤其是农民和最迫切需要扶持人群的基本需要；强调人是最重要的要素，而不是企业，推动劳动者参与企业管理；本着劳动是生产第一要素的原则，公平、公正和合理分配社会劳动成果，使财政政策服从经济和社会发展目标的需要；关注经济发展目标的实现，重视生产和消费的社会作用；灵活发展公有部门、私有部门和混合型部门，但公有部门要承担公用事业的主要职责，在工业、初级产品、能源和信贷等战略性部门发挥重要作用；大力关注和重点解决农业问题，进行深入的土地改革；保护森林、河流、矿藏等可再生和不可再生资源，实现其开采和利用的合理化。在社会领域，基督教社会改革党积极保障所有人的权利，使所有的多米尼加人获得文化、权利和财富的机会；主张建立明确的、负责的和坚定的指导方针，为争取边缘化的多米尼加人的真正权利而斗争；加强教育和医疗建设，使之成为所有人享有的平等权利；保

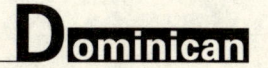

护妇女权益,消除性别歧视。基督教社会改革党还认为,应清醒地认识到当今世界面临的严重问题,并为此与志同道合的政党和政治团体合作,努力寻求解决方案。它强调更深入认识本国历史和其他拉美国家的历史,以全面和全方位的眼光认识存在的问题,依据遵循的原则制定最符合现实的解决方案。

多米尼加共和国共产党 1942年成立。原称民主革命党,1944年改称多米尼加人民革命党。1965年改用现名。1977年获合法地位。

二 群众团体

多米尼加的一些非政党组织[①]也是国家政治生活中的重要政治力量。

各派工会都为实现自己的目标积极开展活动,工会比其他群众组织占有更为重要的地位。多米尼加重要的工会组织有:多米尼加工人总联盟、多米尼加阶级工会自治联合会、多米尼加工人统一中央工会及多米尼加教师协会。长期以来,工会和政党关系密切,工会既受政党影响,又是党内具有某种独立性的实力派。近年来,工会力量有所削弱,有组织工人不足工人总数的1/10。但工会基层组织的数量有所增加,并针对经济、社会事务中的不公正现象开展有组织的抗争。

此外颇具政治影响力的力量有天主教会和国家私营企业委员会(Consejo Nacional de la Empresa Privada)。前者经常斡旋于政府、反对派和各利益集团之间。后者是最重要的商业组织,强烈抨击梅希亚政府在2003年银行业危机后采取的一系列措施。它支持费尔南德斯政权,但反对政府2006年12月的税务改革。

---

① Country Profile 2007, The Economist Intelligence Unit Limited 2007.

第四章

经　　济

第一节　概述

一　经济简史

前　哥伦布时期，岛上的土著居民塔伊纳人以原始的农业生产为生。在近400年的西班牙殖民统治时期，殖民者先后建立监护征赋制和大庄园制，奴役岛上居民，该岛经济走向为西班牙和法国殖民者所交替操纵。这一时期，多米尼加先后兴起了采金业、畜牧业、烟草业和制糖业。

1822～1844年期间，海地统治该岛东部，制糖业的生产落入低谷，制糖厂纷纷倒闭。1844年独立后，制糖业再度兴起。19世纪70年代，在圣多明各建立起第一家蒸汽机榨糖厂，榨糖量大大提高。随后，由于国际市场的糖价大跌，制糖业再度处于低迷状态。这种状态一直持续到1889年。

1889～1916年，由于政局不稳，历届总统以巩固政权为目的，向外国大量借款，导致外债骤增；缺乏还债能力的多米尼加饱受法国、比利时、德国、意大利、西班牙和美国的逼债和干涉之苦。

美国从20世纪初起对多米尼加进行过数次武装干涉。1916～

第四章 经　济

1924年，美国军事占领多米尼加，美国资本大量渗入；而多米尼加的农民失去土地，沦为佃农或种植园里的农业工人。

1930～1960年期间，特鲁希略家族实行独裁统治。特鲁希略兄弟横征暴敛，霸占国家财产达10亿美元，成为全国最大的资本家和大庄园主；占有全国工业企业投资的75%和全国耕地的35%；控制制糖业的60%以上；垄断了除外资以外的几乎所有的工业企业。这一时期多米尼加经济发展比许多邻国快，偿清了外债，贸易出超，物价也较为稳定。

1961年，特鲁希略被杀，家族统治的恶果暴露出来。从1962年起，多米尼加不得不依靠大量举借外债来维持本国经济。1961～1965年的内战严重阻碍了经济的发展。在此期间，美国垄断资本在多米尼加的地位得到了巩固和加强，美国的直接投资高达1.8亿～2.5亿美元。

1966年，巴拉格尔当选总统并连续执政12年。政府实行依靠外资促进经济发展的政策，外国投资额达到高潮。19世纪后期，烟草的价格大幅度下跌，美国公司开始巨额投资制糖业。20世纪80年代以前，制糖业一直是多米尼加经济的主要支柱。

20世纪80年代，多米尼加的经济开始走上多样化的道路，采矿业成为多米尼加的主要出口创汇部门；自由贸易区工业在多米尼加的工业领域占据主导地位；旅游业发展迅速。根据世界银行的统计数字，多米尼加属于低中收入国家。虽然经济力图走多元化路线，但是国际糖产品市场的价格波动对其影响依旧十分明显。由于进口替代工业化模式的缺陷逐渐显现，加之政府不恰当的经济政策，背上沉重的外债包袱的多米尼加不得不求助于国际货币基金组织，接受其不受欢迎的财政紧缩的药方。1986年上台的巴拉格尔政府曾试图摆脱这种附加条件的援助，结果却导致持续上升的财政赤字和通货膨胀率。

1990年前后，多米尼加面临严重的通货膨胀问题。同时，

多米尼加

财政赤字和高额外债也构成了潜在的危机。从1994~2000年，多米尼加宏观经济状况明显好转，国内生产总值稳中有升，旅游业和自由贸易区工业发展迅速；但是，多米尼加的失业和贫困问题仍十分严重，政府的财政状况依然吃紧。

2001~2003年，由于国际上的不稳定因素，多米尼加的支柱产业——旅游业和自由贸易区工业受到负面影响，加之2003年的银行业危机，国民经济的增长速度放缓。这种情况从2004年起逐步恢复。2005年，多米尼加经济强劲反弹。2006年，多米尼加经济增长率达到20世纪90年代以来的最高峰。2007年和2008年的经济增长呈放缓趋势。

二 经济结构

2002~2006年，服务业一直在三大产业中居首，对国内生产总值的贡献率超过50%。随着移动电话行业的发展，通信业成为发展最迅速的经济部门。旅游业是最大的创汇部门，提供的就业岗位最多。近年来，主要来自美国的侨汇占国内生产总值的比例每年都超过10%，大大促进了经济的发展。2008年前三季度，侨汇增加到23.27亿美元，同比增加5.0%。[1]

2003~2006年，商业产值的增长率分别为-3.6%、-0.1%、16.1%和11.7%；占国内生产总值的比例分别为10.1%、9.9%、10.5%和10.6%。[2] 2008年，复合银行对商业和消费的信贷活跃，商业中心、超市和服装类商品的消费额大幅度提升，加之商品进口额增加38.3%，商业发展较为迅猛。

---

[1] 多米尼加中央银行（Banco Central de la República Dominicana）官方网站（http://www.bancentral.gov.do/publicaciones_economicas/infeco_preliminar/infeco_preliminar2008-09.pdf）。

[2] Country Profile 2007, The Economist Intelligence Unit Limited 2007.

第四章 经 济 Dominican

2008年前三季度，商业同比增长10.1%。①

目前，多米尼加经济的多元化政策已见成效。详见表4-1。

表4-1　2002～2006年各经济部门对国内生产总值的贡献率*

单位：%

年　份	2002	2003	2004	2005	2006
农业	9.4	9.7	9.2	9.0	9.0
稻米	0.9	0.8	0.7	0.7	0.7
传统出口农作物	1.3	1.2	1.1	1.0	1.0
其他农作物	2.9	3.4	2.8	2.6	2.8
牧、林、渔业	4.4	4.3	4.6	4.7	4.5
工业	34.2	33.2	33.3	32.7	31.6
采矿业	0.6	0.6	0.6	0.6	0.6
国内制造业	22.8	22.5	22.6	22.5	21.8
甘蔗碾磨业	0.2	0.2	0.2	0.2	0.2
制糖业	0.8	0.8	0.8	0.7	0.7
饮料及烟草业	3.3	3.4	3.3	3.3	3.0
炼油及衍生品业	0.6	0.4	0.4	0.3	0.3
其他	18.0	17.7	17.9	18.0	17.6
自由贸易区工业	5.0	5.1	5.4	5.0	4.1
纺织及制衣业	2.9	2.9	2.9	2.5	1.2
其他	2.1	2.2	2.5	2.5	2.3
建筑业	5.8	5.0	4.7	4.6	5.1
服务业	50.5	51.3	52.0	51.7	51.7
能源及水事业	2.6	2.4	1.9	1.8	1.7
商业	10.5	10.1	9.9	10.5	10.6
酒店餐饮业	6.6	7.5	8.0	8.0	7.6

---

① 多米尼加中央银行（Banco Central de la República Dominicana）官方网站（http://www.bancentral.gov.do/publicaciones_economicas/infeco_preliminar/infeco_preliminar2008-09.pdf）。

续表 4-1

年　份	2002	2003	2004	2005	2006
交通运输及仓储业	4.4	4.1	4.0	3.9	3.8
通信业	4.3	5.4	6.2	7.1	8.1
金融服务业	4.2	3.6	3.4	3.3	3.6
房地产业	6.5	6.6	6.8	6.4	6.0
公共管理业	1.3	1.4	1.4	1.3	1.2
教育事业	1.2	1.2	1.2	1.1	1.1
医疗事业	1.7	1.7	1.7	1.6	1.5
其他服务业	7.2	7.4	7.5	6.7	6.6
税收	8.4	7.4	7.0	8.1	9.2

资料来源：多米尼加中央银行

* EIU, República Dominicana, Country Profile 2007.

三　发展水平

多米尼加共和国是加勒比地区的第二大国家和主要旅游目的地国。矿产资源丰富、农作物种类繁多、劳动力资源丰富、生产成本低、政局稳定、社会安定（详见表 4-2 至表 4-5）。

表 4-2　1998~2006 年主要经济指标

年　份	1998	1999	2000	2001	2002	2003	2004	2005	2006
GDP（百万美元）	20124	21182	23417	24590	24957	19498	21718	34717	38783
GDP 增长率（%）	8.3	6.1	7.9	2.3	5.0	-0.4	2.7	9.2	10.7
人均 GDP 增长率（%）	6.4	4.3	6.1	0.6	3.3	-2.0	1.1	7.6	9.1

资料来源：CEPAL, Estudio económico de América Latina y el Caribe 2006-2007。

表4-3　2004年及2005年1~9月各经济部门产值

单位：百万比索

	2004年	2005年1~9月
农业	842.5	629.8
种植业	349.8	269.7
牧业	392.6	312.8
林业和渔业	100.2	47.3
采矿业	115.2	82.4
制造业	1116.9	844.3
制糖业	43.4	34.3
其他国内制造业	877.8	667.9
自由贸易区工业	195.7	142.1
建筑业	775.4	538.3
商业	805.3	700.6
酒店餐饮业	525.0	403.7
交通运输业	431.0	292.4
通信业	823.9	874.3
水电业	131.1	103.0
金融服务业	261.9	195.4
房地产	290.5	225.7
政府服务业	580.0	408.4
其他服务	521.0	306.1
总　　计	7219.7	5604.4

资料来源：多米尼加中央银行。

表4-4　2004~2005年各经济部门附加值

单位：百万美元，按2000年经常价格计算

年　份	2004	2005
农林牧渔猎	1505.9	2419.0
矿　业	303.2	331.9
制造业	5227.7	6748.7
水电气事业	348.6	481.9
建筑业	930.9	1233.5
商业（批发/零售）	4506.3	5801.3
交通、仓储、通信业	741.7	1313.3
金融、保险、不动产、公司服务业	2522.1	4241.7
社区、社会、个人服务业	4281.2	9822.0

资料来源：CEPAL, Anuario estadístico 2006。

表 4-5　2003~2006 年各经济部门增长率*

单位：%

年　份	2003	2004	2005	2006
农业	3.3	-3.8	7.5	9.9
稻米	-15.5	-3.5	10.6	11.7
传统出口农作物	-1.7	-12.5	4.7	3.0
其他农作物	17.5	-14.4	1.4	18.0
牧、林、渔业	-0.8	6.9	11.6	6.6
工业	-2.3	1.3	7.5	7.2
采矿业	8.0	4.3	-0.3	9.3
国内制造业	-0.9	1.4	9.1	7.4
甘蔗碾磨业	-18.6	-1.0	9.3	11.8
制糖业	2.0	7.0	-8.2	3.2
饮料及烟草业	3.6	-2.6	9.5	1.3
炼油及衍生品业	-29.4	-3.3	-0.5	2.4
其他	-0.8	2.1	10.0	8.7
自由贸易区工业	1.9	7.5	1.9	-8.3
纺织及制衣业	1.7	1.7	-5.4	-18.4
其他	2.2	15.3	10.5	1.9
建筑业	-12.5	-5.6	7.5	22.7
服务业	2.1	2.6	8.9	10.9
能源及水事业	-7.5	-20.1	5.3	7.2
商业	-3.6	-0.1	16.1	11.7
酒店餐饮业	14.0	7.6	9.2	5.5
交通运输及仓储业	-7.7	-0.8	6.4	8.3
通信业	25.8	16.1	27.0	26.1
金融服务业	-13.5	-4.9	4.9	22.4
房地产业	2.3	3.6	3.5	3.4
公共管理业	4.6	1.3	-0.1	4.6
教育事业	2.0	4.4	1.7	4.1
医疗事业	2.6	1.6	0.0	2.1
其他服务业	3.0	3.2	-1.9	8.3
税收	-11.7	-3.4	26.3	25.6

资料来源：多米尼加中央银行。

* Country Profile 2007, The Economist Intelligence Unit Limited 2007.

第四章 经 济

统计数字表明，从 1994～2000 年，多米尼加宏观经济状况明显好转，经济发展态势趋于平稳。严格的财政制度和货币体制始终把通货膨胀率控制在 1 位数，1997～2001 年的平均通货膨胀率为 7.2%；进出口贸易相当活跃，贸易额上涨；汇率相当稳定；税制改革取得一定成效。1994～1995 年国内生产总值增长 4.6%，1996～2000 年年均增长 7.9%（1994 年为 1376 亿比索，1995 年为 1623 亿比索，1996 年为 1835 亿比索，1997 年为 2151 亿比索，1998 年为 2383 亿比索，1999 年为 2723 亿比索）。通信业、建筑业、旅游业和自由贸易区工业的发展最为显著；而采矿业、农业、制糖业等有所退步。然而，即使是在经济增长的时期，多米尼加的失业和贫困问题也十分严重。

2001 年，由于主要创汇部门，如旅游业和自由贸易区工业的发展受挫，随着比索贬值和国际石油价格上升，通货膨胀的压力骤然猛增。

由于 2002 年上半年国际经济形势欠佳，对当年多米尼加的支柱产业——旅游业和自由贸易区工业产生负面影响。尽管汇率对经济产生巨大压力，但通货膨胀率仅比 2001 年同期增长了一个百分点。2002 年 8～9 月，多米尼加央行的储备减少，引起货币发行量的减少，银行利率上调。为了调和经济改革产生的负面影响，多米尼加政府采取调整汇率、银行利率和央行的国际储备等种种措施。

2003 年第二季度，多米尼加爆发银行业危机，导致业内人士的极度恐慌情绪和不信任感，同时还加速了美元化的进程和造成资本的大量外逃。外汇市场的压力造成比索贬值，并成为物价普遍上涨的导火索，11 月份物价上涨幅度高达 40.1%。为了遏制金融系统的窘迫趋势，多米尼加有关部门向出现问题的银行注入大量援助资金，造成政府的庞大开支。同时，多米尼加政府还深化了自 2002 年底开始实行的财政紧缩政策和货币紧缩政策。

多米尼加

虽然消费开支和投资分别下降了 9.8% 和 12.1%，但商品与劳务出口的稳步回升成为经济活动的一剂强心针。另一方面，尽管收支平衡中的经常项目出现积极反弹，呈现不小的增长，但年末国际储备量很少。

2004 年，多米尼加政府继续深化财政和货币紧缩政策。根据与国际货币组织签订的一项协议，该组织应在两年内向多米尼加提供总额为 6 亿美元的援助（已提供 1.2 亿美元）。由于对多米尼加政府将两家本国配电企业收归国有所引起的反响持观望态度，新的援助计划没有实施。协议中包括了一系列旨在恢复银行业内的信心、加强金融监管、强化货币规则和公共金融秩序并建立灵活的兑换制度的内容。2004 年，多米尼加的自由贸易区工业仍然停滞不前，外部需求的增加拉动了旅游业及出口贸易，但内部需求呈现疲软状态，外债仍居高不下。失业状况没有恶化，但实际工资有所下降。2004 年开始执政的费尔南德斯政府面临着稳定宏观经济、继续与国际货币基金组织的协议和减少财政赤字等几个亟待解决的问题。此外，多米尼加经济仍存在结构性缺陷，缺乏竞争力等问题。2004 年国内生产总值达 217.18 亿美元，增长率 2.7%；人均国内生产总值 2423.9 美元，增长率 1.1%[1]；通货膨胀率 28.7%。[2]

2005 年，随着外资回流和金融部门的稳定，多米尼加经济强劲反弹。2005 年国内生产总值达 347.17 亿美元，增长率 9.2%；人均国内生产总值 3815.1 美元，增长率 7.6%[3]；通货膨胀率 7.4%。[4]

2006 年，多米尼加国内生产总值 387.83 亿美元，增长率高

---

[1] CEPAL Estudio económico de América Latina y el Caribe 2006 – 2007.
[2] Country Profile 2007, The Economist Intelligence Unit Limited 2007.
[3] CEPAL Estudio económico de América Latina y el Caribe 2006 – 2007.
[4] Country Profile 2007, The Economist Intelligence Unit Limited 2007.

达 10.7%；人均国内生产总值增长率 9.1%。[1]

2007 年，多米尼加经济增长速度开始放缓，GDP 增长率为 8.5%。[2]

2008 年第一季度，GDP 同比增长 6.2%。此后，受国际金融危机、世界经济发展减慢等国际因素和以减少内需为主要目标的货币政策等国内因素影响，经济增长速度继续降低，前三季度 GDP 同比增长 5.4%，其中第三季度仅增长 1.3%。通信业是发展最快的经济部门，同比增长 15.7%。金融和保险服务业、能源及水事业、商业、建筑业、交通运输业、餐饮酒店服务业、房屋租赁业、教育事业、国内制造业、其他服务业、医疗卫生事业、公共管理业分别增长 14.0%、11.0%、10.1%、5.3%、4.8%、3.7%、3.4%、2.8%、2.5%、2.2%、1.4% 和 1.1%。采矿业、农牧业和自由贸易区工业则出现倒退，产值分别减少 14.0%、8.0% 和 1.2%。[3] 预计 2008 年全年 GDP 增长 5.5%[4]。

2008 年，多米尼加仍面临较大的通货膨胀压力。自然灾害造成的粮食减产引起食品价格上涨，石油产品价格也有所提高。第一季度和第二季度，消费价格指数分别增长 9.7% 和 12.2%[5]。前三季度该指数累计增长 10.76%，其中交通运输、食品饮料及烟草分别增长 16.54% 和 12.10%，成为影响消费价格指数的两

---

[1] CEPAL Estudio económico de América Latina y el Caribe 2006 – 2007.
[2] CEPAL, Estudio económico de América Latina y el Caribe, 2007 – 2008, agosto de 2008, p. 18.
[3] 多米尼加中央银行（Banco Central de la República Dominicana）官方网站 (http://www.bancentral.gov.do/publicaciones_economicas/infeco_preliminar/infeco_preliminar2008-09.pdf)。
[4] CEPAL, Estudio económico de América Latina y el Caribe, 2007 – 2008, agosto de 2008, p. 18.
[5] CEPAL, Estudio económico de América Latina y el Caribe, 2007 – 2008, agosto de 2008, p. 298.

大主要类别。随着国际石油及初级产品价格的下跌,预计到 2008 年底通胀压力将有所减少,控制在 12% 以内。[1]

第二节 农业

一 发展概况

农业是多米尼加经济的支柱。多米尼加属热带海洋性气候,全年温差不大,雨量充足,土质比较肥沃,可种植多种农作物。北部中央的山谷地带是最重要的农业区,东部是主要的产糖区。

20 世纪 50～60 年代,多米尼加全国土地面积为 487 万公顷,可耕地 140 万公顷,占总面积的 28.7%。土地分配严重不均,45 万农户中,大约有 25 万农户平均占有土地仅 1 公顷,而 8000 个大庄园所拥有的土地却占可耕地的一半,其中 16 个最大的庄园占全国可耕地面积的 16%。1962 年 4 月颁布土地改革法,把部分荒地、从特鲁希略家族没收来的土地和国家购买的土地用来分配。直至 1977 年,共分配土地 178602 公顷,建立 3000 个居民点,受益农户 36480 家。虽然土地改革进展缓慢,对原有的土地结构变动不大,但毕竟调整了生产关系,有利于农业的发展。

20 世纪 80 年代的多米尼加农业以种植甘蔗、咖啡、烟草、可可为主,也包括水稻、玉米、香蕉、水果,从业人口 110 余万,占总劳动力的 40%。但是,随着制造业、采矿业和旅游业的崛起,农业在国民经济中的重要性逐步下降,如在 20 世纪 60

---

[1] 多米尼加中央银行(Banco Central de la República Dominicana)官方网站(http://www.bancentral.gov.do/publicaciones_economicas/infeco_preliminar/infeco_preliminar2008-09.pdf)。

第四章 经　济

年代，农牧业的就业人口占总就业人口的 60%，农业产品的出口额占出口总额的 80%～90%；而 1988 年，农业就业人口仅占 35%，农业收入仅占国内生产总值的 15%，农业产品的出口额仅占出口总额的将近一半。[①] 政府的经济政策鼓励城市工业的发展，使几种主要农作物的生产有的处于停滞状态，有的大幅度下滑。同时，农产品在国际市场上的价格下跌，美国对多米尼加糖产品的进口份额缩减，使 20 世纪 80 年代多米尼加的主要出口农产品的生产一片萧条，多米尼加政府被迫考虑向非传统农产品的出口转型，这些非传统农产品包括装饰性植物、冬季蔬菜（即美国冬季不能种植的蔬菜）、酸味水果、热带水果、香料、坚果等等。政府还建立了多米尼加出口促进中心，该中心在一些非政府组织的协助下，为农业的多样化做了大量工作。1989 年，酸味水果和凤梨的生产取得一定成效，原来的一部分糖蔗种植区转型为非传统农产品产地。但是，由于国家糖业委员会的多样化项目的进展放缓，非传统农产品的出口增长也逐渐放缓。[②]

从 20 世纪 90 年代起，农业逐渐走上多样化发展的道路，凤梨、柑橘、香蕉等经济作物的产量增加；蔬菜和鲜花种植业逐步走上正轨；农用工业逐渐成熟。咖啡、可可、蔗糖、柑橘、小香蕉、鲜花、装饰性植物和烟草等成为主要出口农产品。1993 年，农业产值占国内生产总值的比例为 13.3%。费尔南德斯首次执政期间（1996～2000 年），政府推行鼓励农业发展的政策，如简化农村信贷体系，采取分期付款的方式为生产者提供信用贷款，取消了农产品进口税等，农业生产有所复苏。梅希亚政府（2000～2004 年）加大了对农业的资金投入，大力发展灌溉系

[①] http：//lcweb2. loc. gov/cgi-bin/query/r? frd/cstdy：@ field （DOCID + do0056）
[②] http：//lcweb2. loc. gov/cgi-bin/query/r? frd/cstdy：@ field （DOCID + do0060）
　　http：//lcweb2. loc. gov/cgi-bin/query/r? frd/cstdy：@ field （DOCID + do0061）

多米尼加

统、道路等农村基础设施建设，但整体效果并不明显。2003年，农业产值减少2.5%。2004年，由于林业、牧业和渔业产值的增加，农业产值总体增长3.5%。2005年，国内外投资增加，农业产值增加7.3%。2006年，农业产值增加9.9%（其他农作物18%，稻米11.7%，出口农作物3%，林业、牧业和渔业6.6%）。近几年，面向欧洲和美国市场的有机农作物生产发展迅猛，① 详见表4－6。

目前，农业是多米尼加国民经济的第四大产业，其重要性比以往有所降低。但农业银行（Banco Agrícola）大大加大了对中小生产者的信贷力度，从一定程度上刺激了农业的发展。位于北部的锡瓦奥谷地是最大的农产品产地。种植业产值约占农业总产值的55%，牧业占40%，林业和渔业占5%。②

从2007年底开始，多米尼加频频遭受热带风暴袭击。仅2008年8月的Hanna飓风和9月的Ike飓风导致20万公顷农田损失惨重。农牧业在前三季度同比减少8.0%。多米尼加政府多次大规模补贴受损失的农户，农业银行的救助开支显著增加（2008年前三季度，用于农业、畜牧业、家禽饲养业和渔业的救助款和贷款分别同比增加44.3%、29.9%、80.3%和41.8%）。但是，恶劣的气候和国际市场价格因素造成一些重要的农作物减产，如稻米减产0.4%，香蕉减产35.3%，菜豆减产30.6%，西红柿减产15.6%。牲畜饲料供应紧张造成畜牧业和家禽饲养业产值缩减4.8%，其中鸡肉、猪肉和鸡蛋产量分别减少7.2%、1.2%和4.6%。受控制林木采伐政策的影响，林业产值也减少了1.5%。③

---

① Country Profile 2007, The Economist Intelligence Unit Limited 2007.
② Country Profile 2007, The Economist Intelligence Unit Limited 2007.
③ 多米尼加中央银行（Banco Central de la República Dominicana）官方网站（http://www.bancentral.gov.do/publicaciones_economicas/infeco_preliminar/infeco_preliminar2008－09.pdf）。

表4-6 2001~2005年主要农产品产值*

单位：多米尼加元

年 份	2001	2002	2003	2004	2005**
出口类农产品					
甘 蔗	2007459	2030852	1977938	3494706	3494706
烟 草	91430	250438	230218	376633	388544
咖 啡	1106472	1548007	1964076	5235686	3890120
可 可	760128	1798064	2094099	2302756	2302732
消费类农产品					
稻 米	3729421	3315257	3227721	7816724	9137705
玉 米	133624	122668	239824	356346	337833
花 生	26617	34500	34129	72460	40945
龙舌兰	1402	1476	1476		
菜 豆	509754	518002	574848	906430	855602
木 豆	189522	286414	338596	384841	234014
土 豆	413681	334236	402758	577065	710434
甘 薯	111402	115829	134180	237922	307639
木 薯	518615	459143	495522	937654	1297741
黄体芋	439301	438222	706750	1466146	541853
洋 葱	496440	404052	686551	831094	781212
小香蕉	514311	608715	669302	1512691	1416950
甜 橙	110514	160522	322011	434277	400233
菠 萝	294724	260041	262283	397042	256435
辣椒/菜椒	232449	243756	370809	589953	552320
香 蕉	1293374	1468313	1895799	2952494	3867011
西红柿	1330608	1053210	1701172	2385513	2184685
疣 瓜	138456	146452	173853	328520	389775
胭脂果	19	19			
棕榈果	517346	494601			

* Valor de la producción agrícola, según producto, años 2001-2005, República Dominicana en Cifras 2007, http://www.one.gov.do/index.php

** 2005年为估计数字。

二　农业生产技术

20世纪80年代初，多米尼加农业仍然无法摆脱特鲁希略时期忽视农业发展的阴影，农民可以获得的化肥、拖拉机和灌溉机械大大少于其他拉丁美洲国家；后期，在灌溉机械方面有一定进步。

多米尼加降雨量的地区差异较大，因此，国家水资源研究院为解决灌溉问题做了大量工作。随着水坝的建设，如70年代Tavera水坝和80年代Sabana Yegua水坝的建成，灌溉土地的面积迅速扩大。但80年代后期，灌溉土地的面积只有13.9万公顷，不到耕地面积的15%。国家水资源研究院制定了长远的土地灌溉计划，力图在1990年使灌溉土地的面积达到20万公顷。

多米尼加农业部力图提高农业生产技术，为农业生产提供更完备的服务，建立更多的农业研究中心，并通过实施"经济作物促进计划"，为农民提供技术援助和支持、生产资料等。最大的障碍在于资金和必要的培训。1962年建立的农业高级学院培养了一大批农学家，并革新了农作物种植技术。80年代最重大的革新就在于高粱属种植作物和非洲棕榈油。许多地区性农学院也积极参与到农业研究的工作中来。近年来，出口美国和欧洲市场的有机农作物生产技术迅速发展。①

三　种植业

目前，多米尼加的可耕地面积约150万公顷。② 多米尼加的种植业分成经济作物和粮食作物两大类。1998~2005年种植业产值的增长率分别为 -1.5%、4.9%、2.3%、8.8%、

---

① http://lcweb2.loc.gov/cgi-bin/query/r? frd/cstdy: @ field (DOCID + do0059)
② Country Profile 2007, The Economist Intelligence Unit Limited 2007.

-2.1%、-0.7%、-3.8%和-1.9%。1998~2004年种植业产值占国内生产总值的比例分别为5.6%、5.5%、5.2%、5.4%、5.1%、5.1%和4.8%。① 经济作物主要有糖蔗、咖啡、可可、烟草、酸性水果等。粮食作物主要有稻米、玉米、高粱、小麦、薯类等。

甘蔗 多米尼加是世界第四大蔗糖生产国。制糖业影响着国民经济的各个部门。

哥伦布把甘蔗引进伊斯帕尼奥拉岛（现圣多明各岛），但直至1870年，由于甘蔗种植园规模都较小，全靠奴隶劳动，甘蔗的种植并没有使多米尼加繁荣起来；由于交通不便，种植园都位于港口附近。甘蔗种植园的大规模发展始于19世纪末20世纪初。美国的一些糖业公司在多米尼加投资，其中包括美国南波多黎各公司和古巴-多米尼加糖业公司，这大大促进了多米尼加的经济发展。19世纪90年代，这些公司在多米尼加扎下牢固的根基。1896~1905年，糖产品出口额增加了两倍。在美国的军事占领期间（1916~1924年），制糖业更是突飞猛进，控制了主要的金融和运输企业。从1948年起，特鲁希略下令建造了一系列糖厂，其中许多厂家归他个人所有。1959年古巴革命后，美国取消了对古巴蔗糖的进口份额，多米尼加取而代之，成为美国的主要蔗糖供应国。根据1987年多米尼加和苏联签订的为期三年的双边协议，苏联成为多米尼加的第二大糖产品出口国。对制糖业的过分依赖制约了多米尼加的经济发展。甘蔗的收割工作费时费力，而且甘蔗的生产有季节性，这意味着在非种植季节会有大批工人失业。从19世纪后期起，根据海地和多米尼加之间的协议，大批海地劳动力占据了甘蔗收割的工作岗位。

1975年和1979年，糖价两度达到高峰。但在20世纪80年代，由于糖价跌到40年来的最低点，美国从1981年起逐渐减

---

① Country Profile 2005, The Economist Intelligence Unit Limited 2005.

多米尼加

少了对多米尼加糖产品的进口份额，加之国际市场的欧洲甜菜对蔗糖形成强烈冲击，使蔗糖的地位下滑。20世纪80年代，多米尼加国家糖业公司控制着60%的糖产品出口额，占有12家糖厂（全国共16家），雇员超过3.5万人，厂房占地23.3万公顷，其中10万公顷用于种植甘蔗。但它相对于两个私营企业而言生产率较为低下。由于投资短缺、资金周转困难，国家糖业公司的加工能力逐渐降低。除了上述的主要糖业公司，多米尼加还有几千家从事甘蔗种植的小型农场。[1] 蔗糖的地位在90年代仍呈下降趋势。1993年，甘蔗播种面积达21.5万公顷，占耕地面积的15%。1995年，蔗糖出口创汇1.25亿美元。1999年，受飓风影响，甘蔗产量大幅度降低。从2000年起，天气条件的好转使甘蔗种植业出现转机。2001~2005年的甘蔗产量分别为4830731千吨、5153499千吨、5019224千吨、5547153千吨和4848079千吨。[2]

目前，多米尼加主要有三个蔗糖生产公司：国营的国家糖业公司（Consejo Estatal de Azucar）及私营的中部罗马拉公司和维西尼集团。由于历届政府投资不当，甘蔗碾磨能力下降等问题，国家糖业公司的发展受制。费尔南德斯政府曾出售其部分资产，此举导致许多碾磨厂关闭。2007年，多米尼加通过可再生能源法，以甘蔗为原料的乙醇需求量上升，生物乙醇工业重现生机，甘蔗种植业也受到拉动。[3]

咖啡 多米尼加的第二大经济作物。咖啡的种植技术比较落后，几乎不使用肥料、除莠剂和杀虫药。咖啡树的树龄也较大，产量不高。咖啡的出口量随着国际市场的咖啡价格波动而上下浮

---

[1] http：//lcweb2.loc.gov/cgi-bin/query/r? frd/cstdy: @field (DOCID + do0060)
[2] Volumen de producción agrícola, según producto, años 2001-2005, República Dominicana en Cifras 2007, http：//www.one.gov.do/index.php
[3] Country Profile 2007, The Economist Intelligence Unit Limited 2007.

动。咖啡的种植还不时受到飓风的侵扰，如 1979 年连遭两次飓风袭击，咖啡种植园受到严重破坏。

咖啡于 1715 年引进伊斯帕尼奥拉岛，直到 20 世纪 80 年代，它仍然是山区农民的主要农作物。咖啡的种植区占地 15.2 万公顷。同糖蔗一样，咖啡种植也有季节性，是劳动力密集型，从事咖啡种植的工人达到 25 万人，其中一部分是海地人；但是，从事咖啡种植的农场主资金分散，无力完全开发多米尼加的咖啡种植潜力。80 年代，受国际市场的负面影响，咖啡的出口量骤减，1989 年达到 8 年以来的最低点。[①] 90 年代，咖啡生产逐渐从飓风灾害的阴影中复苏，但受国际市场价格波动的影响也有一定程度的下滑。1993 年，咖啡种植面积约 8.5 万公顷，占耕地面积的 6%。1996～1997 年度产量仅约 6000 吨，达近 30 年来的最低点；出口值仅达 5600 万美元，而上年度达 6500 万美元。1998 年咖啡产量开始恢复，基本稳定在每年 8 万～9 万吨。[②] 2001～2005 年的咖啡产量分别为 8.3593 万吨、8.7710 万吨、7.4377 万吨、7.7529 万吨和 8.7051 万吨。[③]

可可 地位远不及甘蔗，但稳步发展，20 世纪 70 年代起迅速扩展。由于国际市场的可可价格上涨，可可种植区的面积从 1971 年的 6.5 万公顷增加到 1980 年的 11.7 万公顷。1987 年，小的农场主在 13.4 万公顷的土地上种植了 4 万吨可可，多米尼加成为加勒比地区最大的可可生产国，当年可可出口额达到 6600 万美元；但是由于生产率低下和质量问题，可可出口在 80 年代末 90 年代初呈下降趋势。[④] 90 年代，可可种植面积约 12 万

---

① http://lcweb2.loc.gov/cgi-bin/query/r?frd/cstdy:@field（DOCID+do0060）
② Country Profile 2005, The Economist Intelligence Unit Limited 2005.
③ Volumen de producción agrícola, según producto, años 2001－2005, República Dominicana en Cifras 2007, http://www.one.gov.do/index.php
④ http://lcweb2.loc.gov/cgi-bin/query/r?frd/cstdy:@field（DOCID+do0060）

多米尼加

公顷,1991年出口值为历史最低点3500万美元;1995年在价格上涨的推动下略有回升,达6000万美元;1996年约达6500万美元。90年代中期,可可产量在价格上涨的推动下略有回升。从2000年起,国际市场的可可价格上升,加之资金投入增加和技术进步,可可产量持续增长。2001~2005年的可可产量分别为8.3728万吨、8.5486万吨、8.2455万吨、8.2455万吨和5.0817万吨。[①] 2006年,农业银行向可可生产者提供大量贷款,当年可可出口量大幅度增加55%。[②]

烟草 20世纪60年代,由于引进新的品种及国际市场的烟草价格上涨,多米尼加的烟草生产又逢春。1978年,烟草的出口额达到最高峰。但在80年代,由于烟草价格下跌、虫害和不当的营销策略,烟草的出口额大幅度下滑。1987年,烟草种植区占地2.3万公顷,年产量2.3万吨。80年代后期,"空气和阳光晾晒"新品牌烟草的产量占烟草总产量的88%。由于黑雪茄可以加工成香烟出口国外,它成为多米尼加的烟草品种中的主要出口创汇产品。80年代末,烟草种植面积曾一度减少,从1989年的1.7万公顷降至1990年的1.5万公顷,但是1992年又恢复到2.1万公顷。[③] 90年代中期,由于美国对烟草的需求量大增,作为美国的最大烟草供应国的多米尼加受益匪浅,1996年出口值4360万美元。1998年烟草产量为6.8万吨。1999~2000年,由于生产者与出口商的意见不合,烟草产量大幅度下降。2001~2002年,由于开辟了新的烟草种植区,烟草种植和营销技术的

[①] Volumen de producción agrícola, según producto, años 2001 – 2005, República Dominicana en Cifras 2007, http://www.one.gov.do/index.php

[②] Country Profile 2007, The Economist Intelligence Unit Limited 2007.

[③] http://lcweb2.loc.gov/cgi-bin/query/r? frd/cstdy: @ field (DOCID + do0060)

提高，烟草种植业有所复苏。[1] 2001～2005 年烟草产量分别为 5696 吨、6311 吨、8107 吨、7969 吨和 1.0422 万吨。[2] 2006 年，烟草产量有所减少，当年出口量 3313 吨。[3] 多米尼加的烟草主要出口西班牙、美国、德国和法国。

粮食作物 稻米是多米尼加最主要的农作物。特鲁希略的统治结束后，稻米种植大幅度扩展。1979 年下半年，多米尼加首次实现了粮食自给自足。但在 20 世纪 80 年代，稻米生产呈下降趋势，多米尼加再次陷入粮食依赖进口的局面。1987 年，稻米种植区总面积 11.2 万公顷，总产量 32 万吨。尽管当年的稻米产量无法满足国内需要，但是产量远远高于 1970 年的 21 万吨。80 年代后期，多米尼加政府加大了对稻米种植者的支持力度，通过在伯纳奥（Bonao）附近的胡马（Juma）的稻米研究中心，向半数以上的稻米生产者提供灌溉机械和技术支持。1987 年，政府又把稻米的经销权陆续转让给多米尼加农业银行和私有部门。[4] 2001～2005 年未加工稻米的产量分别为 73.1052 万吨、73.0705 万吨、60.8691 万吨、57.6621 万吨和 64.4940 万吨。[5]

多米尼加消费的其他粮食作物有玉米、高粱和小麦（依靠进口）。玉米是圣多明各岛的原产粮食作物。由于家禽饲养业的兴盛（95% 的谷物用于家禽饲料），20 世纪 80 年代，玉米是所有粮食作物中发展最好的。但是，尽管对玉米的需求量很大，20 世纪 70 年代后期至 80 年代早期，由于外国的大量捐赠，农

---

[1] Country Profile 2007, The Economist Intelligence Unit Limited 2007.
[2] Volumen de producción agrícola, según producto, años 2001 - 2005, República Dominicana en Cifras 2007, http://www.one.gov.do/index.php
[3] Country Profile 2007, The Economist Intelligence Unit Limited 2007.
[4] http://lcweb2.loc.gov/cgi-bin/query/r?frd/cstdy:@field(DOCID+do0061)
[5] Volumen de producción agrícola, según producto, años 2001 - 2005, República Dominicana en Cifras 2007, http://www.one.gov.do/index.php

多米尼加

民种植玉米的积极性大大降低，国内市场的玉米价格也大大降低。1987年，玉米的种植面积为2.8万公顷，总产量4.3万吨，这仍不能满足国内需求。① 2001~2005年玉米产量分别为3.6513万吨、3.0268万吨、4.3928万吨、3.7705万吨和3.9247万吨。②

高粱是一种抗旱粮食作物，多用于饲料。20世纪80年代，由于高粱适于作为冬季的轮种作物，又可以种植在原来的甘蔗种植地，多米尼加的高粱生产取得了长足进步。1987年，高粱的种植面积为1.6万公顷，总产量4.9万吨，是80年代初产量的两倍多。小麦也日益成为一种重要的粮食作物。目前，多米尼加主要从美国和法国进口小麦。③

其他的粮食作物还有大蕉和块茎类作物。大蕉的产量很高、味甜、种植成本低，因此，多米尼加人的大蕉消费量相当大。1987年，大蕉种植区的总面积为3.1万公顷，总产量25.1万吨。块茎类作物，如木薯、芋头、甜土豆和山药等的种植量也很大，这些作物种植成本低，种植方法简单。20世纪70~80年代，由于块茎类作物的政府定价较低和农村人口的城市化，产量有所下降。以木薯为例，80年代，木薯的种植面积约为1.7万公顷，总产量约为9.8万吨。④ 2001~2005年土豆产量分别为6.4705万吨、4.8580万吨、4.9285万吨、3.6800万吨和4.8975万吨；甘薯产量分别为3.2330万吨、3.2342万吨、3.3894万吨、2.7611万吨和3.7036万吨；木薯产量分别为12.3877万吨、12.0239万吨、12.3614万吨、9.0514万吨和9.7538万吨；黄体芋产量分别为3.9529万吨、

---

① http://lcweb2.loc.gov/cgi-bin/query/r? frd/cstdy:@field（DOCID+do0061）
② Volumen de producción agrícola, según producto, años 2001-2005, República Dominicana en Cifras 2007, http://www.one.gov.do/index.php
③ http://lcweb2.loc.gov/cgi-bin/query/r? frd/cstdy:@field（DOCID+do0061）
④ http://lcweb2.loc.gov/cgi-bin/query/r? frd/cstdy:@field（DOCID+do0061）

5.9412 万吨、7.9377 万吨、6.9305 万吨和 3.1660 万吨。①

豆类作物是大多数多米尼加人最主要的蛋白质来源，在多米尼加的农村地区广泛种植。20 世纪 80 年代，虽然红豆的产量可以满足国内需求，但是红豆的大量出口使多米尼加不得不进口其他品种的豆类作物来填补内需。1987 年，红豆的种植面积为 5.7 万公顷，总产量 3.9 万吨。黑豆的种植面积仅为 9000 公顷，总产量仅为 4000 吨。其他品种的豆类作物产量更是微不足道。② 2001～2005 年菜豆产量分别为 3.0260 万吨、2.9361 万吨、2.9027 万吨、2.2813 万吨和 2.2699 万吨；木豆产量分别为 2.0095 万吨、2.6551 万吨、2.6795 万吨、2.2274 万吨和 1.6065 万吨。③

其他农作物　包括水果、蔬菜、香料等，具体包括香蕉、花生、番石榴、罗望子、西番莲果、刺果番荔枝、椰子、西红柿、胡萝卜、莴苣、甘蓝、韭菜、芫荽叶、洋葱和大蒜等。

香蕉出口生产始于 1990 年，到 1994 年出口量已达 10.4 万吨。1995 年，欧盟分配给多米尼加的香蕉出口配额为 5.5 万吨。1996 年，包括配额在内的出口额预计达 9 万吨。1998～2000 年香蕉产量分别为 10.54 亿根、8.71 亿根和 12.42 亿根。从 2000 年起，香蕉产量一直维持在 12 万吨以上。2001～2005 年香蕉产量分别为 1255825 千串、1207107 千串、1388406 千串、1161704 千串和 1549985 千串。④

柑橘是多米尼加增长较快的农业生产部门，产品主要销往加

---

① Volumen de producción agrícola, según producto, años 2001 – 2005, República Dominicana en Cifras 2007, http：//www.one.gov.do/index.php
② http：//lcweb2.loc.gov/cgi-bin/query/r? frd/cstdy：@ field（DOCID + do0061）
③ Volumen de producción agrícola, según producto, años 2001 – 2005, República Dominicana en Cifras 2007, http：//www.one.gov.do/index.php
④ Volumen de producción agrícola, según producto, años 2001 – 2005, República Dominicana en Cifras 2007, http：//www.one.gov.do/index.php

勒比地区，近年来开始销往北美和欧洲市场。2001～2005年柑橘产量分别为29.4155万个、37.9511万个、69.7400万个、60.0917万个和44.0683万个。①

菠萝种植业主要由外国公司经营。2001～2005年菠萝产量分别为6.0346万个、4.7875万个、4.2875万个、4.0838万个和2.8141万个。②

四　畜牧业、林业和渔业

（一）畜牧业

多米尼加的畜牧业始于殖民地时期。虽然多米尼加地处热带，境内多山，但广阔的天然牧场使畜牧业成为当时的经济支柱。第一次世界大战后，国际市场的食糖短缺，糖价的激增促使多米尼加的制糖业迅速发展，畜牧业降至次要地位。随着美国的军事占领，入侵者建立了保护私有财产的土地制度，取消了粗放经营的牧场和自由放牧，取而代之的是畜牧主用铁丝网圈起来的牧场和有计划的繁殖，一度衰落的畜牧业又逐渐兴旺起来。到20世纪60年代，牲畜头数从84万头增至169万头，每年平均增长6.6%。70年代以来，畜牧业生产有较稳定的增长。

多米尼加主要饲养的家畜和家禽有食用牛、奶牛、猪和食用鸡，肉类基本自给。20世纪80年代，牛类仍是多米尼加最主要的饲养家畜，总量超过2000万头，其中主要是食用牛，主要集中在东部地区的大中型经营牧场。80年代后期，多米尼加的年平均牛肉出口量超过8万吨，出口美国。有的牧场主把牛肉走私出口，以此避税。80年代一度由于政府的牛奶定价过低，奶牛

---

① Volumen de producción agrícola, según producto, años 2001－2005, República Dominicana en Cifras 2007, http：//www.one.gov.do/index.php

② Volumen de producción agrícola, según producto, años 2001－2005, República Dominicana en Cifras 2007, http：//www.one.gov.do/index.php

数目呈下降趋势，很多私人牛奶加工厂关闭，全国仅存 4 家。80 年代，养猪数目曾逐渐上升，但猪饲料成本的增加使猪肉价格随之上涨，猪肉内需不旺，猪肉加工业渐渐走上下坡路。80 年代中期，猪肉加工业出现反弹，多米尼加国内建成现代化、系统化的猪肉加工业体系。80 年代后期，多米尼加全国养猪数目超过 50 万头，低于 1979 年的最高数目 75 万头。[1] 80 年代，家禽饲养业迅猛发展。每年，几家大型家禽饲养企业可以为全国供应 9 万吨适于烤焙的嫩鸡和几亿个鸡蛋。和其他发展中国家一样，饲料成本的高低对家禽饲养业的发展举足轻重。

目前，多米尼加的畜牧业用地共 200 万公顷。[2]

表 4-7　2001~2005 年牧业产量*

单位：千吨

年　份	2001	2002	2003	2004	2005
牛　肉	93.335	94.526	99.252	103.619	106.106
猪　肉	13.172	13.379	13.406	14.063	13.543
羊　肉	2.932	3.124	0	0	0
鸡　肉	186.949	173.676	157.003	183.065	227.999
鲜牛奶(千升)	451.974	556.696	637.417	661.639	751.622
鸡　蛋(千个)	1267.974	1335.811	1236.671	1186.097	1345.034
蜂　蜜	1.391	1.565	3.228	0	0
蜂　蜡	0.557	0.696	0.936	0	0
牧业总计	2018.284	2179.473	2147.913	2148.483	2444.304

* Volumen de producción pecuaria, silvicultura y pesca, años 2001 – 2005, República Dominicana en Cifras 2007, http://www.one.gov.do/index.php

（二）林业和渔业

为了减少林木减少带来的经济损失，多米尼加政府于 1967

---

[1] http://lcweb2.loc.gov/cgi-bin/query/r?frd/cstdy:@field (DOCID+do0062)
[2] Country Profile 2007, The Economist Intelligence Unit Limited 2007.

多米尼加

年宣布商业性林木砍伐不合法。从此,森林的不合理砍伐现象有所改善,但是,每年多米尼加仍然要进口价值 3000 万美元的林木。虽然不像海地那么严重,但多米尼加的森林砍伐和水土流失问题引起政府的环境危机意识。从 20 世纪 80 年代起,在一些国际性机构的资助下,多米尼加政府开始致力于重新造林的工作。1989 年,曾经资源丰富的针叶林和阔叶林仅覆盖多米尼加总面积的 15%。迄今为止,多米尼加开展过三次植树造林活动。2002 年中期,第三次植树造林计划开始,计划增加 100 万株树木,用直升机在卡姆河、海纳、马诺瓜亚波河、伊莎贝尔、奥萨马河等河岸撒播树种。据多米尼加农业部统计,目前林业用地超过 60 万公顷,林地面积约为 1.3 万平方公里,约占土地总面积的 28%,比 80 年代末几乎翻了一番。[①]

多米尼加的渔业不够发达。由于资金不足,多米尼加的渔业仅限于沿海渔民的捕鱼活动,渔船设备简陋。多米尼加政府对渔业重视不足,并没有给渔民提供足够的资金和技术支持。20 世纪 90 年代,渔业平均年产量仅 2.2 万吨。2001 年前三季度渔业产值增长 5.6%,主要是由于农业部下属的渔业资源部采取的种种措施,如调控生活在东部河流的 tilapia 和鲤鱼等低成本渔业资源的繁殖。

表 4-8 2001~2005 年林业和渔业产量[*]

单位:千吨

年份	2001	2002	2003	2004	2005
工业及家庭木柴	13503.441	18189.134	17407.002	19809.168	19452.603
植物炭	80.298	102.540	28.096	19.808	18.698
渔业	37.823	50.616	46.926	51.712	55.270
林业和渔业共计	13621.562	18342.290	17482.024	19880.688	19526.571

* Volumen de producción pecuaria, silvicultura y pesca, años 2001-2005, República Dominicana en Cifras 2007, http://www.one.gov.do/index.php

---

① Country Profile 2007, The Economist Intelligence Unit Limited 2007.

第三节 工业

一 采矿业

(一) 总况

20世纪60年代以来，大批外国资本看好多米尼加丰富的矿藏，大量涌入采矿业。充足的资本使多米尼加采矿业一时生机勃勃；但也牢牢控制着这些资本。从70年代起，多米尼加政府或采取加征税收、或采取扩大股权、或将其收归国有等不同方法加强控制，如金矿过去是由政府和美国罗萨里奥采金公司合资开采，多米尼加政府将自身的股份由20%增加到46%，1979年10月又以1.1亿美元的价款将它购为国有；铝土矿由美国梅隆财团的分公司——阿尔考采铝公司开采，多米尼加于1974年与其达成协议，政府每年从该公司收税额从320万美元增加到700万美元，1975年双方又签订新合同，规定该公司除向政府缴纳每吨铝土55美分的专利费和40%的所得税外还要缴纳44美分的附加税。

70年代，采矿业在国内生产总值中所占比重迅速提高，从1970年的1.5%增加到1980年的5.3%。镍铁矿和金银混合矿的开采正式启动。虽然采矿业仅雇用了1%的劳动力，但成为多米尼加主要的创汇部门。

80年代，多米尼加政府越来越鼓励私有部门进入采矿行业，使外国的先进技术和资金有可能进入这个行业。政府力图使矿业产品的出口实现多样化，并提高多米尼加的国际信贷可信度。1983年3月，豪尔赫政府颁布第900号法令，限制了政府对采矿业的干预，对私有企业提供各种优惠，从而为私有企业进入采矿行业开辟了更广阔的空间。虽然如此，

多米尼加

政府还是垄断着金矿、石膏矿和大理石矿。1987年后,由于多米尼加政府开放了一部分以前拒绝外国投资的领域,美国、日本、澳大利亚和一些欧洲公司进入多米尼加的采矿行业。1980年,矿产品的出口创汇额占总出口额的38%,1987年占34%。虽然如此,20世纪80年代,由于圣多明各岛的主要矿产金、银、矾土、镍的国际价格下跌,多米尼加的采矿业陷入困境。80年代后期,多米尼加政府试图开发新的矿产资源,并通过积极寻求采矿业方面的投资,加强出口产品的多样化。[1]

90年代初矿产品价格暴跌,出口额降至1993年的1.32亿美元;1995年达到最高峰2.87亿美元;1996年又略有下滑,共2.71亿美元。随后,由于投资不当和国际市场价格疲软,矿产品出口额逐年下滑。[2] 2002年,矿产品生产开始恢复。2004年产量29477吨。2005年产量减少2.7%。2006年产量增加3.5%。2006年8月,镍矿生产商法尔孔布里奇公司被瑞士的Xstrata公司收购。[3] 目前,镍是多米尼加唯一出口的矿产品。

表4-9 1998~2002年主要矿产品产量

年 份	1998	1999	2000	2001	2002
金(金衡制千盎司)	46	20.9	0	0	0
银(金衡制千盎司)	238	100.9	0	0	0
镍(千吨)	66	24.45	27.83	21.66	22.07

资料来源:多米尼加中央银行。

---

[1] http://lcweb2.loc.gov/cgi-bin/query/r? frd/cstdy: @field (DOCID + do0067)
[2] Country Profile 2005, The Economist Intelligence Unit Limited 2005.
[3] Country Profile 2007, The Economist Intelligence Unit Limited 2007.

表 4-10 2003~2006 年主要矿产品产量*

年 份	2003	2004	2005	2006
金(金衡制千盎司)	0	0	0	0
银(金衡制千盎司)	0	0	0	0
镍(千吨)	69.545	75.764	73.962	37.435

* Volumen de producción de productos mineros, años 2002 – 2006, República Dominicana en Cifras 2007, http://www.one.gov.do/index.php

(二) 主要矿产品

金银矿 多米尼加的天然资源。虽然西班牙殖民者从 1520 年起就开始开发圣多明各岛上的金银矿，但直至 1975 年，多米尼加的金银矿远没有得到充分的开发。1975 年，私有的罗萨里奥公司开发出 Pueblo Viejo 矿，这是西半球最大的露天金矿。1979 年，占有罗萨里奥公司 46% 股份的多米尼加政府收购了罗萨里奥的剩余股份，成立了多米尼加最大的国有采矿业企业。1975~1980 年，金银矿的出口额占总出口额的比例从 0% 增长到 27%。1980 年，国际金价的上涨使金矿的出口创汇额大幅度增加，几乎赶超制糖业而成为多米尼加最大的出口创汇部门。国有的多米尼加罗萨里奥公司经营的科图尔-普埃尔托矿是最大的金银矿，其黄金生产在 1981 年达到历史最高产量 41.3 万盎司。之后，由于上层氧化带矿藏开采殆尽，产量逐渐下滑，公司因之严重亏损而暂时停产。整个 80 年代金银矿开采的增长速度大幅度缩减。1987 年，金银矿的出口额仅占总出口额的 17%。[①]

科图尔-普埃尔托矿于 1994 年年中再度开工。1996 年的金、银产量分别为 11.76 万盎司和 54.72 万盎司，出口产值达近 4900 万美元。但是，为了开采深层硫化带而扩大投资使该公司仍然处于亏损状况。由于该公司与一些私营公司的采金合作项目

---

① http://lcweb2.loc.gov/cgi-bin/query/r? frd/cstdy:@field (DOCID + do0067)

多米尼加

落空。从 2000 年起,多米尼加的金银矿开采一直处于停滞状态。① 日本和美国公司曾积极开发圣多明各岛上的新金矿,但因金矿的数量越来越少,这些公司转而进行硫化物等矿物的研究和开发。多米尼加还有砂金矿。

镍矿 从 1918~1956 年,美国国家地理杂志对多米尼加的矿产进行了一系列的开发研究工作。这些开发研究工作促使加拿大的法尔孔布里奇公司也开始了镍矿的开发研制工作。1968 年,法尔孔布里奇公司成功地建成镍矿开采的领头企业。1972 年,法尔孔布里奇公司开始了在伯纳奥(Bonao)的大规模镍矿开采活动。20 世纪 70 年代,镍矿的开采大大促进了多米尼加采矿业的繁荣。镍是 80 年代最主要的出口创汇产品和迄今为止最大的非自由贸易区出口品,但镍的生产受国际市场价格波动的影响很大。80 年代后期,伯纳奥的镍铁矿开采企业已经成为世界第二大镍铁矿开采企业。由于国际镍价的上涨,镍的出口额从 1975 年的 11% 增长到 1979 年的 14%。尽管在 80 年代,镍的出口额占总出口额的比例达到顶峰,1987 年更是高达 16%,由于国际镍价的下跌和多米尼加政府与法尔孔布里奇公司在税收方面的长期争执不下,同期镍产品的出口大大受到制约。②

1992 年镍出口剧减,法尔孔布里奇公司的镍矿生产在 1993 年一度停产 3 个月,减少出口 1.34 万吨。1994 年开始回升,1996 年出口创汇 2.22 亿美元,占全部商品出口的 27%。1994~1998 年,产量始终稳定在 3.0 万~3.1 万吨之间。1998 年和 2001 年,由于镍价下挫,法尔孔布里奇公司再次两度停止镍矿开采。2002 年,公司恢复生产。③

---

① Country Profile 2005, The Economist Intelligence Unit Limited 2005.
② http://lcweb2.loc.gov/cgi-bin/query/r? frd/cstdy:@field(DOCID+do0067)
③ Country Profile 2005, The Economist Intelligence Unit Limited 2005.

矾土 1958年，美国铝业公司（The Aluminum Company of America）在西南部的巴拉赫纳省开始矾土开采活动。1974年，矾土的出口额达到顶峰，美国铝业公司仅表面开采的矾土量就达到120万吨。1979年，矾土的出口额高达2200万美元。80年代早期，国际市场的矾土供大于求，价格跌至谷底。1982年和1985年，美国铝业公司相继停止了在多米尼加的矾土开采活动和石灰石开采活动。1987年，巴拉赫纳的矿场正式关闭，多米尼加政府收购了美国铝业公司的厂房设备，并重新投入生产，把沙金卖给美国铝业公司，后者在苏里南对这些矿石进行加工。①

其他矿产品 多米尼加还有铁矿、石灰石矿、铜矿、石膏矿、水银矿、盐矿、硫黄矿、大理石矿、缟玛瑙矿、石灰华矿等，主要用于建筑业。20世纪80年代后期，国家大理石公司盈利。多米尼加政府垄断大理石、缟玛瑙和石灰华的开采，用于地方建筑业。科尔特斯盐矿及石膏矿公司主要从事盐矿和石膏矿的提炼工作，基本亏本。盐矿的开采设备简陋，产品只面向国内市场。私有采矿企业主要从事石灰石的开采和出口，一部分企业转移到美国。

2002年1~9月，大理石、石膏和建筑辅料的产值上升。由于国内外需求减少，虽然大理石和石膏的产值分别增长19.9%和3.0%，但较2001年同期增幅缩小。建筑辅料的生产走出低谷，从2001年1~9月的-7.5%上升到2002年同期的4.4%。

二 制造业

从20世纪60年代起，多米尼加政府开始调整税收政策，扶持与鼓励外向型经济的发展，如1968年颁布第299号法令，将制造业分为三大类，采取不同征税制：①面向出口的自由贸易企业，可享受100%的免税优惠；②生产替代进

---

① http：//lcweb2.loc.gov/cgi-bin/query/r？frd/cstdy：@field（DOCID+do0067）

多米尼加

口产品的企业，可享受95%的免税优惠；③使用本国原料生产并将其产品投放国内市场的企业，可享受95%的免税优惠。1978年，政府还成立了工业自由区全国委员会，以此来协调和主管全国工业区的进出口业务。80年代，制造业是多米尼加最有活力的经济部门之一。和采矿业一样，制造业的发展促进了多米尼加的工业化和经济多样化进程。1980年，制造业产品的出口创汇额占总出口额的11%；1987年该比例上升到31%；而1988年略有下降，占国内生产总值的17%。制造业雇用了8%的就业人口。[①]

90年代，制造业是多米尼加最大的经济部门。1991年，制造业总共为18万劳动力创造了就业岗位。1996年，制造业产值占国内生产总值的17%。制造业仍是多米尼加最大的经济部门。近几年，由于2003~2004年经济衰退和出口成衣制造业的萧条，制造业对国内生产总值的贡献率已从2002年的27.8%降至2006年的25.9%[②]。

多米尼加的制造业主要分为两类：

（一）国内制造业

国内制造业主要包括食品加工业（如制糖、大米、啤酒、朗姆酒、卷烟等）和非贸易产业（如水泥制造）。这类工业规模最大，多为资本密集型，产品主要销往国内市场，并享受关税豁免、市场份额保证等贸易保护。

在特鲁希略统治时期，由于独裁政府过分强调制糖业的发展，与其他拉丁美洲和加勒比国家相比，多米尼加制造业的发展速度很慢，也面临激烈的国际竞争和关税壁垒。1968年，巴拉格尔政府颁布工业鼓励法（Industrial Incentive Law），给予一部分企业免税优惠；并宣布实行产业多样化计划，成立工业发展委

[①] http://lcweb2.loc.gov/cgi-bin/query/r?frd/cstdy:@field（DOCID+do0064）
[②] Country Profile 2007, The Economist Intelligence Unit Limited 2007.

员会（Industrial Development Board），专职监督工业发展政策。尽管政府的措施在一定程度上刺激了国内工业的发展，创造了更多的就业岗位，并促进了国家的工业多样化进程，但是面临国际市场的激烈竞争，多米尼加的工业企业仍然显得脆弱无力。尽管在很大程度上实现了进口替代工业的预期目标，大多数多米尼加工业企业非常依赖外国投资。此外，地方性制造业企业不仅效率低下，而且存在严重的不公正问题。非法免除关税和所得税的现象比比皆是，资金并没有合理的利用，企业的资金流入个人的腰包。豪尔赫政府以出台鼓励工业发展的法规为政治砝码。1983年发布法令，旨在让所有生产者享有平等的优惠政策。80年代后期，多米尼加共有5000家传统制造业企业，以食品加工业为主导（所占比例超过50%）。其次是化工企业，占12%；纺织业，占9%；非金属采矿业，占6%。大约3%的企业的出口额占工业产品总出口额的将近50%。但是，这3%的企业仅为23%的劳动力提供了就业岗位。这表明，这些企业是资本密集型企业。自彼时起，多米尼加政府逐渐不再参与经济活动。但由于国有企业有强大的政治背景，私有化的道路并非坦途。[①]

1992年的关税改革使进口税率降低，该产业受到外来商品的冲击，1995年甚至减至1%，国内制造业（包括制糖业）占国内生产总值的比重从1992年的16.6%降至1996年的13.5%。但较为积极的调整获得一定成效，1998~2000年，国内制造业实现了稳步高增长。1998~2004年国内制造业产值占国内生产总值的比例分别为13.5%、13.6%、13.8%、13.0%、13.4%、13.1%和12.8%。[②] 2004年，制糖业产值比上年增长6.7%，其他制造业增长率为-0.7%。2005年，制糖

---

① http://lcweb2.loc.gov/cgi-bin/query/r? frd/cstdy: @ field（DOCID + do0065）
② Country Profile 2005, The Economist Intelligence Unit Limited 2005.

业产值同比减少8.1%,其他制造业增长率为9.3%,国内制造业总体增长9.1%。2006年,国内制造业总体增长7.4%。[1] 2008年前三季度,国内制造业产值同比增长2.5%,高于去年同期的1.9%。其中制糖业、烟酒制造业、石油加工业、金属及其他工业品分别增长4.3%、8.6%(朗姆酒6.4%、啤酒9.4%、饮料9.6%、香烟24.4%)、2.5%和1.7%,而2007年同期分别为0.0%、-7.1%、-11.6%和3.5%。国际价格降低和生产及运输成本增加造成小麦和稻米加工业产值略低于去年同期水平。[2]

表4-11 2002~2006年国内制造业主要产品产量*

年 份	2002	2003	2004	2005	2006
原蔗糖(千吨)	493.598	496.073	547.471	470.275	420.233
加工蔗糖(千吨)	132.388	127.687	124.029	140.095	132.233
啤酒(千升)	355.367	355.262	354.702	440.805	213.367
香烟(千盒,20支/盒)	173.438	173.462	172.297	165.015	70.792
朗姆酒(千升)	49.003	49.349	54.660	49.900	22.690
巴氏消毒奶(千升)	68.388	79.013	75.615	68.152	35.684
水泥(千吨)	3050.430	2783.167	2636.274	2778.708	1888.399
油漆(千吨)	28.315	22.075	16.603	29.416	5.773

* Volumen de producción industrial, años 2002 - 2006, República Dominicana en Cifras 2007, http://www.one.gov.do/index.php

(二)自由贸易区工业

自由贸易区工业主要从事服装、鞋类、皮革制品、电子电信

---

[1] Country Profile 2007, The Economist Intelligence Unit Limited 2007.
[2] 多米尼加中央银行(Banco Central de la República Dominicana)官方网站(http://www.bancentral.gov.do/publicaciones_ economicas/infeco_ preliminar/infeco_ preliminar2008 - 09. pdf)。

产品、香烟等行业，吸纳大量劳动力，尤以南部和东南部地区最为集中。国家自由贸易区委员会（Consejo Nacional de Zonas Francas）和工业贸易部是发展自由贸易区经济的领头羊。自由贸易区以工资、租金、设备、资本等形式为国家创造了硬通货，从而满足了国家的外汇需求。同时，自由贸易区还为多米尼加提供着大量的、越来越多的工作岗位。目前，自由贸易区企业享受15～20年不等的免税优惠，生产资料的进口税全免。

1955年，自由贸易区合法化。1969年，海湾与西方集团（Gulf and Western Corporation）在拉罗马纳建立了第一个自由贸易区。70年代，自由贸易区稍有发展。进入20世纪80年代，一系列工业促进法规的出台使得多米尼加的自由贸易区如鱼得水。自由贸易区享受种种优惠措施，如自由投资和为期20年的进口关税、所得税等税收全免等。80年代的双子种植计划（Twin Plant Plan）使企业不仅可以依据《加勒比倡议》，享受美国的进口免税，还可以依据美国税收法的第936节，享受免除所得税的优惠。从1985～1989年，自由贸易区的数量翻了一番，从原来的6个增加到15个；就业岗位从3.6万个增加到将近10万个；自由贸易区的企业数量从146家增加到超过220家。1989年，又启动了6个自由贸易区，还有3个自由贸易区获得政府批准。[①]

90年代，自由贸易区凭借工资低、原料进口免税、15～20年的免税期和高效的运输系统等优势，成为多米尼加最为活跃的经济部门之一。在自由贸易区，近半数公司的股权被美国和加拿大控制，其次为多米尼加控制，韩国和中国台湾分别居第三位和第四位。1996年，自由贸易区工业产值占国内生产总值的比重仅为3.49%，但却雇用了全部50万工业劳动力中的16.5万，出

---

① http://lcweb2.loc.gov/cgi-bin/query/r? frd/cstdy/@field（DOCID+do0066）

多米尼加

口产品价值20亿美元。1996年底，在全部33个自由贸易区中有434个公司，3/4的公司生产服装，其余生产鞋类、皮革制品、电器和电子产品、雪茄烟等。几年的蓬勃发展后，自由贸易区工业生产增长速度逐渐放慢，1996年市场进一步萎缩。1997年自由贸易区的工业生产又开始恢复。1998年自由贸易区产值的增长率为7.6%。1999年产值萎缩4.2%。随着美国经济的倒退，自由贸易区工业发展从2000年起很不稳定。2000年大幅度回升，增长率为4.6%。2001～2002年，自由贸易区工业处于低迷状态，产值分别萎缩4.6%和7.9%。2003～2004年，自由贸易区工业逐渐复苏，增长率分别为3.5%和6.2%。2005年，自由贸易区工业产值缩水9.3%。[①] 2006年，自由贸易区工业产值下降8.3%（其中成衣制造业产值下降18.4%），占当年国内生产总值的4.1%，低于2002～2005年的平均水平。[②]

多米尼加的自由贸易区的规模、所有者、生产方式和地点都有很大差异。自由贸易区的占地面积从几公顷到超过100公顷不等。自由贸易区及落户企业的数量发展迅速。1989年，私人企业的自由贸易区共有9个，其中营利性的自由贸易区只有4个。多米尼加政府控制6个自由贸易区，其中包括唯一的一个公私混合型自由贸易区——普拉塔港自由贸易区。[③] 根据多米尼加国家自由贸易区委员会在网站上公布的最新数字，截至2006年3月，共有59个自由贸易区（22个为公有，34个为私有，3个为公私混合），在自由贸易区落户的企业已达578家。自由贸易区的大部分企业是美国企业；11%的企业是多米尼加企业；另外，还有来自波多黎各、巴拿马、韩国、加拿大、意大利、利比里亚和中

---

① Country Profile 2005, The Economist Intelligence Unit Limited 2005.
② Country Profile 2007, The Economist Intelligence Unit Limited 2007.
③ http://lcweb2.loc.gov/cgi-bin/query/r?frd/cstdy:@field (DOCID+do0066)

国台湾及香港的企业。大多数自由贸易区内的企业从事各种各样的行业；但也有一些自由贸易区的企业所跨行业十分有限，如服装、电子或信息工程。有的自由贸易区的产品包括鞋、服饰、珠宝、维可牢尼龙搭扣、家具、香料和医药品。自由贸易区的企业大多以短期的转包合同为运作方式。多米尼加政府还向一些农业综合企业提供同自由贸易区企业一样的优惠措施。信息工程产业是自由贸易区的新兴产业，如数据输入、西英互译、计算机软件开发、为美国的西班牙语居民提供免费电话服务等。由于圣多明各岛上的电信设施十分发达，这些服务都可以实现。

2008年，自由贸易区工业的活力有所恢复。尽管前三季度纺织品产值同比减少3.6%，造成自由贸易区工业产值小幅下滑1.2%，但与2007年全年缩减33.6%相比已有显著复苏。同一时期，纺织品出口额同比减少18.7%，造成整个自由贸易区工业产品出口额略减0.4%。自由贸易区企业数量仍持续减少。[1]

表4-12 1998~2002年多米尼加自由贸易区情况

年 份	1998	1999	2000	2001	2002
公司数量（个）	496	484	481	512	520
就业人数（人）	195193	189458	195262	175078	170833
出口额（百万美元）	4100	4331	4771	4482	4336
纺织品出口额（百万美元）	2395	2385	2451	2275	2173
附加值（百万美元）	—	193.9	203	194	178
平均周薪（比索）	638	701	716	776	787

资料来源：多米尼加中央银行。

[1] 多米尼加中央银行（Banco Central de la República Dominicana）官方网站（http://www.bancentral.gov.do/publicaciones_economicas/infeco_preliminar/infeco_preliminar2008-09.pdf）。

多米尼加

三　建筑业

多米尼加建筑业的发展基本可以自给，只有 1/3 的建筑材料是进口的。国内生产的建筑材料包括沙砾、沙子、黏土、瓷砖、电缆、管道、金属、油漆和水泥。近期的建筑业产值一直占国内生产总值的 10% 左右，提供 6.6% 左右的就业岗位。

20 世纪 70～80 年代，由于政府大力资助公共事业，建筑业的发展势头强劲。私营企业的参与，尤其是自由贸易区的厂房设施和旅馆，也促进了建筑业的发展。70 年代上半期，建筑业呈现出一派欣欣向荣的景象，年均增长率 16%，增长速度超过同期除采矿业之外的所有经济部门。70 年代，堤坝、公路、桥梁、医院、经济住房、学校等公共事业的建设大大改善了多米尼加的基础设施。80 年代，建筑业继续保持较高的增长速度。总体表现为上半期摇摆不定，下半期以每年近 18% 的速度恢复增长。1986 年的增长在很大程度上是由于旅游业的繁荣，1987～1989 年的增长则主要得益于公共工程的增加。但是，由于政府每年在建筑业上的投资起伏不定，其增长速度也摇摆不定。①

90 年代，经过 1990 年和 1991 年的萎缩之后，建筑业产值在 1992 年增长了 24.4%。但增长势头随之趋缓，1993 年增长率为 10.1%，1994 年为 6.6%。90 年代下半期，建筑业渐渐繁荣，连年以两位数的速度增长，其产值占国内生产总值的比重从 1995 年的 9.6% 增至 1999 年的 13.4%。巴拉格尔在其 12 年执政期间 (1986～1998)，大力投资公共工程建设，加大对机场、能源公用事业、道路和民用住宅的投资力度，建筑业蒸蒸日上。但 1997 年后，政府缩减公共建设开支，建筑业越来越依赖私人资本。1999 年乔治飓风后的重建工程为建筑业带来短暂的繁荣局面。从 2001

---

① http://lcweb2.loc.gov/cgi-bin/query/r? frd/cstdy:@ field (DOCID + do0068)

年第四季度到2002年上半年，公共投资的增加带动了建筑业的一定发展。但从2002年下半年到2003年，财政紧缩、高利率、对楼市信息的缺乏和供大于求的态势导致政府和私人投资均大幅度减少。2003~2004年，整体经济倒退，建筑业也萎靡不振。1998~2004年建筑业产值占国内生产总值的比例分别为12.3%、13.4%、13.2%、12.9%、12.7%、11.5%和10.7%。1998~2004年建筑业产值的增长率分别为19.6%、17.7%、5.6%、0.5%、3.2%、-8.6%和-6.3%。从2005年中期开始，建筑业有所复苏，产值同比增长6.2%。[1] 2006年，收入的提高和贷款利率降低刺激了国内消费，外国对房地产的投资也增加，建筑业大幅度增长22.7%，占当年国内生产总值的5.1%，就业人数占7.2%。同年初，多米尼加的第一条城市铁路项目开工。[2] 2008年，水泥、木材和油漆等主要建筑原材料价格都有不同程度的上涨，造成建筑业的增长活力下降。2008年前三季度，建筑业同比增长5.3%。在风暴灾后重建和首都及重要城市道路维护等项目的带动下，金融机构对建筑业的投资在2008年头9个月比去年同期增加17.3%。[3]

四 能源业

多米尼加使用的主要能源有石油及石油的衍生产品、木材、生物、水力发电和褐煤。本国能源缺乏，在桑切斯—萨马纳半岛上找到的褐煤是多米尼加唯一的原产能源，森林资源匮乏，石油长期依赖进口，电力匮乏。

---

[1] Country Profile 2005, The Economist Intelligence Unit Limited 2005.
[2] Country Profile 2007, The Economist Intelligence Unit Limited 2007.
[3] 多米尼加中央银行（Banco Central de la República Dominicana）官方网站（http://www.bancentral.gov.do/publicaciones_economicas/infeco_preliminar/infeco_preliminar2008-09.pdf）。

多米尼加

近年来，多米尼加的能源供应量和消费量均有增加。平均每年消耗木柴100万吨，木炭50万吨。农村地区伐木取柴，林地破坏严重。自然条件对水力发电能力有较大影响。[①] 2003～2006年，能源和水事业产值分别增长 -7.5%、-20.1%、5.3%和7.2%；占国内生产总值的比例分别为2.4%、1.9%、1.8%和1.7%。2007年5月，一项新的可再生能源法通过，旨在刺激对可再生能源产业的投资，减少对石油进口的依赖。该项法律规定减少可再生能源生产部门的设备进口税，同时也为以甘蔗为原料的乙醇（用作汽车燃料）生产业提供了发展契机。[②] 2008年前三季度，能源和水事业同比增长11.0%。居民、商业、工业和政府部门的能源消耗量都有不同程度的提高。同一时期，水事业产值同比增加10.9%，高于2007年同期的1.1%。[③]

（一）石油

20世纪70年代，多米尼加成为石油进口国，石油进口量是原来的十倍。80年代，仅在Charco Largo探明储量较小的石油矿藏，而且发现新矿的可能性很小。1996年，用于燃料的油品进口已达近10万桶/日，全年为进口3630万桶油品共支付了7.77亿美元（占全部进口额的24%），其中70%的油品为精炼油品。20世纪初，美国、委内瑞拉和加拿大的石油公司开始发掘多米尼加的石油资源，但收效甚微。多米尼加对进口的原油和石油衍生产品也无法精炼。

尽管近年来多米尼加政府大力扶植水力发电，该国85%左右的能源需求仍然依靠进口石油来满足，主要进口国为墨西哥和

[①] Country Profile 2005, The Economist Intelligence Unit Limited 2005.
[②] Country Profile 2007, The Economist Intelligence Unit Limited 2007.
[③] 多米尼加中央银行（Banco Central de la República Dominicana）官方网站（http://www.bancentral.gov.do/publicaciones_economicas/infeco_preliminar/infeco_preliminar2008-09.pdf）。

委内瑞拉。根据《圣何塞协议》，两国以优惠价格提供给多米尼加 1/3 的原油，并承诺多米尼加 20% 的石油支出可转为优惠贷款。1997 年 2 月，两国均将其日供应量从 1.45 万桶增至 4.5 万桶，总量超过当时国内需求量的 90%。2000 年 10 月，根据《加拉加斯能源协议》，多米尼加每日可以向委内瑞拉追加购买 2 万桶石油。2005 年 9 月，委内瑞拉政府又承诺以优惠条件向多米尼加提供石油进口量的约 1/4。[①]

直至 2000 年后期，多米尼加的燃油价格一直由政府定价，从国际油价的浮动中获得一定利润。梅希亚政府推行了固定燃油税率，试图将国内油价与国际油价接轨。迫于城市能源消费者的压力，政府长期提供汽油价格津贴。

（二）电力

20 世纪 60 年代，随着国民经济的发展，电力生产迅速发展起来。这一时期的发电量与需要量基本上保持平衡。进入 70 年代，特别是 1974 年以后，石油价格上涨，发电成本逐渐提高，使生产开支入不敷出，连年亏损。多米尼加政府曾制定 1976～1980 年电力生产计划，但因石油涨价而夭折。自此，高投入、投资不足、频繁断电、电费拖欠就一直困扰着多米尼加的电力行业。80 年代，由于政府对电力公司投资不足，常常造成一些发电厂的倒闭和设备更新的不足，停电时间也因之频频延长。多米尼加电力公司也面临政府过分干预资本管理和维护不善的问题。如 1988 年，大约 1/3 的发电量都用于弥补设备维护的损失。从 80 年代后期开始，多米尼加电力公司在生产经营私有化思想的指导下，着手进行改建，但当时仅有 38% 的家庭可以获得电力供应，低于拉丁美洲国家的平均水平。[②]

---

① Country Profile 2007, The Economist Intelligence Unit Limited 2007.
② http://lcweb2.loc.gov/cgi-bin/query/r? frd/cstdy: @ field （DOCID + do0069）

多米尼加

1997年9月，国营多米尼加电力公司的设计总发电能力为160万千瓦，但投入运行的最大发电能力仅达140万~145万千瓦。私营公司的总发电能力约在60万~70万千瓦之间。1999年，费尔南德斯政府将多米尼加电力公司划分为发电、配电、供电三个子公司，前两个实行私有化，后者仍保持国有，但由于缺乏有效的管理和市场定价机制，该举措也收效甚微。2002年9月，梅希亚政府与私营电力企业达成协议，内容包括提高电费、取消国家补贴、与私营电力公司谈判、严控偷电和费电行为。10月起电费涨价，用电量超过70千瓦时的用户增幅103%，超过1000千瓦时的用户增幅33%。电力公司每月有权考虑燃料价格、汇率、通货膨胀率等因素实行费率调整。政府组织了特别警察部队，协助电力公司收取欠费，并敦促配电公司投资建设新的电路系统，以切断欠费用户的电力供应。但是，多米尼加政府正是电费拖欠大户。截至2004年8月，政府的电费欠款已高达4亿美元。[1]

电力严重供不应求是多米尼加的痼疾，至今也没有行之有效的解决方法。2001年，已经拥有一家发电量为210兆瓦的火力发电厂的美资AES公司的另一家规模更大的发电厂投入使用，原料为进口天然气，但仍未解决根本问题。电力不足严重制约了经济发展。有的地区每年的断电时间达到500小时，电力不足继而引发设备损耗。很多企业，尤其是自由贸易区的企业，为了避免断电造成的经济损失而不得不启用自己的发电机。在世界银行和日本政府的资助下，多米尼加电力公司试图通过增加电费、省级基础设施、提高发电量来增加效益。2002年9月，政府与私营发电厂和供电厂签订协议，承诺大幅提高电费、取消政府补贴、重新谈判现有协议，但终因未能完全实施而收效

---

[1] Country Profile 2005, The Economist Intelligence Unit Limited 2005.

第四章 经 济

甚微。2004年，电力问题愈发严重，每天长达20小时的断电现象时有发生。2005年5月，世界银行向多米尼加提供了总计5000万美元的第一期贷款，以资助电力工业的改革和发展。2005年，多米尼加电力需求量达到1600兆瓦，但仅有1050兆瓦的发电能力。预计到2008年，多米尼加的电力需求量将达到2000兆瓦。2006年，政府向电力公司提供约7亿美元补贴，以缓和电力问题。从2006年末开始，政府开始与电力公司重新商订合同，以图降低电价，缓解供应商因偷电和电费亏欠遭受的损失。[1]

从90年代开始，多米尼加政府一直致力于水利设施建设，大力修建堤坝、灌溉渠和水渠，旨在更充分地利用本国的水力资源，提高水力发电能力。1996年，政府增加投入1.10亿美元建设里约布兰科河大坝，增加了2.5万千瓦的发电能力，使水力发电能力增加到38.1万千瓦。目前，多米尼加的主要水力发电站有：尼萨奥水电站（位于尼萨奥河南岸，由Valdesia Jigüey-Aguacate和Las Barías大坝构成，年发电能力7亿瓦）；塔维拉斯水电站（Taveras）（位于北亚克河和Bao河岸边，由Taveras Bao和el contraembalse López Angostura构成，年发电能力185吉瓦时）；Sabana Yegua水电站（位于多米尼加西南部的南亚克河沿岸，年发电能力69吉瓦时）；Hatillo水电站（位于多米尼加北部的尤纳河沿岸，年发电能力50吉瓦时）；Sabaneta水电站（位于圣胡安河的西南部，年发电能力45吉瓦时）。

除了水力发电以外，多米尼加政府还一直致力于其他替代石油发电的方案。目前，政府正谋求私人投资，以建设两个发电量为600兆瓦的煤炭发电厂，并且已与卡塔尔接洽，准备进口天然气。2002~2006年发电量分别为10219798、10247993、8723729、9639075

---

[1] Country Profile 2007, The Economist Intelligence Unit Limited 2007

341

和 5086681 兆瓦时；电销售量分别为 6808378、6222299、4988390、5221981 和 2622830 兆瓦时。①

表 4-13 1998~2002 年电力生产状况

单位：吉瓦时

年　份	1998	1999	2000	2001	2002
总供电量	4595	9284	9701	9793	10449
多米尼加电力公司总发电量	4580	5543	5261	4841	5297
私人公司总发电量	3348	3741	4440	4834	5152

资料来源：国际货币基金组织。

第四节　交通与通信

一　交通

从20 世纪 50 年代起，多米尼加的交通运输基础设施建设持续发展。1988 年，交通运输业和通信业的产值约占国内生产总值的 6%。旅游业的急速发展促进了交通运输业的发展。车辆也逐年增多，80 年代中期，多米尼加全国注册的车辆约有 6 万辆，未注册车辆约 1 万辆；1987 年全国有汽车和各种机动车 17.7 万辆。② 1996 年底全国有 47 万辆汽车，其中小汽车 26.6 万辆，卡车近 13.4 万辆。截至 2002 年底，道路运营车辆总数达 210 万。2001~2005 年，汽车总数分别为 2114432 辆、2259572 辆、

---

① Volumen de producción industrial, años 2002-2006, República Dominicana en Cifras 2007, http: //www.one.gov.do/index.php

② http: //lcweb2.loc.gov/cgi-bin/query/r? frd/cstdy: @ field（DOCID+do0072）

2015225 辆、2122739 辆和 2244466 辆。① 2003～2006 年，交通运输和仓储业产值的增长率分别为 -7.7%、-0.8%、6.4% 和 8.3%；占国内生产总值的比例分别为 4.1%、4.0%、3.9% 和 3.8%。②

（一）公路

公路是多米尼加最普遍的交通方式。城市间运输系统发达。20 世纪 80 年代公路路况不佳，80% 的分支公路路况愈来愈差。大部分公路很狭窄，易受水淹。公共工程和通信部下属的公路维护委员会（Directorate for Highway Maintenance）由于缺乏资金而管理不善。80 年代后期，世界银行和美洲发展银行实行多项公路维修和维护设备更新的计划。1989 年全国公路总长 1.7 万公里，其中城际公路 0.5 万公里（全部为沥青公路），乡镇公路 1.2 万公里，高于加勒比国家的平均水平。1/4 的公路是高速公路，70% 的高速公路是沥青公路，主要高速公路设有收费站，并有定期维护，年平均维护费用 6.5 亿美元。1990 年全国有沥青公路 2 万公里。③

20 世纪 90 年代后期实施的一项公路建设工程大大改善了首都圣多明各及一些主要城际公路的路况。公路基础设施建设能够满足商业发展的需要，主要的高速公路均设有收费站。目前全国大规模的公路建设正在进行中，其中包括圣多明各城市公路建设项目以及主要城市间的交通路线。2002 年 8 月，梅希亚政府将高速公路收费提高 200%。此后全国运输费用普遍提高，增幅最高达 50% 以上。2006 年，首都圣多明各的地铁开工建设，降低了道路维护费用。④

---

① Cantidad de vehículos, según tipo, acumulado al año, 2001－2005, http：//www.one.gov.do/index.php? option=com_docman&task=cat_view&gid=14&Itemid=129
② Country Profile 2007, The Economist Intelligence Unit Limited 2007.
③ http：//lcweb2.loc.gov/cgi-bin/query/r? frd/cstdy:@field（DOCID+do0072）
④ Country Profile 2007, The Economist Intelligence Unit Limited 2007.

多米尼加

圣多明各主要有三条公路命脉：北部的杜阿尔特高速公路、西南部的桑切斯公路和东南部的梅利亚公路，完整的二级公路系统保证了这三条命脉之间的畅通。日常的公路客运依靠公共汽车、小型公共汽车和摩的来实现。

（二）铁路

多米尼加的铁路总长1650公里，主要用于糖厂仓库至糖厂的运输。运输量最大的糖厂是拉罗马纳糖厂和海纳糖厂。[1] 拉罗马纳公司拥有专用的铁路线。国有的盐矿公司和矾土矿公司、多米尼加土地研究院和法尔孔布里奇公司也拥有自己的铁路线。80年代，法尔孔布里奇公司为多米尼加提供了全国几乎所有的管道系统，其中74公里的管道源源不断地把石油输往伯纳奥的加拿大镍铁冶炼工厂。[2]

（三）水运

多米尼加河流众多，但通航的河流很少。优越的地理条件提供了多个优良海港。20世纪80年代，多米尼加全国共有15个海港。9个海港从事国际贸易，其中4个是主要海港。海运是国际贸易的主要运输方式。最大的海港是位于加勒比海沿岸、圣多明各以西的海纳。海纳是当时加勒比地区最现代化的海港之一，其重要性超过圣多明各港和博卡奇卡（Boca Chica）港。80年代后期，政府投资更新圣多明各港，使之成为巡航船舰的主要停泊港。

目前，多米尼加的主要港口包括南部海岸的圣多明各港、海纳港、博卡奇卡港、圣佩德罗-德马科里斯港和北部海岸的普拉塔港。新近建成的考赛多（Caucedo）大型海港邻近Las Americas机场，主要用于满足自由贸易区企业的需求。2003年

---

[1] http://www.mundodominicano.com
[2] http://lcweb2.loc.gov/cgi-bin/query/r?frd/cstdy:@field（DOCID+do0072）

中期，CSX 世界终端公司与考赛多发展公司达成协议，在该港口开发深水终端系统。西北部的曼萨尼约（Manzanillo）港也已经投入使用。①

多米尼加的港口多为专用港口，如博卡奇卡港从事糖产品出口，卡沃罗霍（Cabo Rojo）港和巴拉赫纳港从事矿产品贸易，普拉塔港主要用于停靠巡航船舰，经扩建的海纳港承担本国大部分进口业务。虽然多米尼加法律规定，必须有 40% 的船只是本国船只，但是该国海运基本被外国船只垄断。

2000~2004 年港口装货量分别为 217.0257 万吨、250.7494 万吨、174.8921 万吨、195.6630 万吨和 214.4109 万吨；港口卸货量分别为 1424.5121 万吨、1401.3298 万吨、1455.9689 万吨、1425.5915 万吨和 1273.0344 万吨。海纳港是最繁忙的商业港口。②

（四）空运

20 世纪 80 年代，多米尼加有 4 个国际机场，其中圣多明各附近的美利坚（Las Americas）机场和普拉塔港附近的联合（La Union）机场规模较大，可承载大型飞机。美利坚机场承载全部游客的 2/3 和全部货运。1989 年，一家法国建筑公司重修美利坚机场。联合机场建成于 70 年代，随着北部沿海地区旅游业的发展，该机场的游客承载量逐年增长。拉罗马纳和圣地亚哥的国际机场规模较小。1989 年，多米尼加全国共有 14 条定期航线，其中 4 条航线每日都安排多米尼加到美国的直飞航班。多米尼加航空公司是国有航空公司，客运量占总量的 35%。80 年代，由于财政吃紧，多米尼加航空公司取消了许多航班，客运量下降。

---

① Country Profile 2007, The Economist Intelligence Unit Limited 2007.
② Volumen de carga internacional desembarcada por año, según puerto, 2000 - 2004; Volumen de carga internacional embarcada por año, según puerto, 2000 - 2004, http://www.one.gov.do/index.php? option = com _ docman&task = cat_ view&gid = 14&Itemid = 129

多米尼加

1989年，多米尼加政府把多米尼加航空公司49%的股份卖给一家外国航空公司，试图改善财政状况。有一家叫做加勒比之羽（Alas del Caribe）的地方性航空公司，只提供国内航班。多米尼加境内还有大约120条秘密飞机跑道。80年代，这些秘密飞机跑道是毒品从多米尼加运往美国的传送带。①

90年代，多米尼加航空公司经营着16条国际航线。1990年客运量为224万人次。圣多明各、普拉塔港、卡纳港、拉马罗纳和巴拉赫纳都设有国际机场，萨马纳国际机场正在建设中。1995年上半年，美利坚航空公司承载全部游客的56%，其国际航线主要通往纽约、迈阿密及其他一些美国城市。1995年抵达多米尼加的乘客中，乘班机的有146万人次，乘包机的有63.2万人次。位于普拉塔港和蓬塔卡纳（Punta Cana）的机场是主要的包机服务机场，其次是拉罗马纳、锡瓦奥和埃雷拉（Herrera）机场。②

目前，多米尼加的圣多明各、普拉塔港、蓬塔卡纳、拉罗马纳、巴拉赫纳、萨马纳和圣地亚哥都有国际机场，共有7个，包括国际美利坚（Internacional de las Américas）机场、埃雷拉机场、卡纳港机场、Los Cajuiles机场、巴拉赫纳机场、Gregorio Luperón国际机场和锡瓦奥机场。③

多米尼加的航班主要来自加勒比地区、南美国家、欧洲国家和美国，每周约270个航班。主要的航空公司有Iberia、American Airlines、Cubana de Aviación、Air France、Aeropostal、TWA、Air Europa、Continental、Copa、Aerolineas Argentinas、American Eagle、LAN、TAP、Tower Air、Air Santo Domingo、

---

① http://lcweb2.loc.gov/cgi-bin/query/r? frd/cstdy: @field (DOCID + do0072)
② Country Profile 2005, The Economist Intelligence Unit Limited 2005.
③ Country Profile 2007, The Economist Intelligence Unit Limited 2007.

Aeromar 等。American Airlines 公司占有大量市场份额，承担着纽约、迈阿密等美国城市航班的 50% 强的客运量。2007 年 5 月，私人投资 60%、政府投资 40% 的新航空公司多米尼加航空（Air Dominicana）成立，计划从 2008 年起开始提供飞往中美洲和美国的包机服务。①

二　通信业

通信业是多米尼加的新兴行业，兴起于 20 世纪 80 年代，现已成为多米尼加发展最迅速的经济部门。多米尼加通信业的技术含量超过其他拉丁美洲和加勒比国家，通信服务主要分布在城市地区。

电话系统在通信领域中发展最快。80 年代，美国通用电话与电子设备公司的驻多米尼加的分公司——多米尼加电话公司垄断着多米尼加全国 25 万门电话的 90%。90 年代中期，多米尼加电话公司计划把多米尼加的电话总数翻一番。1999 年末，该公司拥有将近 70 万条电话线路，市场份额达 86%。随着投资力度的加大，多米尼加电话公司于 1997 年 8 月同加拿大北方电信公司签订了合作协议。Tricom 和 All American Cable 公司是其主要竞争对手，Tricom 公司更以独有的数字国内电话网络咄咄逼人。目前，Verizon Dominicana 占有最大的市场份额，这家公司收购了多米尼加电话公司、Tricom、Centennial Dominicana 和 France Telecom Dominicana 公司，但面临着越来越多的竞争对象。

90 年代，多米尼加的固定电话线路数量翻了一番，但此后发展较慢。2001 年，固定电话线路数量达到 955000 条。截至 2004 年 6 月，多米尼加共拥有 930917 条固定电话线路。截至

---

① Country Profile 2007, The Economist Intelligence Unit Limited 2007.

多米尼加

2005年3月，多米尼加共拥有938392条固定电话线路，电话拥有率达到10.6%，比90年代初高出6.4个百分点。2006年12月，固定电话线路减少至897000条。

1987年，多米尼加成为拉丁美洲国家中第二个开通移动电话的国家，也是西半球唯一面向大众提供移动电话服务的发展中国家。近年来，移动电话的使用量迅速增长，接近固定电话的3倍。截至2004年6月，移动电话用户达230万（1997年14万，2001年127万），占有率26.4%。截至2005年中期，移动电话使用率达到36%，居拉美国家前列。2006年，移动电话使用率达到51.1%。由于80%的手机为预付费，实际使用率低于该统计数字。目前，Claro-Codetel公司、Centennial Dominicana公司、Orange Dominicana公司和Tricom公司是主要的移动电话公司。近两年，WiMAX和3G等新技术正逐步展开应用。

从2001年起，多米尼加的互联网应用迅速普及，用户数量从2001年的128764个增加到2006年的140万个，但仍低于世界平均水平。电子商务等互联网相关产业也比较落后。拨号上网仍是大多数用户的上网方式。据统计，仅有3.1%的多米尼加人能享有上网服务，农村地区仅为0.9%。2007年3月，多米尼加官方宣布将建设一个国际网络接入点（international network access point），以接通海底线缆接入方式，使多米尼加成为加勒比地区的网络集线器。

多米尼加公共工程和通信部下属的电信总理事会（General Directorate for Telecommunications）是电话系统的管理机构。多米尼加电话系统可以实现的服务包括国内长途和国际长途直拨、加拨800接通美国免费电话、大地区长途电话服务、高速上网服务、光纤电缆、数码配电系统等，还提供专门面向在美国的消费者的多项服务。一些通信企业还提供电报、电子邮件、远程网和电传服务。多米尼加是国际卫星通信组织（International Telecommunications Satellite Organization）的成员国之一，设有卫星地面接收站和通往美属维尔京群岛的海底电缆和微波站。1989年通往波多黎各的光纤电缆建成，为多米尼加到美国的高速数据传送开辟了通途。

多米尼加拥有的高频率多路通信技术为未来信息产业的发展开辟了广阔的空间。例如，多米尼加有4个自由贸易区拥有信息工程企业；圣伊斯德罗（San Isidro）的自由贸易区可以直接连通美国的电信网。新兴的信息工程企业的进步大大促进了多米尼加电信业的发展。这些新兴企业活跃在数据输入、面向美国公司的电话推销服务、面向在美国的讲西班牙语者的免费电话服务、计算机制图服务、计算机软件开发、西英互译服务等领域。近两年，3G、全球卫星定位系统等新技术也应用到实践当中，但目前的使用率还比较低。未来，多米尼加可以通过卫星和光纤电缆实现目前美国的各种基于计算机的电信服务。

2003~2006年，通信业产值的增长率分别为25.8%、16.1%、27.0%和26.1%；占国内生产总值的比例分别为5.4%、6.2%、7.1%和8.1%。①

表4-14 2002~2006年通信线路数量*

年 份	2002	2003	2004	2005	2006
有线线路	908957	908809	902258	896252	897026
无线线路	1760333	2126680	2552254	3623939	4605940
总 计	2669290	3035489	3454512	4520191	5502966

* Número de líneas de comunicación por año, 2002-2006, República Dominicana en Cifras 2007, http://www.one.gov.do/index.php

---

① Country Profile 2007, The Economist Intelligence Unit Limited 2007.

表4-15　2002~2006年电信业整体状况

年份	2002	2003	2004	2005	2006
广播频道(个)	325	330	313	369	367
AM	138	136	133	148	148
FM	187	194	180	221	219
电视频道(个)	44	45	41	42	42
UHF	32	38	34	34	37
VHF	12	7	7	8	8
电话线路(条)	2609566	3000723	3436321	4519541	5502685
有线	908957	908809	902258	896252	897026
无线	1700609	2091914	2534063	3623289	4605659
覆盖率(%)	30.5	33.6	37.8	48.9	58.5
有线	10.6	10.2	9.9	9.7	9.5
无线	19.9	23.4	27.9	39.2	49.0
互联网账户(个)	82518	96391	106296	134545	183876
互联网用户(个)	330072	385564	426184	672725	1405400
互联网公司(家)	7	7	7	6	14
电缆公司(家)	56	58	59	—	73
电话公司(家)	12	16	21	23	28

* Indicadores de las telecomunicaciones, por año, 2002－2006, República Dominicana en Cifras 2007, http://www.one.gov.do/index.php

第五节　财政与金融

一　财政

多米尼加的中央政府制定年度预算，以此平衡国家的财政收支。国家的财政预算由总统管辖的国家预算办公室制定，然后由总统送交国会批准。

多米尼加财政收入的主要来源是税收，历年的税收收入在财

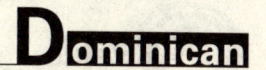

政总收入中占80%以上,其中所得税、商品和劳务税、进口税所占的比例较大,财产税和出口税所占的比例较小。

20世纪80年代中期以来,多米尼加政府年度财政大多为赤字。在国际货币基金组织的支持下,政府试图降低财政赤字并加强国家财政的承受能力,但几经努力仍收效甚微。90年代中期以来,多米尼加政府实行了以减少政府支出和增加财政收入为主要内容的财政政策,使此前的政府财政宏观失控的局面有所扭转,收支状况得到明显改善。

近年来,由于政府实施基础设施建设,财政开支一直较为庞大,经常项目开支持续上升。2007年,中央政府财政首次实现盈余。2008年,中央政府财政收支转盈为亏,约占GDP的1.5%。根据多米尼加中央银行的统计,2008年第一季度,中央政府财政收入898.65亿比索,比上年增加16.2%;财政支出874.11亿比索,比上年增加37.1%。[①]

表4-16 1998~2006年多米尼加中央政府财政收支情况

单位:百万比索

年 份	1998	1999	2000	2001	2002	2003	2004	2005	2006
收入	38566	43484	51271	59856	67078.0	80202	127577	157585	188858
1. 经常项目收入	38390	42674	51151	59642	66295.1	80163	126243	157585	188826
其中:税收	36260	40197	47565	56996	63867	74765	117298	148450	177812
2. 资本收入	176	810	120	214	783	39	2	0	32
支出	37487	45165	58466	67232	74366	98712	151832	170971	203512
1. 经常项目支出	26937	31188	44705	46106	48181	62603	113652	128490	154628
2. 资本支出	10550	13976	13760	21126	26185	36109	38180	42428	48884
收支平衡	1079	-1081	-6773	-6960	-10859	-26209	-31175	-6532	-12914

资料来源:多米尼加中央银行;国际货币基金组织。

---

① EIU, República Dominicana, Country Report, August 2008, p. 12.

多米尼加

表4-17 2004~2006年中央政府财政状况

单位：%

年 份	2004	2005	2006
总收入占GDP比例	13.9	15.1	15.3
经常收入占GDP比例	13.8	14.9	15.0
资本收入占GDP比例	0.1	0.2	0.3
总支出占GDP比例	16.6	16.2	16.2
经常支出占GDP比例	12.4	12.2	12.3
资本支出占GDP比例	4.2	4.0	3.9
利息占GDP比例	1.8	1.3	1.3
公共债务占GDP比例		21.2	19.8

* 2006年为初步数字。

资料来源：CEPAL, Estudio económico de América Latina y el Caribe 2006 - 2007。

二 金融业

多米尼加的金融机构主要包括负责制定国内货币、汇率政策、管理外汇储备和外债监管的多米尼加中央银行，为生产部门提供贷款的商业银行，面向一般居民并提供定期存款、活期存款和抵押信贷等金融服务的储蓄银行和贷款银行，面向高收入房产业主并向房地产开发商提供短期抵押和中长期商业建筑抵押服务的抵押银行，负责发行由政府性金融机构担保的股票、基金和债券的私营金融公司，新兴的复合银行以及保险公司等。银行监管会、财政部和中央银行是所有银行的管理机构。国家住宅银行（Banco Nacional de la Vivienda）是房屋贷款银行的管理机构，规定贷款额的上限。中央银行和国家住宅银行是抵押银行的管理机构。保监会是所有保险公司的监管机构。

20世纪40年代前，多米尼加的银行业受外国控制。此后，拉斐尔·特鲁希略买下纽约花旗银行的多米尼加分行，后改组为国家储备银行，并建立中央银行，在一定程度上减少了外国对多米尼加银行业的控制。他的统治结束后，银行的非国有化重新抬头，外国银行再次占据主要地位，这些银行不仅经营存款和信贷业务，而且从 1968 年起开始采取金融资本的形式对一些工业、服务业部门进行投资，实现了银行资本与工业资本的融合。从 1961 年起，多米尼加的金融业飞速发展，私营企业可以获得更多的信贷，新型的金融服务诞生。同时，为了满足越来越多的信贷服务需求，新的金融机构如雨后春笋般建立起来。正规的金融机构从 1960 年的 7 家增长到 1970 年的 31 家，1985 年更是高达 78 家。这 78 家机构共设有 263 个分支机构。70 年代和 80 年代，发展最快的是消费金融服务公司和提供中长期贷款的较大规模的金融机构。

80 年代上半期，金融业经历了一场危机。1984 年和 1985 年，由于多米尼加经济环境欠佳，许多外国银行将股份卖给多米尼加的本国银行。1985 年政府实行的金融稳定计划在一定程度上缓解了危机。80 年代后半期，尽管通货膨胀率居高不下、银行利率很高，还是有很多新的商业银行和相关金融机构建立起来，大部分银行归多米尼加所有，仅存的外国银行有美国的大通曼哈顿银行和花旗银行及加拿大的新斯科舍银行。这一时期多米尼加的 17 种金融企业总数超过 400 家。1988 年，金融业的总产值占国内生产总值的 7%。1989 年，多米尼加全国共有 24 家商业银行，资产占金融体系总资产的 64%，其中超过 40% 归国有的多米尼加储备银行所有；17 家储蓄机构和贷款机构，资产占金融体系资产总额的 19%；14 家抵押银行，资产占金融体系资产总额的 10%；25 家私营金融公司；300 家消费信贷企业；50 家保险公司，其中 25 家是地方性企业。全国共有 3 家国有银行，它们是提供购房信贷服务的国家住宅银行、工业金融集团和多米尼加农业银行，其中后者实力较强。这三家国有银行共有 30 家

多米尼加

分支机构，几乎遍及全国。①

1988年，在外汇改革的大环境下，货币机构下令关闭了大约70家外汇银行。1992年，政府颁布法律，进行银行制度改革，鼓励建立商业银行与抵押/储蓄银行业务相结合的"复合银行"。1997年9月，新的外国投资法允许开放一些银行部门以扩大外资的参与。截至2002年底，多米尼加共有14家复合银行，其中两家为外国银行，分别是美国的花旗银行和加拿大的新斯科舍银行。

2002年，多米尼加议会通过一项新的货币和金融法案，制定了贷款和储蓄机构的规则框架，规范了金融行业的运作。

2003年5月，多米尼加第二大商业银行——洲际银行因欺诈和非法操作等丑闻宣告破产，其连锁反应引发银行业的全面危机，尤以全国第三大银行——国家信贷银行（Banco Nacional de Credito）为甚，雷翁—西门内斯集团（Grupo Leon Jimenes）通过其持股银行——专业银行（Banco Profesional，是多米尼加第九大商业银行）收购了该银行。7月新斯科舍银行收购了洲际银行105家分支银行中的约1/3家，并承担其信用卡、个人及商业贷款业务。②

截至2007年3月，多米尼加共有13家复合银行，其中3家是外资银行，分别为美国的花旗银行（Citibank）、加拿大的新斯科舍银行（Bank of Nova Scotia）和特立尼达和多巴哥的共和国银行（Republic Bank）。目前，多米尼加共有5家公有银行，3家发展银行，用以提供住房贷款和农业等项目投资。此外，还有18家储蓄和贷款信用社，1家抵押银行，16家储蓄和信贷银行和39家专门提供消费信贷的金融公司。随着2005年下半年经济的强劲反弹，当年银行业实现增长3.9%，2006年增长3.6%。

---

① http://lcweb2.loc.gov/cgi-bin/query/r? frd/cstdy:@field（DOCID+do0071）
② Country Profile 2005, The Economist Intelligence Unit Limited 2005.

2006年，银行资产同比增长13%，复合银行资产占78%。同年，银行贷款的86%流向私有部门，其中57%为商业、建筑业等生产部门。[①]

多米尼加主要银行如下：中央银行、储备银行（Banco de Reservas）、洲际银行（Banco Intercontinental）、商品银行（Banco Mercantil）、多米尼加人民银行（Banco Popular Dominicano）、岛上投资和商品银行（Inversiones Cambiarias y Mercantiles Insular）、Boya商品和证券交易所（Agente de Canbio Bienes y Valores Boya）、大西洋外汇银行（Banco de Cambio Atlántico）、纽约外汇银行（Banco de Cambio New York）、加勒比外汇银行（Casa de Cambio Caribe）、工业发展银行（Banco de Desarrollo Industrial）、洲际发展银行（Banco de Desarrollo Intercontinental）、López de Haro发展与信贷银行（Banco López de Haro de Desarrollo y Crédito）、东部银行（Banco del Este）。多米尼加的主要私有金融和保险公司如下：Finersa、Financiera Fihogar、美洲保险集团（Grupo Asegurador America）、国家保险公司（Compañia Nacional de Seguros）、Franco & Acra保险公司（Franco & Acra Corredores de Seguros）、安德列斯保险公司（Seguros La Antillana）、宇宙保险公司（La Universal de Seguros）。

表4-18 2002~2006年保险公司数量

保险行业类别	公司数量				
	2002年	2003年	2004年	2005年	2006年
人寿保险	23	21	19	22	20
个人意外及健康险	23	19	19	17	16
火灾及相关险	25	22	18	21	21

---

① Country Profile 2007, The Economist Intelligence Unit Limited 2007.

续表 4-18

保险行业类别	公司数量				
	2002 年	2003 年	2004 年	2005 年	2006 年
海运及空运险	17	14	13	12	12
货物运输险	21	19	19	18	18
汽车险	32	30	29	27	27
农业及牧业险	1	0	0	0	0
担保及抵押险	28	24	23	23	22
其他险种	26	24	22	24	19

* 2006 年为 1~3 月份统计数字。

资料来源：Número de Compañías de Seguros, por Ramo de Seguro. 2002 – 2006, http://www.one.gov.do/index.php?option=com_docman&task=cat_view&gid=12&Itemid=127

三 汇率

多米尼加的官方货币是比索，1 比索相当于 100 分（centavos），多米尼加称之为 cheles。流通的纸币面值有 10 比索、20 比索、50 比索、100 比索、1000 比索和 2000 比索；硬币面值有 5 分、10 分、25 分、50 分、1 比索和 5 比索。

多米尼加比索多年与美元等值。1985 年起实行钉住美元的浮动汇率制。1991 年 2 月引进双重汇率制，即中央银行实行官方汇率，商业银行实行自由市场汇率。1996 年，两种汇率制并轨，当年年平均汇率为 13.77 比索兑 1 美元。1997 年、1998 年年平均汇率分别为 14.27 比索兑 1 美元和 15.27 比索兑 1 美元。1999 年、2000 年、2001 年汇率分别为 16.033 比索兑 1 美元、16.415 比索兑 1 美元和 16.952 比索兑 1 美元。2002 年平均汇率为 18.61 比索兑 1 美元。2003 年洲际银行的破产引发比索抛压，央行不得不限定兑换美元的上限，当年年初市场汇率为 21.2 比索兑 1 美元，中期市场汇率为 35 比索兑 1 美元，7 月 11 日汇率为 32.1 比索兑 1 美元，全年平均汇率为 30.8 比索兑 1 美元。

第四章 经　济

2004年，受2003年银行业危机影响，比索大幅贬值，当年年初汇率为60比索兑1美元，3～8月平均汇率为45比索兑1美元，全年平均汇率为42.1比索兑1美元。2005年8月10日的汇率为29比索兑1美元，全年平均汇率为30.41比索兑1美元。2006年的全年平均汇率为33.4比索兑1美元。[①] 2008年，多米尼加汇市稳定。第一季度对美元汇率为33.81比索：1美元[②]，第二季度为34.15比索：1美元，预计全年平均34.80比索：1美元[③]。多米尼加与其他国家货币的汇率如表4-19所示。

表4-19　1999~2006年汇率表

单位：元

年　份	1999	2000	2001	2002	2003	2004	2005	2006
阿根廷比索	16.0	16.4	17.0	6.1	10.6	14.4	10.5	10.9
欧　元	—	15.2	15.2	17.6	34.9	52.4	37.9	41.9
人民币	0.141	0.152	0.139	0.148	0.266	0.389	0.276	0.287

资料来源：Economist Intelligence Unit，CountryData。

第六节　对外经济关系

一　对外贸易

长期以来，殖民主义与帝国主义的侵略使多米尼加沦为农矿产品的出口国和工业制成品的进口国。这种进出口商品的构成使独立初期的多米尼加的对外贸易常常面临国际市

[①] Country Profile 2007, The Economist Intelligence Unit Limited 2007.
[②] CEPAL, Estudio económico de América Latina y el Caribe, 2007-2008, agosto de 2008, p. 298.
[③] EIU, República Dominicana, Country Report, August 2008, p. 9.

多米尼加

场价格波动所引起的负面冲击,本国贸易条件严重恶化,贸易逆差逐年增加。第二次世界大战后至20世纪50年代末,特鲁希略家族实行经济独裁策略,严加控制对外贸易收入,贸易结算呈顺差,蔗糖、咖啡、可可和烟草等主要出口产品的出口额占出口总额的90%以上,大部分进口产品来自美国,多为工农业机械和建筑材料等。此后,政权的频繁更迭导致整个国民经济的倒退。1965年巴拉格尔上台后,出台了一系列旨在增加国内生产总值、促进出口、增加外汇收入的经济政策,加之外国资本的渗入,出口贸易的发展较为迅速,矿产品和蔗糖为主要出口产品。1970~1975年的贸易结算基本平衡。1975年后,进口额增长,带来大量外贸赤字。国内能源的匮乏使限制进口政策无法完全奏效。1987年的贸易逆差额达到创历史纪录的8.32亿美元,主要原因是1984~1987年糖产品国际价格下降造成的该产品出口收入骤减和石油价格反弹造成的进口支出增加。1989年,多米尼加的商品贸易赤字为13亿美元,较两年前又有所上升。[①] 90年代,受比索升值和全球贸易自由化的影响,非自由贸易区的对外贸易逆差呈上升态势,2000年达到54亿美元。

多米尼加经济对旅游业的依赖较重,商品贸易长期处于结构性逆差。90年代,随着贸易自由化和比索升值,贸易逆差逐渐扩大。1993~1995年对外贸易逆差为14亿美元,2000年达到37亿余美元。2001年逆差额稍有减少,但2002年又出现反弹。2000~2002年平均逆差额约为36亿美元。2003~2004年,因比索贬值和银行业危机造成进口额锐减,平均逆差额减少为21亿美元。从2004年中期开始,经济复苏,加之比索升值,进口额大增。2006年贸易赤字达到47.5亿美元,相当于当年国内生产总值的13.5%。虽然镍价上升提高了镍产品的出口创

---

① http://lcweb2.loc.gov/cgi-bin/query/r?frd/cstdy/@field（DOCID+do0074）

第四章 经 济

汇额，但整个出口表现较差。2006 年，消费品占进口的 39.7%，中间产品占 26.5%，自由贸易区进口占 21.9%，资本货占 12%。① 2008 年，由于国际原油价格上涨和镍铁矿及自由贸易区出口额减少，预计对外贸易赤字将扩大，占 GDP 的 17.8%。其中商品进口额比上年增加 7.4%，商品出口额比上年增加 15.5%。第一季度商品出口额（FOB）为 16.84 亿美元，进口额（FOB）为 32.49 亿美元。前三季度，总进口额为 128.435 亿美元，比上年同期增加 38.3%，其中消费品增长 34.4%，原材料增长 51.0%，资本货增长 26.5%。国际石油价格上涨造成石油进口额大幅增加近 60%。但从 8 月底开始，石油价格出现下跌趋势，最后一个季度的此项支出应有所减少。前三季度，总出口额为 20.254 亿美元，比上年同期增加 1%。受国际价格下跌影响，一些镍铁采矿公司暂停生产，多米尼加的主要出口产品镍铁矿出口额减少到 3.668 亿美元。自由贸易区产品出口基本与上年持平，达到 33.299 亿美元。其中纺织品出口大幅减少 18.8%，但电子产品、珠宝首饰和烟草出口分别增加 13.4%、11.2% 和 9.5%。②

美国一直是多米尼加最大的贸易伙伴。多米尼加的自由贸易区工业以美国为主导，美国－多米尼加－中美洲自由贸易协议将加强美国与多米尼加的贸易关系。美国与多米尼加的贸易存在明显的不平衡性，美国对多米尼加的进口远高于多米尼加对美国的出口，而且前者的增长速度也高于后者。③ 详见表 4-22 和表 4-24。

80 年代以来，由于多米尼加经济逐步实现多元化，尽管总出口额（不包括自由贸易区）缩减，某些经济部门的出口额还

---

① Country Profile 2007, The Economist Intelligence Unit Limited 2007.
② 多米尼加中央银行（Banco Central de la República Dominicana）官方网站（http://www.bancentral.gov.do/publicaciones_economicas/infeco_preliminar/infeco_preliminar2008-09.pdf）。
③ Country Profile 2007, The Economist Intelligence Unit Limited 2007.

多米尼加

表4-20　1997~2005年多米尼加对外贸易情况

单位：百万美元（FOB价格）

年　份	1997	1998	1999	2000	2001	2002	2003	2004	2005
商品出口额	4613.7	4980.5	5136.7	5736.7	5276.3	5165.0	5470.8	5750.0	5960.4
商品进口额	6608.7	7597.3	8041.1	9478.5	8779.3	8837.7	7626.8	7844.6	9947.8
差　额	-1995.0	-2616.8	-2904.4	-3741.8	-3503.0	-3672.7	-2156.0	-2094.6	-3987.4

资料来源：国际货币基金组织《国际金融统计》；多米尼加中央银行。

表4-21　2004~2006年对外贸易和国际收支状况

年　份	2004	2005	2006*
商品出口总额（百万美元，离岸价）	5936	6145	6440
商品进口总额（百万美元，离岸价）	7888	9869	11190
商品贸易逆差（百万美元，离岸价）	-1952	-3725	-4750
服务贸易顺差（百万美元）	2291	2447	2666
贸易收支平衡（百万美元）	339	-1278	-2084
经常项目收支平衡（百万美元）	1047	-478	-786
经常项目占GDP比例（%）	4.8	-1.4	-2.0

* 2006年为初步数字。
资料来源：CEPAL, Estudio económico de América Latina y el Caribe 2006-2007。

是有所增加。目前主要出口国为美国、加拿大、英国、荷兰等，主要出口镍铁、蔗糖、可可、咖啡、烟草等。据非官方人士称，多米尼加每年对外走私产品的数额也不在少数，主要销往海地。2002~2006年，多米尼加向中国台湾的出口额（离岸价）分别为32787美元、302536美元、2114793美元、4066299美元和9919023美元[①]。

---

① Valor de la importación de la República Dominicana, según país de origen, 2002-2006, República Dominicana en Cifras 2007, http://www.one.gov.do/index.php

表4–22 2000~2005年多米尼加主要出口国贸易额比重

单位：%

年 份	2000	2001	2002	2003	2004	2005
美 国	87.3	86.5	86.3	85.1	80.0	78.8
加拿大	0.7	0.6	1.7	1.7	1.9	1.8
海 地	2.0	1.0	1.3	1.5	1.8	—
英 国	0.7	0.7	1.6	1.5	—	—
新西兰	1.1	1.8	1.3	1.3	1.7	2.2
韩 国	—	0.8	0.4	1.3	2.1	2.4

资料来源：国际货币基金组织《贸易统计》。

表4–23 1998~2004年多米尼加主要出口商品构成

单位：百万美元（离岸价价格）

年 份	1998	1999	2000	2001	2002	2003	2004
镍 铁	132.1	143.9	237.4	145.2	156.0	238.7	390.0
蔗 糖	142.2	89.6	89.6	88.8	99.0	99.3	93.5
可 可	89.1	24.7	26.1	42.7	67.0	77.2	59.4
咖 啡	66.7	23.8	33.0	11.1	13.0	17.0	5.8

资料来源：多米尼加中央银行《年度报告》。

从20世纪80年代起，多米尼加从发达国家的进口额越来越大，主要进口国为美国、委内瑞拉、墨西哥、西班牙、巴西等，主要进口食品、石油、工业原料、资本货。2002~2006年，多米尼加从中国大陆的进口额（离岸价）分别为199690451美元、76593288美元、84514417美元、155641049美元和267851724美元；从中国台湾的进口额（离岸价）分别为125031345美元、82456216美元、119272966美元、165359743美元和245986000美元。[1]

---

[1] Valor de la importación de la República Dominicana, según país de origen, 2002–2006, República Dominicana en Cifras 2007, http://www.one.gov.do/index.php

多米尼加

表4-24　1999~2005年多米尼加主要进口国贸易额比重

单位：%

年　份	1999	2000	2001	2002	2003	2004	2005
美　国	65.2	60.5	58.6	51.3	52.8	48.1	44.9
委内瑞拉	8.3	10.4	8.5	9.1	11.5	13.4	14.6
墨西哥	3.3	4.7	4.5	5.1	4.6	4.8	4.9
西班牙	2.7	2.7	2.7	3.9	—	—	—
巴　西	1.0	1.0	1.3	2.7	3.2	—	—
哥伦比亚	—	0.8	1.0	2.0	4.3	4.8	5.0

资料来源：国际货币基金组织《贸易统计》。

表4-25　1998~2004年多米尼加主要进口商品构成

单位：百万美元（到岸价价格）

年　份	1998	1999	2000	2001	2002	2003	2004
消费品	1700.5	1740.1	2091.0	1930.0	1821.6	1542.4	1423.1
资本货	1082.1	1050.5	1197.3	1285.3	1265.9	917.4	790.0
原　料	1434.5	1532.1	1622.6	1484.3	1514.1	1384.2	1447.4
燃　料	679.6	884.1	1505.2	1253.2	1297.5	1431.0	1658.4

资料来源：多米尼加中央银行《年度报告》。

多米尼加设有出口促进中心（Centro Dominicano para la Promoción de Exportación），大力推行出口产品多元化。出口促进中心成立于1971年，但直到20世纪80年代，随着国家经济发展的重心从进口替代转向促进出口，出口促进中心才逐渐发挥作用。1979年，《出口鼓励法》（Export Incentive Law）出台，规定最终用于出口的进口产品可以免税，并提供外汇支持。在该法诞生的头5年，共有275种新产品加入出口产品的行列。1984年，《加勒比倡议》通过，多米尼加与美国签订了纺织产品的双边协议，并建立一系列的自由贸易区。出口促进中心还扩大了投资方

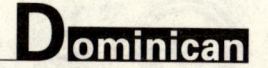

面的服务范围,如市场调查、新产品在海外市场的推广、向投资者提供政府有关法规方面的咨询服务等。

2001~2006年,多米尼加海运装船量分别为2507494千吨、1748921千吨、1956630千吨、2144109千吨、2911627千吨和2796032千吨;卸船量分别为14013298千吨、14559689千吨、14255915千吨、12730344千吨、13135246千吨和12804492千吨;中转量分别为358511千吨、373058千吨、403365千吨、258837千吨、257909千吨和209556千吨。2002~2006年,外贸船只数量分别为5092只、4909只、4386只、3975只和4702只。[①]

二、外债

20世纪70~80年代,由于财政收入少,紧缩开支政策又不能奏效,要发展经济,扩大劳动就业,提高公共部门职员工资,克服天灾人祸带来的损失,多米尼加政府不得不依赖大举外债。多米尼加主要的债权国是美国。70年代后,外债数额与日俱增。外债总额从1970年的2.9亿美元激增到1980年的20亿美元,1990年则高达44亿美元。这一时期政府每年都得为还本付息的问题与有关国家或银行举行谈判。1986年,由于外债负担越来越沉重甚至达到无法控制的程度,政府曾经决定暂停支付中长期外债的本金和利息。[②]

1990年5月,华金·巴拉格尔政府改变了外债政策,1991年偿还了对国际货币基金组织和世界银行的债务(分别为3920万美元和2680万美元)。1991年11月巴拉格尔政府与巴黎俱乐部达成新的协议,重新安排总额为18亿美元的官方债务中9.27

[①] República Dominicana en Cifras 2007, http://www.one.gov.do/index.php
[②] http://lcweb2.loc.gov/cgi-bin/query/r?frd/cstdy:@field(DOCID+do0076)

多米尼加

亿美元的偿还日期，外债不断增加的局面才有所改观，1992年还本付息3.9亿美元（本金和利息分别为2.3亿美元和1.6亿美元）。1994年，政府与商业银行达成协议，对7.76亿美元的本金和4.34亿美元的利息进行削减，使多米尼加的全部债务减少了7.03亿美元，还有41.5亿美元，这是20余年来外债的第一次减少。2001年和2003年，多米尼加先后两次大规模发行国债，数额分别为5亿美元和6亿美元。2003年，为援救破产的洲际银行、偿还4亿美元的电费欠款，外债总额直线上升。当年8月，政府与国际货币基金组织达成协议，贷款额为两年期的6亿美元。2004年4月16日，巴黎俱乐部债权国与多米尼加政府达成一项协议，使当年应偿付的贷款利息从4.79亿美元降至2.93亿美元。根据多米尼加中央银行的统计，截至2004年6月30日，多米尼加外债总额达到63.32亿美元。根据《经济学家》（Economist Intellligence Unit）的报告，2004年底多米尼加外债总额已达71亿美元，偿债率为4.9%。2005年5月4日，政府重组了2001年和2003年发行的两次国债，年底外债总额约为77亿美元，相当于当年GDP的26.46%，偿债率为6.4%。[①] 详见表4-26。

2006年3月，政府发行3亿美元的20年期债券，利率8.63%，用以偿还梅希亚政府2003年10月购买Edenorte和Edesur公司时向西班牙Unión Fenosa公司的贷款。私营公司也多次发行债券。2006年11月，Abriza集团发行2.5亿美元债券；2007年3月，多米尼加国家啤酒公司（Cervecería Nacional Dominicana）发行2.7亿美元债券；2007年4月，EGE海纳发电公司发行1.75亿美元债券。[②]

[①] Country Profile 2005, The Economist Intelligence Unit Limited 2005.
[②] Country Profile 2007, The Economist Intelligence Unit Limited 2007.

表 4-26　1998~2005 年多米尼加外债情况

单位：百万美元（年底统计值），%

年份	1998	1999	2000	2001	2002	2003	2004	2005
中长期外债	3482.4	3580.0	3310.0	3790.3	4201.1	5080.6	5784.5	6289.3
短期外债	865.7	1050.0	1180.0	1294.5	2023.3	1083.9	945.5	1148.1
国际货币基金组织贷款	55.9	54.5	51.7	49.9	27.0	130.1	204.0	416.7
外债总额	4404.0	4684.5	4541.7	5134.7	6251.4	6294.6	6934.0	7854.1
偿还外债	369.9	374.1	517.7	615.8	660.7	900.4	900.3	900.3
外债总额/国内生产总值	27.8	27.0	23.0	20.9	25.0	32.3	31.9	22.6
偿还外债/商品和劳务出口创汇	4.1	3.8	4.7	6.3	7.9	6.3	9.1	

资料来源：世界银行。

三　外国资本

（一）资本项目

1994 年以来，外国直接投资迅速增加，1994 年为 1.32 亿美元，1995 年为 2.71 亿美元，1996 年高达 5.13 亿美元。1996 年 10 月，全部外国投资注册资金达 7.9 亿美元，其中的 4.12 亿美元（占 52%）为加拿大投资（主要是对通信、银行和保险等部门的投资以及法尔孔布里奇公司对镍矿的投资）。1997 年外国直接投资额为 4.21 亿美元，1998 年为 6.91 亿美元（占国内生产总值的 4.4%），1998~2002 年平均值为 10 亿美元左右（13.378 亿，9.529 亿，10.791 亿，9.168 亿）。近年来资本项目收入的扩大主要来源于对处于私有化进程中的能源业、旅游业和自由贸易区的投资。根据国家自由贸易区委员会的统计，2000 年外国企业投资占 12 亿美元自由贸易区总投资的

65%。2002年，洲际银行的破产导致资本外逃。2003年，外国直接投资仅为3.10亿美元。从2004年中期开始，外国直接投资开始回流。[①] 2005年的外国直接投资为10亿美元。2006年，外国直接投资额达12亿美元，其中旅游业占23.3%，电信业占27.4%，房地产业占15.3%，工商业占13.4%，自由贸易区占11.5%。根据联合国拉美经委会的统计，多米尼加是中美洲和加勒比地区第三大外国直接投资对象国，仅次于巴拿马和哥斯达黎加。美国、西班牙和加拿大是多米尼加最主要的投资国。多米尼加出口与投资中心（Centro de Exportación e Inversión de la República Dominicana）估计，2007年外国直接投资额达到13亿美元。[②]

2008年，国际金融危机成为影响多米尼加国际收支的主要因素。2008年前三季度，国际收支赤字仅为2.61亿美元，比前两个季度减少1.48亿美元。主要原因是中央银行动用国际储备弥补赤字，以减少外部环境的冲击，稳定宏观经济环境。国际石油价格上涨、食品和原材料价格起伏不定和世界经济滑坡导致经常项目赤字在头9个月增加到40.20亿美元，比去年同期增加28.87亿美元，增幅达55.9%。2008年头9个月，资本和金融账户获得31.92亿美元的净流入，比上年同期增加137%。外国直接投资活跃，头9个月达23.53亿美元，比上年同期增加132.9%。投资主要集中在商业、工业、通信、采矿等领域。[③]

（二）外汇储备

20世纪80年代，随着出口额的扩大和外资大量涌入，外汇

[①] Country Profile 2005, The Economist Intelligence Unit Limited 2005.
[②] Country Profile 2007, The Economist Intelligence Unit Limited 2007.
[③] 多米尼加中央银行（Banco Central de la República Dominicana）官方网站（http://www.bancentral.gov.do/publicaciones_economicas/infeco_preliminar/infeco_preliminar2008-09.pdf）。

储备逐步增加。如1981~1985年外汇储备从2.9亿美元增加到3.5亿美元，1986年达3.7亿美元。随后，由于能源缺乏，石油依赖进口及国际市场石油价格上涨，外汇储备急剧下降，1987年下降至1.9亿美元。据国际货币基金组织的统计，90年代初，多米尼加的外汇储备几尽告罄，从1987年的1.9亿美元下跌到1990年的0.68亿美元。此后，由于外资流入量增加，储备额上升到1991年的4.5亿美元，1992年达5.04亿美元，1993年底进一步升至6.56亿美元。1994年，由于进口增长过大和大量短期资本外流，外汇储备迅速下跌至2.59亿美元。至1998年年底，多米尼加的总储备达到1993年以来的最高水平5.02亿美元。2001年外汇储备量达11.05亿美元。2002年，金融信任危机引起资本外逃，加之央行动用5亿美元的储备以稳定汇率，当年底储备量下跌至4.736亿美元。2003年初发行1.5亿美元国债以增加储备量，但年底储备量仅为2.607亿美元。[①] 2004年开始回升，年底储备量8.063亿美元。2005年底净外汇储备额达18.526亿美元。2006年为21.27亿美元。[②] 2008年第一、第二、第三季度的国际储备（含金）分别为28.92亿美元、25.84亿美元和26.36亿美元。

四 主要经济关系

多米尼加是美洲发展银行、世界银行、国际货币基金组织、世界贸易组织、联合国及其下属的拉丁美洲及加勒比经济委员会的成员国之一；是由说英语的加勒比国家、墨西哥、委内瑞拉、哥伦比亚、中美洲国家、古巴和海地等国家组成的加勒比国家联合体（1994年成立）的25个创始成员国之一。

---

① Country Profile 2005, The Economist Intelligence Unit Limited 2005.
② Country Profile 2007, The Economist Intelligence Unit Limited 2007.

多米尼加

1998年4月,多米尼加与中美洲共同市场签订自由贸易协议。1995年,与加勒比共同体签订自由贸易协议。此外,多米尼加还与巴拿马签订了部分准入协议。2004年8月,美国—多米尼加—中美洲自由贸易协议正式签署,该协议已于2007年3月1日生效。

美国和欧洲一直是多米尼加的主要双边协议国。尽管受到全球贸易自由化的冲击,多米尼加仍从美欧的优惠条款中受益匪浅。《洛美协议》是欧洲对多米尼加优惠政策的主要依据。在世界贸易组织的框架内,该协议的有效期延长至2008年(2005年8月,世贸组织对欧盟的香蕉进口作出规定,对多米尼加外贸产生负面影响)。美国对多米尼加的贸易优惠政策则主要包括:①1984年1月启动的《加勒比倡议》(1990年改为加勒比贸易伙伴关系),根据此倡议,多米尼加向美国直接出口的商品享受免税优惠(纺织品、服装、鞋类、石油产品除外);②1986年《美国进口法》第807条的纺织品计划,允许《加勒比倡议》的受惠国向美国出口服装,条件是使用美国制造的原料;③美国的蔗糖进口份额;2007年3月正式生效的美国—多米尼加—中美洲自由贸易协议。此外,多米尼加正积极加入美洲自由贸易区。

第七节 旅游业

一 发展史

旅游业是多米尼加的新兴行业,是目前最大的创汇部门和主要就业渠道之一。风景秀丽的海滩是旅游业发展的热点,多米尼加的海滩约占其1400公里海岸线的1/3。北部海岸的普拉塔港曾是最吸引人的旅游胜地。东部海岸的开发正在如火如荼地进行着,如蓬塔卡纳-巴瓦罗(Punta Cana-Bavaro)

的游客已达普拉塔港的两倍。外国游客主要来自美国、加拿大、德国、英国、西班牙、意大利、法国、比利时等欧洲国家和阿根廷等南美和加勒比国家。外国游客大多愿意住在国际连锁店经营的一些较大的服务周到的宾馆中，西班牙的一些公司最有吸引力。多米尼加旅游业存在的主要问题在于：游客消费较少；环境质量下降；对其他经济部门的促进作用不足。

20世纪70~80年代，旅游业的发展十分迅速。1971年，多米尼加旅游业促进法（153号法）出台，标志着多米尼加政府开始重视旅游业的发展。153号法规定：旅游业的投资者可以享受免除所得税十年的优惠，并享受免除进口关税的优惠；中央银行成立专门机构，协助旅游业的融资工作。1979年，安东尼奥·古斯曼·费尔南德斯（1978~1982）政府规定，旅游业发展的管理权归内阁，这表明多米尼加官方对旅游业的浓厚兴趣和充分重视。80年代，旅游业的创汇总额比上个10年翻了一番，从1980年的1亿美元增加到1987年的5.7亿美元，相当于所有商品出口总额的80%。1984年，旅游业取代制糖业，成为多米尼加最大的出口创汇部门。游客总数从1975年的27.8万人次增加到1985年的79.2万人次；1987年，总数首次超过100万。这个数字甚至超过传统的旅游胜地百慕大群岛和巴巴多斯群岛。当年，多米尼加成为加勒比地区第五大旅游创汇国（第一位到第四位分别是巴哈马群岛、波多黎各、牙买加、美属维尔京群岛）。1989年，多米尼加的宾馆客房超过1.8万间，是所有加勒比国家之中最多的；接纳国外游客100多万人；创汇6.6亿美元，是国内创汇最多的部门。但是，80年代多米尼加旅游业的发展仍略显稚嫩，也面临着一系列的问题，如供水和供电不足，建筑材料短缺引起的宾馆建设缓慢等。由于有的宾馆设施尚不完善，游客缩短在多米尼加的旅游时间。尽管旅游行业的工资较高，还可以赚取外汇，吸引了众多劳动力，但旅游业的长期发展

多米尼加

所需的专业技术型人才短缺。①

90年代上半期,多米尼加约有4.4万人从事宾馆服务业,此外还有11万人间接受雇于旅游部门;1999年有179931人从事宾馆、酒吧和餐馆服务业。圣多明各、拉罗马纳、加那角和黄金海岸等旅游胜地也都有很完善的旅游设施。1986~1994年期间,多米尼加的过境游客数量翻了一番多,1994年达177万人次。客源增长最快的地区是欧洲,占1994年过境游客总数的55.3%;同年,来自加拿大和美国的过境游客所占比重分别为18.1%和14%。1996年,全部游客(包括过境游客和生活在国外的多米尼加人回国度假游客)达到190万人次。1997年游客总量超过200万人次,8月普拉塔港全省有1.25万间宾馆客房(全国约有3.4万间客房),而且此后两年里还有5000间客房将对外开放。仅1996年和1997年两年的旅游业就给多米尼加带来20亿美元的收入。1998年9月的飓风造成的重大损失使当年的旅游收入增幅最低。

21世纪,多米尼加旅游部与私有部门积极配合,改善多米尼加旅游在主要游客来源国家的形象,加强宣传攻势(例如,2002年1~9月,多米尼加共参加177个展览会和国际研讨会),旅游业投入大幅增加。2002年新建高尔夫球场、东部地区的海军基地、普拉塔港的主题公园等多个旅游项目。国际方面,由于欧元汇率较为强硬,加大了欧元区的购买力,加之美国经济复苏,为多米尼加旅游业的进一步发展提供了契机。2000年,游客总数达300万人次,其中外国游客约为250万人次。2001年和2002年,游客数量有所下降;但从2002年第四季度起又有回升。2002年,旅游服务行业(酒店、酒吧、餐馆)就业人数达到192423,酒店房间数从1994年的3万上升到2002年的54730。2004年,旅游服务行业就业人数约为17万,占总就业

---

① http://lcweb2.loc.gov/cgi-bin/query/r? frd/cstdy:@ field (DOCID + do0070)

人数的 5.6%；全年旅游业产值比上年增长 4.6%。2005 年，酒店房间数 59590 个，入住率 73.9%；旅游业实现创汇 35.2 亿美元；创造约 17 万个就业岗位。① 2006 年，旅游业实现创汇 38 亿美元；旅游服务行业就业人数为 188289；酒店房间数 63206 个，入住率 73%；美国和加拿大游客占游客总数的 47.9%，欧洲游客占 37.1%。2008 年，旅游业仍是主要的创汇部门。上半年游客数量 2215985 人次，比上年同期增加 5.2%。上半年，美国和加拿大游客约占 55%，欧洲游客数量比上年同期增加 18000 人次。② 2008 年前三季度旅游创汇额为 33.73 亿美元，同比增加 4.7%。③ 受燃料价格上涨影响，多米尼加工商部又驳回了航空协会取消航空燃料税的要求，一部分航空公司决定从 9 月开始减少航班，在一定程度上影响了第四季度的旅游收入。但是，多米尼加政府最近与巴拿马签署了"开放天空"（Open Skies）协议，来自中南美洲的游客应有所增加。④

目前，多米尼加旅游业仍以普通型为主，但西班牙、加拿大和美国的投资者已经开始着眼于高档次游客，普拉塔港等地的三家高档豪华酒店近期已对外开放，此外还有一些豪华度假村项目开工建设。近期，多米尼加对航空到达游客加收 5 美元税。⑤

欧洲国家一直是主要的游客来源国，20 世纪 90 年代的比例为 50% 以上。2002～2005 年，北美游客的数量大幅度提高，已经超过欧洲游客数量（详见表 4-27 和表 4-28）。

---

① Country Profile 2005, The Economist Intelligence Unit Limited 2005.
② EIU, República Dominicana, Country Report, August 2008, p. 15.
③ 多米尼加中央银行（Banco Central de la República Dominicana）官方网站（http：//www.bancentral.gov.do/publicaciones_ economicas/infeco_ preliminar/infeco_ preliminar2008 - 09. pdf）。
④ EIU, República Dominicana, Country Report, August 2008, p. 15.
⑤ Country Profile 2007, The Economist Intelligence Unit Limited 2007.

多米尼加

表4-27 1998~2006年旅游业发展状况

人数单位：千人次

年　份	1998	1999	2000	2001	2002	2003	2004	2005	2006
游客总数	2309	2649	2978	2882	2811	3282	3450	3691	3965
外国游客数	1890	2136	2464	2395	2309	27598	2873	3088	3342
旅游业创汇（百万美元）	2153	2483	2860	2798	2730	3128	3180	3518	3792
酒店房间数	42412	49623	52192	53964	54730	56378	58932	59870	63206
入住率(%)	69.7	66.9	70.2	66.3	62.8	72.7	74.2	73.9	73.0

资料来源：多米尼加中央银行《年度报告》。

表4-28 1999~2006年各国游客数量及所占比例

年　份	1999	2000	2001	2002	2003	2004	2005	2006
总数(人次)	2136036	2459586	2384949	2296002	2747889	2872680	3088247	3342106
美　国	528582	643748	684722	710971	865942	933017	1010012	1092317
加拿大	173461	245732	294673	313612	412625	448926	427074	509323
法　国	127548	174258	203557	242027	317215	300441	309529	306302
西班牙	140147	150188	145686	135526	201864	228285	255675	273517
德　国	457759	451920	352730	240603	243135	233146	234800	226737
英　国	111049	117200	139642	146301	171696	198014	217945	242559
意大利	135502	135295	118044	113574	135293	124004	133954	144115
比利时	38334	37470	28099	35367	50495	41687	43269	45808
阿根廷	70961	74659	64184	13497	10232	9140	—	—
波多黎各	—	—	—	34543	58549	58028	65343	85776
比例(%)								
美　国	24.7	26.2	28.7	31.0	31.5	32.5	32.7	32.7
加拿大	8.1	10.0	12.4	13.7	15.0	15.6	13.8	15.2
法　国	6.0	7.1	8.5	10.5	11.5	10.5	10.0	9.2
西班牙	6.6	6.1	6.1	5.9	7.3	7.9	8.3	8.2
德　国	21.4	18.4	14.8	10.5	8.8	8.1	7.6	6.8
英　国	5.2	4.8	5.9	6.4	6.2	6.9	7.1	7.3
意大利	6.3	5.5	4.9	4.9	4.9	4.3	4.3	4.3
比利时	1.8	1.5	1.2	1.5	1.8	1.5	1.4	1.4
阿根廷	3.3	3.0	2.7	0.6	0.4	0.3	—	—
波多黎各	—	—	—	1.5	2.1	2.0	2.1	2.6

资料来源：多米尼加中央银行《年度报告》。

二 主要旅游城市

首都圣多明各（San Domingo） 全国政治、经济、文化中心和最大深水良港，加勒比海的旅游胜地。位于海地岛东部奥萨马河口西岸。人口约273万（2002年）。属热带雨林气候。始建于1496年，是欧洲人在西半球建立的最早城市，创建人是巴塞罗缪·哥伦布。1502年，迭戈·哥伦布建新城。1844年2月27日，民族英雄杜阿尔特在市区孔德城门前宣告多米尼加共和国独立。1936～1961年改名为特鲁希略城，1961年后恢复原名。历史上曾多次遭飓风破坏。集中全国大部分企业，有食品加工、制糖、酿酒、纺织、水泥、石油提炼、造船等工业。城北奥萨马河与伊萨贝拉河之间以及奥萨马河东岸，是新兴的城市工业区。港口条件优良，港宽水深，设施先进，可停泊大型海轮。全国2/3的对外贸易经由此港。出口产品主要有咖啡和烟草，进口产品主要有钢铁、机械、车辆、食品等。全国公路交通枢纽，有3条公路通往国内各地。城东建有飞机场。港口距机场约26公里，有定期航班。城市分新、旧两个城区。旧城建于殖民地时期，古老建筑多集中于此，其中有伯爵大街、孔德城门、哥朗王宫、圣尼古拉斯·德巴里医院遗址、圣塔马里·亚拉梅诺尔教堂（教堂内葬有哥伦布的骨灰盒）、圣多明各大学等。1990年被联合国教科文组织列为"人类文化遗产"。新城位于旧城西面，建有各种式样的住宅和工业区，还有众多现代化建筑，如美术馆、近代艺术博物馆、国会大厦、体育馆、豪华旅馆等。并设有2所大学和各种艺术院校，为全国金融中心，设有国家储备银行以及外资银行。

拉贝加（La Vega） 全称康塞普西翁·德·拉贝加（Concepción de la Vega）。人口约38.5万（2002年）。位于卡穆河（Camú）畔，东南距圣多明各100公里。始建于1495年，

多米尼加

1564年因地震移现址。富饶农业区的商业和加工业中心。周围盛产可可、咖啡、烟草、稻米、水果和牛肉。工业以食品加工为主。交通枢纽,铁路西通桑切斯,公路通圣多明各,有飞机场。

拉罗马纳(La Romana) 多米尼加东南岸港市。人口约22万(2002年)。位于加勒比海岸,西距圣多明各100公里。始建于19世纪末。内地甘蔗、咖啡、烟草、牲畜等农畜产品的集散地。有全国最大的制糖厂,并有食品、制皂、制革、面粉、造纸等工业。渔业基地。出口以糖产品为主。公路通圣佩德罗-德马科里斯和埃尔塞沃。

普拉塔港(Puerto Plata) 全称圣菲利佩·德·普拉塔港(San Felipe de Puerto Plata)。人口约31.3万(2002年)。多米尼加共和国北部的重要港口,装卸货物的主要目的地是圣地亚哥和其他内陆城市。乳制品和可可的生产地,附近有世界上最大的琥珀矿藏。旅游业正逐渐成为经济支柱产业,旅游观光海岸迅速兴起,附近有哥伦布登上新大陆(美洲)的第一个定居地。

圣地亚哥(Santiago) 全称圣地亚哥·德·洛斯·科瓦列罗斯(Santiago de los Caballeros)。多米尼加第二大城市。人口约90.8万(2002年)。位于北部北亚克河右岸,东南距圣多明各140公里。始建于1494~1495年。曾多次毁于地震和战火,毁后重建。曾多次定为国家首都。现为一座现代化城市,地区工商业中心。为当地可可、咖啡、稻米、烟草等农畜产品的集散地。有烟草、酿酒、食品、家具、制革、制皂、橡胶等工业。公路和铁路枢纽。有飞机场。从18世纪20年代起逐渐成为多米尼加文化活动最活跃的地区之一,国际文学知名人士频频到访、民间和政府文化组织林林总总、多次承办文化博览会和艺术赛事。有圣路易斯古堡、圣地亚哥市长大教堂等名胜。还有建筑华美的天主教圣母像及师范大学。

圣胡安（San Juan） 圣胡安省首府。全称圣胡安·德拉·马那瓜（San Juan de la Managua）。人口约24万（2002年）。

圣克里斯托瓦尔（San Cristobal） 位于加勒比海岸附近的尼瓜（Nigua）谷地，东北距圣多明各20公里。始建于1575年。人口约53.3万（2002年）。附近农牧区的贸易中心。有食品、建筑材料等工业。公路通圣多明各。

圣佩德罗－德马科里斯（San Pedro de Macois） 多米尼加东南岸港市。位于加勒比海马科里斯河口湾畔，西距圣多明各60公里。人口约30.2万（2002年）。全国最大的甘蔗产区。有制糖、化学、食品、制皂、酿酒、木材加工等工业。自由贸易区工业发达。沿海富产海龟和海绵。港口设备优良，主要输出糖、牛肉和木材。公路枢纽，有国际机场。

第八节 国民生活

收入 多米尼加的收入分配极不公平，占全国人口10%的富有阶层收入占国民总收入的38.5%，而占全国人口50%的中下阶层收入仅占整个国民收入的18.5%。1990~2002年，基尼系数平均0.554。根据联合国拉美经委会《2006年社会状况概览》（Panorama social de América Latina 2006），2003~2005年，多米尼加收入分配不公问题严重化。平均实际工资下降。

联合国开发计划署的统计表明，从20世纪初到1997年，近21%的多米尼加人生活在贫困线（每天1美元）以下；1998年9月的统计数字表明，贫困线以下人口比例25%。多米尼加国家统计局的数字显示，2002年贫困线以下人口25%。根据联合国拉美经委会《2006年社会状况概览》（Panorama social de

América Latina 2006)，2002～2004 年，多米尼加贫困人口比例上升。2004～2005 年，多米尼加贫困人口比例从 51.8% 下降到 45.4%。

工资 从 1999 年 7 月 1 日起，政府将全国大、中、小企业的最低工资分别提高到 2895 比索、1987 比索和 1757 比索，提高幅度为 20%。据 2002 年人口及住房普查，多米尼加在业人口的收入情况如表 4-29 所示：

表 4-29 10 岁及 10 岁以上从业人口月薪状况（总人数 3460607）

收 入	1000 比索以下	1000～1999 比索	2000～3299 比索	3300～4699 比索	4700～6599 比索
人 数	455373	365016	547756	414607	177373
收 入	6600～11399 比索	11400～16999 比索	17000 比索以上	不详	
人 数	158755	55508	70276	1414085	

根据联合国拉美经委会《2006～2007 年拉美及加勒比国家经济研究》（Estudio económico de América Latina y el Caribe 2006-2007），1998～2006 年最低实际工资指数（以 2000 年为 100）分别为 101.6、100.4、100.0、105.7、105.1、95.5、81.2、96.4 和 89.6。

就业 根据多米尼加国家劳动力统计局的统计和多米尼加中央银行的公布数字，多米尼加 1990～2005 年的失业率分别为 20%、19.6%、20.3%、19.9%、16.0%、15.8%、16.7%、16.0%、14.4%、13.8%、13.9%、15.6%、16.1%、17.0%（2003 年 10 月估计数字）、18.4% 和 17.9%。2002 年人口及住房普查结果中的部分表格更详细地说明了多米尼加的就业状况，如表 4-30 和表 4-31 所示。

表4-30　10岁及10岁以上人口从业状况（2002）

总人数(0)	从业总人数(1)	在业总人数(2)	失业总人数(3)	停止工作(4)	正在找工作(5)	未从业总人数(6)	不确定者(7)
6616763	3684190	3174594	509596	286013	223583	2827364	105209
男 3277338	2142282	1877474	264808	166715	98093	1066192	68864
女 3339425	1541908	1297120	244788	119298	125490	1761172	36345

说明：0 = 1 + 6 + 7　1 = 2 + 3　3 = 4 + 5。

表4-31　10岁及10岁以上未从业人口状况（2002）

总人数	家务	学生	离休	退休	残疾或年迈	无原因	其他
2932573	543451	1921068	2924	16034	177048	166839	105209

根据联合国拉美经委会《2006~2007年拉美及加勒比国家经济研究》（Estudio económico de América Latina y el Caribe 2006-2007），1998~2006年城市人口失业率分别为14.4%、13.8%、13.9%、15.6%、16.1%、16.7%、18.4%、18.0%和16.2%；实际就业率分别为45.1%、46.1%、47.6%、45.8%、46.2%、45.4%、46.0%、45.9%和46.8%。

住房　据2002年人口及住房普查，多米尼加的居住状况良好，私人住房总数为2445315个，其中闲置住房264166个。未闲置的私人住房状况如表4-32所示。

社会保障　2001年5月，多米尼加政府颁布87-01号法，规定多米尼加实行新的社会保障体系。新的社会保障体系包括退休金、医疗保险和劳动保险。由于收集和信息系统的建立方面出现技术问题，新的社会保障体系延迟至2003年方才实施。该体系主要根据收入水平分为三个等级：①有工资的劳动者及雇主缴纳工资额的21.2%；②贫困及失业人口受政府救济；③自雇

表 4-32

	总数	独栋	公寓	房间	简易房屋	非居住用途	建筑中的住房	合住房间	其他
	2181149	1785288	146641	138330	21962	8115	24007	40928	15878
墙体材料									
砖或混凝土	1449414	1132742	145672	91459	12402	4760	20812	32070	9497
木材	535225	467619	969	41608	8799	2397	2551	6903	4379
棕榈板	138932	131411	—	3953	255	385	537	1442	949
木瓦	12074	11485	—	306	53	49	56	35	90
棕榈叶	7189	6655	—	188	99	100	51	13	83
其他	38315	35376	—	816	354	424	—	465	880
房顶材料									
混凝土	680819	477921	138259	31383	6135	1919	6846	14204	4152
锌	1431440	1247462	6592	104099	14347	5756	16536	25601	11047
石棉水泥	27723	21836	1786	1532	1111	104	375	784	195
棕榈叶	13694	13039	—	204	150	65	82	38	116
瓦	21163	19709	4	747	81	174	78	162	208
其他	6310	5321	—	365	138	97	90	139	160
地面材料									
石灰、大理石、瓷砖	229647	157835	62972	3829	—	278	734	3032	967
马赛克	267359	197690	54059	7370	—	526	829	5167	1718
水泥	1521446	1282863	29610	121997	19953	6398	17202	31591	11832
土地	150123	135995	—	4478	2005	817	4954	786	1088
木材	7251	6233	—	509	—	52	39	255	163
其他	5323	4672	—	147	4	44	249	97	110

第四章 经 济 Dominican

劳动者获得政府的部分补助。多米尼加的全体居民都必须纳入新的社会保障体系。在退休金管理方面，规定建立私人账户，成立专门的退休基金管理部门，截至2003年，共有9家（1家公有）80万工人纳入该体系，从2003年6月起，其工资的7%存入账户，预计到2008年将达到10%。87-01号法还规定，每个多米尼加公民都要参加一项基本医疗计划或一揽子医疗服务，由医疗风险官员管理，平均每人每年的开支为120美元。该方案实施的第一年，国家投入的资金约占国内生产总值的0.8%~1.2%，计划到2008年该比例达到1.6%~2%。截至2006年底，约160万多米尼加人加入退休金体系，退休金体系下的资产达到10亿美元，占当年国内生产总值的3.8%。预计2024年将达到国内生产总值的33%。[1] 截至2008年6月30日，多米尼加社会保障局累计支付63533083684.06比索（包括退休金48774563630.20比索，劳动保险5936051280.34比索，医疗保险8822468773.52比索），其中2008年度支付14317019778.12比索（包括退休金7710739713.44比索，劳动保险811036633.54比索，医疗保险5995243431.14比索）。[2][3] 截至2008年9月30日，多米尼加社会保障局账户达到310474505.88比索。[4][5]

---

[1] Country Profile 2007, The Economist Intelligence Unit Limited 2007.
[2] 多米尼加社会保障局（Tesorería de Seguridad Social）官方网站（http://www.tss.gov.do/pdf/pagos_ inst_ regicontri_ junio08. pdf）。
[3] 多米尼加社会保障局（Tesorería de Seguridad Social）官方网站（http://www.tss.gov.do/pdf/pagos_ inst_ regicontri_ junio08. pdf）。
[4] 多米尼加社会保障局（Tesorería de Seguridad Social）官方网站（http://www.tss.gov.do/pdf/historial_ ingre-pagos_ regisub_ sept08. pdf）。
[5] 多米尼加社会保障局（Tesorería de Seguridad Social）官方网站（http://www.tss.gov.do/pdf/historial_ ingre-pagos_ regisub_ sept08. pdf）。

第五章

军　事

第一节　概述

一　建军简史

国家军队（Ejercito Nacional）是多米尼加共和国历史最悠久的国家机器之一。早在多米尼加民族英雄胡安·巴勃罗·杜阿尔特建立摆脱外国列强的、自由、主权的多米尼加共和国的思想产生之时，国家军队的设立就势在必行。国家军队是国家主权和独立的捍卫者，是多米尼加共和国屹立于世界自由国家之林的坚实后盾。国家军队的建立如同多米尼加武装力量的一声春雷，唤醒了多米尼加人民追求自由的渴望；如同自由民主思想的拂晓鸡鸣，指引着多米尼加人民成为国家自主自强的先驱者，提醒着多米尼加人民永远牢记屹立不倒的三色国旗，永远牢记多米尼加共和国的神圣誓言：上帝、祖国与自由。

1821 年，正是国家军队的缔造者们掀起了多米尼加历史上第一次独立运动。这次运动为何塞·努涅斯·卡塞内斯领导的第一届独立政府的成立奠定了基础。独立政府于 1822 年即被海地侵略军推翻，因而在历史上称之为"一日独立政府"。但是，这些伟大的起义者的自由独立思想却世代流传。

第五章 军事

1844年2月27日,在拉蒙·马蒂亚斯·梅利亚(Ramón Matías Mella)将军领导的斗争影响下,国家军队在仁慈门(Misericordia)诞生了。在这一天,几百个多米尼加人涌上街头,高呼"为祖国奉献一切",这其中的大部分人是"国家警卫"组织的成员。爱国者掀起的起义势如破竹,使统治政府在他们面前无能为力,几天后即投降。然而,当年的3月10日,他们又在多米尼加南部边境纠结,发起了更加猛烈的侵略。参加2月27日起义的克里奥约士兵成为多米尼加共和国第一批"正规军"的主力,同时,无数英勇的多米尼加人在社会领导人的带领下加入了这支"正规军"。正是他们在罗德奥桥战役中承受了战火的洗礼,他们为多米尼加的解放、独立和国家主权浴血奋战,在各个战场上宣着多米尼加共和国追求自由的决心。

1844年,多米尼加军队与海地侵略军之间的真正对抗开始了。这场对抗分四个阶段。第一阶段,多米尼加军队在战场上频频告捷,其中包括著名的阿苏阿战役(3月19日)、圣地亚哥战役(3月30日)和麦米索(Memiso)战役。1844年11月6日,共和国的第一部宪法在圣克里斯托瓦尔投票通过产生。这部宪法正式宣告了多米尼加共和国军队的建立。其中11月29日的第23号法令宣布多米尼加军队正式成为国家的捍卫者。第二阶段的著名战役有卡奇曼(Cachimán)战役、拉埃斯特雷耶塔(La Estrelleta)战役和贝耶尔(Beller)战役(1845年)。第三阶段始于1849年。第四阶段的战役中,涌现出桑托梅(Santomé)、卡姆罗纳尔(Cambronal)和萨瓦纳·拉尔卡(Sabana Larga)等战斗英雄。这四个阶段的长达12年(1844~1856年)的斗争谱写了多米尼加人民争取独立自主的壮丽史诗。

多米尼加的主权在1861~1865年西班牙的独裁统治期间遭受了严峻的考验,多米尼加的第一次共和国尝试宣告结束,多米尼加沦为海外省,包括国家军队在内的多米尼加各个武装团

多米尼加

体也随之解体。在国家主权即将沦丧之际,多米尼加的英雄儿女更加坚定了争取自由的决心。捍卫独立的爱国者血染国土,这个新生的独立国家被剥夺了自由的权利,然而她英勇的儿女前赴后继。从国家复兴运动开始,他们对西班牙帝国发起了声势浩大的冲击。1863~1865年的国家复兴战争再次巩固了多米尼加的独立。

就在这个时期,为国家复兴而奋战的国家军队组织更加严密,机构更加完整,初期的正规军事院校和职业军人培训出现了。但是,这一崭新的尝试由于美国第一次侵略多米尼加(1916~1924年)而遭受了重重障碍,军队体制完全解体,著名的"国家警卫"也随之被美国模式的所谓"公共安全警卫"所取代,美国的这种模式在太平洋的夏威夷和菲律宾群岛、加勒比的波多黎各岛被广泛应用。这些警卫称之为"多米尼加国家警察",他们在机制上虽然划归军队,但只是承担巡逻、维护公共秩序和看守监狱的职能,由美国海军陆战队军官指挥。

1924年,美国军队撤出多米尼加。1927年,"公共安全警卫"更名为国家军队。1930年,国家军队重组。

在为自由而斗争的历史背景下,军队承担着维护和平和维持国内秩序的神圣使命。如今,一支职业化、纪律化的国家军队更要承担起维护公共安全和保卫国家的重要任务,为国家经济发展计划的实现提供和平的宏观环境。①

二 军队职责和培训

多米尼加国家军队的职责是捍卫多米尼加共和国领土和主权完整;维护国家和平和社会公共秩序;为多米尼加共和国的经济发展创造安定和平的宏观环境;与其他军事机构

---

① http://www.ejercito.rd.mil.do

合作，创造友好的国内和国际环境。

多米尼加国家军队不断加强培训和训练工作，以便更加高效地履行军队职责，达到保卫国家安全的最高标准。

所有这些工作都与多米尼加的反毒品斗争、反破坏森林斗争、争取环境保护和保护国家重要基础设施的斗争密切相关。

目前，根据新形势的需要，在崭新的民主、自由的社会政治环境下，军人除了要接受职业化培训，还应对国家发展的水平、层次有全面的了解，适应国家安定团结的需要。[①]

三 国防体制和国防预算

多米尼加宪法规定：总统是国家武装力量和警察部队的最高统帅。武装力量部是多米尼加政府中的一个部，是最高军事行政机关，也是最高军事指挥机构，负责国家所有的武装力量的调动、指挥和管理。武装力量部部长直接受命于共和国总统。

多米尼加武装力量部下设 4 个分部：陆军部、海军部、空军部和监察部。海、陆、空三部均设最高长官。按照武装力量部的职能需要，设有直属专用部门、参谋部门、大规模行动部门、后勤部门、民用部门和通信部门；还设有专门的法律顾问和公关部门。多米尼加共设 4 个军区。[②]

多米尼加的武装力量由正规军和准军事部队组成。正规军分陆军、海军和空军。准军事部队由特别行动部队、国家警察和总统警卫团等组成。[③]

根据多米尼加国家统计办公室公布的数字，1996 年多米尼

---

① http://www.secffaa.mil.do/
② http://www.secffaa.mil.do/Organigrama_Sec.htm
③ http://www.gf81.com.cn/15/am10.htm

加国防开支为18亿比索,占当年国家预算支出的6.7%。2000年国防预算为1.05亿美元。①

第二节 军种与兵种

截至2006年,多米尼加全国总兵力2.45万人,其中陆军15000人,海军4000人,空军5500人。另外还有国家准军事部队15000人,其中"特别行动部队"1000人。②

多米尼加陆军有五个传统兵种,分别是步兵、炮兵、装甲兵、骑兵和工程兵。设立多个行动指挥团,共有六个步兵团、一个战时支援团、一个军事培训管理处、一个后勤支援指挥团和一个总统警卫团。六个步兵团按照国家行政区划分布。各个兵团均配备特别部队,如山区猎手第六营、砍刀第九营、山野人部队、训练营、装甲营、炮兵营、生态营、空中骑兵营等等。各种特别部队的配备使步兵团更加有效地捍卫多米尼加人民的安定生活。③ 20世纪90年代,多米尼加陆军的坦克和装甲车共52辆,其中坦克24辆,装甲车28辆;各种火炮46门以上。④

多米尼加空军最初的委员会由史密斯中校和7名军事技术士官组成。3架AT-6型飞机是多米尼加购买的第一批飞机,也是当时多米尼加最先进的军用飞机。1944年1月22日,多米尼加政府当时最现代化的机场启用,名为"安德鲁斯将军机场"。"安德鲁斯将军机场"为民用和军用机场。1946年和1947年,多米尼加先后购买了多架PT-17"Stearman"飞机、BT-13

---

① Country Profile 2005, The Economist Intelligence Unit Limited 2005.
② Country Profile 2007, The Economist Intelligence Unit Limited 2007.
③ http://www.ejercito.rd.mil.do
④ http://www.gf81.com.cn/15/am10.htm

第五章 军　　事

"Voltee"飞机和3架PBY"Catalina"水空两用飞机,用于海岸巡逻。P-38"Lighting"战斗机也在1947年交货。1948年,飞行支队(Destacamento de Aviación)更名为多米尼加军事飞行队(Aviación Militar Dominicana),多米尼加由此建立起一支由"Beaufighter"和"Mosquitos"飞机构成的飞行大队。15架教学用的PT-17"Stearman"飞机也在当年交货。建立一所侦察飞行员学校的计划也在筹备之中。1952~1961年,多米尼加空军力量迅速发展。这期间,多米尼加共购得42架"P-51D"战斗机、25架"P-47"轰炸机、25架"Mk-1吸血鬼(Vampiro)"侦察机、5架"MK-5吸血鬼(Vampiro)"侦察机、2架"Hiller 360-A"直升机、2架"Sikorsky SH-75TC"飞机、2架"Allowette II"飞机和1架"Allowette III"飞机。1953年,"特鲁希略总统"空军基地(现San Isidro空军基地)启用。20世纪70年代,多米尼加共购得8架"T-41D"航空器和5架"OH-6a"直升机,其中4架"T-41D"航空器和5架"OH-6a"直升机用于解决国内的小规模武装冲突。80年代,多米尼加共购得12架用于教学的"T-34B Mentor"航空器、6架"Bell205A-1"直升机、5架"Dragonfly A-37B"喷气机和5架用于巡逻的"Push"和"Pull 0-2"飞机。90年代,多米尼加接受了美国捐赠的6架"UH-LH"直升机。[①] 空军拥有各型飞机41余架,包括10架作战飞机,还有4门高射炮。[②]

多米尼加现任空军总司令佩德罗·拉斐尔·培尼亚·安东尼奥(Pedro Rafael Peña Antonio),办公场所是位于圣多明各省的圣·伊西德罗空军基地。[③] 目前,多米尼加空军的主要附属机构

[①] http://www.fuerzaaerea.mil.do/Institucí%c3%b3n/Historia/tabid/542/Default.aspx
[②] http://www.gf81.com.cn/15/am10.htm
[③] http://www.fuerzaaerea.mil.do/Institucí% c3% b3n/DespachodelJefe/tabid/535/Default.aspx

多米尼加

有：通信及电子部（Dirección de Comunicaciones y Electrónica）、航空高级军事研究所（Instituto Militar de Estudios Superiores Aeronáuticos）、"Gral. Piloto Frank A. Félix Miranda"空军学院（Academia Aérea "Gral. Piloto Frank A. Félix Miranda"）、国家航空所（Taller Aeronáutico Nacional）、战备物资后勤部（Intendencia de Material Bélico）、军队医务及保健部（Dirección de Cuerpo Médico y Sanidad Militar）、对外联系及服务部（Dirección de Enlace y Servicios Exteriores）、信息及统计部（Dirección de Informática y Estadísticas）、"Nuestra Señora Del Perpetuo Socorro"学院（Colegio "Nuestra Señora Del Perpetuo Socorro"）、空军指挥部（Comando Aéreo）、战斗飞行中队（Escuadrón de Combate）、救援飞行中队（Escuadrón de Rescate）、空中运输中队（Escuadrón de Transporte Aéreo）、搜救飞行中队（Escuadrón de Búsqueda y Rescate）、飞行维护指挥部（Comando Mantenimiento Aéreo）、基地安全指挥部（Comando Seguridad de Base）、特殊部队指挥部（Comando de Fuerzas Especiales）、服务支持指挥部（Comando de Apoyo de Servicios）、北方地区指挥部（Comando Norte）、拉蒙·德·拉腊军医院（Hospital Militar FAD "Dr. Ramón de Lara"）、圣·伊西德罗空军基地行政办公室（Oficina Ejecutiva Base Aérea San Isidro）。[1]

多米尼加海军的雏形形成于1845年对海地的贝耶尔（Beller）战役。当时，胡安·包蒂斯塔·坎比亚索（Juan Bautista Cambiaso）、胡安·包蒂斯塔·马焦洛（Juan Bautista Maggiolo）、胡安·亚历杭德罗·阿科斯塔（Juan Alejandro Acosta）受命于中央执政委员会（Junta Central Gubernativa），组

---

[1] http://www.fuerzaaerea.mil.do/Dependencias/tabid/65/Default.aspx

第五章 军事

建国家海军（Armada Naval Nacional）。他们率领舰队包围了海地北部港口，取得了贝耶尔战役的胜利。随后又在多次对内对外战役中发挥了重要作用。[①] 1853 年，第一所海军学校成立。在反对巴埃斯总统的革命期间，海军部队分裂：一支听命于海军上将胡安·亚历杭德罗·阿科斯塔，支持革命一方；另一支听命于西蒙·科尔索（Simón Corso）将军，支持巴埃斯政权。革命胜利后，海军力量重新统一。1917 年，由于武装力量解散以组建多米尼加国家警卫队（Guardia Nacional Dominicana），海军编制仅 42 人，服役于三支在役军舰，分别是"独立号"巡洋舰和另两支炮舰。1933 年，海军作为军队支队编制，穿着卡其布制服、领带和黄色军靴。[②] 从 1934 年起，多米尼加开始从美国、加拿大和英国购买新的海军装备，逐渐成为加勒比地区一支重要的海军力量。1943 年秋，"二月二十七日"海军基地（Base Naval 27 de Febrero）开工建设。根据 1947 年 2 月的第 4169 号法令，海军正式设立独立的总司令，最高指挥部设在 Calderas 海军基地，海军编制达到 322 人。当时海军部队共拥有 10 艘海岸巡逻艇、3 艘辅助艇、1 艘指挥艇、1 艘护航舰、1 艘轻巡洋舰。1948 年，多米尼加聘请外国海军将领和技术人员，在海军学校指导讲学。1957 年 3 月 23 日，"圣·克里斯托瓦尔"海军指导中心（Centro de Instrucción Naval "San Cristóbal"）成立，"十月二十四日"海军学院（Academia Naval "24 de Octubre"）和海军训练处（Sección Naval de Entrenamiento）迁至中心。从 1967 年 1 月起，海军开始重组。军官培训中心迁至海军学校，"二月二十七日"海军基地重建并落成。多米尼加逐渐建立起各级海军军官的教育体系。2002 年，在"二月二十七日"海军基地又成立了"战争学校"

---

① http://www.marina.mil.do/historia2.html
② http://www.marina.mil.do/historia3.html

（Escuela de Guerra）。① 20世纪90年代，海军配备各型舰艇23艘。②

多米尼加现任海军总司令胡里奥·本图拉·巴约奈特（Julio C. Ventura Bayonet）。③ 现役舰艇包括：配备 OH - 58/A 直升机的 BEll 级巡逻舰（Aeronave de Patrulla Clase Bell Observation Helicopter Oh - 58/A）、抗泥型辅助舰（Buque Auxiliar Clase Draga Contenclon）、拖轮型辅助舰（Buque Auxiliar Clase Remolcador）、开关型海岸巡逻艇（Guardacosta Clase Interceptor）、定点型海岸巡逻艇（Guardacostas Clase Point）、面海型海岸巡逻艇（Guardacostas Clase Seaward）、快速型海岸巡逻艇（Guardacostas Clase Swiftship）、站式巡逻救助艇（Lancha de Rescate Clase Stand Patrol）、Balsam 级高度巡逻艇（Patrullero de Altura Clase Balsam）、Bouytender 级中型巡逻艇（Patrullero Mediano Clase Bouytender）、Damen Stantug 级港口拖轮（Remolcador de Puerto Clase Damen Stantug）、开关型快艇（Lancha Rapida Clase Interceptor）。④

第三节　兵役制度和军衔制度

多米尼加实行志愿兵役制，服役期4年。⑤ 国家军队组织法规第38条规定：和平时期自愿应征入伍；战争时期或公共秩序严重动荡时期强制征兵。第39条规定国家军队的征兵要求包括：①多米尼加人（出生在多米尼加或父母是多米尼加人）；②应征时年龄在16～20岁之间；③无犯罪记录；④身

---

① http：//www.marina.mil.do/historia4.html
② http：//www.gf81.com.cn/15/am10.htm
③ http：//www.marina.mil.do/biografiajem.html
④ http：//www.marina.mil.do/unidades_navales.php
⑤ http：//www.gf81.com.cn/15/am10.htm

体和精神健康（持有医院健康证明）；⑤根据应征级别小学、中学或大学毕业；⑥没有在国家武装机构或国家警察机构任职的经历。

军官学校学生的招生要求包括：①多米尼加人（出生在多米尼加或父母是多米尼加人）；②入学时年龄大于 16 岁，小于 21 岁；③单身且无子女；④无犯罪及拘留记录；⑤身体条件：身高不低于 5 英尺（1 英尺约合 0.3 米）6 英寸（1 英寸等于 2.54 厘米），体重不少于 120 磅（1 磅约合 0.45 公斤）；胸腔周长与年龄、体重和身高成比例；牙齿状况良好、视力 20/20；身体状况良好，能够适应军事需要；⑥具有学士学位或有同等学力；⑦放弃所有现任军事或行政职务；⑧获得法定监护人的同意；⑨在军校的指定时间内提出入学申请；⑩未曾受过司法处罚或学校除名处分。①

海军的征兵要求包括：①符合出生地原则的多米尼加人；②16 岁到 25 岁；③精神健康；④有行为良好证明；⑤身高不低于 5 英尺 6 英寸，体重不少于 130 磅；⑥单身。②

空军的征兵要求包括：①入伍时大于 16 岁，小于 21 岁（援助服务专队成员除外）；②无严重犯罪行为；③身体和精神健康（持有医院健康证明）；④符合相应的学历水平；⑤没有在国家武装机构或国家警察机构任职的经历。③

多米尼加的现行军衔制度把军衔分为 5 等。将官（中将、联军司令、少将），校官（上校、中校、少校），尉官（上尉、中尉、少尉），军士和列兵。军官军衔随军种不同而不同。陆军和空军军官军衔分 3 等 9 级。将官分上将、中将、少将，校官分

---

① http：//www.fuerzaaerea.mil.do/Servicios/Reclutamiento/tabid/544/Default.aspx
② http：//www.marina.mil.do/ingresos.html
③ http：//www.fuerzaaerea.mil.do/Servicios/Reclutamiento/tabid/544/Default.aspx

多米尼加

上校、中校、少校，尉官分上尉、中尉、少尉；海军不设上将军衔，其余同陆军和空军。①

表5-1 多米尼加军衔中西文对照表及军章*

军衔	西班牙文
中将	Teniente General
联军司令	Mayor General
少将	General de Brigada
上校	Coronel

① http://www.gf81.com.cn/15/am10.htm

第五章 军事 **Dominican**

续表 5-1

军衔	西班牙文
中校	Teniente Coronel
少校	Mayor
上尉	Capitan
中尉	Primer Teniente
少尉	Segundo Teniente
军士	Sargento
列兵	Cabo

* http://www.secffaa.mil.do/

第四节　重要军事节日

1月 26日　胡安·巴勃罗·杜阿尔特（Juan Pablo Duarte）日
2月25日　伟人拉蒙·马蒂亚斯·梅利亚日
　　　　　武装力量节（Día de las Fuerzas Armadas）
2月27日　国家独立日（Día Independencia Nacional）
3月9日　伟人弗朗西斯科·德尔·罗萨里奥·桑切斯（Francisco del Rosario Sánchez）节
3月10日　建军节（Día del Ejército Nacional）
3月19日　阿苏阿解放战役日（Batalla Librada en Azúa）
3月30日　圣地亚哥解放战役日（Batalla Librada en Santiago）
8月16日　国家复兴日（Día de la Restauración）
9月29日　国家军队守护神——圣米盖尔日（Día de San Miguel, Patrono del Ejército Nacional）
11月6日　宪法日（Día de la Constitución）

第六章
教育、科技、文艺、卫生

第一节 教育

一 发展简史

1538 年 10 月 28 日，多米尼加建立了美洲大陆上的第一所大学，即现在的圣多明各自治大学（Universidad Autónoma de Santo Domingo）。圣多明各自治大学屡次停办，最长的一次长达 90 年（1822～1912 年）。目前该校有 7 个系，共 2500 名教师，52210 个在校学生。

多米尼加独立伊始，全国只有几所初级学校。到 19 世纪 80 年代，教育事业有了一些进展。1914 年前后，开设了一些中等学校、师范学校和职业学校等。1920 年，全国拥有 1000 所公立学校，入学人数达到 10 万。1983～1984 年度全国有小学 5864 所，中学 1664 所，各类高等院校 8 所。

多米尼加高等教育的发展始于 1962 年。在此之前，多米尼加全国仅有圣多明各自治大学 1 所大学，在校学生 4000 名。在 1962 年后的 35 年内，多米尼加的高等院校实现了飞跃：高等教育机构从 1 所增加到 40 所，在校学生 1997 年增加到 176953 名，现在增加到 286000 名左右。1966 年 6 月 27 日，多米尼加颁布了

多米尼加

第273-66号法,对高等教育的监督和指导机制作出了规定。1967年12月23日,颁布第236-67号法,对上述第273-66号法的部分条款作出了修订。但从1962~1983年,高等教育机构的规范化和制度化程度较差。1983年,多米尼加政府颁布第1255-83号法令,成立了国家高等教育委员会(Consejo Nacional de Educación Superior),希望改善上述状况;但与拉美其他国家(从20世纪70年代开始)相比,这一举措来之过晚。1985年,该委员会做出了第一份《多米尼加高等教育报告》。该《报告》较为全面地阐述了多米尼加高等教育的现状,并对现存问题提出了改革建议。1993年,多米尼加第一个"高等教育五年评估——建议计划"出台。该计划着重考察现存的高等教育机构能否完成教育计划。2001年8月13日,第139-01号法出台,宣告多米尼加高等教育和科技部及多米尼加国家高等教育和科技委员会的成立。①

二 教育改革

多米尼加政府重视教育,致力于提高国家的教育质量和国民的教育素质。目前多米尼加正在进行着轰轰烈烈的教育改革,其中最引人注目的是教育十年计划(Plan Decenal de Educación)。教育十年计划构思于1992年,经社会各界的积极协商和参与,于2002年最后确定实施方案。这项计划从多米尼加的教育现状出发,鼓励全民参与,旨在应对新世纪更为严峻的挑战和实现多米尼加经济、政治、文化、社会的全面发展。这项计划由十年计划首席委员会(Primer Congreso del Plan Decenal)统一调控,将权限下达各地方政府,调动社会各阶层、各领域的积极性,以实现教育的非集中化管理,使其更加适应科

---

① http://www.dominicana.com

第六章 教育、科技、文艺、卫生

学技术进步和国家的民主化进程。

促进多米尼加进行教育的非集中化改革的 5 个主要因素为：①全国范围内公立和私立学校入学率的提高；②集中化的教育体系过于庞大，效率低下；③社会的民主化程度全面提高；④面临崭新的国际形势，如市场自由化和经济一体化等，政府认识到教育体制的落后和缺陷；⑤教育对经济、政治和社会发展的重要性凸显。

教育改革的最主要目标是实现全社会，尤其是在校学生父母系统地、更有效地参与公立和私立教育机构的教育活动。具体包括以下几点：①全民参与教育规划和管理；②在校学生父母参与教育活动；③提高全国各教育和文化地区委员会（Juntas Distritales de Educación y Cultura）的办事效率；④在各教育机构成立或巩固校级理事会（Consejos Escolares）；⑤建立社会各界的持续性教育培训体系，旨在提高全社会的持续性教育水平。

教育改革的最大障碍是 1951 年的教育法，为了克服这一障碍，多米尼加政府采取了两项基本措施：一是调动全国教育体系、企业界、教会和其他社会阶层的积极性，构思并制定新的教育法，建立新的全国教育制度；二是建立并巩固教育改革的法律基础，确保教育改革的顺利实施。

多米尼加政府颁布了专门法规以确立各地区、各省份的教育改革框架结构，并确保教育改革深入全国各地。教育改革的实施机构如下：①教育非集中化和调控部（División de Descentralización y Control de la Educación），隶属于教育部，职权范围遍布全国；②教育非集中化和调控部下属的全民参与部门（Departamento de Participación Comunitaria）；③11 个地区改革中心（Direcciones Regionales）各配备 1 名全民参与部门的协调员，该协调员由全民参与部门提供咨询；④82 个教育区（Distritos Educativos）各配备 1 名全民参与部门的监督员，该监督员由全民参与部门的协

多米尼加

调员提供咨询,其职责是在在校学生的父母、教师及各教育机构与教育和文化地区委员会协作人员的共同努力下监督教育改革的进程;⑤教育和文化地区委员会由社会代表、学生家长代表、教师代表、学生代表和教育管理机构代表组成,各委员会的主要职责是支持各教育区的管理工作;⑥教育区学生家长委员会(Las Juntas Directivas de Padres a nivel de los Distritos)是学生家长协会(Asociaciones de Padres de la Jurisdicción)在各教育区的代表。

为保证全民参与教育改革的透明度,切实提高教育质量,多米尼加政府下令成立两个专门委员会,为教育机构提供财政支持:一是学校管理地区委员会〔Comité Distrital de Mantenimiento Escolar(CDME)〕;二是管理校园委员会〔Comité Escolar de Mantenimiento(CEM)〕。在美洲开发银行、世界银行和多米尼加教育部的共同资助下,上述两个委员会为多米尼加落后地区的学校各项基本设施的改善和日常管理工作提供了财力、物力等多方面的支持。

莱昂内尔·费尔南德斯·雷纳政府把教育的非集中化改革当作重中之重,这场改革是建设国家政治现代化和深化民主化进程的重要组成部分。当然,非集中化改革绝非易事,主要原因是以下几点:对教育体制的不完整分析,政治压力,融资等。应当说,西班牙语是多米尼加的通用语言,这一点有利于实现教育的非集中化;各地区社会文化的差异也并没有构成很大的障碍,但多米尼加西南部与海地接壤的地区处于教育改革的边缘。[①]

目前,多米尼加教育部下设管理处(Subsecretaría Administrativa)、技术及教育事务处(Subsecretaría de Estado de Asuntos Técnicos Pedagógicos)、社区参与处(Subsecretaría de Participacipación Comunitaria)、非集中化处(Subsecretaría de

---

① http://www.clad.org.ve/repdom.html

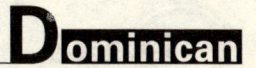

Descentralización) 和规划及信息服务处（Subsecretaría de Planificación y Servicios Informáticos），更好地为多米尼加教育改革和教育事业的发展服务。①

三 教育制度的原则

1997年4月9日颁布的第66-97号教育基本法规定，所有多米尼加人民都有受教育的权利，政府及下属各教育相关部门均应致力于教育的非集中化改革，鼓励社会各阶层参与教育活动。

法律的第四条规定，受教育权是人类不可剥夺的权利之一，任何人都有权享受能够保证其自身发展、完成社会活动的教育，不可存在种族、性别、宗教信仰、社会地位、经济地位等歧视；任何人都有权参与文化活动，享有科技进步的成果；教育以尊重生命权和其他各项人类基本权利为基础，以与民主化进程相协调为原则。

法律特别规定，国家应在确保受教育权利的平等原则，推动教育改革，提供教育发展的必要物资等方面发挥重要作用，如向在校学生提供必要的帮助。

法律的第五条明确规定了多米尼加教育的目的：教育多米尼加人民，使其有能力参与建设民主、自由、公正的多米尼加社会；使热爱家人和祖国的多米尼加人民意识到他们的权利、义务和自由，树立高度的社会责任感和自尊心。②

四 教育体系和机构

多米尼加对全国7~14岁的儿童实行义务教育。小学学制8年，公立学校实行免费教育。中学教育从14岁

---

① http://www.see.gov.do/sitesee/subsecretarias/estructura.htm
② http://www.cinterfor.org.uy/public/spanish/region/ampro/cinterfor/temas/youth/legisl/rep_dom/viii

多米尼加

开始，学制6年（第一周期2年，第二周期4年）。[①]

根据多米尼加统计局的数字，2004年多米尼加共有教育机构13313家，其中公立学校11174家，私立学校1904家，半官方教育机构235家。[②]

多米尼加的公立大学有位于圣弗朗西斯科-德马科里斯的美术学院（Escuela de Bellas Artes）、位于圣地亚哥的造型艺术学院（Escuela de Artes Plásticas）、位于圣多明各的音乐学院（Academia de Música）、国家音乐学院（Conservatorio Nacional de Música）、国家美术学院（Escuela Nacional de Bellas Artes）、舞台艺术学院（Escuela de Arte Escénico）和圣多明各自治大学（Universidad Autónoma de Santo Domingo）等。

多米尼加的私立大学有：位于圣弗朗西斯科-德马科里斯的诺尔德斯塔纳大学（Universidad Católica Nordestana），成立于1978年，设6个系，共129名教师，1850个在校学生；位于圣佩德罗-德马科里斯的东部中央大学（Universidad Central del Este），成立于1970年，设6个系，共737名教师，8900个在校学生；位于圣地亚哥的天主教大学（Universidad Catolica Madre y Maestra），成立于1962年，设4个系，共611名教师，8902个在校学生。位于圣多明各的私立大学包括：远程教育中心（Centro de APEC de Educación a Distancia），成立于1972年，设6个系，共12500个在校学生；圣多明各技术学院（Instituto Tecnológico de Santo Domingo）成立于1972年，设4个系，共2300个在校学生；APEC大学（Universidad APEC），成立于

---

① 李明德等主编《简明拉丁美洲大百科全书》，中国社会科学出版社，2001，第590页。

② Numero de centros educativos, según sector, años lectivos 1996 – 1997/2003 – 2004, http: //one. gob. do/index. php? option = com _ docman&task = cat _ view&gid = 27&Itemid = 134

第六章 教育、科技、文艺、卫生

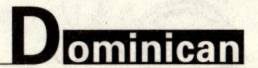

1966年，设2个系，共309名教师，4088个在校学生；埃尔赫尼奥·玛丽亚·德奥斯托斯大学（Universidad Eugenio María de Hostos），成立于1981年，设9个系；佩德罗·恩里科斯·乌雷纳大学（Universidad Pedro Henríquez Ureña），成立于1966年，设8个系，共688名教师，9274个在校学生。

其他高校还有圣多明各的克里斯托瓦尔·哥伦布学院（Instituto Cristobal Colón），成立于1971年；圣胡安的美术学院（Escuela de Bellas Artes）；圣多明各的多米尼加语言学院（Academia Dominicana de la Lengua），成立于1927年；多米尼加历史学院（Academia Dominicana de la Historia），成立于1931年；多米尼加医学院（Asociación Médica Dominicana），成立于1941年。巴拉赫纳天主教技术学院（Instituto Católico Tecnológico de Barahona）、多米尼加—美洲文化学院（Instituto Cultural Dominico-Americano）、多米尼加技术学院（Instituto Dominicano de Tecnología）、国家精细科学学院（Instituto Nacional de Ciencias Exactas）、洛约拉技术学院（Instituto Politécnico Loyola）、农业高等学院（Instituto Superior de Agricultura）、产业心理学高等学院（Instituto Superior Psicología Industrial）、东部锡瓦奥技术学院（Instituto Tecnológico del Cibao Oriental）、成人教育大学（Universidad Abierta Para Adultos）、多米尼加基督再临派大学（Universidad Adventista Dominicana）、费尔南多·阿图罗·德梅里尼奥农林业大学（Universidad Agroforestal Fernando Arturo de Meriño）、圣多明各天主教大学（Universidad Católica Santo Domingo）、第三时期大学（Universidad de la Tercera Edad）、加勒比大学（Universidad del Caribe）、多米尼加专业研究大学（Universidad Dominicana de Estudios Profesionales）、多米尼加组织与方法大学（Universidad Dominicana de Organización y Método）、费利克斯·亚当实验大学（Universidad Experimental Felix Adam）、费德里科·恩里

克斯·卡瓦哈尔大学（Universidad Federico Henríquez y Carvajal）、伊比利亚美洲大学（Universidad Iberoamericana）、美洲大学（Universidad Interamericana）、国家福音大学（Universidad Nacional Evangélica）、多米尼加牙科大学（Universidad Odontológica Dominicana）、圣地亚哥技术大学（Universidad Tecnológica de Santiago）、锡瓦奥技术大学（Universidad Tecnológica del Cibao）、南部技术大学（Universidad Tecnológica del Sur）等。①

五 教育现状

1985年全国中、小学入学率为80%，文盲率为20%。20世纪80年代后期，在校小学生约130万人，中学生约45万人。高等学校的入学人数年均超过8万。② 90年代，多米尼加小学教育的城市入学率为86%，农村入学率为85%；中学教育的城市入学率为38.3%，农村为27.3%。③ 根据1993年的人口普查，多米尼加有228万适龄入学青少年，其中87%的儿童在15岁以下。1995年，15岁及15岁以上人口的识字率（具备读写能力）为82.1%，其中男性82%，女性82.2%。④ 据1996年统计，在6~15岁的儿童中，入学率约为92%（其中18.2%入私立学校），文盲率17%。联合国人口发展报告1997年估计，多米尼加文盲率为17%；1998年统计，文盲率为17.2%。1998年，多米尼加的教育预算为60.83亿比索。⑤ 90年代，教育开支从占国内生产总值的1%增长到2%，仅为拉美平均水平的一半。2000年，平均入学时间为4.9年，低于拉美地

---

① http://www.consuladord-ny.org/Sobre RD/culture.htm
② 《美洲、大洋洲卷》。
③ Country Profile 2005, The Economist Intelligence Unit Limited 2005.
④ http://www.laromana.net/population
⑤ 《美洲、大洋洲卷》。

第六章 教育、科技、文艺、卫生

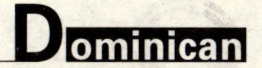

区平均数6年。[①]

据2002年人口和住房普查,多米尼加3岁及3岁以上人口的识字率达到78.16%,其中城市人口识字率为81.53%,农村人口识字率为72.25%;成人识字率为84.4%,低于拉美平均水平88.6%。详见表6-1。

表6-1

性别\分类	总目标人口	具备读写能力人口	不具备读写能力人口	城市目标人口	城市具备读写能力人口
男性	3967454	3081210	886244	2462671	2002400
女性	4009874	3153944	855930	2619342	2140967
合计	7977328	6235154	1742174	5082013	4143367

性别\分类	城市不具备读写能力人口	农村目标人口	农村具备读写能力人口	农村不具备读写能力人口
男性	460271	1504783	1078810	425973
女性	478375	1390532	1012977	377555
合计	938646	2895315	2091787	803528

资料来源:Oficina Estadistica de Republica Dominicana。

同样据2002年普查,3岁及3岁以上人口中,现就学人数为3794886,其中2965534人入公立学校,829352人入私立学校。多米尼加共和国人口的教育水平如表6-2至表6-4所示。

表6-2 3岁及3岁以上人口文化程度

	总人数	未上过学	学前班	小学	中学	本科	专科	硕士	博士	不详
男性	1852154	12686	153714	1099609	421161	151936	3644	2509	807	6088
女性	1942732	10956	154551	1040128	494814	227602	5519	3930	1100	4132
合计	3794886	23642	308265	2139737	915975	379538	9163	6439	1907	10220

资料来源:Oficina Estadistica de Republica Dominicana。

---

① Country Profile 2005, The Economist Intelligence Unit Limited 2005.

表6-3　5岁以上人口文化程度

	总人数	未上过学	学前班	小学	中学
男性	3316169	40242	49557	1999205	824137
女性	3377943	39322	47800	1882680	900905
5岁以上	6694112	79564	97357	3881885	1725042
5~9岁	740484	7462	97357	634742	0
10~14岁	935785	2.329	0	840860	92033
15~19岁	807292	3466	0	317398	438095
20~24岁	736782	5505	0	243502	296435
25~29岁	636964	5985	0	263618	208380
30~34岁	593382	6611	0	258880	199524
35~39岁	534644	6958	0	236844	170829
40岁以上	1708779	41248	0	1086041	319746

	本科	专科	硕士	博士	不详
男性	336549	20616	12024	5985	27854
女性	445478	23201	14476	5465	18616
5岁以上	782027	43817	26500	11450	46470
5~9岁	0	0	0	0	923
10~14岁	0	0	0	0	563
15~19岁	46943	0	0	0	1390
20~24岁	184211	2153	1068	488	3420
25~29岁	143968	5713	3976	1091	4233
30~34岁	111012	7198	3963	1450	4744
35~39岁	100123	7998	4808	2111	4973
40岁以上	195770	20755	12685	6310	26224

资料来源：Oficina Estadistica de Republica Dominicana。

表6-4　15岁以上人口高等教育状况

	总人数	大学	专科(Especialidad)	硕士	博士
	397047	379538	9163	6439	1907
男性	158896	151936	3644	2509	807
女性	238151	227602	5519	3930	1100
15~19岁	42945	42945	0	0	0
20~24岁	153343	150894	1373	744	332
25~29岁	98373	92803	2869	2168	533
30~34岁	38943	36433	1288	1026	196
35~39岁	26735	24356	1296	834	249
40岁以上	36708	32107	2337	1667	597

资料来源：Oficina Estadistica de Republica Dominicana。

第六章 教育、科技、文艺、卫生

根据多米尼加统计局的统计，2004年教师总数达92460，其中公立学校任职68214人，私立学校任职22433人，半官方教育机构任职1813人。① 2004~2005年度注册入学人数2387621，其中公立学校1876353人，私立学校464603人，半官方教育机构46665人。② 2005年，大学注册新生322311人，圣多明各自治大学（159396人）、圣地亚哥技术大学（38870人）和多米尼加大学（32871人）分列新生入学人数前三位。③

根据多米尼加教育部2005年的最新估计数字，在册学生总数达到2592977，其中私立学校470010人，半官方学校46164人。在册小学生1814753人，在册中学生532833人，在册大学生为245411人。在册学生中54.8%为女性。④

多米尼加的辍学问题比较严重。根据多米尼加教育部的官方数字（2002~2003年），初等教育的前5年即有大约40%的学生辍学，另有33%左右的学生在中学学习期间辍学。每100个小学生，只有47个完成8年的学习，其中16%的人在第1年辍学，2.5%的人在第2年辍学，11%的人在第3年辍学，10%的人在第4年辍学，其他人在第5~8年辍学。每100个中学生中，18人在第1年辍学，超过11人在第2年辍学，4人在第3年辍学。⑤

---

① Personal docente por año lectivo y titulación, según sector y nivel, 2001-2004, http://one.gob.do/index.php?option=com_docman&task=cat_view&gid=84&Itemid=134

② Estudiantes matriculados a inicio del año escolar por año lectivo, según sector y nivel, 2000-2005, http://one.gob.do/index.php?option=com_docman&task=cat_view&gid=29&Itemid=134

③ Estudiantes matriculados en el nivel de grado por año, según centro de estudio superior, 2001-2005, http://one.gob.do/index.php?option=com_docman&task=cat_view&gid=29&Itemid=134

④ http://www.rdnoticias.com/modules.php?name=News&file=article&sid=751

⑤ http://www.rdnoticias.com/modules.php?name=News&file=article&sid=751

多米尼加

多米尼加的教育电子信息化力度不够。目前，多米尼加全国共有333个计算机实验室，但是广大师生尚不能自如使用计算机为教学活动服务。但多米尼加政府正着手引导广大师生，如设立教育部专访办公室；成立何塞·费里克斯·马雷罗（José Félix Marrero）领导的多米尼加高等教育预备基金会（Fundación Pro-Universidad Virtual Dominicana），网址 www.uvd.edu.do。赫诺韦·吉奈科（Génove Gneco）是圣多明各自治大学的一名企业预算和管理应用信息学教授，也是美国教育电子信息化专家菲利普·卡普斯塔（Phillip Kapusta）的得力干将。[1]

第二节 科学技术

多米尼加的主要科技部门有多米尼加工业科技协会[2]（INDOTEC），圣多明各电脑化园区（Parque Cibernético de Santo Domingo），国家专业技术培训协会，乡村发展整合委员会（CIDER）。

多米尼加工业科技协会 20世纪50年代，欧美各强国决定向拉丁美洲的发展中国家提供巨额贷款，多米尼加借此机会谋求发展。1965年，多米尼加中央银行利用外部投资建立经济发展投资基金〔Fondo de Inversiones para el Desarrollo Económico (FIDE)〕，为生产较为活跃的经济部门提供低息长期贷款。获得长期低息贷款的要求相当严格，受资助的项目除了要有利于经济发展，还必须有利于环境保护，必须是技术、经济和金融方面的可行性项目，申请的项目要经过严格的审查，还必须获得证书。多米尼加虽然引进了先进的技术，但大多不适应本国实际，缺乏

---

[1] http://www.clad.org.ve/repdom.html
[2] http://www.indotec.gov.do

管理和应用性研究，又没有相应的技术咨询、技术支持和技术实用性研究，造成机器设备闲置、生产技术不当和技术产品更新能力的缺乏。面临这些问题，依据美洲工业技术和研究中心〔Instituto Centro Americano de Investigación y Tecnología Industrial (ICAITI)〕的咨询，1973年4月26日，多米尼加中央银行货币委员会 (Junta Monetaria del Banco Central de la República Dominicana) 颁布第七号法令，成立多米尼加工业科技协会〔Instituto Dominicano de Tecnología Industrial (INDOTEC)〕。1975年4月23日，协会正式启动。

多米尼加工业科技协会致力于通过科学技术研究，向私人企业、政府部门和多米尼加大众提供技术咨询等方式，实现技术转让、技术更新、技术应用和经济发展，使多米尼加企业更加适应全球化经济的浪潮。多米尼加工业科技协会是国有部门，以"团结、服务、责任感、高效、诚信"为宗旨，是国家科学技术发展的领路人和指航灯。

圣多明各电脑化园区 圣多明各电脑化园区[①]是多米尼加政府与私有企业的合作产物，得到了外部投资。电脑化园区的激励政策和资金设备投资将远远高于现有的自由贸易区。电脑化园区是多米尼加未来高科技园区前景的示范园区，该园区将引进世界各地的领先高科技园区的最新技术，致力于成为加勒比的信息技术网络中心。

教育是成功实现电脑化园区的关键，目前最重要的一项计划是建立美洲技术学院〔(Las Americas Institute of Technology (ITLA)〕。美洲技术学院是计算机科学培训中心，在多米尼加设有培训课程。成千上万的多米尼加国内外学生可以接受信息技术领域的培训和教育。许多知名大学有远程教育合作的意

---

① http://www.pcsd.com.do

向。电脑化园区的公司也可以通过可视化教程利用学院的资源进行内部员工培训。学院的领导层由政府和私人代表共同组成,负责根据市场需求制定学院的基本指导方针。学院还向本国学生提供优厚的奖学金,资助他们完成学业,甚至出国留学。

电脑化园区的目标是吸引公司企业投资设厂,并使其从高科技中受益。这些企业覆盖了硬件制造和软件开发、电子产品装配和制造、制药、研究和开发、服务和信息技术(如后台操作、数据输入、监控操作和数据统计等)、电信服务(如全天候呼叫中心、页式调度、电子市场、消费者服务、交换机系统等)、数据捕获及转换(如基站、计算机制图、图像收集等)、编程、商业性电子媒介及因特网服务、多国语言互译服务等领域。

国家专业技术培训协会 1980年1月16日,多米尼加政府颁布第116号法,国家专业技术培训协会成立了。同年8月11日,第1894号法对该协会的性质、职责、目标、具体工作等作出了明确而具体的规定。这部法令规定:国家专业技术培训协会是自治的非营利性组织。该协会自成立以来,一直孜孜不倦地为培养国家栋梁而努力。

协会的最主要职责是协调并监督国家的专业培训工作,促进劳动力素质和专业技能的进步,实现各司其职,为国家的经济发展服务。第116号法明确指出了协会的使命:领导、协调和推动劳动力的培训工作,为政府提供决策咨询,提高人力资源的素质,为企业提供员工培训方面的合理化建议,改善劳动者的生活条件。具体说来,协会的目标是:①强化与劳动力专业培训相关机构的工作;②扩大培训范围,提高培训质量,以满足广大人民的培训需求;③建立更加灵活和具创新性的培训体系,与其他教育机构相配合,以适应现代化的劳动力市场的

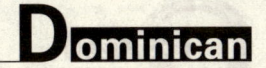

需要。

协会的融资途径如下：①每月企业资助1%；②劳动者工资0.5%的折扣；③国家拨款；④服务收入；⑤罚金或增值税收入。

第三节 文学艺术

一 文学

圣多明各是西班牙在美洲的第一个殖民地，来自宗主国的传教士在此为拉丁美洲文学播下了第一批种子，开创了一种道德说教的文学。其代表人物为巴托洛梅·德拉斯·卡萨斯神父（Bartolomé de Las Casas）（1474~1566）。16世纪中叶，欧洲文艺复兴思潮波及多米尼加，出现了多米尼加的第一代作家，如弗朗西斯科·德连多（Francisco de Liendo）（1527~1584）、克里斯托瓦尔·德列雷纳（Cristóbal de Llerena）（1540~1627?）和莱昂诺尔·德奥万多（Leonor de Ovando）（1609~?）。后者是拉丁美洲第一位女诗人，留下不少优美的十四行诗。

18世纪时由于西班牙和法国对圣多明各的争夺引起的政治动乱，文学创作活动停滞不前，仅有的一些作家都以新古典主义为楷模，作品具有经院主义倾向。

1884年共和国成立后，多米尼加文学逐渐复苏，开始表现出浪漫主义的倾向。小说创作则趋向以印第安人为题材的土著主义。曼努埃尔·德赫苏斯·加尔万（Manuel de Jesus Galván）（1834~1910）是多米尼加作家、政治活动家。早年受古典主义教育，当过律师。1861年西班牙重新统治多米尼加岛时，支持西班牙，反对美国。多米尼加共和国再度独立后，流亡到波多黎

多米尼加

各。1865年回国,任议会议长。1876年任外交部长。著有长篇浪漫主义历史小说《恩里基约——多米尼加的历史传说,1503~1533》(1878~1882,简称《恩里基约》),描述西班牙殖民统治初期印第安民族领袖恩里基约领导印第安民族起义,失败牺牲的历史故事。书中引用大量历史材料,描写了一些历史人物。他的创作开创了拉丁美洲文学中的浪漫主义土著文学,具有强烈的土著主义感情,但对印第安民族的描写流于概念化、理想化,不能反映真实面貌。同类作品还有费德里科·加西亚·戈多伊(Federico Garcia Godoy)(1857~1923?)的《鲁菲尼托》(1908)。诗歌创作的发展比较迟缓,其中何塞·华金·佩雷斯(José Joaquín Pérez)(1845~1900)的《印第安幻想曲》(1877)是土著主义文学中的杰出诗作。其他诗人还有萨洛梅·乌雷尼亚(Salomé Ureña)(1850~1897)等,其诗集《悲伤和阴影》歌颂了祖国和进步。

19世纪末至20世纪初,在现代主义影响下,多米尼加涌现一批新的作家。诗人有法维奥·菲亚略(Fabio Fialho)(1866~1942)等。小说家有曼努埃尔·弗洛伦蒂诺·塞斯特罗(Manuel Florentino Cestero)(1879~1926)和图利奥·曼努埃尔·塞斯特罗(Tulio Manuel Cestero)(1877~1954)兄弟,后者的《浪漫之城》(1911)和《血》(1914)是暴露现实的优秀作品。

文学史和文学批评方面的代表人物为:①佩德罗·恩里克斯·乌雷尼亚(Pedro Enriquez Ureña)(1884~1946),多米尼加文学评论家、文学史家,女诗人萨洛梅·乌雷尼亚之子。生于圣多明各,死于布宜诺斯艾利斯。早年在马德里求学,1904年到哈瓦那。1905年出版第一部著作《评论集》。1906年到墨西哥,参加墨西哥青年知识分子的民族主义文化运动,组织"青年学会"和"讨论协会",反对实证主义,倾向柏格森主义,认为自由是生活的基本价值。他的主要著作有《探索我们自我表现的六篇论文》(1928)、《关于美洲小说的笔记》(1927) 等。主张拉丁美洲文化的民族性和一致性。曾经三次到美国讲学。1941年在美国哈佛大学讲的《西班牙美洲文学思潮》(1941,英文版;1949,西班牙文版),是探讨拉丁美洲民族文学发展道路的重要著作。他的《西班牙美洲文化史》(1947) 基本上属于同一观点。他学识渊博,长期在古巴、墨西哥、阿根廷各大学讲学,并任布宜诺斯艾利斯大学语言研究所所长、阿根廷洛萨达出版社的编辑,经常为阿根廷刊物《我们》和《南方》撰稿。他关于拉丁美洲民族文学和民族文化的学说在拉丁美洲颇有影响。他的诗集有《狄奥尼索斯的诞生》(1916)。他的诗具有现代主义倾向。②马克斯·恩里克斯·乌雷尼亚 (Max Enriquez Ureña) (1885~1968) 多米尼加作家、文学评论家。佩德罗·恩里克斯·乌雷尼亚之弟,出身于上层知识分子家庭。曾在古巴圣地亚哥任中学教员,同时从事文学创作活动,受法国文化影响较深,作品风格倾向于后期现代主义。他主要创作抒情诗,有诗集《希腊酒坛》(1930)、《磷火》(1930)、《光的爪子》(1958)。他的小说大多为历史题材,采用现代主义的手法,著有短篇小说集《多米尼加轶事》 (1951),长篇小说《短暂的独立》(1938)、《阿尔卡里索人的密谋》(1941)、《巴雷拉大主教》(1944)。他认为现代主义诗歌是拉丁美洲文学的最高成就,是对西班牙语文学的重大贡献。所著论文《大帆船的归来》(1930) 阐明拉丁美洲文学对伊比利亚半岛文学的影响。他还著有《现代主义简史》(1954) 和《罗多与鲁文·达里奥》(1919)、《法国对西班牙美洲诗歌的影响》(1937)、《多米尼加文学历史概貌》(1945) 等书。

20世纪上半叶,出现了终极主义的文学流派。这一流派的作家主张打破19世纪一切流派的传统,提倡文学同本国现实密

多米尼加

切结合，影响颇大。其代表人物为多明戈·莫雷诺·斯门尼斯（Domingo Moreno Jiménez）（1894~?）。20世纪中叶在诗歌中出现"新人"和"受惊诗歌"两大流派，其共同点为反叛现实，暴露现实。当代的多米尼加小说作品大多以现实主义手法描写人情风俗，主要作家有马丁·洛佩斯·佩尼亚（Martín López Peña）、胡安·博什（Juan Bosch）和阿曼多·洛佩斯（Amando López）等。

20世纪60年代，多米尼加文坛以诗歌和小说作品为主导。我们统称为特鲁希略统治结束后文学。实际上，它可以分为两部分：一是1961~1965年的文学，称为60代；二是1965年的内战后的文学，表达乌托邦思想的战后代。从70年代起，多米尼加的文学形式和基本特征发生本质性的变化，80年代达到最高峰。

大部分从70年代中期起步的诗人和小说作家，在80年代巩固了他们在文坛的地位，他们的文学作品熠熠生辉。如伊鹏托（Y Punto）作家协会，协会成员都是职业作家。他们是：雷内·罗德里格斯·索里亚诺（René Rodríguez Soriano），协会中最活跃的成员，70年代发表过最初的两部诗作《寻根，两个开端和一个结局》（Raices, con dos comienzos y un final）（1977）和《对时光和歌曲的思考》（Textos destetados a destiempo con sabor de tiempo y de canción）（1979）；劳尔·巴托洛梅（Raúl Bartolomé），作品是诗集《通明的日子》（Los días perforados）（1977）；佩德罗·巴勃罗·费尔南德斯（Pedro Pablo Fernández），1981年开始创作，处女作是《片断》（Fragmentaciones），续作《存在与独白》（Presencia & Monólogo）（1982），《长音节的短缩与音节延长》（Sístole Diástole）（1986）和《20首浪漫诗》（Veinte Poemas Románticos）（1986）等；阿基莱斯·胡利安（Aquiles Julián），小说作家，没有出版过小说集；费德里科·桑切斯

第六章 教育、科技、文艺、卫生

(Federico Sánchez),协会中最年轻的作家,作品是诗集《叙事歌谣》(Baladas)(1981)和《不想告别》(Sepultar los Gestos del Adiós)(1985)。

1974年,开始举办小说比赛,使短篇小说进入繁荣阶段,并于20世纪90年代达到顶峰。同时,出现了一批新生的青年小说作家。一些活跃在60年代文坛的作家也进入了写作事业的第二春,有的获奖,有的获得殊荣。追溯80年代的文坛,下列作家的名字不可不提,他们是小说家雷内·罗德里格斯·索利亚诺,小说家、剧作家雷伊纳多·迪斯拉(Reynaldo Disla)(曾在哈瓦那的Casa de las Americas比赛中获得桂冠),诗人、小说家、散文家、文学评论家米盖尔·D.梅纳(Miguel D. Mena),小说家曼努埃尔·加西亚·卡塔赫纳(Manuel García Cartagena),小说家胡安·曼努埃尔·普里达·布斯托(Juan Manuel Prida Busto)(曾获得国家小说奖桂冠),小说家拉斐尔·加西亚·罗梅罗(Rafael García Romero),小说家何塞·博巴迪利亚(José Bobadilla),小说家拉蒙·特哈达·霍尔金(Ramón Tejada Holguín),诗人、小说家塞萨尔·萨帕塔(César Zapata),小说家弗兰克·迪斯拉(Frank Disla),小说家曼努埃尔·弗朗西斯科·利勃雷·奥特罗(Manuel Francisco Llibre Otero),诗人萨尔瓦多·桑塔纳(Salvador Santana),小说家、诗人胡安·弗雷聚·阿尔曼多(Juan Freddy Armando)和小说家拉斐尔·佩拉尔塔·罗梅罗(Rafael Peralta Romero)。

80年代的多米尼加文坛偏爱诗歌,因此,出现了一个新的文学代,其中有一些才华横溢的女性诗人。80年代的诗人与60年代的作家之间产生了文学上的对抗。前者注重把人们的日常生活和劳作与诗歌的创作目的结合起来。其中最著名的是何塞·马莫尔(José Marmol),他曾多次获得国家文学奖、戏剧文学奖、国家佩德罗·恩里克斯·乌雷尼亚大学文学奖等。另外,还有阿

多米尼加

德里安·哈维尔（Adrián Javier）、普利尼奥·沙欣（Plinio Chahín）、迪奥尼西奥·德赫苏斯（Dionisio de Jesús）、托马斯·卡斯特罗（Tomás Castro）〔80年代最受欢迎的诗人，诗作《近距离的爱》（Amor a Quemarropa）和《瞬间服从与火焰》（Entrega Inmediata y Otros Incendios）〕、阿里斯托凡斯·乌尔巴埃斯（Aristófanes Urbáez）（80年代创作风格独树一帜的诗人）、奥达里斯·佩雷斯（Odalis Pérez）、拉斐尔·伊拉里奥·梅迪纳（Rafael Hilario Medina）、维克托·比多（Víctor Bidó）、爱德华多·迪亚斯·格拉（Eduardo Diaz Guerra）、塞萨尔·萨帕塔（César Zapata）、塞萨尔·桑切斯·贝拉斯（César Sánchez Beras）、安东尼奥·阿塞韦多（Antonio Acevedo）和埃洛伊·阿尔韦托·特赫拉（Eloy Alberto Tejera）。女性诗人的杰出代表有：安赫拉·埃尔南德斯（Ángela Hernández）、塞雷萨达·比西奥索（Sherezada Vicioso）、卡门·桑切斯（Carmen Sánchez）、玛丽亚奈拉·梅德拉诺（Marianela Medrano）、朗卡·纳西迪特－佩尔多莫（Llonka Nacidit-Perdomo）、奥罗拉·阿里亚斯（Aurora Arias）、马萨·里韦拉（Martha Rivera）、米里亚姆·本图拉（Miriam Ventura）、伊达·埃尔南德斯·卡马尼奥（Ida Hernández Caamaño）和萨布里娜·罗曼（Sabrina Román）。其中卡门·桑切斯于1995年获得国家诗歌奖。

90年代的杰出小说家有：路易斯·R. 桑托斯（Luis R. Santos）、路易斯·马丁·戈麦斯（Luis Martín Gómez）、欧亨尼奥·卡马乔（Eugenio Camacho）、尼古拉斯·马特奥（Nicolás Mateo）、路易斯·何塞·布尔热·加西亚（Luis José Bourget García）、巴勃罗·豪尔赫·穆斯托内（Pablo Jorge Mustonen）、达里奥·特哈达（Darío Tejada）、奥兰多·苏列尔（Orlando Suriel）和弗兰克·努涅斯（Frank Núñez）。

90年代，还涌现出一些杰出的诗人、散文家、故事作家、

第六章 教育、科技、文艺、卫生

小说家和剧作家。如佩德罗·卡米洛（Pedro Camilo）、奥托·奥斯卡·米拉内斯（Otto Oscar Milanese）、威廉·梅希亚（William Mejía）、埃米莉娅·佩雷拉（Emilia Pereyra）、佩德罗·安东尼奥·巴尔德斯（Pedro Antonio Valdéz）、何塞·弗朗西斯科·罗萨里奥·桑切斯（José Francisco Rosario Sánchez）、何塞·阿科斯塔（José Acosta）、佩德罗·何塞·格里斯（Pedro José Gris）、阿韦利诺·斯坦利（Avelino Stanley）、帕斯托·德莫亚（Pastor de Moya）、米盖尔·安赫尔·戈麦斯（Miguel Angel Gómez）、伊萨埃尔·佩雷斯（Isael Pérez）、费尔南多·卡夫雷拉（Fernando Cabrera）、佩尔希奥·佩雷斯（Persio Pérez）、佩德罗·奥瓦列斯（Pedro Ovalles）、埃内希尔多·培尼亚（Enegildo Peña）、普罗·特哈达（Puro Tejada）和胡里奥·阿达梅斯（Julio Adames）。

90年代，多米尼加小说界出现了许多力作，如卡门·英伯特·布鲁加尔（Carmen Imbert Brugal）的《杰出女性》（Distinguida Señora）；马萨·里韦拉（Martha Rivera）的《我已经忘记你的名字》（He olvidado tu nombre），1996年获得过戏剧之家国际小说奖；路易斯·R.桑托斯（Luis R. Santos）的《地狱的门槛》（En el umbral del infierno）；阿韦利诺·斯坦利的《性欲教堂》（Catedral de la Libido）；恩里基约·桑切斯（Enriquillo Sánchez）的《小音乐家》（Musiquito）；安德烈斯·L.马特奥（Andrés L. Mateo）的《阿尔方西纳·巴伊仁的叙事曲》（La balada de Alfonsina Bairén）；弗兰克·努涅斯（Frank Núñez）的《奋斗》（La brega）；何塞·巴恩斯·格雷罗（José Báez Guerrero）的《塞洛雷斯》（Ceroles）；马西奥·贝洛斯·马焦洛（Marcio Veloz Maggiolo）的《夜总会的仪式》（Ritos de Cabaret）和曼努埃尔·萨尔瓦多·戈捷（Manuel Salvador Gautier）的文学四部曲《英雄时代》（Tiempo para héroes）。其

多米尼加

中,马西奥·贝洛斯·马焦洛是60年代多米尼加最著名的小说作家,恩里基约·桑切斯和安德烈斯·L.马特奥属于60年代,其他几位都是90年代的新生派作家。①

享誉国际的秘鲁小说家马里奥·巴尔加斯·略萨(Mario Vargas Llosa)曾花费3年心血撰写长达590页的小说《小山羊的节日》,他是在1975年第一次访问多米尼加时开始创作这部小说的。这部作品已在西班牙和整个拉丁美洲公开出版发行。这部小说再现了多米尼加前独裁者特鲁希略极端残酷的专制统治。略萨通过杜撰的一个名叫乌拉妮娅的妇女的所见所闻,再现了拉美最血腥的独裁统治。她在特鲁希略独裁时期走遍全国,后来到美国生活。但又为了揭露特鲁希略的残酷统治和累累罪恶,冒着生命危险回到了祖国的首都圣多明各。略萨因此获得了多米尼加共和国颁发的记者与作家奖。这位作家在受奖时说:"在世界上很少有人民群众遭受过像多米尼加人民所遭到的如此系统的凌辱性的独裁统治。"他写这部小说意味着他和这里格外慷慨的人们——永远的朋友——融为一体,是他们鼓励了他,并为他打开了他们的大门。为了帮助略萨写这部小说,他们曾给他提供了证据、证明材料和回忆录。②

2008年,来自多米尼加的年轻移民作家朱诺特·迪亚兹(Junot Díaz)获得了当年普利策小说奖。朱诺特·迪亚兹出生在多米尼加,6岁移民美国,在家境贫寒的情况下进入耶鲁大学,凭小说集《溺水》(Drown)一举成名,此后曾获全美书评人协会奖、《洛杉矶时报》年度选书等奖,也与华裔作家哈金一起获得过美国读者文摘作家奖。迪亚兹这次获奖的小说名为《奥斯卡·沃精彩小传》(The Brief Wondrous Life of Oscar

---

① http://www.chinapoem.net, MundoDominicano_com Literatura.mht
② http://www.booktide.com/news/20020228/200202280021.html

Wao），是一本关于一个多米尼加共和国家庭的小说。作者通过注解等形式穿插了多米尼加共和国的历史，也讲述了多米尼加和美国生活中都存在的欲望、政治和暴力斗争。39岁的迪亚兹在接受外国媒体采访时表示，他花了20多年才写出了他的第一本小说，"我大部分时间都是在茫然无绪和质疑自我中度过。"①

二 戏剧电影

20世纪90年代的主要剧作家有佩德罗·卡米洛（Pedro Camilo）（《混乱爱情的祭礼》Ritual de los amores confusos）、佩德罗·安东尼奥·巴尔德斯（Pedro Antonio Valdez）、何塞·阿科斯塔（José Acosta）（《陌生地带》Territorios extraños）等。他们中的许多人获得过戏剧之家（Casa de Teatro）年度奖。

2003年1月27日，富兰卡林·多明戈斯成为第一位获得多米尼加国家文学奖的剧作家。他说："我获得这个奖项感到十分满意，这是我一生中得到的最重要的认可，因为它是一项全国奖。"多明戈斯还进一步评论说，此奖项不仅是对他本人的承认，而且也是把戏剧作为文学来对待，戏剧"是往往被轻视的一个文学类别"。这位已经写了65部剧本的剧作家，于3月25日在多米尼加首都剧院举行的仪式上领奖，奖金为40万比索（约为17000美元）。授奖仪式的组织者是科里皮奥基金会和文化部。

多明戈斯曾于1977年获得表彰国家最突出艺术家的"大金奖"。1981年，他编导了话剧《六月的第一个志愿者》。1983年获得欧洲艺术家与新闻工作者颁发的"金火炬奖"。1989年

---

① http://blog.chinasuntv.com/space/viewspacepost.aspx?postid=1334

获得华金·巴拉格尔勋章,1997年被授予莱昂内尔·费尔南德斯勋章。①

三 音乐舞蹈

(一) 音乐
1. 早期音乐发展②

哥伦布的史官贡萨洛·费尔南德斯·德·奥维多(Gonzalo Fernández de Oviedo)在其《印第安人的自然史与通史》艺术中记载,一个印第安部落的头人之妻阿纳卡奥那最早演出了民族舞蹈,印第安人称之为"阿雷托"(Areito),以欢庆婚礼、哀悼死亡、纪念战争、举行宗教仪式等。巴托洛梅·德拉斯·卡萨斯(Bartolomé de las Casas)的《印第安史》(Historia de las Indias)进一步证明了印第安人的能歌善舞。后者也是第一个在美洲演出宗教音乐作品的人。1510年,他在拉贝加(La Vega)的教堂举行弥撒仪式,有一支合唱队参加。

圣多明各人克里斯托瓦尔·德叶拉纳是第一位在西半球诞生的音乐家,他是16世纪后半期圣多明各大教堂的管风琴手,受过专业教育。人们称他为"稀有之才,拉丁文造诣之深足以担任萨拉曼卡大学的教授,音乐修养之高足以担任托莱多圣堂的合唱队长"。

通过宗教音乐形式、流行舞蹈和西班牙吉他音乐的普及,西班牙音乐对多米尼加音乐产生了深远影响。多米尼加的首都圣多明各的音乐之风极盛,西班牙总督曾不得不下令"晚上十点钟之后禁止在吉他伴奏下表演小夜曲与歌曲"。随着非洲黑奴的输

---

① http://www.gmdaily.com.cn
② 《多米尼加音乐》。

入,多米尼加的音乐和舞蹈开始获得黑人音乐的因素。多米尼加的音乐家对黑人音乐的影响程度争论不休,有的认为"多米尼加的民间音乐是按当地人的趣味调节的西班牙音乐……",有的认为黑人音乐的影响是多米尼加民族音乐的一个不可缺少的部分。

多米尼加的部分音乐家认为,多米尼加的音乐必须有独特的民族性。音乐家胡里奥·阿尔塞诺在其《多米尼加音乐民谣》(1927)中写道:"我们必须排除外来的节奏。我们必须成为多米尼加音乐家而不是德国或波多黎各音乐家。我们必须创造一个扎根于我们的天然而自发的朝气蓬勃的民族音乐的艺术。"著名的多米尼加音乐学者兼作曲家恩里克·德马切纳(Enrique de Marchena)在其《从阿纳卡奥那的阿雷托到民间诗歌》(Del Areito de Anacaona al Poema Folklorico)中写道:"每个多米尼加音乐家都要本能地写作多米尼加音乐。"

20世纪40年代,首都圣多明各(当时称"特鲁希略")有了自己的交响乐队。乐队成立于1941年10月23日,曲目都是当地音乐家的作品。为了鼓励创作,政府宣布举行本国音乐家创作的各种体裁的最佳音乐作品比赛,于1944年2月多米尼加独立100周年纪念日举行。最高奖是1000美元,发给管弦乐作品。1941年国立音乐学院成立,圣多明各的音乐教育事业得到进一步发展。圣多明各还有一个强大的无线电台"HIN y HIIN",音乐节目由恩里克·德马切纳负责。多米尼加流行歌曲与舞曲已由纽约的费默斯音乐有限公司与阿尔发音乐公司出版发行。包括64首多米尼加曲调的《歌唱祖国》(La Patria en la Canción)一书于1933年在巴塞罗那出版,但现已绝版。胡利奥·阿尔塞诺的论文《多米尼加音乐民谣》也十分畅销。《音乐季刊》1945年1月与4月号发表了J.M.库柏史密斯的一篇关于多米尼加音乐状况的报告,颇有见地。

多米尼加

2. 主要音乐形式①

"梅伦盖"（Merengue）是多米尼加最具代表性的民族歌舞。这是一种欢快的曲调，由两个各为十六小节的对称的乐句构成，2/4 拍。第一段通常用大调，第二段用属大调或其关系小调，到终止时回到原调。节奏的特点是切分音不太突出。典型的"梅伦盖"包括一个短小的引子（称为"帕西奥"，意为"漫步"）和一些间奏（称为"哈列奥"，意为"欢呼"）。在佩德罗·恩里克斯·乌雷尼亚博士所著《美洲的流行音乐》（Música Popular de América，1930 年由高原大学民族学院图书馆出版）一文中有详细的描述。

"梅伦盖"的渊源不详，有人相信它是由黑人奴隶从古巴带来的，也有人认为它源自波多黎各或海地。培尼亚·莫雷尔断言有个动词叫"Merenguearse"（音译为"梅伦盖斯"，意为"忘掉一切地跳舞"，"梅伦盖"即为由此动词构成的名词。

博莱罗（Bolero）是另一种加勒比地区较为普遍的音乐舞蹈形式。多米尼加的博莱罗同古巴的博莱罗一样，也是 2/4 拍，不像古典的西班牙博莱罗那样是 3/4 拍，但历史渊源早于古巴。1809 年，在威廉·沃尔顿（William Walton）的书稿中，首次提到了一种与西班牙有所区别的博莱罗。1856 年，《人民之声报》（El Eco del Pueblo）上刊登的一段文字明确地提到了圣多明各的博莱罗。这段文字如下："奥萨马的河水载着一叶轻舟，船上的人们兴高采烈。船尾那个英俊的水手，欢唱着博莱罗。"

在其他多米尼加曲调中，西瓦奥蓬托与梅伦盖很相似，但用的是三部曲体，也就是说第一部分重复。《克里奥耳船歌》（Criolla）仿效欧洲的原型，略有一点切分节奏，是波希米亚浪漫的音乐表现形式；Media-Tuna 是浪漫优美的乡村音乐表现形

---

① http://www.dominicana.com.do/cultura/ritmo.html

式;两者逐渐相互融合,诞生了romantica criolla,在加勒比地区广为流传。《圣母颂》最初以宗教形式出现,随后流传民间,演变成宗教游行音乐和民间宗教表达方式,最后成为带有宗教色彩的流行音乐。曼谷利纳(Mangulina)是多米尼加古老的音乐表现形式,节奏明快,可能来源于西班牙的踢踏舞曲。"无花果"是一种生动的曲调,往往是工人上工时唱的。时事叙事歌表现了群众对历史事件的反应。另外还有《赶脚人之歌》、《婚礼披纱礼之歌》、《村夫谣》(西班牙的一种民歌,一般以耶稣降生为题材,在圣诞节期间演唱)、《阿恰舞之歌》(阿恰舞是西班牙的一种古典舞蹈)等。

3. 主要乐器①

多米尼加的乐器按其发音部位大致可分为四类:一是Idiófonos,包括guayo、奎罗(一种用葫芦制成的乐器)、木铃、小木棍、沙槌、玻璃琴(一种打击乐器,由悬挂着的不同长度的玻璃片组成)/木琴;二是膜式乐器(membranófonos),如lambí;三是空气传音乐器(aerófonos),如鼓、手鼓、铜鼓、congos;四是弦乐器,如吉他、加壅巴(多米尼加的一种特有乐器)、三弦琴、四弦琴、小四弦等。

4. 主要音乐家②

"多米尼加音乐之父"是胡安·包蒂斯塔·阿方塞卡(Juan Bautista Alfonseca,1810~1875)。他是第一位在音乐中采用本民族民歌的人,也是第一首国歌《独立颂》(Himno de la Independencia)的作者。他的学生何塞·雷耶斯(1835~1905)继承了阿方塞卡所建立的民族传统。其他的19世纪多米尼加作曲家还有阿弗雷多·马克西莫·索勒,他用轻音乐风格写作;巴

---

① http://www.mundodominicano.com/md/elpais.php?p=2musica
② 《多米尼加音乐》。

多米尼加

勃罗·克劳迪奥,他写过两部歌剧和700余首其他作品;何塞·马利亚·阿雷东多,他写了大量流行舞曲。

有两位多米尼加出生的姊妹的名字已载入民族音乐的史册。一位是胡列塔·利凯拉克·阿夫路(1890~1925),她是写钢琴乐曲的,有点肖邦的味道。她的妹妹卢西拉是个神童,生于1895年2月21日,1901年11月21日去世,只活了6年9个月。她的朴素的即兴创作由她的家人收集出版。

多米尼加最多产的音乐家之一是克洛多米罗·阿雷东多-缪拉(Clodomiro Arredondo-Miura, 1864~1935)。他既写进行曲、圆舞曲与土风的船歌,也写宗教音乐。他的儿子奥拉西奥·阿雷东多-索萨(Horacio Arredondo-Sosa,生于1912年)也是音乐家,曾与何塞·拉米雷斯·佩拉尔塔一起编辑了一本《多米尼加流行曲调集》,由纽约阿尔发音乐公司出版。

年轻的比恩韦尼多·布斯塔曼特(Bienvenido Bustamente, 1924~?)跟他的父亲何塞·马里亚·布斯塔曼特(José María Bustamente, 1867~1940)学习音乐。他的管弦乐《幻想曲》于1942年8月16日在他的故乡圣佩德罗-德马科里斯演出,当时年仅18岁。

黑人音乐家何塞·多洛雷斯·塞龙(José Dolores Cerón, 1897~?)师承何塞·德赫苏斯·拉韦洛(José de Jesús Ravelo)与培尼亚·莫雷尔。塞龙既写交响乐,又写流行音乐。他的交响诗《恩里基约》于1941年10月23日在国家交响乐队成立音乐会上初演。

恩里克·卡萨尔·查皮(Enrique Casal Chapi, 1909~?)原是西班牙马德里人,后入多米尼加籍。他的祖父是著名的西班牙音乐喜剧《萨苏埃拉》(Zarzuela)的作曲者鲁佩尔托·卡萨尔·查皮。卡萨尔·查皮曾在马德里音乐学院学习,1936年毕业于康拉多·德尔·坎波的作曲班。一度活跃于西班牙共和国的文化生活，共和政府失败后，他步行到法国边境，最后于1940年4月21日到多米尼加共和国避难。1941年8月5日被任命为国家交响乐队指挥。他制定了一条鼓励当地民族作曲家的方针，其中有几位曾跟他学习过。在他自己的管弦乐曲中，卡萨尔·查皮指挥演出过一部序曲（1942年11月30日）。他用先进的现代风格写作，并具有精湛的技巧。

加夫列尔·德尔奥韦（Gabriel Del Orbe, 1888～?）是圣多明各的莫卡地方人，写过100余首小提琴曲。曾在德国学习并举行小提琴独奏会。回国后被聘为特鲁希略音乐学院小提琴教师。

流行音乐作曲家胡安·包蒂斯塔·埃斯皮诺拉·雷耶斯（Juan Batutista Espinola y Reyes, 1894～1923）是拉贝加人。在军乐队中吹单簧管，并写了500余首流行风格的作品，如梅伦盖、圆舞曲与船歌。

胡安·弗朗西斯科·加西亚（Juan Francisco Garcia, 1892～?）出生于圣地亚哥。他主要靠自学掌握了扎实的作曲技巧，可以创作交响曲式的作品。他的《第一交响曲》以《基斯克亚交响曲》为副标题（"基斯克亚"是伊斯帕尼奥拉岛的古称），于1941年3月28日在首都公演，而《古典谐谑曲》（Scherzo Clásico）则于1941年10月23日演出。《第二交响曲》在1944年举办的多米尼加国家最佳交响乐作品比赛中获一等奖。1944年4月，加西亚被任命为特鲁希略音乐学院院长。除交响乐作品外，他还创作了许多流行风格的舞曲，并创始了新的民族曲式"桑篷比亚"（或称"多米尼加狂想曲"）与"旋律舞"（一种种族风格的旋律性舞蹈）。他的钢琴曲集《基斯克亚节奏》（Ritmos Quisqueyanos）于1927年在纽约出版。

胡里奥·阿尔韦托·埃尔南德斯（Julio Alberto Hernández, 1900～?）是一位萨克斯管演奏者和流行音乐作曲家，出生于圣地亚哥。他原先是学萨克斯管的，后来在乐队中担任指挥，从而

获得了实际的乐队知识。曾编辑过一部重要的《民族音乐曲集》(Album de Música Nacional, 1927)。

拉斐尔·伊格纳西奥（Rafael Ignacio, 1897~?）曾在军乐队中演奏小号、长笛与低音提琴，后来又指挥过一个名为"爱情与谈情说爱"（Amoresy Amorios）的舞蹈乐队。拉斐尔·伊格纳西奥在首都进行了一个时期的音乐活动后，于1941年被任命为圣地亚哥·德·洛斯·卡瓦耶罗斯军乐队助理指挥。写过一部C小调交响曲和一部以民间主题为根据的《民歌组曲》（Suite Folklorica），还写了大量流行舞曲与歌曲。

曼努埃尔·德赫苏斯·洛夫莱斯（Manuel de Jesús Lovelace, 1871~?）是通过在军乐队中吹短笛而学会了基本乐理的，曾写过大量流行舞曲。在他的大型作品中，三乐章的乐队作品《多米尼加风情》（Escenas Domininicanas）反映了圣多明各的风土人情。

恩里克·德马切纳（Enrique de Marchena, 1908~?）曾在圣多明各师从埃斯特万·培尼亚·莫雷尔学作曲。写作风格是浪漫派的，带有印象派色彩的笔触。写过100余首钢琴曲，一部交响诗《彩虹》（Arco Iris）和一部小提琴协奏曲。受当地民歌启发而写的三乐章《意象组曲》（《Suite de Imagenes》于1942年4月29日由国家乐队在首都首演。自1930年以来，马切纳一直担任《日报》（Listin Diario）的音乐评论员，还负责电台 HIN y HIIN 的音乐节目。1943年赴美讲学。在《从阿纳卡奥那的阿雷托到民间诗歌》（Del Areito de Anacaona al Poema Folklorico, 1942）一书中，马切纳追溯了从传说中的女头人阿纳卡奥那的时代至今的圣多明各民间音乐史。马切纳的《意象组曲》的乐队谱现已收入费城弗来谢尔藏书。

恩里克·梅西亚·阿雷东多（Enrique Mejia-Arredondo, 1901~?）师承他祖父何塞·马利亚·阿雷东多。他的A大调交响曲是一部标题音乐，叙述1863年圣多明各的内战，于1941年

10月23日在国家交响乐队成立音乐会上演出。第二交响曲《光明交响曲》(Sinfonia de Luz) 具有浪漫派的实质。交响诗《复兴》(Renacimiento) 描绘1930年9月3日该岛遭受飓风袭击后的恢复工作。《回忆》(Evocaciones) 是一部由三首管弦乐曲组成的组曲,于1942年2月23日在首都演出。梅西亚·阿雷东多的和声风格并不高深,配器是传统的,但他的音乐从民歌的观点来看却很有趣。两首《基斯克亚舞曲》(Danzas Quisqueyanas) 和钢琴曲《在约卡里神庙中》(En el Templo de Yocari) 由纽约阿尔发音乐出版公司出版。

路易斯·E. 梅纳 (Luis E. Mena, 1895~?) 曾就学于何塞·德赫苏斯·拉韦洛,学到了足够的作曲技巧。写过宗教音乐、交响音乐与流行音乐。写过一首以儿童游戏为主题的《玩笑交响曲》(Sinfonía de Juguetes)、一首乐队《序曲》(1941年10月23日由国家交响乐队在首都演出)、两首交响舞曲、一部《诙谐交响曲》(Sinfonía Giocosa)、一首长笛与弦乐队演奏的组曲,还有一首《向多米尼加国歌致敬》(Homage to the Dominican National Anthems)。钢琴随想曲《埃利拉》(Elila) 由纽约阿尔发音乐出版公司出版。

拉蒙·埃米利奥·佩拉尔塔 (Ramón Emilio Peralta, 1868~1941) 是流行音乐作曲家。他的作品一览表中包括25首《舞曲》,7首圆舞曲,5首玛祖卡,3部轻歌剧以及一些波尔卡进行曲与哈巴涅拉。

拉斐尔·佩蒂冬·古斯曼 (Rafael Petiton Guzmán) 于1894年12月18日出生于多米尼加的萨尔塞多,1939年以后一直住在纽约。曾写过大量流行舞曲、一部三乐章的《安的列斯组曲》(Suite Antillana),其中回响着波多黎各、古巴和圣多明各的民间音乐。

何塞·德赫苏斯·拉韦洛 (José de Jesús Ravelo, 1876~?) 写了200余首不同类型的作品,都采用了欧洲传统风格。清唱剧

多米尼加

《基督之死》（La Muerte de Cristo）由谢尔默出版，于 1939 年 4 月 7 日在首都的圣玛丽大教堂的大殿演出。

路易斯·里韦拉（Luis Rivera，1902~?）学过小提琴与钢琴。作为一位作曲家，他促进了当地民谣的发展。他为乐队、男中音与朗诵而写的《印第安之诗》（Poema Indio）于 1912 年 7 月 29 日由国家交响乐队在首都演出。他还写了两部钢琴与乐队的多米尼加狂想曲，其中第一部于 1941 年 9 月 23 日在首都演出。

费尔南多·A.鲁埃达（Fernando A. Rueda，1859~1939），圣多明各人，是一位沙龙音乐作曲家，为军乐队写了大量流行舞曲，如《金婚》一曲（Bodas de Oro，1913 年 8 月 16 日在圣多明各初演）广为流传。

曼努埃尔·西莫（Manuel Simo，1916~?）曾先后在军乐队和国家交响乐队演奏。他师承卡萨尔·查皮，对于对位结构颇感兴趣。曾写过一些钢琴小品和一部交响乐曲《田园》（Pastoral）。

埃斯特万·培尼亚·莫雷尔（Esteban Peña Morell，1894~1939）是一位黑人音乐家，生于圣多明各，死于西班牙的巴塞罗那。他参加了 1913 年的革命战斗，并负伤七次。有一段时间在哈瓦那爱乐乐队吹奏大管。写过一首交响诗《阿纳卡奥纳》（Anacaona）和一首军乐队演奏的《野蛮交响曲》（Sinfonía Bárbara），其中运用了特殊的打击乐效果。他编纂的民歌集《多米尼加民间音乐》原定于 1930 年出版，但那年 9 月 3 日灾难性的旋风袭击该岛，使这一计划落空。

奥古斯托·维加（Augusto Vega，1885~?）曾根据民间主题写了一部管弦乐组曲，题为《交响民谣》（Folklore Sinfónico）；一部以多米尼加独立战争中一位英雄的爱国主义事迹为题材的序曲《杜阿尔特》（Duarte）；一部歌剧《土著人》（Indígena）和一些歌曲。

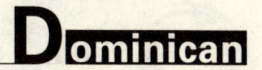

（二）舞蹈[①]

在多米尼加，音乐和舞蹈很难分开。几乎每种节拍为 2/4 的音乐经过轻微的节奏交替后，都能转换成各种舞蹈配乐，如"梅伦盖"（merengue）等。这里分别介绍一下多米尼加主要民间舞蹈的起源和特点：

梅伦盖舞：多米尼加舞蹈的灵魂和精粹，是多米尼加文化生动而完整的体现。它举世闻名，但起源至今不详。它遍及多米尼加的各个城市乡村，展现在各种场合，如婚礼、节日庆典、高级歌舞厅等。梅伦盖舞是多米尼加第一种男女双方相拥起舞的舞蹈，舞曲为 2/4 拍。传统的梅伦盖舞曲历经历史变迁，原有的序曲消失，主曲从 8~12 小节延长到 32~48 小节，结尾的哈雷奥舞曲（jaleo）融入了外国音乐的元素。梅伦盖舞曲起初主要由 accordeon、铜管类乐器、金属声键盘的低音乐器、guayano（一种源于厨房用具的金属乐器）和两面鼓伴奏，后 accordeon 被电子吉他、电子合成器等乐器取代。梅伦盖舞在拉斐尔·特鲁希略的独裁统治时期处于"黄金时期"。多米尼加民间舞蹈团（Ballet Folklórico Dominicano）为保持梅伦盖舞的独特魅力和艺术性付出了巨大的努力。

Pambiche 舞：梅伦盖舞的一种，节奏缓慢。多米尼加音乐家于 20 世纪 20 年代创造，旨在使其他国家的舞蹈者适应梅伦盖舞的节奏。出现于棕榈海岸（Palm Beach，历史上曾在那里制作美国军人的制服）。

巴切塔舞（Bachata）：出现早于梅伦盖舞，普及程度高，下等阶层的民间舞蹈。

Sarambo 舞：一种古老的舞蹈，来源于西班牙踢踏舞。Sarambo 的音乐部分流传至今。

[①] http://www.mundodominicano.com/md/elpais.php? p = 2musica

多米尼加

鼓乐舞蹈（Danza ritual de Palos o Atabales）：带有宗教色彩，一种鼓乐伴奏舞蹈，一般在纪念打击乐神（los Reyes Los Palos）的宗教仪式上出现。通常之有一对舞者翩翩起舞，其他人围观。舞者尽情起舞，不拘泥于任何形式，即兴创作的舞步令人目不暇接。围观者随时可以轻拍舞者的肩头，示意舞者下场，由他人继续。舞蹈形式始终变化多端，直至结束。女子在舞蹈过程中是主角。这种舞蹈在圣胡安、卡夫拉尔、巴拉赫纳、圣弗朗西斯科-德马科里斯、拉贝加、埃尔塞沃和伊圭最具特色。

Oli、oli、oli 舞：萨马纳地区的狂欢节舞蹈，场面宏大，令人过目不忘。舞者都是男人，他们手持棍棒，在舞蹈过程中敲击地面。舞蹈中，舞者用两根棍棒抬起几名参与者，其中一名坚持没有落地的人再用肩膀架起其他人，并用伊斯帕尼奥拉岛方言高歌。1977 年，弗拉迪盖·利萨尔多（Fradique Lizardo）曾选择这种舞蹈在 Mis Universo 节的最后一夜表演。

彩带舞（Baile de las Cintas）：彩带舞的变种 Nibaje 舞享誉世界。彩带舞是一种欢快的狂欢节舞蹈，舞蹈有小棍敲击伴奏。

卡宾舞（Carabiné）：卡宾舞来源于西班牙的加那利群岛，殖民时期传入（1805 年），混合了欧洲和非洲舞蹈的元素。卡宾舞是多人舞蹈，由一名指挥引导，由四弦琴、吉他和 baslsie 等乐器伴奏。

Chenche Matriculado 舞：一种节日庆典中的欢快舞蹈，单脚起跳。

Mangulina 舞：传说首次起舞时杧果花如落英缤纷，因此而得名。

木薯舞（La Yuca）：木薯是多米尼加的主要食品，木薯舞即是以木薯和木薯面饼为题材的舞蹈。

玛瓜利纳舞（Magualina）：玛瓜利纳舞是多米尼加南部地区的特色舞蹈，一般紧接在卡宾舞后，是欧洲华尔兹舞的变种。

第六章 教育、科技、文艺、卫生

Mascarade o Wild Indians 舞：最具当地特色的狂欢节舞蹈，其热烈的气氛、眩目的灯光、强烈的节奏、绚丽的服装和别具一格的舞蹈形式令人目不暇接。

Ga - Gá 舞：Ga - Gá 是一种狂欢节舞蹈，热情奔放，十分狂热，唤起人们对生命和自然的向往和热爱。舞蹈分以下几个步骤：①舞蹈的序曲（Paseo）；②Reyes de Loaladi 舞，象征万物复苏的春天；③死亡之舞（Baile de la Muerte），舞蹈中出现一个象征"恶"的娃娃，最终要被"善"击败；④善与欢乐之舞（Baile de los Heraldo del bien y la alegría），"恶"被赶走，并邀请所有人参加舞蹈；⑤结束舞，舞者渐渐散去，在另一个地方重新开始舞蹈。

Caín y Abel 舞：多米尼加北部部分城市的狂欢节舞蹈，表现 Caín 怀中濒临死亡的 Abel，两名舞者边歌边舞。

波尔卡舞（Polka）：波尔卡舞从欧洲传入，融入本地特色。

玛祖卡舞（Mazurka）：起源于欧洲，融入本地特色。

Bamboula 舞：Bamboula 舞是萨马纳半岛的圣拉斐尔节的独特舞蹈。

孔戈舞（Congos）：孔戈舞是起源于非洲的宗教仪式舞蹈，是 Villa Mella 和 San Lorenzo los Mina 的圣灵节上的独特舞蹈，舞步简洁、姿态优美。

Sarandunga 节舞：Sarandunga 节是宗教节日，巴尼地区的黑人庆祝夏日的魅力，即天主教中的圣胡安·包蒂斯塔（San Juan Bautista）。Sarandunga 节上共有三种舞蹈，还有一个宗教游行，包括：①Jacana 舞是 Sarandunga 的序曲，是参与人数最多的舞蹈；②Capitana 舞，起初只有扮演圣神的舞者独舞，后演变为多人共舞，舞者手舞白丝巾；③Morano 游行，即抬着圣胡安·包蒂斯塔的神像游遍全城；④Bomba 舞，舞曲与 Capitana 舞完全相同，据推测，其中一种舞蹈原有的舞曲已经失传。

四 美术

（一）建筑

多米尼加在前哥伦布时期有泰诺人居住，但其文化很少保留下来。

多米尼加至今仍保存不少殖民时期建造的各种欧洲风格的建筑物。因为泰诺人的文化流传甚少，因此多米尼加的殖民时期建筑并没有印第安文化的成分；同时因为建筑师们为了迎合在16世纪欧洲的需要，不得不重新采用较早的一些建筑形式，它也没有盛行于西班牙文艺复兴时代的新工艺，用埃尔文·华尔特·帕尔姆的话来说，西班牙殖民时代的建筑日渐成为"这样一种艺术，它用变化代替创新，用回忆熟悉的旧艺术形式，来弥补对新艺术形式的探索。"①

多米尼加保留至今的殖民时期建筑几乎全部集中在建于1498年的首都圣多明各旧城，这里有建于16世纪的哥特式建筑，还保留着16世纪的立面装饰。旧城由埃尔孔德大街分为两部分，著名建筑有大教堂、迭戈·哥伦布宫、梅塞德斯教堂、科尔德戏院、奥萨马堡、圣芳济寺院、巴里圣尼古拉斯医院遗址。古代的普埃尔塔·德尔孔德城门是共和国宣布独立的场所；大教堂是哥特式，但主要立面又是文艺复兴样式，独立的钟楼上有美丽的饰板装饰和几块纪念碑，以珊瑚石灰石建成，位于科隆公园广场的南面，两个深凹的带着镶嵌装饰的门洞左右两侧有四个平顶的壁龛，教堂中殿有宏大的弯梁拱形圆顶，入口处的哥伦布墓建于1877年，纪念在祭坛左侧的圣坛地下墓中发现的哥伦布尸骨，这里还保存着最丰富的美洲文化的收藏和少数巴洛克风格的

---

① 《多米尼加共和国史》，美国塞尔登·罗德曼著，南开大学翻译小组译校，天津人民出版社出版，天津市新华书店发行，1972年12月第1版。

第六章 教育、科技、文艺、卫生

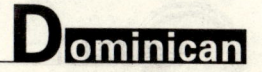

绘画；皇宫在突出的两翼之间有开放式的长廊。18 世纪杰出的建筑有耶稣会的礼拜堂。①

殖民时期以后较为有名的建筑有：建于海地统治时期的旧参议院大楼；建于特鲁希略独裁统治期间的仿文艺复兴流行式样的国家宫；美术馆和大学城的楼房；建于1908年的圣佩德罗-德马科里斯的模范市场；圣多明各的维奇尼府邸（Vicini Residence），建于1910年；圣多明各的哈拉瓜酒店（Hotel Jaragua），建于1942年；圣多明各的特鲁约之家（Casa Trullol），建于1947年；圣多明各的穆奈之家（Casa Muneé），建于1948年；圣多明各的马尼翁之家（Casa Mañon），建于1951年；圣多明各的众神之家（Casa Santos），建于1952年；圣多明各的市政厅（City Hall），建于1955年；科都伊（Cotui）的三号制造厂（Factoría 3），建于1992年；胡安·多利奥（Juan Dolio）的卡培亚酒店（Capella Resort Hotel），建于1994年；圣多明各的亚米莱特宅第（Residencia Yamilet），建于1994年；圣多明各的塞尔科电子（Celco Electronics），建于1995年；圣多明各的A Des-Tiempo大楼，建于1995年；圣多明各的我姐妹之家（La casa de mi Hermana），建于1995年；圣多明各的MVPAN大楼，建于1995年；圣多明各的Opel Showroom大楼，建于1995年；圣多明各的里韦拉宅第（Rivera Residence），建于1995年；圣多明各的VZ总部大楼，建于1995年；巴拉赫纳的圣克鲁斯教堂（Iglesia de la Santa Cruz），建于1992~1996年；圣多明各的Novotcks大楼，建于1997年；圣克里斯托瓦尔的Pollo Rey 5大楼，建于1997年。②

较有名气的建筑师有：吉列尔莫·冈萨雷斯（Guillermo

---

① http：//hurraya.myetang.com/arthis/mart/mart014.htm
② http：//www.periferia.org

多米尼加

González)、何塞·曼努埃尔·雷耶斯（José Manuel Reyes）、马戈特·托勒（Margot Taulé）、马塞洛·阿尔布尔克尔科（Marcelo Alburquerque）、马科斯·巴里纳斯·乌里韦（Marcos Barinas Uribe）、Zahira·巴蒂斯塔（Zahira Batista）、费利佩·布拉纳干（Felipe Branagan）、拉斐尔·卡尔文蒂（Rafael Calventi）、华金·科利亚多（Joaquín Collado）、何塞·安东尼奥·科伦纳（José Antonio Columna）、塞萨尔·库列尔（César Curiel）、雅埃尔·加西亚（Ja'el García）、安东尼奥·塞贡多·英伯特（Antonio Segundo Imbert）、奥斯卡·英伯特（Oscar Imbert）、卡洛斯·豪尔赫（Carlos Jorge）、霍尔迪·马萨耶斯（Jordi Masalles）、克拉拉·马蒂尔德·莫雷（Clara Matilde Moré）、古斯塔沃·L. 莫雷（Gustavo L. Moré）、胡安·穆巴拉克（Juan Mubarak）、Kyra Ogando、伊莎贝尔·Paiewonsky（Isabel Paiewonsky）、普拉西多·皮尼亚（Plácido Piña）、奥马尔·Rancier（Omar Rancier）、焦万纳·里西奥（Giovanna Riggio）、安德烈斯·桑切斯（Andrés Sánchez）、克里斯托瓦尔·巴尔德斯（Cristóbal Valdéz）、米盖尔·比拉（Miguel Vila）、马里韦·博尼利亚（Marivi Bonilla）等；建筑史学家和评论家有珍妮特·米勒（Jeanette Miller）等。[①]

尽管多米尼加已有一批青年人有机会在国外深造建筑设计专业，国内也有一些有相当实力的建筑设计公司，然而落后的技术、较为狭隘的设计思路和对本国文化的过度保护使多米尼加人无缘参与国际工程项目，如今甚至国内的绝大部分大型建筑工程，如办公楼、商业中心、酒店、会议中心等均由西班牙、美国、法国、墨西哥、哥伦比亚等外国设计公司承担。针对这种情况，多米尼加建筑界正逐步加强国际交流，如一些外

[①] http://www.periferia.org

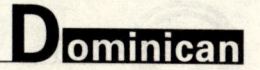

国建筑设计公司加入到多米尼加的一些重要建筑工程中，多米尼加的设计师从中汲取"养料"；还有一些建筑界人士强烈呼吁打开视野，拓宽设计思路，不再拘泥于保留本国文化特色。①

（二）绘画雕塑

艺术史学家珍妮特·米勒在她的《何塞·林孔·莫拉》（José Rincón Mora）一书中写道：

"多米尼加绘画正式起步于 40 年代特鲁希略独裁时期（1930~1961 年）。……1942 年，国家美术学院成立，许多举世闻名的多米尼加画家，如塞莱斯特·沃斯·吉尔（Celeste Woss y Gill）、约里·莫雷尔（Yoryi Morel）、海梅·科尔松（Jaime Colson）和达里奥·苏罗（Darío Suro）等加入该校。第二次世界大战和西班牙内战也迫使一些欧洲绘画大师来此避难，如犹太人约瑟夫·菲勒普（Joseph Fulop）和乔治·豪斯多弗（George Hausdorfer），西班牙人何塞·高萨驰（José Gausachs）和马诺罗·帕斯夸尔（Manolo Pascual）。在国家美术学校的黄金时期，多米尼加的绘画如星光闪耀，熠熠生辉，如 40 年代的吉贝尔多·埃尔南德斯·奥尔特加（Gilberto Hernández Ortega），50 年代的埃利西奥·皮查多（Eligio Pichardo）和保罗·朱迪塞利（Paul Giudicelli），但他们都生活在拉斐尔·特鲁希略独裁政权的阴影下。"

1941 年国家美术学院建立，促进了现代绘画和雕塑的发展。现代有重要影响的雕刻有伊圭大会堂等。

---

① www.perspectivaciudadana.com/010803/cultural.htm

多米尼加

20世纪60~70年代的著名多米尼加画家有多明戈·利兹（Domingo Liz）、西尔瓦诺·劳拉（Silvano Lora）、何塞·林孔·莫拉、基约·佩雷斯（Guillo Pérez）和阿达·巴尔卡塞尔（Ada Balcácer）。随后，坎迪多·比多（Cándido Bidó）、伊万·托瓦尔（Iván Tovar）、何塞·拉米雷斯·孔德（José Ramírez Conde）、维森特·皮门塔尔（Vicente Pimentel）、苏西·佩耶拉诺（Soucy Pellerano）、费尔南多·乌雷尼亚·里伯（Fernando Ureña Rib）、赛义德·穆萨（Said Musa）等著名艺术家纷纷涌现。[1]

五 文化

（一）文化简史

多米尼加的土著居民是泰诺人，但如今难觅其文化踪迹。多米尼加大学考古研究院前院长埃米尔·德博伊列·莫亚曾收集过一件珍贵的艺术品，是一套几百个橘黄色石灰质松石的宗教仪式所用的头像，制作于贝壳文化时代和泰诺人时代之间的一段相当长的时期，发现于博卡-奇卡后面的帕雷多内斯山洞中。

1492年，欧洲殖民者在美洲的第一个定居点在现在的多米尼加国土上建立，伊斯帕尼奥拉岛从此得名。欧洲殖民者的到来使岛上文化异彩纷呈，各种文化相互交融，形成了多米尼加特有的多元文化。梅斯蒂索人（印欧混血人）的文化与当地土著文化、非洲黑奴文化水乳交融。伊斯帕尼奥拉岛是欧洲殖民者在美洲的第一个定居点。在首都圣多明各（原称美洲第一城），诞生了美洲的第一批带有殖民性质的社会和文化机构。其中有第一批教堂、第一个大教堂、第一家医院、第一批纪念碑和第一所大学。

直到16世纪末，伊斯帕尼奥拉岛拥有的丰富矿产和大型糖

---

[1] www.republicadominicana.inter.net.do/Dominicana

第六章 教育、科技、文艺、卫生

厂一直是欧洲殖民者巨额利润的源泉。然而,随着时间的推移,矿产资源开采殆尽,当地人口渐渐流失,法国在此地进行猖獗的走私活动,随之逐渐侵吞了伊斯帕尼奥拉岛西部,并建立起圣多米尼克城。多米尼克城建成无数的工厂,它们凝聚着非洲黑奴的血泪。经济模式的改变使伊斯帕尼奥拉岛的生活画卷发生了巨大的变化,主要原因是大量黑奴的涌入。各种文化交融最明显的表现是人种的融合。这个时期,出现了穆拉托人(黑白混血)、桑博人(印黑混血)、梅斯蒂索人(印白混血)、拉丁黑人等人种,这些人种至今存在。

随着人种的融合,各种文化也渐渐融会贯通。值得一提的是,虽然强大的文化占有绝对主导地位,但弱小的文化并未消失。

总之,多米尼加独特的文化是调和主义的产物。它融合了非洲草原文化、欧洲大陆的高傲特性、大男子主义和武力优势,以及加勒比本地的河谷文化特色;这些文化极大地丰富了独具魅力的多米尼加文化。[①]

(二) 文化设施

多米尼加的主要文化设施有:国家图书馆(Biblioteca Nacional):位于圣多明各,成立于1971年,藏书153955册;多米尼加图书馆:成立于1914年,藏书6000册;比利尼神父图书馆(Biblioteca de Padre Billini):位于巴尼市,成立于1926年,藏书38000册;爱好光明协会图书馆(Biblioteca de Sociedad de Amantes de la Luz):位于圣地亚哥,成立于1874年,藏书18000册;圣多明各自治大学图书馆:成立于1458年,藏书104441册;国家档案馆(Archivo General de la Nación):位于圣多明各,成立于1935年,档案资料3000份;国家剧院(Teatro Nacional):位于圣多明各,剧目有芭蕾舞剧、民间舞蹈、音乐

---

① http://www.dominicana.com.do/cultura/independencia.html

多米尼加

会、歌剧、话剧等,也举办艺术展、开设艺术培训课程;圣费利佩要塞(Fortaleza de San Felipe):位于普拉塔港,建于1972年,考古学和历史博物馆;庞塞·德·莱昂要塞(Fuerte de Ponce de León):位于圣拉斐尔德尤马(San Rafael de Yuma),建于1972年,家具博物馆;圣地亚哥谷地博物馆(Museo de Villa de Santiago):位于圣地亚哥,建于1980年,历史博物馆;多米尼加家庭博物馆(Museo de La Familia Dominicana):位于圣多明各,建于1973年,家具博物馆;哥伦布博物馆(Alcazar de Diego Colón):位于圣多明各,建于1957年,历史、绘画和地毯博物馆;王室博物馆(Museo de Las Casas Reales):位于圣多明各,建于1976年,殖民地历史博物馆;多米尼加英雄人物博物馆(Museo del Hombre Dominicano):位于圣多明各,建于1973年,考古学、种族学博物馆,展品19000件;国家历史地理博物馆(Museo Nacional de Historia y Geografía):位于圣多明各,建于1982年,历史和地理博物馆;现代艺术画廊(Galeria de Arte Moderno):建于1976年,现代艺术博物馆;国家美术画廊(Galeria Nacional de Bellas Artes):建于1943年,绘画和雕塑博物馆;前哥伦布艺术厅(Sala de Arte Prehispánico):建于1973年,人类学和历史博物馆;国家自然科学博物馆:自然科学博物馆;艺术长廊(Paseo de Las Artes);艺术宫(Palacio de Bellas Artes);工艺美术博物馆(Museo Bellapart);皇家阿塔兰萨那博物馆(Museo de Las Ataranzanas Reales);杜阿尔特之家博物馆(Museo Casa de Duarte);琥珀世界博物馆(Museo Mundo del Ambar);自然史博物馆(Museo de Historia Natural);古钱币及邮票博物馆(Museo numismático y filatélico);西班牙文化中心(Centro Cultural de España)。[1]

---

[1] http://www.consuladord-ny.org/Sobre RD/culture.htm

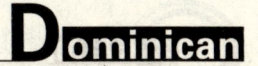

第四节 医疗卫生

一 医疗保健体系

公共医疗保健法典（Código de Salud Pública）规定，公共卫生和社会救济部（Secretaria de Estado de Salud Pública y Asistencia Social）是多米尼加医疗保健管理的最高机构。公共卫生和社会救济部的组织机构共分三级：中央级、地区级和省级。中央级负责基本方针政策的制定和管理；八个地区级机构负责具体的医疗服务和管理。多米尼加的农村地区均设有可以容纳 2000 至 10000 名病患的诊所，并配备巡视医生或助理医生、卫生监督员等。绝大多数省会城市设有二级或三级医院，设有院外门诊部、住院部，并提供 24 小时急诊服务。部分省份还设有医疗保健中心，配备病床、广谱药品，并有儿科、急诊和孕妇护理服务。

各级卫生医疗部门大力推行各种计划，尤以疟疾、流行性感冒和其他传播性疾病的预防、植物锈病和动物性疾病的监控、肺病控制、免疫、家庭防护为主。据 1996 年的用户满意度民意调查结果，超过 85% 的多米尼加人接受种痘预防，60% 的妇女要求产前检查，其中接近 60% 要求婴儿保健服务。

除了公共卫生和社会救济部下属的卫生医疗机构外，多米尼加还设有若干独立经营的医疗机构，如多米尼加社会保障研究所（Instituto Dominicano de Seguros Sociales），餐饮业社会基金会（Fondo Social Hotelero），贫困和残疾人员救治和住宿研究所（Instituto de Auxilios y Viviendas），武装力量和军人保健所（Servicios de Salud de las Fuerzas Armadas o Sanidad Militar）等。

私有的营利性和非营利性医疗服务在近年来取得了长足的

多米尼加

进步。非营利性医疗服务部门包括医院和诊所,主要由政府提供资助,医疗费用低廉,为居民提供心血管疾病、糖尿病、癌症、皮肤病、残疾人康复性治疗等专项服务,主要集中在圣多明各和圣地亚哥市;营利性医疗服务部门类型多样,有部门齐全的大型私人医院,也有小型诊疗所,通常位于城市近郊和城乡结合部。

根据1996年用户满意度调查,大部分居民倾向就诊于公有医疗部门,仅有6.4%的居民在私有营利性医疗部门接受种痘;75%以上被调查者认为医疗卫生是急需政府干预的三大部门之一,38.1%认为是最重要的部门;53%认为目前的医疗卫生状况不佳,要求进行彻底的改革。大部分人对公共卫生和社会救济部下属的医院颇有微词,对私人诊所的服务则十分满意。被投诉最多的是候诊时间过长,包括急救车召唤、入院治疗、外科急诊等。

多米尼加的医疗卫生法规十分乏力,大多已制定一二十年,过于陈旧。1996年,公共卫生和社会救济部和私人诊所协会共同启动了私人医院和诊所合格性评估计划,但收效甚微。一项公有和私有医疗实验室的合格性评估计划也随后实施。此外,公共卫生和社会救济部下属的药品部门负责药品的评估和注册事宜、监督药品生产,药品管理法规和一个药品注册管理信息化系统也陆续投入使用。

与人民生活息息相关的各项卫生医疗计划包括:饮用水供应和下水道卫生管理,疾病预防和控制,疫病监控系统和公共卫生实验室,垃圾收集和处理及城市卫生,环境保护,劳动人口保健,自然灾害先期预防,居民保健,食品和营养,牙齿保健等。[1]

---

[1] www.paho.org/spanish/HIA1998/RepDom.pdf

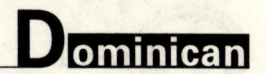

二 卫生和医疗保健水平

多米尼加的医疗水平低,各地差距较大。

1994年,从业于公共卫生和社会救济部下属的医疗公共卫生和社会救济部门的医生共5626个,牙科医生376人,生物分析学家1008人,护士和护工8600人,卫生保健监督员6127人,药剂师372人。1995年,从业于公共卫生和社会救济部和多米尼加社会保障研究所的医护人员总数为62100人。[①]

根据公共卫生和社会救济部的统计,1996年多米尼加共有各种医疗保健机构1334家,其中730家下属公共卫生和社会救济部,184家下属多米尼加社会保障研究所,417家属于私有部门,3家专属武装力量;全国共有15236个床位,其中7234个下属公共卫生和社会救济部,1706个下属多米尼加社会保障研究所,5796个属于私有部门,500个专属武装力量,床位与居民的比例为1:500;下属公共卫生和社会救济部的救护车与居民比例为0.8:1;急诊救护车与居民比例为0.3:1。[②]

据1996年用户满意度调查,97%的孕妇得到医生的产前保健服务,其中94%在怀孕的前3个月即得到保健服务;1991~1996年95%的孕妇在医疗机构生产,当然各地区和各文化层次的家庭比例不同,如大学教育的妇女有99%在医疗机构生产,而文盲妇女的比例仅为82%。[③]

从1997年起,一个称之为医疗广场(Plaza de la Salud)的综合性大型医疗中心投入使用。它由3家医院——妇幼医院、老

---

① http://www.paho.org/spanish/HIA1998/RepDom.pdf
② http://www.paho.org/spanish/HIA1998/RepDom.pdf
③ http://www.paho.org/spanish/HIA1998/RepDom.pdf

多米尼加

年病医院、创伤科医院及1家国有的诊断中心构成,位于圣多明各,共有430个新床位,采用先进的医疗技术。

据世界银行统计,1990~1999年平均1000个居民拥有2.2名医生;医疗消费仅占国内生产总值的1.9%(1995~1999年),接近拉美和加勒比地区的最低水平。2000年新生儿死亡率为39‰,成人男性死亡率23.3%,女性死亡率14.8%,71%的居民得到较好的医疗服务(10年前为60%),89%的居民可以饮用健康水源(10年前为78%)。根据联合国发展署的统计,2002年平均1000个居民拥有1.9名医生,医疗开支仅占国内生产总值的2.2%,低于拉美平均水平3个百分点。2002年,约81%的居民可以饮用健康水源,比1991年提高14%;67%的居民可以得到较好的医疗服务,比1990年提高5%。①

根据多米尼加国家统计局的数字,2004年公有医疗机构共1219家,其中省级医院40家,市级医院87家,次医疗中心5家,大诊所216家,城市小诊所37家,农村小诊所702家,诊疗所108家,专科医院12家,其他12家;公有医院床位9209个。2005年公有医疗机构共1509家,其中省级医院28家,市级医院123家,次医疗中心9家,大诊所608家,城市小诊所730家,其他11家;公有医院床位9640个。②

三 医药、医疗设备、医学教育和医学研究

1996年,药品营业额达1.864亿美元,人均药品消费额达30美元。基本药品采购委员会(Programa de Medicamentos Esenciales)负责按照公共卫生和社会救济部制定

---

① Country Profile 2007, The Economist Intelligence Unit Limited 2007.
② Centros de atención de salud del sector publico y camas por año, según tipo de centro, http://one.gob.do/index.php?option = com_ docman&task = cat_ view&gid = 23&Itemid = 140

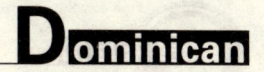

的药品清单为公有医疗卫生机构采购药品。多米尼加全国共有84家国有药厂和1家跨国药品生产公司。

多米尼加的医疗设备没有严格的注册体系,致使医疗设备寿命短、维护不力。近年来多米尼加大量引进外国医疗设备和接受外国捐赠,品牌多样,又需要专业的使用方法,但由于缺乏来自提供国的科学的专业技术培训,设备的损耗问题更加严重。

1996年,共有15家高等教育学校开设医学科目;医科毕业生共372000人,占居民总人数的5%。

由于多米尼加缺乏明确的医疗卫生研究政策和专门的医疗卫生研究的指导性机构,因此有关这方面的研究工作困难重重。但多米尼加还是设立了多个医疗保健方面的图书馆和文献中心,建立起信息交流系统,并在欧盟和OPS的资助下成立了多个地方性小型医疗图书期刊图书馆。①

四 医疗保健改革

从1992年起,公共卫生和社会救济部确定卫生为国家的首要大事,规定"卫生是每个公民的基本权利,人人都可自由平等地享受卫生权利",强调政府应以帮助弱小贫困者为根本。"非集中化、社会参与、部门内部与部门之间的协调、卫生知识普及"是改善卫生条件的基本原则。

但是,公共卫生和社会救济部门在实现基本原则的过程中遇到了重重困难,如机构的内部管理、有效性和人员的任命。1997年中期,公共卫生和社会救济部确定以"偿付社会债务"为主要任务,强调"降低产妇和新生儿的死亡率"。为此,政府发布全民动员令,推行"保证孕妇和婴孩健康的预防和治疗"的一

---

① http://www.paho.org/spanish/HIA1998/RepDom.pdf

多米尼加

揽子计划。随后，公共卫生和社会救济部又陆续推行了多项改善卫生医疗条件的措施，如加强省级卫生条件建设，严格监控疟疾、流行性感冒等传播性疾病等。

多米尼加医疗改革的过程可谓一波三折。1995年，总统下令成立国家卫生委员会（Comisión Nacional de Salud），委员会的首要任务是在一年之内制订出促进公共卫生和社会救济部门现代化的方案。政府还设立技术协调办公室，负责从事医疗改革的研究工作，直至1997年办公室停办，美洲发展银行和世界银行为其提供了大量的技术和资金援助。1995年，众议院下属的卫生委员会（Comisión de Salud）在社会公众的广泛参与下制定出一项"医疗卫生总则"（Ley General de Salud），并在众议院通过，但终因参议院的强烈反对而夭折。1996年，总统任命的一个委员会也制定出一项有关社会保障的计划，但该计划也因部分企业界的反对而不了了之。

但改革最终还是卓有成效。1996年，国家改革与现代化总统直属委员会（Comisión Presidencial para la Reforma y Modernización del Estado）正式成立。1997年，新的最高法院正式成立，其职责之一是推动司法和其他部门的改革和现代化进程，如金融改革、海关税收改革、教育改革十年计划、医疗改革等。国家改革与现代化总统直属委员会确立了改革的基本方针，旨在在崭新的国际形势下确保国家和人民的持续性稳定发展，其中医疗和教育改革更是重中之重。同年，总统颁布一项法令，成立医疗改革执行委员会（Comisión Ejecutiva de la Reforma en Salud），该委员会直属总统部，取代了现存的各卫生医疗有关管理部门，统一推行医疗改革计划。饮用水供应和垃圾处理部门同样也踏上改革之路，"偏远农村地区和城市远郊的饮用水供应计划"和"社会发展计划"先后实施，成为改革的力证，也大大改善了下层居民的生活质量。1995年通过的食品计划也重获动力；1997

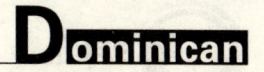

年,食品质量和食品传播性疾病的监控成为该项计划的一项重头戏。①

第五节 体育

一 体育发展简史和主要体育机构

多米尼加的体育活动可以追溯到圣多明各岛上居民玩一种类似现代棒球运动的时期。但是,多米尼加体育活动的"生根",开始于19世纪末、20世纪初加勒比地区的移民和美国的军事占领时期。

多米尼加共和国设有专门的体育部,成立于20世纪70年代。体育部的主要职能是:①促进并关注业余体育运动的组织和开展;②监督并指导胡安·巴勃罗·杜阿尔德奥林匹克中心的使用和维护,监督并指导已建成的以及作为体育部资产的政府投建的体育场馆和设施的使用和维护;③与多米尼加奥林匹克委员会保持密切合作的关系;④与申请技术及组织合作的体育单位积极配合;⑤与国际性体育组织保持密切合作的关系;⑥根据国际体育联合会对多米尼加奥林匹克委员会的特别规定制定业余体育运动的官方法规;⑦与各个国家联邦政府及其分支机构配合,组织市级、省级、国家级、政府间以及国际和地区赛事;⑧鼓励建立体育性质的正规俱乐部;⑨向行政总部提请建立从事组织和促进各项体育活动的工作特别委员会;⑩与相关组织配合,策划与组织参加国际性赛事;⑪向教育文化部提出应该付诸实施的学校体育教育的有建设性的意见;⑫提供业余体育活动的器具和设施,

---

① http://www.paho.org/spanish/HIA1998/RepDom.pdf

多米尼加

雇用校外体育教育的指导员。

多米尼加奥林匹克委员会是筹划和组织奥林匹克运动的最高机构。从下至上，它由俱乐部、协会、联合会和委员会本身构成，呈金字塔结构。

多米尼加奥林匹克委员会下设下列委员会/协会：国际象棋，射箭，田径，篮球，手球，拳击，自行车，马术，足球，柔道，空手道，举重，摔跤，游泳，回力球，垒球，跆拳道，网球，乒乓球，飞碟射击，铁人三项，帆船，排球。①

二　体育项目和著名运动员

目前，在多米尼加广泛开展的体育活动超过25种。②

棒球运动占有绝对的主导地位，是四季皆宜的体育活动。多米尼加全国各地都广泛开展棒球运动，有无数的棒球球迷。多米尼加目前共有6支职业棒球队：Escogido 狮队（los Leones del Escogido），Licey 虎队（los Tigres del Licey），锡瓦奥鹰队（las Aguilas Cibaeñas），东部星队（las Estrellas Orientales），锡瓦奥鸡队（los Pollos del Cibao）和东部蔗糖种植者队（los Azucareros del Este）。圣佩德罗-德马科斯省是多米尼加优秀的棒球运动员的源泉，许多来自该省的棒球运动员成为美国大联盟（Grandes Ligas）的明星。多米尼加许多优秀的棒球手在美国职业棒球队中效力。胡安·马利查尔（Juan Marichal）是美国大联盟棒球赛中最优秀的投手之一，也是第一个荣登美国库珀斯敦全国棒球荣誉博物馆（Fama de Cooperstown）的拉美棒球手；萨米·索萨（Sammy Sosa）在与芝加哥队（Chicago Cubs）的比赛中囊括了

---

① http://www.mundodominicano.com/md/elpais.php? p=3deportes
② http://www.w3.org/TR/REC-html40

本队的所有得分；效力于波斯敦红袜队（Medias Rojas de Boston）的佩德罗·马丁内斯（Pedro Martínez）被认为是有史以来最优秀的投手之一。另外还有两人获年度最佳新人奖：阿尔弗雷多·格里芬（Alfredo Griffin）和劳尔·蒙德西（Raúl Mondesí）；两人获世界杯系列赛的最有价值球员称号：佩德罗·格雷罗（Pedro Guerrero）和何塞·里豪（José Rijo）；一名年度最佳前锋：费利佩·阿劳乌（Felipe Alou）和八名金手套获得者。①

除棒球手外，多米尼加还涌现出杰出的篮球运动员，如1998年路易斯·费利佩·洛佩兹（Luis Felipe López）签约美国温哥华灰熊队，成为NBA球员。其他优秀的体育运动员还有跳高运动员胡安娜·阿拉德尔（Juana Arradel）、拳术运动员斯特林·费利克斯（Sterling Félix）和达尼·比斯凯诺（Danny Vizcaíno）、举重运动员万达·里豪（Wanda Rijo）、赛车手阿德里亚诺·阿布雷乌（Adriano Abreú）、台球运动员罗兰多·塞贝勒（Rolando Sebelén）和棒球运动员亚历克斯·罗德里格斯（Alex Rodriguez）等。

多米尼加拥有开展高尔夫运动的优越地理条件，许多球场的设计出自罗伯特·特伦特·琼斯（Robert Trent Jones）和皮特·戴伊（Pete Dye）等名师之手。多米尼加著名的球场有普拉塔港的黄金海岸球场（Playa Dorada）、拉罗马纳的田园之家（Casa de Campo）球场和犬齿球场（Diente de Perro）等；最新开发的一个球场位于普拉塔港和圣胡安河之间的大平原地区（Playa Grande）。多米尼加还拥有十分优越的开展钓鱼和海底捕鱼运动的自然条件。②

---

① http：//www.mundodominicano.com/md/elpais.php？p=3deportes1
② http：//www.w3.org/TR/REC-html40

多米尼加

第六节　新闻出版

一　报刊

和世界上其他国家一样，在多米尼加，报纸是传媒领域的领先行业，其诞生早于广播和电视。起初，报纸并不是以获取商业利润为主要目的，而是起着政党和政府喉舌的作用。如 19 世纪和 20 世纪初期，报纸纯粹是政治斗争的手段之一，甚至是血腥的独裁政权的帮凶。而现代的多米尼加报纸行业更多地考虑商业利益，也更加充分地体现了言论和思想自由的权利。

与广播和电视相比，多米尼加的报纸传达着更多信息，更具有可信度，其评论也更具有权威性和可读性，因而报纸是多米尼加最主要的传媒方式。

为了满足广大多米尼加人民的需要，多米尼加的报纸不仅包含政治、经济领域的常规新闻，体育、娱乐、企业会议、外宾接待和重要机构介绍等内容也是不可或缺的。多米尼加的报纸行业还积极与世界各国的同行相互交流。

多米尼加全国共有各类出版社 15 家。最主要的报纸有《利斯汀日报》(Listín Diario, 1889 年 8 月 1 日创刊, 发行量 5 万份)、《今日报》(Hoy)、《世纪报》(El Siglo)、《加勒比报》(El Caribe, 1948 年 4 月创刊, 发行量 2.8 万份)、《国民报》(El Nacional, 1966 年创刊, 发行量 4.5 万份)、《信息报》(La Información)、《最后时刻报》(Ultima Hora)、《新日报》(El Nuevo Diario) 和《Blocs 报》。《里斯汀日报》是多米尼加报纸行业的鼻祖。最初，这份报纸只登载圣多明各港口的船只进出和装载货物的信息，如今，它不仅是全国发行量最大的报纸，

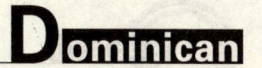

而且发表的社论也最具分量,《今日报》和《世纪报》紧随其后。①

二 广播、电视

多米尼加电信协会〔Instituto Dominicano de las Telecomunicaciones(INDOTEL)〕管理全国的电台广播和电视转播。

广播② 美国从 1916~1924 年的军事占领结束后,1924 年 10 月 2 日,多米尼加电台第一次正式播音。此次播音得到了当时的奥拉西奥·巴斯克斯总统的大力支持。首次播音的内容是一场大联盟杯棒球比赛,比赛双方是纽约扬基队(Yanquis de Nueva York)和圣路易斯卡德纳雷斯队(Cardenales de San Luis)。

1930 年,圣塞农飓风肆虐多米尼加,多米尼加电台被迫停止播音。6 个月后,电台恢复播音,并更名为 HIZ 广播电台(Radiodifusora HIZ),该电台广播至今。同年,奥拉西奥·巴斯克斯政府决定成立官方电台,HIX 电台由此诞生。随后又出现了其他电台。目前,多米尼加的调频广播比调幅广播更受欢迎。在农村地区,广播仍然是最主要的传媒形式。

目前,多米尼加共有 225 个电台,包括 3 个国有电台,分别是多米尼加电视广播公司(Radio Televisión Dominicana)、武装力量之声(La Voz de las Fuerzas Armadas)和多米尼加教育电台(Radio Educativa Dominicana)。

多米尼加 90% 的电台集中于首都圣多明各,频率和电波的

---

① www.republicadominicana.inter.net.do
② Breve Historia/el Desarrollo de La Radiodifusion En Republica Dominicana/Situacion Aatual de La Radio, http://www.teoveras.com.do/historiaindice.htm

多米尼加

干扰很大。多米尼加还有一些非营利性电台,旨在宣传某种思想或教义,如圣母玛丽亚电台(Radio Santa María),恩里基约电台(Radio Enriquillo)和 ABC 电台(Radio ABC),这 3 个电台宣传天主教,而其他的宗教电台都宣传新教。多米尼加的很多地方都存在非法电台,圣多明各也不例外。

长期以来,多米尼加的广播节目都是音乐和新闻。近年来,大多数电台进行崭新的尝试,在广播中增加听众论坛,听众数量大大提高。但一些重要的电台仍以新闻节目为主导,如千电台(Radio Mil),每天播音 3 次;商业电台(Radio Comercial),每天播音 3 次;人民电台(Radio Popular),每天播音 3 次;新闻频道(Cadena de Noticias)几乎 24 小时播音。

近十年来,多米尼加的广播事业与报纸事业更加息息相关,如在广播中增加国内外时事评论的内容。

电视[①] 多米尼加国家广播电视台为主要电视台。另有安第斯电视台、彩色屏幕电视台等 6 家电视台。

20 世纪中叶,多米尼加电视广播公司成为多米尼加第一个电视公司。然而为多米尼加电视事业树立里程碑的是 1969 年经营全彩色电视系统的彩色视觉公司(Color Visión)的建立,目前这个公司经营着甚高频电视系统的 9 频道。彩色视觉公司最初创立于圣地亚哥,1973 年因财政吃紧迁至圣多明各。1970 年成立的安的列斯电视公司(Teleantillas)是多米尼加第二家经营彩色电视系统的公司,目前经营着 2 频道。

多米尼加的电视事业以传达信息、教育和娱乐大众为基本目标。电视节目一般分为三类:每个频道每日两到三次的新闻节目;访谈和新闻综述节目;音乐喜剧节目。同广播系统一样,多米尼加几乎所有的电视系统都设在首都圣多明各。当然,在部分

---

① http://www.prensalatina.com

第六章 教育、科技、文艺、卫生

省份也设有省台,但一般覆盖面不广。国有多米尼加电视广播公司(Radio Televisión Dominicana)经营的 4 频道,私有的微波电视公司(Telemicro)经营的 5 频道是最为普及的电视频道。

近年来,多米尼加的电视事业取得了长足的进步,引进超高频电视系统,电视节目的选择范围更为广泛。但应用超高频电视系统的电视信号要求具备更高的功率,因此传统的甚高频电视更容易普及,用户也相对较广。由于超高频电视系统频频引发问题,多米尼加政府通过电信管理局(Dirección General de Telecomunicaciones)将多米尼加的电视系统统一为甚高频电视系统,从而从根本上提高了电视节目的播出质量,基本上杜绝了串台现象。

第七章

外　交

第一节　基本外交政策和外交状况

多米尼加承认并遵守国际法的各项规定，尊重并履行各项国际条约及协议。主张以和平方式解决国际分歧和争端。主张国际合作和交流，实现共同进步、世界和平和国际安全的目标。呼吁建立国际经济新秩序，反对贸易保护政策。奉行尊重领土完整、主权独立和互不干涉内政的外交政策。对拉美国家的外债问题表示强烈不安，呼吁债权国与债务国通过谈判与协商解决问题。谴责国际贩毒和恐怖主义。

截至1994年底，多米尼加与56个国家和地区建立了外交关系。近两年来，多米尼加又与12个国家建立了外交关系，即将与8个国家建交，新增17个临时使馆和3个常设使馆。另外，还签订了41个国际条约，其中25个已生效。多米尼加在建立双边和多边关系方面均加大了力度，严格履行多个国际性组织的成员国义务。

多米尼加目前加入的主要国际性和地区性组织（协议）有：美洲发展银行、世界银行、国际货币基金组织、世界贸易组织、《洛美协定》（1980年）、联合国及其下属的拉丁美洲及加勒比

第七章 外 交

经济委员会等。多米尼加是加勒比国家联合体的 25 个创始成员国之一（1994 年）。1998 年 4 月，多米尼加与中美洲共同市场签订《自由贸易协议》。1995 年，与加勒比共同体签订《自由贸易协议》。此外，多米尼加还与巴拿马签订了《部分准入协议》。2004 年 8 月，《美国 - 多米尼加 - 中美洲自由贸易协议》正式签署，多美之间的《自由贸易协议》已于 2007 年 3 月 1 日生效。多米尼加与欧盟也签订过双边协议。

为顺应时代潮流，多米尼加的外交政策也进行了与时俱进的调整。在全球化的大趋势下，多米尼加加深了对外开放的力度。现总统费尔南德斯在上一届任期期间即多次出访，积极与美国、欧盟、加勒比及拉美国家拉近关系。前总统梅希亚在地区和国际性会议中频频亮相，并多次对其他国家进行国事访问，表现出多米尼加融入国际社会的强烈愿望。

2004～2005 年度多米尼加的重要外交活动[1]有：卡洛斯·莫拉莱斯·特龙科索（Carlos Morales Troncoso）就任外交部长；莫拉莱斯在巴西利亚参加里约集团外长峰会；莫拉莱斯在萨尔瓦多参加中美洲一体化体系（Sistema de Integración Centroamericana）成员国外长会议，会议期间与俄罗斯联邦签署理解备忘录；印度外长访问多米尼加；多米尼加总统费尔南德斯致电祝贺马丁·托里霍斯（Martín Torrijo）就任巴拿马总统；多米尼加第一夫人玛格丽塔·塞代尼奥·德·费尔南德斯（Margarita Cedeño de Fernández）参加反饥饿与贫困峰会（Cumbre del Hambre y la Pobreza）；莫拉莱斯参加第 LIX 届联合国大会（LIX Asamblea de la Organización de las Naciones Unidas）；第一夫人塞代尼奥参加第五届中美洲、贝利兹、巴拿马与多米尼加第一夫人会议；洪都拉斯总统里卡多·马杜罗（Ricardo Maduro）访问多米尼加；智

---

[1] SEREX Memoria Grafica 2004 - 05，http://www.serex.gov.do/default.aspx

多米尼加

利副外长克里斯蒂安·巴罗斯（Cristian Barros）访问多米尼加；多米尼加总统费尔南德斯访问美国佛罗里达州；莫拉莱斯与来访的巴哈马群岛外长弗雷德·奥德利·米切尔（Fred Audley Mitchel）会晤；委内瑞拉总统查韦斯访问多米尼加；莫拉莱斯接待来自中国大连的商务代表团；总统费尔南德斯参加第XIV届伊比利亚美洲首脑会议（Cumbre Iberoamericana de Jefes de Estado y de Gobierno）；总统费尔南德斯出访美国新泽西、纽约、波士顿、迈阿密；多米尼加外交使团参加加勒比共同体部长理事会第五次例会（X Reunión Ordinaria del Consejo de Ministros de la Asociación de Estados del Caribe）；智利外长伊格纳西奥·瓦尔克（Ignacio Walker）访问多米尼加；莫拉莱斯参加联合国安理会会议；总统费尔南德斯会见来访的多名美国国会议员；联合国海地问题特使胡安·加夫列尔·巴尔德斯（Juan Gabriel Valdés）访问多米尼加；美国国务院主管西半球事务的首席副国务卿查尔斯·沙普罗（Charles Shapiro）与总统费尔南德斯会晤；西班牙政府代表团访问多米尼加；总统费尔南德斯率团访问乌拉圭，参加乌总统塔瓦雷·巴斯克斯（Tabaré Vásquez）就职典礼；总统费尔南德斯对美国和西班牙进行了为期十天的访问；莫拉莱斯访问阿根廷；莫拉莱斯巡回访问卡塔尔和阿拉伯联合酋长国；莫拉莱斯参加海地问题国际合作会议（Reunión Internacional para la Cooperación con Haití）；莫拉莱斯参加美洲国家组织特别大会；总统费尔南德斯及中美洲国家代表与美国总统布什举行小型会晤；莫拉莱斯访问比利时；多米尼加与卢森堡建交；美洲国家组织秘书长何塞·米盖尔·因苏尔萨（José Miguel Insulza）、总统费尔南德斯出访加拿大；多米尼加与加拿大签署交换囚犯协议；总统费尔南德斯赴委内瑞拉参加石油峰会；多米尼加成为美洲国家组织轮值主席国；捷克外长科里尔·斯沃博达（Cyril Svoboda）访问多米尼加等。

第七章 外　交

第二节　与美国的关系

从1844年多米尼加独立以来，美国在多米尼加历史舞台上一直扮演着重要角色，多米尼加对美国的外交关系表现为强烈的依赖性。

独立初期的桑塔纳政府寻求美国等强国的庇护，但均被拒绝。随后的巴恩斯政府甚至企图使多米尼加成为美国的保护国。统治多米尼加长达17年的厄鲁（1882～1899年）与他的两位前任一样希望得到美国的庇护，他曾试图将萨马纳半岛租借给美国，但由于国内蓝党的强烈反对和欧洲国家的干涉而未能如愿。1891年，美国和多米尼加达成互惠协议，26种美国商品可以自由进入多米尼加市场，多米尼加的部分商品也可以免税进入美国市场。希梅内斯执政期间的多米尼加海关管理权争端，使两国关系出现了不和谐音，但也重新激起了美国对多米尼加的浓厚兴趣。随后美国又趁多米尼加内乱，强加给多米尼加一系列协定，使多米尼加沦为保护国的地位。20世纪初，罗斯福执政的美国对加勒比国家的稳定抱有极大的兴趣，尤其是多米尼加这个通往巴拿马运河的门户。1904年6月，两国达成协议，多米尼加政府出资收购美资San Domingo Improvement公司的股权；美国派遣经济顾问，确保该公司收回多米尼加政府赊欠的债务。1905年2月7日，双方再度签署协议，美国有权支配多米尼加的海关收入，用以偿还国内外债务。1905年4月，美国设立驻多米尼加办事处，实现全面的多米尼加海关事务破产在管。

继垄断海关管理权之后，美国又通过一系列干涉行动进一步控制多米尼加，形成事实上的军事占领。1911年卡塞雷斯死后，埃拉迪奥·维多利亚政府的军费开支急速膨胀，用以镇压全国各地，尤其是锡巴沃地区的起义。1912年9月24日，美国总统威

多米尼加

廉·塔夫脱派遣特别团斡旋于多米尼加的各派政治势力之间，并随后向多米尼加调兵遣将。美国的干涉迫使维多利亚辞职。1913年3月31日，任期仅4个月的临时总统——罗马大主教阿道夫·亚历杭德罗·努埃尔·博瓦迪利亚（Adolfo Alejandro Nouel Bobadilla）被迫下台，继任的何塞·博尔达斯·巴尔德斯（José Bordas Valdés）也遭受同样命运，美国再次染指多米尼加事务，充当多米尼加地方政府选举的"监督人"，并答应监督制定或修改宪法的国民代表大会起草总统选举的程序。1915年，美国占领海地，比以往更加赤裸裸地干涉多米尼加内政。美国的海地驻军在里尔·阿德米拉尔·威廉·卡泊顿（Rear Admiral William Caperton）的率领下以武力迫使阿里亚斯下台。1915年5月16日，第一批美国海军登陆。两个月内，美国军队就完全占领了多米尼加。当年11月，美国正式对外宣布成立驻多米尼加的军事政府。现行的多米尼加宪法和政府机构原封不动，但实行严格的新闻传媒审查制度，并严禁公开演说。1916年上台的阿里亚斯也不过是美国的傀儡。美国的军事政府暂时稳定了多米尼加的政治局势，财政状况略有好转，经济状况有所改善，并成立了一支职业化的警察部队。但是，美国侵略者对多米尼加人民进行了残酷的奴役和剥削。内乱与外患迭起，严重阻碍了多米尼加经济的发展。农业发展缓慢，工业生产水平也很低。

多米尼加人不甘于丧失国家主权，以东部埃尔塞沃省和圣佩德罗-德马科里斯省的反抗最为激烈，起义队伍以失败告终。第一次世界大战后，美国国内的反占领舆论很强烈。1921年3月，沃伦·G.哈丁（Warren G. Harding）继任美国总统，他曾经反对占领海地和多米尼加。1921年6月，一部分美国众议员提交"退兵议案"，史称哈丁计划。根据该项计划，多米尼加必须通过美国军事政府的所有法令，美国将向多米尼加提供250万美元的贷款用于公共工程建设和其他开支，美国有权任命警察部队的

第七章 外　交

长官并监督多米尼加的总统大选。多米尼加公众普遍反对该项计划。中立派的多米尼加政治势力借机与美国政府展开谈判，并最终达成协议，即大选前由临时总统执政。1922年10月21日，胡安·巴乌蒂斯塔·维西尼·布尔戈斯（Juan Bautista Vicini Burgos）就任临时总统。1924年3月15日，奥拉西奥·巴斯克斯·拉哈拉（Horacio Vásquez Lajara）在总统大选中大胜代表联盟党（Partido Alianza）的弗朗西斯科·佩纳多·巴斯克斯（Francisco J. Peynado Vásquez），他所属的政党在参众两院中也占据了多数席位。当年7月13日，奥拉西奥·巴斯克斯·拉哈拉宣誓就职，宣告多米尼加人重新掌握了国家主权。

拉斐尔·特鲁希略（RafaelTrujillo）的独裁统治期间，多米尼加在经济、政治等各方面对美国的依赖程度进一步加深。特鲁希略政府在对外关系中唯美国马首是瞻，还多次向美国出卖多米尼加国家主权。1939年6月，特鲁希略以特派大使的身份访问欧洲和美国，此行目的是使多米尼加的海关重新归本国管辖。特鲁希略表示支持美国国会对第二次世界大战的一切决议，但目的没达成。1940年12月，他与美国当时的国务卿科德尔·赫尔（Cordell Hull）达成了一项协议。但是，美国并没有兑现特鲁希略—赫尔条约的有关承诺，即多米尼加可以延迟7年偿清多达9271855.55美元的外债。1960年的三姐妹事件引起了包括美国在内的国际社会的强烈谴责，据传，美国甚至参与了刺杀特鲁希略的行动。

特鲁希略死后，美国曾派遣舰队巡视多米尼加海岸，迫使觊觎多米尼加政权的埃克托尔·特鲁希略（Hector Trujillo）和何塞·阿里斯门迪·特鲁希略·莫利纳（José Arismendi Trujillo Molina）流亡国外，华金·巴拉格尔（Joaquín Balaguer）掌握政权。1962年政变上台的空军总司令佩德罗·罗德里格斯·埃查瓦里亚（Pedro Rodríguez Echavarría）遭到了美国的强烈反对，

多米尼加

最终被驱逐出境。新大选中，多米尼加革命党的胡安·博什·加维尼奥（Juan Bosch Gaviño）成为多米尼加历史上第一位由公民的自由和民主选举产生的总统。他在对外政策上表现出一定的独立性，主张减少对美国的依赖。1963 年 9 月，博什因军事政变下台。

1965 年 4 月，多米尼加人民发动了声势浩大的反美反独裁武装起义。美国进行了赤裸裸的干涉和侵略，约翰逊总统召集了一支总数为 2 万人的部队驻扎在多米尼加的首都圣多明各。同年 9 月，亲美右翼军人和文人重新掌握了军政大权。1978 年，在美国卡特政府的干涉下，古斯曼在总统大选中获胜，结束了巴拉格尔长达 12 年的统治（1966～1978 年）。

1991 年海地危机，多美两国在处理方式方面出现意见分歧。1994 年，多米尼加接受了联合国通过的对海地实行封锁的决议，同意多国观察团在两国边界部署人员和直升机。

2000～2004 年执政的梅希亚政府在贸易和外交政策上跟随美国。在美国对伊动武问题上，多米尼加持支持态度并向伊拉克派遣了一支 300 人的部队。2004 年 4 月，前总统梅希亚下令撤出了大约 300 名驻扎在伊拉克的多米尼加士兵，成为继西班牙之后又一个宣布从伊拉克撤军的国家。与美国的合作态度在一定程度上为多米尼加加入《美国 - 多米尼加 - 中美洲自由贸易协议》铺平了道路，也为多米尼加 2003 年 8 月与国际货币基金组织达成协议，及 2004 年 4 月与巴黎俱乐部的双边债权国重组债务提供了方便。梅希亚政府执政后期，多米尼加与美国的关系趋于恶化，但费尔南德斯政府上台后与美国的关系又有所加强。[①]

多米尼加享有多项对美贸易的优惠，主要有 1984 年 1 月启

---

① Country Profile 2007, The Economist Intelligence Unit Limited 2007.

第七章 外 交 **Dominican**

动的《加勒比地区倡议》(1990 年改为加勒比贸易伙伴关系)和 1986 年美国进口法第 807 条的纺织品计划。2004 年 8 月,《美国 – 多米尼加 – 中美洲自由贸易协议》签订。协议的签署历程步履维艰,协议各方也存在不少争议。从中美洲和多米尼加的角度看,该协议成功与否,关键是看它能否按照预期目标,通过市场开放来促进贸易发展,吸引更多投资,从而实现经济增长和人民生活水平的提高。中美洲和多米尼加的经济主要依靠农业和纺织服装业的表现。而据世界银行等机构预测,中美洲和多米尼加在美国服装市场的份额,将从目前的 16% 下降到未来 5 年的 5%①。因此,该协议的预期收益能否实现还是未知数。多米尼加与美国之间的协议于 2005 年 7 月经美国国会通过,本应于 2006 年 1 月生效,但美国延迟了生效日期。2007 年 3 月 1 日,协议正式生效。② 协议内容包括保护投资和知识产权条款,同时也扩大了多米尼加免税进入美国市场的产品范围。

2008 年 3 月,美国发表《2007 年国别人权报告》,对多米尼加人权状况作出负面评估。多米尼加外交部长(Morales)随即发表讲话,驳斥美国的《人权报告》。他说,美国在关塔那摩监狱虐囚行为以及在伊拉克的所作所为应受到谴责,在这种情况下,美国没有资格对多米尼加的所谓侵犯人权、歧视海地移民进行指责。他还说,多米尼加的民主正得到全面恢复,人权状况普遍得到改善,海地移民也受到了"友好接待和尊重",美国对多米尼加人权状况的评估是对事实的"肆意歪曲"。③

---

① 杨志敏:《解析备受争议的"美国中美洲多米尼加自由贸易协定"》, ilas. cass. cn/uploadfiles/cn/xslt/% 7B06AB2445 – 8BEA – 4AD4 – 95FF – B609B927 FDF2% 7D. pdf
② Country Profile 2007, The Economist Intelligence Unit Limited 2007.
③ http: //news. xinhuanet. com/newscenter/2008 – 03/14/content_ 7788698. htm

多米尼加

第三节 与海地的关系

多米尼加和海地虽同处于伊斯帕尼奥拉岛，但两国的外交关系一直十分冷淡，双方的官方互访很少。加之两国边境地区交通不便，双方贸易往来长期维持在较低水平。海地的非法移民问题一直是两国关系的冷冻剂，目前在多米尼加的海地人超过 50 万。

追踪溯源，海地曾统治多米尼加长达 22 年（1822～1844年）。在此期间，多米尼加经济不断衰退，多米尼加人民对海地的民族仇恨也越来越强烈，宗教和文化矛盾也不可调和。在胡安·巴勃罗·杜阿尔特（Juan Pablo Duarte）的领导下，多米尼加于 1844 年宣告独立。

此后，两国边境线的模糊状态一直是令人头痛的问题。1933 年起，特鲁希略开始与当时的海地总统斯泰尼奥·文森特（Stenio Vincent）多次谈判，最终于 1935 年签订了协议。该协议规定，敦促多米尼加的海地人返回海地，断绝边境地区两国居民之间的贸易往来、通婚和文化交流。但是，协议的签订并没有使情况好转。特鲁希略在达哈翁再次发表演说，他宣称：如果多米尼加国境内的海地人不离开多米尼加，他将采取强制性措施。这个强制性措施就是 1937 年 10 月 2 日的残酷屠杀。在屠杀中丧生的海地人的准确数字至今不得而知，但可以确定是在 1.2 万人到 2.5 万人之间，其中包括妇女和儿童。事后，国际社会强烈谴责了这次大屠杀，特鲁希略被迫向海地政府支付了 75 万美金作为赔偿，两国的关系更加紧张。

1994 年 10 月，海地建立宪政，双边关系有所改善，并成立了一个联合委员会，制定了自由贸易计划。1997 年初，约 1.5 万名海地移民被多米尼加驱逐出境，两国关系交恶。1998 年，费尔南德斯总统访问海地,成为62年以来第一位对海地进行官方访问的多米尼加总统。多米尼加前总统梅希亚执政期间,两国关系未取得进展。2003年上半年,3.3万左右海地移民被多米尼加驱逐出境,两国关系再次紧张。2004年,海地前总统让·贝特朗·阿里斯蒂德(Jean Bertrand Aristide)政权被武力推翻,海地的政治危机逐步升级,两国关系随之降至冰点。多米尼加总统费尔南德斯曾因遭受武装暴徒袭击中断了对海地首都太子港的访问。① 2005年5月,两国外长会晤,就海地局势和海地在多米尼加的移民问题进行了交流,多米尼加外长莫拉莱斯表示将与其他国家和国际组织合作,支持对海地的援助。2005年7月,莫拉莱斯访问海地。② 2006年2月,勒内·普雷瓦尔(René Préval)当选海地总统,两国关系有所改善③。

第四节 与其他拉美国家的关系

在特鲁希略的独裁统治期间,多米尼加与其他拉美国家的关系进入极不稳定的时期,尤其是与古巴的关系。1958~1960年,特鲁希略政权接收了一些其他拉美国家被改革浪潮推翻的独裁者。他们是胡安·多明戈·庇隆(Juan Domingo Perón)、赫拉尔多·马查多(Gerardo Machado)、富尔亨西奥·巴蒂斯塔(Fulgencio Batista)、马尔科斯·佩雷斯·斯门尼斯(Marcos Pérez Jiménez)和罗哈斯·皮尼利亚(Rojas Pinilla)。1959年6月14日,起义者在委内瑞拉政府的支持下,从古巴出发,发动了起义。起义失败后,特鲁希略政权对反对势力,尤其

---

① Country Profile 2007, The Economist Intelligence Unit Limited 2007.
② SEREX Memoria Grafica 2004 - 05, http://www.serex.gov.do/default.aspx
③ Country Profile 2007, The Economist Intelligence Unit Limited 2007.

多米尼加

是对暴露的 6 月 14 日组织成员的搜捕、折磨和暗杀活动变本加厉。1960 年，米拉瓦尔三姐妹的被杀事件导致了国际社会对多米尼加的经济封锁。随后，特鲁希略对委内瑞拉总统罗慕洛·贝坦科特（Rómulo Betancourt）的暴力袭击引发了美洲国家组织对多米尼加的制裁。在哥斯达黎加的圣何塞，美洲国家组织的各成员国声明："美洲国家组织的所有成员国达成一致，与多米尼加断绝外交关系，禁止向多米尼加出售任何武器和战争物资，中断与多米尼加的贸易往来，制裁多米尼加，直到多米尼加不再对和平构成威胁。"

民主体制下的多米尼加与拉美国家保持着良好的关系。政府积极拉近与拉美和加勒比国家的关系，支持拉美经济一体化进程并建立中美洲和加勒比自由区。近年来，多米尼加国家领导人多次出访拉美国家。2005 年 2 月，多米尼加外长莫拉莱斯宣布将与加勒比地区其他国家加强合作与联系，更积极地加入次地区组织。莫拉莱斯随即访问牙买加，并与牙买加外交和对外贸易部长基思·奈特（Keith D. Knight）会晤。两国外长就海地局势和多米尼加参与加勒比共同体、加勒比论坛等问题进行了交流。[1]

委内瑞拉一直是多米尼加最主要的石油进口对象国。2003 年 9 月，多米尼加和委内瑞拉的关系骤起风波。此前，委内瑞拉总统查韦斯多次明确指出，侨居多米尼加多年的委内瑞拉前总统安德雷斯·佩雷斯策划颠覆委政府。委政府要求引渡佩雷斯回国，并对其进行调查审判；多米尼加前总统梅希亚拒绝引渡。此外，卷入 2002 年政变的两名委军官获准在多政治避难。委方还指责多米尼加的石油公司资助了委反对派制造的所有"恐怖活动"。出于上述原因，委内瑞拉政府宣布停止向多米尼加出售石油。与此同时，委驻多大使被无限期召回述职。此后，委、多两

---

[1] SEREX Memoria Grafica 2004 – 05，http://www.serex.gov.do/default.aspx

第七章 外 交

国都比较克制，使问题得到了解决。2004年11月，两国总统在多首都签署一项能源合作协议。根据这项协议，委内瑞拉将以贷款方式每天将向多米尼加供应5万桶原油或油品，贷款期限为15年，年息2%。协议还规定，多米尼加可以在双方贸易中用本国的商品偿还委内瑞拉的贷款。① 2006年10月，多米尼加总统费尔南德斯透露，委内瑞拉外长马杜罗25日与其通话，推荐多参选联合国安理会非常任理事国。② 2008年1月，委总统查韦斯宣布，作为委内瑞拉政府实现区域性经济一体化努力的一部分，委内瑞拉不久将开始在加勒比海岛国多米尼加建造一个炼油厂。他还宣布说，多米尼加将加入"美洲玻利瓦尔替代组织"（ALBA）。③

第五节　与中国的关系

多米尼加与中国国民政府在1932年就建立了外交关系。1940年5月11日，中多签订友好条约。1945年6月8日，中多签订友好条约附加条款。1949年中华人民共和国成立以后，台湾当局与多米尼加政府维持"官方关系"。

1993年10月，多米尼加和中华人民共和国政府达成互设常驻商务代表处的协议，次年付诸实施。1995年，多米尼加政府因内部原因关闭驻广州商务代表处。同年6月，多米尼加参议员何塞·冈萨雷斯·埃斯皮诺萨率多米尼加劳动党代表团访问中国。1996年，江泽民总书记致电视贺费尔南德斯当选多米尼加总统。同年11月，多米尼加革命党主席培尼亚·戈麦斯率团访

---

① http://www.china5e.com/news/zonghe/200411/200411090175.html
② http://news.sina.com.cn/w/2006-10-27/010411342811.shtml
③ http://news.bbspace.cn/html/news/20080114/404396.html

多米尼加

问中国。1997年1月16日，中国政府与多米尼加政府达成商务协议。3月，多米尼加外交部照会中国驻圣多明各代表处，表示确认两国的互设商务代表处的协议。6月，中国驻哥伦比亚大使同多米尼加外长签署中多两国贸易发展办事处运作备忘录。6月23日，多米尼加政府宣布与中国政府建立经济联系，中国在多米尼加首都设立商务处。自1997年7月1日起，多米尼加在香港的领事馆改为商务代表处。2000年，江泽民总书记致电祝贺梅希亚当选多米尼加总统。2004年，我国家主席胡锦涛致电祝贺费尔南德斯当选多米尼加总统。2006年底，由众议院"对华友好委员会"主席塞鲁耶等7名议员签署的"要求政府尽快与中华人民共和国建立外交关系"的草案被正式作为提案列入众议院大会议程，现正由外委会举行审议。2008年1月，多米尼加国会众议院议长胡里奥·瓦伦廷率代表团应中国外交学会访华，是近三年来第一个多米尼加议会代表团访华，也是近六年来第一个多米尼加众议院代表团访华。2008年3月31日，多米尼加奥委会主席路易斯·梅西亚向多媒体表示，多米尼加奥委会坚决反对因西藏事件抵制北京奥运会。梅西亚说，他完全赞成国际奥委会主席关于继续推进2008年北京奥运会各项准备工作的表态。体育是连接各国人民的适宜手段，奥运会应履行这一使命。他表示，西藏地区的冲突不应该阻止全世界成千上万运动员实现自己梦想的道路。并认为，西藏问题应通过对话加以解决。2008年4月10日，中国驻多米尼加贸易发展办事处代表王卫华向多米尼加全国少年儿童委员会捐赠包括玩具、电器、文具和学习用品等，作为对该委员会正在筹建的"少年儿童培训中心"的资助。2008年4月17日，由多米尼加爱国侨社"鲜花基金会"和多公共工程部联合主办的圣多明各中国城落成典礼隆重举行。多米尼加共和国总统费尔南德斯夫妇亲临典礼。

自20世纪90年代以来，多米尼加解放党与中国共产党一直保持着党际关系。2005年1月，中共中央对外联络部副部长蔡武率领的中共友好代表团访问多米尼加，多米尼加总统费尔南德斯亲自在总统府会见，并表示多米尼加愿与中国建立更加密切的关系，实现关系正常化。

多米尼加仍与台湾当局保持"官方关系"，政界人士往来较多。台湾当局与多方签有技术合作协定（1963年）、贸易协定（1964年）、文化协定（1975年）、开发小水电技术合作协定（1982年）和引渡条约（1990年）。1997年3月8日，多外长访台。1998年11月，台与多签订了《投资促进及保障协定》、《工业合作协定》和《电脑捐赠协定》等三个协定。1999年4月，台"外交部次长"访多，同年4月和5月，多农业部长和外长访台。1999年9月，多副总统参加在台北举行的"第二届'中华民国'与中美洲国家元首高峰会议"，同月27日，费尔南德斯总统访台并与李登辉发表"联合公报"。2000年8月，台湾当局前任领导人陈水扁参加多米尼加新总统梅希亚的就职典礼。2001年3月，多米尼加总统梅希亚访台。1993~1996年，多米尼加连续4年为支持台湾"重返联合国"的提案国；1997年至今，多米尼加在此问题上继续为台说项。2005年2月，多米尼加总统费尔南德斯会见到访的台湾"外交部门负责人"，双方商讨签署《自由贸易协议》。[①]

[①] 中华人民共和国外交部官方网站。

主要参考文献

〔美〕塞尔登·罗德曼著《多米尼加共和国史》,南开大学翻译小组译校,天津人民出版社,1972。

李春辉、苏振兴、徐世澄主编《拉丁美洲史稿》(第三卷),商务印书馆,1993。

高放等主编《万国博览·美洲大洋洲卷》,新华出版社,1999。

钟清清主编《世界政党大全》,贵州人民出版社,1994。

李明德等主编《简明拉丁美洲百科全书》,中国社会科学出版社,2001。

Country Profile 2005, The Economist Intelligence Unit Limited 2005.

Country Profile 2007, The Economist Intelligence Unit Limited 2007.

República Dominicana en Cifras 2007, http://www.one.gov.do/index.php.

Estudio económico de América Latina y el Caribe 2006 - 2007, CEPAL.

Breve Historia/ El Desarrollo de la Radiodifusión en Republica Dominicana/ Situación Actual de la Radio, http://www.teoveras.

com. do/historiaindice. htm

中华人民共和国外交部官方网站。

http：//www. one. gov. do

http：//lcweb2. loc. gov

http：//es. wikipedia. org/wiki

http：//www. agricultura. gov. do

http：//www. see. gov. do

http：//www. seic. gov. do

http：//www. secffaa. mil. do

http：//www. ceiba. gov. do

http：//www. seopc. gov. do

http：//www. serex. gov. do

http：//www. sespas. gov. do

http：//www. set. gov. do

http：//www. seip. gov. do

http：//www. hacienda. gov. do

http：//www. sem. gov. do

http：//www. cultura. gov. do

http：//www. ejercito. rd. mil. do

http：//www. fuerzaaerea. mil. do

http：//www. marina. mil. do

http：//www. gf81. com. cn

http：//www. country. 9c9c. com. cn

http：//www. typedominicanrepublic. com

http：//www. lonelyplanet. com/shop-pickandmix/previews/caribbean- islands-dominican-republic-preview. pdf

http：//www. elcaribe. com. do

http：//www. laromana. net

多米尼加

http://www.prensalatina.com
http://www.rincondominicano.com
http://www.republicadominicana.inter.net.do
http://www.mundodominicano.com
http://www.republica-dominicana.org
http://www.dominica.com
http://www.prsc.com.do
http://www.pcsd.com.do
http://www.consuladord-ny.org/Sobre RD
http://www.rdnoticias.com
http://www.indotec.gov.do
http://world.people.com.cn/GB/1029/42358/7254748.html
http://pdba.georgetown.edu/Constitutions/DomRep/domrep02.html
http://www.periferia.org
http://www.perspectivaciudadana.com
http://www.w3.org
http://www.copppal.org.mx
http://www.clad.org.ve

《列国志》已出书书目

2003 年度

《法国》，吴国庆编著

《荷兰》，张健雄编著

《印度》，孙士海、葛维钧主编

《突尼斯》，杨鲁萍、林庆春编著

《英国》，王振华编著

《阿拉伯联合酋长国》，黄振编著

《澳大利亚》，沈永兴、张秋生、高国荣编著

《波罗的海三国》，李兴汉编著

《古巴》，徐世澄编著

《乌克兰》，马贵友主编

《国际刑警组织》，卢国学编著

2004 年度

《摩尔多瓦》，顾志红编著

《哈萨克斯坦》,赵常庆编著
《科特迪瓦》,张林初、于平安、王瑞华编著
《新加坡》,鲁虎编著
《尼泊尔》,王宏纬主编
《斯里兰卡》,王兰编著
《乌兹别克斯坦》,孙壮志、苏畅、吴宏伟编著
《哥伦比亚》,徐宝华编著
《肯尼亚》,高晋元编著
《智利》,王晓燕编著
《科威特》,王景祺编著
《巴西》,吕银春、周俊南编著
《贝宁》,张宏明编著
《美国》,杨会军编著
《国际货币基金组织》,王德迅、张金杰编著
《世界银行集团》,何曼青、马仁真编著
《阿尔巴尼亚》,马细谱、郑恩波编著
《马尔代夫》,朱在明主编
《老挝》,马树洪、方芸编著
《比利时》,马胜利编著
《不丹》,朱在明、唐明超、宋旭如编著
《刚果民主共和国》,李智彪编著
《巴基斯坦》,杨翠柏、刘成琼编著
《土库曼斯坦》,施玉宇编著
《捷克》,陈广嗣、姜琍编著

2005 年度

《泰国》，田禾、周方冶编著

《波兰》，高德平编著

《加拿大》，刘军编著

《刚果》，张象、车效梅编著

《越南》，徐绍丽、利国、张训常编著

《吉尔吉斯斯坦》，刘庚岑、徐小云编著

《文莱》，刘新生、潘正秀编著

《阿塞拜疆》，孙壮志、赵会荣、包毅、靳芳编著

《日本》，孙叔林、韩铁英主编

《几内亚》，吴清和编著

《白俄罗斯》，李允华、农雪梅编著

《俄罗斯》，潘德礼主编

《独联体（1991~2002）》，郑羽主编

《加蓬》，安春英编著

《格鲁吉亚》，苏畅主编

《玻利维亚》，曾昭耀编著

《巴拉圭》，杨建民编著

《乌拉圭》，贺双荣编著

《柬埔寨》，李晨阳、瞿健文、卢光盛、韦德星编著

《委内瑞拉》，焦震衡编著

《卢森堡》，彭姝祎编著

《阿根廷》，宋晓平编著

《伊朗》，张铁伟编著

《缅甸》，贺圣达、李晨阳编著

《亚美尼亚》，施玉宇、高歌、王鸣野编著

《韩国》，董向荣编著

2006 年度

《联合国》，李东燕编著

《塞尔维亚和黑山》，章永勇编著

《埃及》，杨灏城、许林根编著

《利比里亚》，李文刚编著

《罗马尼亚》，李秀环编著

《瑞士》，任丁秋、杨解朴等编著

《印度尼西亚》，王受业、梁敏和、刘新生编著

《葡萄牙》，李靖堃编著

《埃塞俄比亚　厄立特里亚》，钟伟云编著

《阿尔及利亚》，赵慧杰编著

《新西兰》，王章辉编著

《保加利亚》，张颖编著

《塔吉克斯坦》，刘启芸编著

《莱索托　斯威士兰》，陈晓红编著

《斯洛文尼亚》，汪丽敏编著

《欧洲联盟》，张健雄编著

《丹麦》，王鹤编著

《索马里 吉布提》，顾章义、付吉军、周海泓编著
《尼日尔》，彭坤元编著
《马里》，张忠祥编著
《斯洛伐克》，姜琍编著
《马拉维》，夏新华、顾荣新编著
《约旦》，唐志超编著
《安哥拉》，刘海方编著
《匈牙利》，李丹琳编著
《秘鲁》，白凤森编著

2007 年度

《利比亚》，潘蓓英编著
《博茨瓦纳》，徐人龙编著
《塞内加尔 冈比亚》，张象、贾锡萍、邢富华编著
《瑞典》，梁光严编著
《冰岛》，刘立群编著
《德国》，顾俊礼编著
《阿富汗》，王凤编著
《菲律宾》，马燕冰、黄莺编著
《赤道几内亚 几内亚比绍 圣多美和普林西比 佛得角》，李广一主编
《黎巴嫩》，徐心辉编著
《爱尔兰》，王振华、陈志瑞、李靖堃编著

《伊拉克》，刘月琴编著

《克罗地亚》，左娅编著

《西班牙》，张敏编著

《圭亚那》，吴德明编著

《厄瓜多尔》，张颖、宋晓平编著

《挪威》，田德文编著

《蒙古》，郝时远、杜世伟编著

2008 年度

《希腊》，宋晓敏编著

《芬兰》，王平贞、赵俊杰编著

《摩洛哥》，肖克编著

《毛里塔尼亚 西撒哈拉》，李广一主编

《苏里南》，吴德明编著

《苏丹》，刘鸿武、姜恒昆编著

《马耳他》，蔡雅洁编著

《坦桑尼亚》，裴善勤编著

《奥地利》，孙莹炜编著

《叙利亚》，高光福、马学清编著

相关链接

更多信息请查询：www.ssap.com.cn

尼加拉瓜　巴拿马

汤小棣　张凡　编著
2009年1月出版　39.00元
ISBN 978-7-5097-0501-8/K·0044

　　"火山湖泊之国"尼加拉瓜是中美洲地峡面积最大的多民族国家。这里东西濒海，河谷纵横，马萨亚等数十座火山和尼加拉瓜湖等数十个湖泊点缀其间，绿水、青山、白云、蓝天、沙滩……构成一幅独特迷人的热带风光画卷。巴拿马地处连接南、北美洲大陆的中美洲地峡，以其重要的战略位置和沟通两洋的运河而闻名于世。本书比较全面地介绍了两国的政治、经济、历史、文化教育以及国民与人民，具有较强的参考性和可读性。

古巴

徐世澄　编著
2003年11月出版　28.00元
ISBN 7-80149-926-3/K·020

　　本书系统介绍了古巴的历史以及当代政治、经济、军事、外交、文化等各方面的情况，对于人们了解古巴历史以及现代古巴的有关情况，有重要参考价值。

社会科学文献出版社网站
www.ssap.com.cn

1. 查询最新图书　　2. 分类查询各学科图书
3. 查询新闻发布会、学术研讨会的相关消息
4. 注册会员，网上购书

　　本社网站是一个交流的平台，"读者俱乐部"、"书评书摘"、"论坛"、"在线咨询"等为广大读者、媒体、经销商、作者提供了最充分的交流空间。

　　"读者俱乐部"实行会员制管理，不同级别会员享受不同的购书优惠（最低7.5折），会员购书同时还享受积分赠送、购书免邮费等待遇。"读者俱乐部"将不定期从注册的会员或者反馈信息的读者中抽出一部分幸运读者，免费赠送我社出版的新书或者光盘数据库等产品。

　　"在线商城"的商品覆盖图书、软件、数据库、点卡等多种形式，为读者提供最权威、最全面的产品出版资讯。商城将不定期推出部分特惠产品。

咨询／邮购电话：010-59367028　　　邮箱：duzhe@ssap.com
网站支持（销售）联系电话：010-59367070　　　QQ：168316188　　　邮箱：service@ssap.cn
邮购地址：北京市西城区北三环中路甲29号院3号楼华龙大厦　社科文献出版社市场部
邮编：100029
银行户名：社会科学文献出版社发行部　　开户银行：工商银行北京东四南支行　　账号：0200001009066109151

图书在版编目（CIP）数据

海地 多米尼加/赵重阳，范蕾编著． - 北京：社会科学文献出版社，2009.5
（列国志）
ISBN 978 - 7 - 5097 - 0733 - 3

Ⅰ．海… Ⅱ．①赵…②范… Ⅲ．①海地 - 概况②多米尼加 - 概况 Ⅳ．K975.2 K975.3

中国版本图书馆 CIP 数据核字（2009）第 038220 号

海地（Haiti）
多米尼加（Dominican） ·列国志·

编 著 者 /	赵重阳　范蕾
审 定 人 /	江时学　宋晓平　吴国平
出 版 人 /	谢寿光
总 编 辑 /	邹东涛
出 版 者 /	社会科学文献出版社
地　　址 /	北京市西城区北三环中路甲 29 号院 3 号楼华龙大厦
邮政编码 /	100029
网　　址 /	http://www.ssap.com.cn
网站支持 /	（010）59367077
责任部门 /	《列国志》工作室　　　（010）59367215
电子信箱 /	bianjibu@ssap.cn
项目经理 /	宋月华
责任编辑 /	孙以年
责任校对 /	王启明
责任印制 /	岳　阳　郭　妍
总 经 销 /	社会科学文献出版社发行部 （010）59367080　59367097
经　　销 /	各地书店
读者服务 /	市场部（010）59367028
排　　版 /	北京中文天地文化艺术有限公司
印　　刷 /	三河市尚艺印装有限公司
开　　本 /	880×1230 毫米　1/32
印　　张 /	15.5　字数 / 393 千字
版　　次 /	2009 年 5 月第 1 版　印次 / 2009 年 5 月第 1 次印刷
书　　号 /	ISBN 978 - 7 - 5097 - 0733 - 3
定　　价 /	45.00 元

本书如有破损、缺页、装订错误，
请与本社市场部联系更换

版权所有　翻印必究

《列国志》主要编辑出版发行人

出 版 人	谢寿光
总 编 辑	邹东涛
项目负责人	杨 群
发 行 人	王 菲
编辑主任	宋月华
编 辑	（按姓名笔画排序）
	孙以年　朱希淦　宋月华
	宋培军　周志宽　范 迎
	范明礼　袁卫华　徐思彦
	黄 丹　魏小薇
封面设计	孙元明
内文设计	熠 菲
责任印制	岳 阳　郭 妍
编 务	杨春花
责任部门	人文科学图书事业部
电 话	(010) 59367215
网 址	ssdphzh_cn@sohu.com